현대인의 지혜

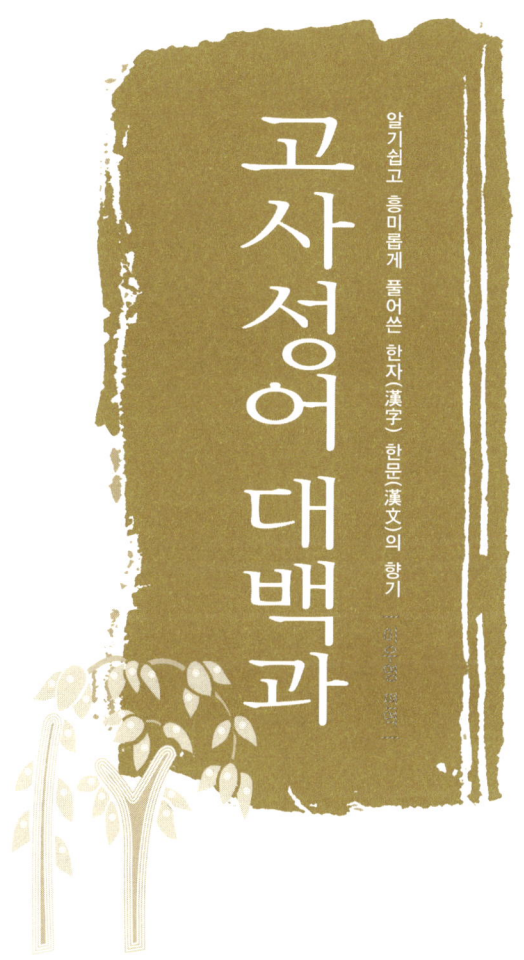

알기쉽고 흥미롭게 풀어쓴 한자(漢字) 한문(漢文)의 향기

고사성어 대백과

고사성어 대백과

- 초판 1쇄 발행 : 2009년 3월 10일
- 출판등록 : 2001년 8월 7일
- 편   역 : 이우영
- 초판 7쇄 발행 : 2014년 5월 10일
- 등록번호 : 제2-3387호
- 주 소 : 서울 마포구 서교동 444-15
- 펴낸곳 : 아이템북스

※ 잘못된 책은 교환해 드립니다.

머리말

역사는 경험의 축적으로 이루어진 법칙이요 거울이다. 그렇기 때문에 동·서를 막론하고 사람들은 역사에 특별한 의미를 부여하고 이를 연구한다.

역사는 냉엄하다. 그것은 현재 살아 있는 세대의 거울이 되어야 한다는 의식에서 말할 수 있다. 생활과 행동의 교훈인 만큼 역사는 우리들로 하여금 여러 가지로 생각하게 하며 또한 되풀이하는 행동으로 인생을 그르치지 않게 하는 많은 명언·경구가 담겨져 있다.

그런 말들은 현대생활에도 널리 적용된다.

이와 같은 교훈 중에서 무엇을 배우고 받아들일 것인가 하는 것은 개개인의 문제지만 어쨌든 이러한 말들이 우리의 정신생활과 표현을 매우 풍부하게 해 주는 것만은 사실이다. 그리고 이런 어휘들이 가지는 뜻을 이해해 두면, 자기를 유익케 하는 점이 많은 것 또한 사실이다.

교육정책이 바뀌면서 고사성어에 대한 인식이 새롭게 떠오르고 있다. 사실 고사성어는 먼지 낀 옛기록의 차원을 넘어 생활의 지혜임이 분명하다.

비록 짧은 경구지만 그 속에는 선현들의 지혜가 꿈틀거리고, 곰팡이 냄새가 날 것 같은 한 가닥의 성어에는 여느 명검보다 지혜의 날이 예리하게 번뜩인다.

고사성어는 알면 알수록 선인들의 지혜가 우리의 가슴을 탁 트게 하는 묘미가 있다.

요즘 세상에 한두 개의 고사성어를 알지 못하면 부끄럽기까지 하는 세상이고 보면 고사성어는 우리 생활 깊숙이 파고들었다고 볼 수 있다.

우리는 자기의 생각을 간단 명료하게 혹은 어떤 처해진 상황을 적절하게 표현하고자 할 때 흔히 고사성어를 인용한다. 이것은 고사성어가 고유하게 가지고 있는 뛰어난 의미를 함축하고 있기 때문일 것이다.

고사성어는 선인들이 우리에게 물려 준 정신적 문화유산이다. 따라서 고사성어 속에는 우리가 살아가면서 배워야 할 지혜와 철학, 나아가 인생의 참의미가 담겨 있다.

고사성어는 그 하나하나마다 탄생 배경을 가지고 있으며, 삶을 살아가는 지혜가 담겨 있다. 그러나 우리에게 널리 알려진 고사성어를 제외한 대부분의 고사성어는 그 말의 유래와 의미를 잘 알지 못하고 있다.

그러므로 고사성어와 숙어가 다소 어려운 것이라 하여 경외시하고 의식적으로 거부하는 사람이라도 이 책을 통해 배우게 되면 고사성어에 나타난 흥미진진한 역사의 파노라마에 흥미를 느낄 수 있을 뿐만 아니라 선현들의 지혜를 자기 것으로 만들 수 있을 것이다.

그런 의미에서 이 책은 격언·속담의 의미를 이해하고 지식을 쌓아가는 데도 도움이 될 것이고, 자기도 모르는 사이에 한문 소양을 기르는 데 많은 힘이 되리라 믿는다.

목차

제1부 이야기 고사성어 故事成語

ㄱ

가인박명(佳人薄命) : 아름다운 여인은 단명하다 ·················· 29
가정맹호(苛政猛虎) : 호랑이보다 무서운 건 포학한 정치 ·········· 31
각주구검(刻舟求劍) : 물에 빠진 칼을 찾는 미련한 짓 ············· 33
간담상조(肝膽相照) : 마음을 열고 사귐 ························· 35
간장막야(干將莫耶) : 천하에 둘도 없는 명검 ···················· 37
강노지말(强弩之末) : 원정의 길은 험하다 ······················· 39
개과천선(改過遷善) : 악한 자가 선한 자로 탈바꿈 ················ 42
거재두량(車載斗量) : 인재가 아주 많음 ························· 45
건곤일척(乾坤一擲) : 하늘에 자신의 운명을 맡기고 ··············· 47
견토지쟁(犬兎之爭) : 쓸데없는 다툼 ···························· 50
결초보은(結草報恩) : 죽은 뒤에도 은혜에 보답 ··················· 53
경국(傾國) : 나라를 뒤짚어 엎을 만한 미인 ····················· 55
경원(敬遠) : 공경하나 멀리함 ·································· 57
계군일학(鷄群一鶴) : 평범한 사람들 속의 뛰어난 인물 ············ 58
계륵(鷄肋) : 먹을 게 없으나 버리자니 아깝고 ··················· 60
계명구도(鷄鳴狗盜) : 작은 꾀도 쓸모가 있어 ···················· 62
계포일낙(季布一諾) : 분명한 약속 ······························ 65
고굉지신(股肱之臣) : 가장 신임하는 신하 ······················· 67
고복격양(鼓腹擊壤) : 태평성대 ································· 69
고성낙일(孤城落日) : 세력이 약해지다 ·························· 71
고침안면(高枕安眠) : 걱정 근심 없이 편안함 ···················· 73
고희(古稀) : 나이 70세 ······································· 75
곡학아세(曲學阿世) : 정도에 벗어난 학문으로 세상에 아부 ········ 76
공중누각(空中樓閣) : 기초가 튼튼해야 ·························· 78
과유불급(過猶不及) : 지나침은 미치지 못하는 것만 못하다 ········ 79

과전불납리(瓜田不納履): 오해받을 일은 하지 말라 ················ 80
관포지교(管鮑之交): 자신을 알아 주는 친구 사이 ················ 82
괄목상대(刮目相對): 눈을 비비고 상대방을 대함 ················ 85
광풍제월(光風霽月): 심성이 맑고 깨끗한 사람 ················· 86
괘관(掛冠): 벼슬길에서 물러나다 ······························ 87
교언영색(巧言令色): 다른 사람의 환심을 사기 위해 아첨함········ 90
교주고슬(膠柱鼓瑟): 규칙에 얽매어 임기응변을 모름 ············ 92
교토삼굴(狡兎三窟): 미리 대책을 세워 위기를 피함 ············· 95
구밀복검(口蜜腹劍): 입에는 꿀을 바르고, 뱃속에는 칼을 품는다 ··· 98
구상유취(口尙乳臭): 말과 행동이 유치하다 ···················· 100
구사일생(九死一生): 죽을 고비를 어렵게 넘김 ················· 101
구우일모(九牛一毛): 아주 많은 것 중에 아주 적은 부분 ········· 103
구화지문(口禍之門): 입은 재앙의 문 ·························· 106
국사무쌍(國士無雙): 둘도 없는 뛰어난 인물 ··················· 107
국파산하재(國破山河在): 나라가 망한 것을 슬퍼함 ·············· 109
군자삼락(君子三樂): 군자의 세 가지 즐거움 ··················· 111
군자표변(君子豹變): 군자의 태도는 뚜렷하다 ·················· 112
권선징악(勸善懲惡): 착한 행실을 권하고, 악한 행위는 책망함 ···· 113
권토중래(捲土重來): 실패한 경험이 헛되지 않아 ················ 114
귤화위지(橘化爲枳): 경우에 따라서 사람의 성질도 변함 ········· 116
금상첨화(錦上添花): 좋은 일에 좋은 일을 더함 ················ 118
금성탕지(金城湯池): 적군이 공략할 수 없게 수비를 굳건히 ······ 119
금슬상화(琴瑟相和): 부부 사이가 원만하게 조화를 이룸 ········· 121
금의야행(錦衣夜行): 아무도 알아 주지 않는 보람 없는 행동 ····· 122
기사회생(起死回生): 위기에 처한 사람을 되살리는 은혜 ········· 124
기우(杞憂): 쓸데없는 걱정 ··································· 126
기호지세(騎虎之勢): 일단 행동에 옮기면 끝까지 밀고 가야······· 128
기화가거(奇貨可居): 지금 당장보다는 훗날을 위한 투자 ········· 130

ㄴ

낙백(落魄): 뜻을 얻지 못함 ································· 133
낙양지가(洛陽紙價): 책이 유명하여져 잘 팔림 ················· 135
난형난제(難兄難弟): 서로 비슷하여 우열을 가리기 힘들다 ······· 136

남가일몽(南柯一夢): 인생은 한바탕 꿈·················· 138
남상(濫觴): 모든 일의 시초나 근원 ·················· 142
남전생옥(藍田生玉): 현명한 아버지가 현명한 아들을 낳는다 ······· 144
남취(濫吹): 무능한 자가 유능한 체한다 ················ 146
남풍불경(南風不競): 지세가 힘이 없음을 뜻함 ············· 149
낭중지추(囊中之錐): 재능 있는 자는 어디 가든 돋보임 ········· 151
내우외환(內憂外患): 근심, 걱정이 끊이지 않는다 ············ 154
노마지지(老馬之智): 배울 점이 있으면 누구에게서도 배워야 ······· 156
노익장(老益壯): 나이가 들어도 패기를 잃지 않음 ············ 158
녹림(綠林): 도둑 떼의 소굴·························· 160
녹의사자(綠衣使者): 앵무새 ······················ 162
농단(壟斷): 가장 좋은 자리를 차지하고 권력을 독점함 ········· 164
누란지위(累卵之危): 매우 위태로운 형세 ················ 166
능서불택필(能書不擇筆): 명필은 붓을 가리지 않는다 ········· 168

ㄷ

다기망양(多岐亡羊): 참된 진리는 찾기 어려워 ············· 170
다다익선(多多益善): 많으면 많을수록 좋다················ 173
단장(斷腸): 몹시 슬퍼하는 마음 ····················· 175
당랑거철(螳螂拒轍): 자신의 힘도 모르고 무모하게 덤빔 ········ 176
대공무사(大公無私): 매우 공평하여 사사로움이 없음 ·········· 178
대기만성(大器晚成): 큰 인물은 오랫동안의 노력 끝에 완성 ······ 180
대풍가(大風歌): 큰 바람이 불어 구름을 흩날린다 ············ 182
도원결의(桃園結義): 목숨을 걸고 의리로 맺은 결의 ·········· 185
도원경(桃源境): 이상향의 세계 ······················ 187
도주지부(陶朱之富): 대단한 부호 ···················· 189
도청도설(道聽塗說): 말만 많고 사고의 깊이가 없는 사람 ······· 191
도탄(塗炭): 포학한 정치로 백성들이 고통을 당함 ············ 193
독안룡(獨眼龍): 역경을 딛고 큰 일을 이룬 사람 ············ 195
동식서숙(東食西宿): 한 곳에 정착하지 못하고 돌아다닌다 ······· 197
동병상련(同病相憐): 처지가 같은 사람끼리 서로 불쌍히 여김······· 199
동취(銅臭): 재산을 써서 관직을 얻는 사람 ··············· 202
동호직필(董狐直筆): 기록 담당자는 사실을 그대로 써야·········· 204

두주불사(斗酒不辭): 주량이 센 것을 뜻함 ·········· 209
득롱망촉(得隴望蜀): 인간의 욕심은 끝이 없어 ·········· 212
득어망전(得魚忘筌): 목적을 이루면 지난 일을 잊는다 ·········· 214
등용문(登龍門): 난관을 이겨내고 도약할 발판을 삼는다 ·········· 216

마이동풍(馬耳東風): 남의 말을 귀담아듣지 않는다 ·········· 218
막역지우(莫逆之友): 마음이 맞는 절친한 친구 ·········· 220
만가(挽歌): 죽은 사람을 애도하는 진혼곡 ·········· 222
만사휴의(萬事休矣): 어떻게 해볼 방법이 없음 ·········· 225
만전지책(萬全之策): 가장 안전한 비책 ·········· 227
망국지음(亡國之音): 나라가 망해 가는 소리 ·········· 229
맥수지탄(麥秀之嘆): 나라가 멸망하는 것을 탄식함 ·········· 231
맹모삼천(孟母三遷): 교육은 환경이 중요 ·········· 234
맹인모상(盲人摸象): 일부분으로 전체를 아는 체함 ·········· 236
명경지수(明鏡止水): 흔들림이 없는 고요한 마음 ·········· 238
모순(矛盾): 말이나 행동이 앞뒤가 맞지 않음 ·········· 241
목탁(木鐸): 세상 사람을 인도할 만한 사람 ·········· 243
무산지몽(巫山之夢): 남녀간의 은밀한 정사 ·········· 246
무용지용(無用之用): 쓸모없는 것의 쓰임 ·········· 248
묵수(墨守): 자기 의견이나 소신을 끝까지 지킴 ·········· 251
문경지교(刎頸之交): 생사고락을 함께 하는 친구 ·········· 254
문경지치(文景之治): 중국의 번영 시대 ·········· 257
문일지십(聞一知十): 하나를 보면 열을 안다 ·········· 260
문전성시(門前成市): 찾아오는 사람이 많아 장이 선 듯 ·········· 261
문전작라(門前雀羅): 방문객의 발길이 끊어짐 ·········· 263
물의(物議): 세상 사람들의 평판 ·········· 265
미망인(未亡人): 남편이 죽고 홀로 남은 여자 ·········· 267
미봉(彌縫): 잘못된 것을 임시변통으로 꾸며댐 ·········· 269
미생지신(尾生之信): 약속을 굳게 지키는 사람 ·········· 271

ㅂ

반간(反間): 적을 탐지하여 알리는 사람 …… 273
반골(反骨): 모반 …… 274
반근착절(槃根錯節): 얽히고 설켜 실마리를 찾지 못함 …… 276
반식재상(伴食宰相): 무능한 재상 …… 278
발본색원(拔本塞源): 근원을 뽑아서 없애 버림 …… 280
발호(跋扈): 아랫사람이 권력을 휘둘러 윗사람을 범함 …… 281
방약무인(傍若無人): 제멋대로 행동함 …… 283
배반낭자(杯盤狼藉): 술을 마시며 흥겹게 노는 모습 …… 286
배수진(背水陣): 죽음을 각오하고 대처함 …… 288
배중사영(杯中蛇影): 쓸데없이 의심하고 걱정한다 …… 290
백년하청(百年河淸): 결코 이루어질 수 없는 것 …… 292
백면서생(白面書生): 경험이 없거나 적은 사람 …… 294
백문불여일견(百聞不如一見): 직접 한번 보는 것이 …… 296
백미(白眉): 가장 우수한 사람의 비유 …… 298
백발백중(百發百中): 어긋남이 없음 …… 300
백발삼천장(白髮三千丈): 흰머리가 많아진 것을 비유 …… 302
백아절현(伯牙絶絃): 참다운 벗의 죽음을 슬퍼함 …… 305
법삼장(法三章): 간단 명료한 법률 …… 307
병문졸속(兵聞拙速): 용병할 때는 졸렬해도 빨라야 …… 309
병입고황(病入膏肓): 고치기 어려운 병 …… 311
복수불반(覆水不返): 일단 저지른 일은 되돌릴 수 없어 …… 315
부마(駙馬): 임금의 사위 …… 317
부중지어(釜中之魚): 솥 안의 물고기 …… 319
분서갱유(焚書坑儒): 책을 불사르고 선비를 묻음 …… 321
불사약(不死藥): 죽지 않는 약 …… 323
불입호혈부득호자(不入虎穴不得虎子): 큰 일을 이루려면 …… 325
불초(不肖): 어리석은 자식 …… 327
불혹(不惑): 나이 마흔 살 …… 329
붕정만리(鵬程萬里): 먼 장래 …… 330
비방지목(誹謗之木): 백성의 마음을 아는 올바른 정치 …… 332
비육지탄(髀肉之嘆): 하는 일 없이 허송 세월함 …… 334
빈자일등(貧者一燈): 가난하지만 정성을 다해 도움을 줌 …… 336
빙탄불상용(氷炭不相容): 서로 타협할 수 없는 사이 …… 338

ㅅ

사면초가(四面楚歌): 앞뒤로 철저히 고립되다 ················· 340
사이비(似而非): 겉보기엔 같은 것 같지만 실제로는 틀리다 ······ 343
사족(蛇足): 쓸데없는 일이나 행동 ···························· 345
사지(四知): 세상에 비밀은 없다 ······························ 348
살신성인(殺身成仁): 자신을 죽여서라도 인을 이룸 ·············· 350
삼고초려(三顧草廬): 사양하는 이를 찾아가 간곡하게 일을 맡김 ··· 352
삼십육계(三十六計): 불리할 때는 도망이 상책 ·················· 355
삼인성호(三人成虎): 거짓말도 여럿이 하면 믿게 돼 ·············· 357
상가지구(喪家之狗): 수척하고 쇠약한 사람 ····················· 359
상사병(相思病): 사랑을 이루지 못해 생긴 병 ··················· 361
상전벽해(桑田碧海): 몰라볼 정도로 바뀌다 ····················· 363
새옹지마(塞翁之馬): 인생의 길흉화복은 예측할 수 없어 ········· 365
선입견(先入見): 고정관념 ···································· 367
선즉제인(先則制人): 선수 쳐 대세를 유리하게 이끌어나감 ········ 368
소규조수(蕭規曹隨): 제도를 함부로 고치지 않는다 ·············· 370
송양지인(宋襄之仁): 쓸데없는 인정을 베풂 ····················· 373
수구초심(首丘初心): 근본을 잊지 않음 ························· 375
수서양단(首鼠兩端): 갈길을 정하지 못하고 망설임 ·············· 376
수석침류(漱石枕流): 잘못을 인정하지 않고 억지를 부림 ········· 378
순망치한(脣亡齒寒): 서로 끊을 수 없는 관계 ··················· 380
식언(食言): 말을 많이 먹으면 살찌나? ························· 382
식자우환(識字憂患): 얕은 지식으로 일을 망침 ·················· 384
식지동(食指動): 노골적인 욕심 ······························· 386
신출귀몰(神出鬼沒): 예측할 수 없는 행동 ······················ 388
실사구시(實事求是): 사실을 토대로 진리를 구함 ················ 389

ㅇ

안도(安堵): 아무 근심도 없다 ································ 390
암중모색(暗中摸索): 어림으로 일을 추측함 ····················· 393
앙급지어(殃及池魚): 뜻하지 않은 곳에 재난이 미침 ············· 395
앙천대소(仰天大笑): 크게 웃는다 ····························· 397

약관(弱冠): 남자 나이 스무 살 ……………………………… 398
양두구육(羊頭狗肉): 양머리에 개고기 ………………………… 400
양상군자(梁上君子): 도둑을 가리킴 …………………………… 402
양약고구(良藥苦口): 좋은 약은 입에 쓴 법 …………………… 404
양포지구(楊布之狗): 겉모습이 변했다고 속까지 변하나 ……… 407
어부지리(漁夫之利): 제삼자가 이익을 얻음 …………………… 408
엄이도령(掩耳盜鈴): 귀를 막고 방울을 훔침 ………………… 410
역린(逆鱗): 군주가 성을 냄 ……………………………………… 412
연목구어(緣木求魚): 나무에서 물고기를 구한다 ……………… 414
오리무중(五里霧中): 일의 추이나 사물의 행방을 알 수 없음 … 416
오십보백보(五十步百步): 이치에 맞지 않는 행동 ……………… 418
오월동주(吳越同舟): 원수끼리 같은 처지에 놓임 …………… 420
오합지중(烏合之衆): 무질서한 군중 …………………………… 422
옥상옥(屋上屋): 공연한 일이나 헛수고 ……………………… 424
옥석혼효(玉石混淆): 좋은 것과 나쁜 것이 뒤섞임 …………… 426
온고지신(溫故知新): 옛것을 익혀 새것을 맛본다 …………… 428
와신상담(臥薪嘗膽): 목적을 이루기 위해 고난을 참는다 …… 429
와우각상쟁(蝸牛角上爭): 사소한 일로 싸운다 ………………… 432
완벽(完璧): 흠이 없는 옥 ………………………………………… 435
왕후장상 영유종호(王侯將相寧有種乎): 왕후장상이 어찌 씨가 … 437
요령부득(要領不得): 요점을 잡을 수 없음 …………………… 439
용두사미(龍頭蛇尾): 시작은 거창했지만 끝은 보잘것없음 …… 441
우공이산(愚公移山): 끊임없이 노력하면 뜻 이뤄 …………… 443
원교근공(遠交近攻): 먼 나라와 사귀고 가까운 곳을 공격한다 … 446
월단평(月旦評): 인물에 대한 비평 …………………………… 449
월하빙인(月下氷人): 중매쟁이 …………………………………… 450
은감불원(殷鑑不遠): 다른 사람의 실패를 거울로 삼아야 …… 453
읍참마속(泣斬馬謖): 개인적인 정을 버리고 법을 집행 ……… 455
의심암귀(疑心暗鬼): 의심이 생기면 망상이 일어나 ………… 458
이도살삼사(二桃殺三士): 꾀를 내어 상대방을 자멸시킴 ……… 460
이심전심(以心傳心): 마음에서 마음으로 뜻이 통함 ………… 462
이하부정관(李下不正冠): 의심받을 일은 아예 하지 말라 …… 464
일거양득(一擧兩得): 한 가지 일로 두 가지 이익을 얻음 …… 466
일망타진(一網打盡): 하나도 놓치지 않고 모두 잡음 ………… 468
일모도원(日暮途遠): 할 일은 많은데 시간이 없어 …………… 469

일의대수(一衣帶水): 강이나 해협의 폭이 매우 좁음 ·············· 472
일이관지(一以貫之): 한 가지 이치로 만 가지 일을 꿰뚫음 ·········· 475
일자천금(一字千金): 아주 뛰어난 글자나 시문 ················ 477
일패도지(一敗塗地): 여지없이 패하다 ···················· 479

ㅈ

자업자득(自業自得): 일의 결과는 자신의 책임 ················ 481
자포자기(自暴自棄): 스스로 포기함 ······················ 484
전문거호 후문진랑(前門据虎後門進狼): 연이은 재난 ············· 486
전무후무 제갈무후(前無後無諸葛武侯): 공명의 재주는 독보적 ······ 488
전전긍긍(戰戰兢兢): 매우 두려워하고 조심함 ················ 492
정저지와(井底之蛙): 견문이 좁은 사람 ···················· 494
정충보국(精忠報國): 한마음으로 국가에 충성 ················ 496
제세안민(濟世安民): 세상을 구하고 국민을 편안히 함 ············ 500
조강지처(糟糠之妻): 함께 고생한 아내 ···················· 503
조령모개(朝令暮改): 아침에 영을 내리고 저녁에 고침 ··········· 505
조삼모사(朝三暮四): 간사한 꾀로 남을 농락함 ················ 507
조장(助長): 성장하도록 도와줌 ························· 509
좌단(左袒): 뜻을 같이 함 ····························· 511
주지육림(酒池肉林): 음란한 탕아들의 행위 ·················· 514
죽마지우(竹馬之友): 어려서 함께 자란 친구 ·················· 517
중구난방(衆口難防): 많은 사람들이 떠들다 ·················· 519
지록위마(指鹿爲馬): 억지를 쓰며 시비를 뒤집음 ··············· 522

ㅊ

창업이수성난(創業易守城難): 시작은 쉽고 보존은 어렵다 ········· 525
창해일속(滄海一粟): 아주 작고 보잘것없음 ·················· 528
채미가(采薇歌): 고사리를 캐 먹는 노래 ···················· 530
천고마비(天高馬肥): 가을철의 살찐 말 ···················· 532
천금매소(千金買笑): 천금같이 비싼 미인의 미소 ··············· 534
천도시비(天道是非): 얄궂은 운명을 한탄함 ·················· 537

천려일실(千慮一失): 생각을 많이 하면 실수한다 ·················· 539
천리안(千里眼): 먼 곳의 일도 잘 안다 ························· 541
천의무봉(天衣無縫): 기교를 부림이 없이 깔끔하다 ············· 543
천재일우(千載一遇): 좀처럼 만나기 어려운 좋은 기회 ·········· 545
철면피(鐵面皮): 염치를 모르는 사람 ··························· 547
철부지급(轍鮒之急): 곤궁한 처지나 다급한 위기 ················ 549
철주(掣肘): 남의 일에 훼방을 놓음 ···························· 551
청담(淸談): 명리를 떠난 이야기 ································ 554
청운지지(靑雲之志): 큰 포부 ···································· 557
청천백일(靑天白日): 부끄럼 없이 결백함 ······················· 559
청천벽력(靑天霹靂): 마른 하늘에 날벼락 ······················· 561
청출어람(靑出於藍): 스승보다 제자의 실력이 뛰어남 ··········· 563
초미지급(焦眉之急): 아주 급한 상태 ···························· 565
촌철살인(寸鐵殺人): 허를 찌르는 날카로운 문장 ················ 567
추고(推敲): 문장의 마지막 손질 ································ 568
추선(秋扇): 사랑을 잃은 처지 ··································· 570
치인설몽(痴人說夢): 쓸데없는 소리 ····························· 572

ㅌ

타산지석(他山之石): 군자가 소인에 의해 학덕을 쌓는다 ········ 574
타인한수(他人鼾睡): 옆에서 코 고는 소리 ······················ 576
태공망(太公望): 낚시꾼 ··· 578
태두(泰斗): 전문적인 방면의 권위자 ···························· 580
토사구팽(兎死狗烹): 쓸모가 끝나면 버려지는 법 ················ 582

ㅍ

파경(破鏡): 깨진 거울이란 뜻으로 이혼을 뜻함 ·················· 584
파로대(罷露臺): 지붕 없는 정자 ································ 587
파죽지세(破竹之勢): 맹렬한 기세로 적군을 무찌름 ·············· 589
파천황(破天荒): 과거에 급제하다 ······························· 591
패군지장(敗軍之將): 패장은 말이 없는 법 ······················ 593

평지풍파(平地風波): 잘 되던 일은 어렵게 만든다 ················· 595
포류지자(蒲柳之姿): 몸이 허약함 ······························ 596
포호빙하(暴虎馮河): 무모한 행동 ······························ 598
풍성학려(風聲鶴唳): 겁을 먹어 하찮은 일에도 놀라 ············· 600
필부지용(匹夫之勇): 보통사람의 용기 ·························· 602

ㅎ

한단지몽(邯鄲之夢): 일생의 덧없음 ···························· 604
한단지보(邯鄲之步): 멋대로 남을 흉내냄 ······················· 607
한발(旱魃): 가뭄 ··· 609
합종연횡(合從連衡): 연합이냐, 동맹이냐 ······················· 611
해로동혈(偕老同穴): 부부의 사랑 ······························ 613
해어화(解語花): 미인 ·· 615
형설지공(螢雪之功): 어렵게 공부하여 학업을 이룸 ············· 617
호가호위(狐假虎威): 남의 권세를 빌려 허세를 부림 ············· 619
호사유피 인사유명(虎死留皮人死留名): 재물보다는 명성을 ········ 621
호연지기(浩然之氣): 하늘과 땅 사이에 가득 찬 원기 ············· 623
홍일점(紅一點): 여럿 가운데에서 하나 ························· 625
화룡점정(畵龍點睛): 가장 중요한 부분을 마침 ················· 627
화서지몽(華胥之夢): 좋은 꿈 ·································· 629
환골탈태(換骨奪胎): 몰라보게 달라짐 ························· 631
효시(嚆矢): 사물의 시초 ······································ 632
후예사일(后羿射日): 후예가 해를 쏘다 ························· 634

제2부 사자성어 四字成語

가가대소(呵呵大笑)~희구지심(喜懼之心) ················· 639~703

● 시경(詩經)

　중국에서 가장 오래 된 시문(詩文)의 선집(選集)으로서, 이것은 주나라 시대인 BC 800~600년대에 편찬되었다. 내용은 국풍(國風)·주(周)·노(魯)·상(商) 등 15개국의 송(訟)과 대아(大雅)와 소아(小雅)로 구성되어 있다.
　국풍이란 황허 유역 15개국의 민요이고, 송(訟)은 종묘에 제사 지낼 때 부른 악가(樂歌)를 말하며, 대아·소아는 주나라의 조정에서 부른 의례적인 성격이 강한 악가를 말한다. 1구(句) 4자(字)로 되풀이 되는 것이 많고, 민간에서 행해지던 대중적인 리듬을 엿볼 수 있다고 한다.

● 역경(易經)

　고대 중국의 점복술(占卜術)에 관한 책으로서 5경(經) 역(易)·서(書)·시(詩)·예(禮)·춘추(春秋) 중에서도 첫번째로 꼽는 동양철학(東洋哲學)의 근원이 되는 사상서적으로서 통상 《주역(周易)》이라고 한다. '역(易)' 은 도마뱀 주역의 상형문자로서 이로부터 '변화(變化)' 를 뜻하게 되었다.
　《주역》이란 '널리 변화를 푸는 책' 또는 '주대(周代)에 이루어진 역점서(易占書)' 라는 뜻이다. 《시경》과 비슷한 연대에 나왔다.

● 논어(論語)

　공자(孔子)와 그 제자들의 언행(言行)을 그의 후배 제자들이 편찬한 유교의 경서(經書) 중 하나이다. 약 500개의 매우 짤막한 문장으로 기술되어 있으며, 내용은 〈학이편(學而篇)〉에서 〈요왈편(堯曰篇)〉까지 모두 상·하 20편으로 되어 있고, 성립 연대는 BC 475년경이다.

　유교의 기본적인 경전(經典)으로 중요시되고 있다. 때에 따라서 언급된 언행(言行)을 기록한 것이므로 개인적인 수양으로부터 정치문제에 이르기까지 언급되어 있다. 그러나 체계적인 학문이라기보다는 처세술이나 진퇴(進退)의 국면에서 생각해야 하는 것을 단편적으로 기술한 것이다.

● 맹자(孟子)

　맹자(孟子)의 이름은 가(軻), 자(字)는 자여(子輿) 또는 자거(子車)로 산동성(山東省) 추현(雛縣) 출생이다. 그의 언행을 기록한 책이 《孟子》로 편찬된 것은 BC 325년경이다.

　이것은 〈양혜왕편(梁惠王篇)〉·〈공손축편(公孫丑篇)〉·〈박문공편(博文公篇)〉·〈이루편(離婁篇)〉·〈만장편(萬章篇)〉·〈고자편(告子篇)〉·〈진심편(盡心篇)〉 등 7편 260장으로 구성되어 있다. 각 편을 상·하로 나누어서 14편으로 된 것도 있다. 7편 중 앞의 3편은 주로 맹자가 각국을 유세했을 때의 언행을 기록한 것이고, 뒤의 4편은 그가 은퇴한 뒤에 남긴 언설(言說)로 간주되고 있다.

● 열자(列子)

　전국(戰國)시대(BC 403~220) 정(鄭)나라 출신인 열어구(列禦寇)가 저술한 책이라고 일컬어지지만, 이것을 위·진(魏

진) 때에 가탁(假託)한 위서(僞書)로 보는 설이 유력한 것 같고, 또 그 인물의 실재성조차 의심하고 있는 것 같다. 이 책은 최종적으로 성립시킨 것은 동진(東晋)의 장담(張湛)이다.

내용적으로는 장기간에 걸친 노장사상(老莊思想)의 도가(道家)계통 사상가들의 문장이 수록된 것이다. 이들 내용은 거의 우화(寓話)로 쓰여졌는데 '기우(杞憂)'라든가 '우공(愚公)'이 '산을 옮기다'와 같은 널리 알려진 내용이나 낱말도 여기서 나온 것이다.

● 묵자(墨子)

전국(戰國) 시대의 학자 묵적(墨翟, BC 470~390)의 사상체계 중 71편(현재는 53편)을 수록한 책이다. 그의 학설은 유가(儒家)의 영향을 받으면서도 경제문제를 중요시했고, 하늘의 의지로써 겸애(兼愛, 박애주의)를 설교했고, 또 절용(節用, 절약)을 강조하였다.

이리하여 이 학파는 전쟁을 부정하고 상제(喪祭)와 예악(禮樂)의 간소화를 역설하는 등 매우 행동적이어서 한때 번성하여 지지자가 많았다.

그러나 유교가 국시로 채택된 후 탄압을 받아 소멸되었다.

● 장자(莊子)

전국(戰國) 시대 송나라의 사상가인 장주(莊周), 자(字)는 자휴(子休, BC 365~290)가 펴낸 책으로 《남화진경(南華眞經)》이라고 불리우며, 〈내편(內篇)〉·〈외편(外篇)〉·〈잡편(雜

篇》으로 구성되는데, 이중에서 내편의 7편만을 장자(莊子)가 지었다고 한다.

그는 노자(老子)의 사상을 이어받아 모든 현상은 하나의 '도(道)'의 표현에 지나지 않으므로 시비(是非)의 판단을 버리고, 자기 자신을 무(無)로 하여 도(道)와 일체화시켜야 한다고 설교하였다. 그의 문장은 활달하면서도 자유로워 사람들의 의표를 찌른다. 우화(寓話)와 신화(神話)를 구사하면서 투철한 논리, 명쾌한 사상으로 후세 문인들에게 커다란 영향을 주었다.

● 손자(孫子)

《손자 병법》은 오(吳)나라 손무(孫武)와 그의 후손 손빈의 공저라는 설 등 여러 설이 있다.

내용은 단순히 국지적인 전술뿐 아니라, 당시 제후들의 내치, 외교 양 정책의 견지에서, 국가 경영의 요체, 승패의 비기, 인사(人事)의 성패 등에 관해 비범한 견해를 보였으며 오늘날에도 전술의 기본으로 삼고 있을 정도이다.

● 순자(荀子)

전국 시대 말기의 조(趙)나라 유가(儒家)인 순황(荀況; 존경하여 순경(荀卿) 또는 손경(孫卿)이라 한다. BC 315?~236?)이 쓴 책이다(전 32편, BC 270년대에 성립).

맹자(孟子)가 사람들의 성(性)을 선(善)으로 보고 그것을 발양하여 덕(德)을 쌓아야 한다고 주장한데 대해, 순자(荀子)는 성악설(性惡說)을 제창하였다. 즉, 예(禮)로써 사람들을 규제하여 정도(正道)를 지키게끔 외부적으로 통제해야 한다고 주장한 것이다.

● 한비자(韓非子)

한비(韓非, ?~BC 233)는 전국(戰國) 시대 한(韓)나라에서 태어났다. 후일 천하를 통일한 진(秦)에서 재상(宰相) 자리에 오른 이사(李斯)와 순자(荀子) 밑에서 동문수학하고 쇠미해진 한(韓)나라를 중흥시키기 위하여 이 《한비자(韓非子)》(전 55편, BC 250년경에 집필)라는 책을 저술했던 것이다.

그러나 한나라 왕의 주목을 끌지 못하고 오히려 진왕(秦王; 시황제(始皇帝))의 인정을 받아 그를 모시게 되었지만, 이사(李斯)의 시샘을 받아 옥사하는 비운의 주인공이 되었다.

● 춘추좌씨전(春秋左氏傳)

BC 622~481년 간에 걸친 노국(魯國)의 기록 《춘추(春秋)》를 공자(孔子)가 교열하여 역사의 평가를 내린 것으로서 유가(儒家)의 필독서적 중 하나로 되었지만, 워낙 간결하게 서술되었기 때문에 여기서 주석책이 많이 나왔다.

《춘추공양전(春秋公羊傳)》, 《춘추곡량전(春秋穀梁傳)》 및 《춘추좌씨전(春秋左氏傳)》이 그것이다. 이것을 『춘추삼전(春秋三傳)』이라고 한다.

● 초사(楚辭)

『초사(楚辭)』란 초(楚)나라의 시가(詩歌)라는 뜻이다. 이런 것을 모은 것이 곧 책이름으로 된 것이다. 《초사》를 편찬한 사람은 한대(漢代)의 유향(劉向)이라고 전해진다.

여기에 올라 있는 작품의 작자는 한(漢)나라의 가의(賈誼) 등도 포함되어 있지만 첫째로 꼽아야 할 주요 작자는 BC 290년에 《천문편(天問篇)》을 지은 굴원(屈原)이다.

굴원은 전국(戰國) 시대 초(楚)나라 사람으로서, 삼려대부(三閭大夫)라는 벼슬을 받고 회왕(懷王)을 섬겼으나 회왕이 진(秦)과의 싸움에서 포로로 잡혀서 처형된 후 항양왕(項襄王)이 등극하자, 그는 수도에서 추방되어 낙향 중 우국충성(憂國忠誠)의 정으로 몹시 고민하다가 끝내 유라강에 투신 자살하고 말았다.

● 회남자(淮南子)

전한(前漢) 시대 회남왕(淮南王)인 유안(劉安; 고조 유방의 손자, 모반이 발각되자 BC 122년 자살)이 신하로 있는 여러 학자들의 각이한 사상·학설·지식(유(儒)·도(道)·병법(兵法) 등)을 종합적으로 기록·편집한 논문집이다.

제자(諸子) 중의 잡가(雜家)로 분류되어 있지만, 여기서 전개된 사상이념은 대체로 도가적(道家的) 경향으로 기울어져 있다. 내용은 천문·지리 등의 자연현상으로부터 정치·처세술 등 인사(人事) 일반과 각국의 풍속, 습관, 고금의 신화, 전설 등 넓은 분야에 걸쳐 있다.

원명은 《회남홍렬(淮南鴻烈)》이지만 옛날부터 《회남자(淮南子)》로 불리어 왔다.

● 사기(史記)

저자는 유명한 사마천(司馬遷, BC 145~AD 86)이다. 《사기》는 BC 97년에 완성시킨 130권으로 되어 있다.

이것은 고대(古代) 주공(周公)으로부터 공자(孔子)까지 500년, 공자가 죽은 후 당시인 전한(前漢) 무제(武帝)까지를 500년으로 시대 구분하여 서술한 것인데, 그의 집필 태도는, 자기가 주공과 공자의 길을 이어받은 정통파적 사가(史家)라는 태도에서 인물(人物) 중심으로 쓴 기전체(紀傳體)이다.

이것은 후일 정사(正史)의 모범이 되었는데, 문장이 힘있는 명문장일 뿐만 아니라 인물묘사가 약동적이다. 그래서 고전(古典) 중에서도 제1급으로 기록되는 역사책인 동시에 역사문학으로서도 최고 수준급의 작품으로 평가받고 있다.

내용은 본기(本紀)・세가(世家)・열전(列傳)・서(書)・표(表)로 구성된다.

● 전국책(戰國策)

주(周)의 원왕(元王)으로부터 진(秦)의 시황제(始皇帝)에 이르는 전국 시대에 책모・변론으로 활약한 유세가(遊說家)들의 양상을 나라별로 기술한 책이다. 전국 시대에 쟁패전(爭霸戰)을 벌였던 7강(强; 진(秦)・제(齊)・조(趙)・초(楚)・한(韓)・위(魏)・연(燕)과 12개국인 동주(東周)・서주(西周)・송

(宋)·위(衛)·중산(中山) 등에 대해 국가별로 서술을 구성한 것인데 도합 33편으로 되어 있다.

● 논형(論衡)

후한(後漢)의 왕충(王充, 27~98)이 지은 책이다(전 30권). 그는 세상을 분개하고 세속적인 것을 경멸하여 이 책을 썼다. 이로써 사악한 것을 물리치고 착한 일을 권장하며, 거짓을 바로잡고 혹(惑)을 변호하고자 하였다.

그러나 그의 논조가 너무도 과격하다는 점, 특히 〈문공편(問孔篇)〉과 〈자맹편(刺孟篇)〉이 그런데 이것은 너무도 편견과 억설이 심하여 정당한 논의가 아니라는 평을 받고 있다.

● 한서(漢書)

후한(後漢)의 반고(班固, 32~92)가 아버지 표(彪)의 유지를 이어받아 저술하기 시작했으나, 탈고하기 전에 옥에 갇히어 죽게 됨으로써 미완상태이던 것을, 그의 여동생인 소(昭)에 의해 완성된 역사서이다.

한(漢)의 고조(高祖) 유방(劉邦)으로부터 평제(平帝)까지 12대 229년간의 사실(史實)을 기술한 정사(正史)이다. 체제는 사마천(司馬遷)의 《사기(史記)》(BC 97)를 본받았고, 내용은 12제기(帝紀), 8표(表), 16지(志), 70열전(列傳)으로 되어 있다. 기사의 확실성과 평론의 공정성은 그의 냉철한 서술태도와 더불어 후세 역사가들의 모범이 되었다.

이것은 《후한서(後漢書)》에 대해《前漢書》》 또는 《서한서

《西漢書)》라고도 일컬어진다.

● 삼국지(三國志)

6조(朝)때 진(晉)의 진수(陳壽, 233~297)가 죽은 해인 297년에 저술한 것이다. 220년에 후한(後漢)이 멸망한 후, 위(魏)·촉(蜀)·오(吳)가 천하의 패권을 다툰 3국정립 시대에서 진(晉)의 통일천하까지를 기록한 역사서인데, 《위지(魏志)》 30권, 《촉지(蜀志)》 15권, 《오지(吳志)》 20권, 도합 65권으로 구성되었다.

《위지》에만 제기(帝紀) 4권을 할당하고 있는 바, 이것은 3국 중에서 위(魏)가 한(漢)의 법통을 이은 나라라고 본 저자의 사관(史觀)에 입각한 것이다. 그리고 남조(南朝) 진(晉)의 배송지(裵松之)는 많은 책에서 인용하여 여기에 상세한 주석을 달아 책을 썼다.

《삼국지(三國志)》를 흔히 《삼국지연의(三國志演義)》와 같은 책으로 알고 혼동하는 사람이 있으나, 이것은 정사(正史)이고, 후자는 이것을 바탕으로 한 역사 소설이다.

● 세설신어(世說新語)

6국 시대 송(宋)나라 사람 유의경(劉義慶)이 편집한 일화집(逸話集)이다. 즉, 후한(後漢)에서 동진(東晉)에 이르는 기간 중의 귀족·학자·문인·승려들의 언행(言行)을 그 내용에 따라 덕행(德行)·언어(言語)·정사(政事)·문학(文學)·방정(方正)·아량(雅量) 등 38개 부문으로 나누어서 기술한 것이다. 이 책에 인용된 참고 서적은 무려 400여 종에 이르지만 그것은 대부분이 망실(亡失)되었으므로 이《世說新語》는 고증학상 중요한 자료가 있다. 문장도 청신미(淸新味)가 있어서 널리 애독되었다.

● 후한서(後漢書)

남조(南朝) 때 송(宋)의 망엽(范曄, 398~445)이 지은 정사(正史)이다. 후한조(後漢朝, 25~220)의 전 역사를 기전체(紀傳體)로 기술한 것으로써《삼국지(三國志)》보다 뒤에 나왔다. 망엽(范曄)은 그전부터 있던 후한(後漢) 관계의 역사서적 수십 종을 자료로 하여 본기(本紀) 10권, 열전(列傳) 80권을 저술했지만, 지(志) 30권만은 진(晋)의 사마표(司馬彪, ?~306)가 편찬한《속한서(續漢書)》에서 발췌하고 있다.

가인박명 佳人薄命

아름다울 가 · 사람 인 · 엷을 박 · 목숨 명

出典 소식(蘇軾)의 시
文意 아름다운 여인은 단명하다.
解義 아름다운 여인일수록 운명이 기박함을 일컫는 말.

이 시를 쓴 소식은 아호가 동파(東坡)이다. 송나라 서천성 미산 출신으로 아버지 순(洵)과 동생 철(轍) 세 부자를 삼소(三蘇)라고 하는데 모두 당송 팔대가에 들어간다.

두 뺨엔 굳은 젖, 머리털엔 옻을 발랐는데
눈빛은 발에 들어와 구슬처럼 또렷하구나
원래 흰 비단으로 선녀의 옷을 만들고
붉은 연지로 타고난 바탕을 더럽히지 못하리
오나라 말소리는 귀엽고 부드러워 아직 어린데
한없는 인간의 근심은 전혀 알지 못하구나
예로부터 가인은 대부분 박명이라지만(自古佳人多薄命)
문을 닫고 봄이 다하면 버들꽃도 지고 말겠지

이 시는 작자가 항주, 양주 등에 유배되어 있을 때 우연히 절간에서 나이 삼십이 이미 넘었다는 어여쁜 여승을 보고 그녀의 아리따웠을 소녀 시절을 생각해 보며 미인의 운수가 기박함을 읊은 것이다.
　이 말은 '미인은 수명이 짧다'는 뜻으로 많이 쓰이고 있는 듯하나 '박명'이란 반드시 수명의 짧음만을 가리키는 것은 아니다. 무언가 순탄치 못한 것이나 그렇지 않을까 하는 불안을 표명한 것으로 미인은 불행해지기 쉽다는 것이 원래의 뜻이다.

가정맹호 苛政猛虎

독할 가 · 정사 정 · 사나울 맹 · 범 호

- **出典** 《예기(禮記)》
- **文意** 포학한 정치.
- **解義** 정치인의 가렴주구는 호랑이보다 더 무섭다는 뜻이다.

어느 날, 공자(孔子)가 수레를 타고 제자들과 태산 기슭을 지나가고 있었다. 그때 어디선가 여인의 애절한 울음 소리가 들려왔다.

공자 일행이 발길을 멈추고 주위를 살펴보니 길가의 풀숲에 무덤 셋이 보였고, 여인은 바로 그 앞에서 울고 있었다. 공자는 자로(子路)에게 그 연유를 알아보라고 했다.

자로가 여인에게 다가가서 물었다.

"부인, 어인 일로 그리 슬피 우십니까?"

여인은 깜짝 놀라 고개를 들더니 이렇게 대답했다.

"여기는 아주 무서운 곳이랍니다. 수년 전에 저의 시아버님이 호랑이에게 잡혀먹혔는데, 작년에는 남편이 잡혀먹혔고, 그리고 이번에는 자식까지 잡혀먹혔습니다."

자로는 그녀를 위로하며 말했다.

"이렇게 무서운 곳이라면 왜 이곳을 떠나지 않으십니까?"

여인은 고개를 가로저으며 말했다.

"그러나 이곳에서 살면 세금을 혹독하게 징수당하거나 못된 벼슬아치에게 재물을 빼앗기는 일은 없기 때문에 떠날 수 없는 것입니다."

옆에서 이 말을 들은 공자는 제자들에게 말했다.

"가혹한 정치는 호랑이보다 사납다는 것을 명심하라."

이 말은 춘추 시대 말 공자의 고국인 노(魯)나라의 대부(大夫) 계손씨(季孫氏)가 세금을 혹독하게 징수하고 백성들의 재산을 강제로 빼앗은 일을 빗대어 말한 것이다.

나라를 꾸려가려면 돈이 필요하겠지만, 지나치게 세금을 징수하는 것은 결코 바람직하지 못하다. 따라서 이 말은 고금의 위정자들이 새겨 두어야 할 내용이다.

각주구검 刻舟求劍

새길 **각** · 배 **주** · 구할 **구** · 칼 **검**

[出典] 《여씨춘추(呂氏春秋)》
[文意] 칼이 물에 빠지자 뱃전에 표시해 두었다가 찾는다.
[解義] 미련하여 융통성이 없음을 이르는 말.

춘추 전국 시대 초(楚)나라 사람의 이야기이다. 그는 매우 소중한 칼을 품에 안고 양쯔강을 건너고 있었다.

강 한가운데쯤 왔을 때 그만 그 칼을 물에 빠뜨리고 말았다. 그는 즉시 주머니칼을 꺼내서 칼을 빠뜨린 부분의 배에 자국을 내어 표시해 놓았다.

'칼이 떨어진 자리에 표시해 놓았으니 이 다음에 와서 칼을 찾을 수 있겠지.'

배가 언덕에 닿자 뱃전에 표시를 해놓은 물 속으로 뛰어들었다. 그는 칼을 찾기 시작했으나 이곳 저곳 아무리 찾아도 보이지 않았다.

그는 배가 움직였다는 사실을 생각하지 않았던 것이다.

이처럼 뱃전에 표시한 것을 따라 강물에 빠진 검을 찾는다는 뜻의 '각주구검'은 너무도 완고하여 임시변통술이 없다, 융통성이 전혀 없다, 또는 그런 사람을 가리키는 말로 쓰이게 된 것이다.

진나라 장군 백기(白起)가 조나라 효성왕(孝成王)에게 편지를 보냈다. 염파 장군을 조괄로 대체하는 편이 낫다는 내용의 편지였다.

효성왕이 염파 장군을 조괄로 대체하려 하자 인상여가 반대 상소를 올렸다.

'조괄은 단지 병법의 이론에만 밝을 뿐 여러 가지 변화에 대처하는 융통성이 없다'는 내용이었다.

그러나 효성왕이 이를 듣지 않고 조괄을 장수로 삼는 바람에 조나라군은 대패하여 국가의 존망이 위태롭게 되었다.

간담상조 肝膽相照

간 **간** · 쓸개 **담** · 서로 **상** · 비출 **조**

出典 《후청록(侯鯖錄)》
文意 간과 쓸개를 서로 본다.
解義 서로 꾸미고 감춤이 없이 마음의 문을 열어놓고 사귐.

당(唐)나라 때의 문인 한유(韓愈)는 우정을 중시한 인물로서 그에게는 훌륭한 친구들이 많았다.

그 중 유종원(柳宗元)은 그 당시 수구파와의 싸움에 밀려 유주자사(柳州刺史)로 좌천되는 불행을 겪게 되었다. 이때 그의 동료 문인이자 절친한 벗이었던 유우석(劉禹錫) 역시 파주(播州)의 자사로 좌천되었다.

유종원은 유우석의 좌천 소식을 접하고 눈물을 흘리며 이렇게 말했다.

"파주는 깊숙한 두메로 살 만한 곳이 못 된다. 더욱이 노모와 함께는 갈 데가 아니니 내가 대신 가야겠다."

유종원은 즉시 황제에게 상소를 올렸고, 그 결과 유우석은 파주보다는 환경이 좀더 나은 연주(連州)로 가게 되었다.

훗날 한유는 유종원을 위해 쓴 《유자후묘지명(柳子厚墓誌銘)》이라는 글에서 유종원의 깊은 우정을 되새기며 이런 글을 남겼다.

'사람이 어려운 처지에 놓였을 때 비로소 참다운 의리를 알 수 있다. 평상시 아무 일 없을 때는 서로 그리워하고 즐거워하며 연회석상에 놀러다니며 서로 사양하고, 쓸개나 간을 꺼내 보이고 해를 가리켜 눈물을 흘리며 죽어도 배반하지 않는다고 맹세할 수 있다.

그러나 일단 머리칼 한 가닥만큼의 이해 관계라도 생기면 거들떠 보지도 않고 아는 척도 하지 않는다. 함정에 빠져도 손을 뻗어 구해 주기는커녕 오히려 더 깊이 차 넣고 돌을 던지는 사람이 많다. 이런 행위는 무지한 짐승도 차마 하지 못하는데, 그런 사람들은 오히려 스스로 뜻을 얻었다고 자부한다.'

간장막야 干將莫耶

방패 간 · 장수 장 · 말 막 · 어조사 야

- [出典] 《순자(荀子)》〈성악편(性惡篇)〉
- [文意] 명검도 사람의 손을 거쳐야 빛이 난다.
- [解義] 사람도 교육을 통해 선도해야만 역량을 발휘할 수 있다.

오(吳)나라에는 유명한 대장장이 간장(干將)이 그의 아내 막야(莫耶)와 행복하게 살고 있었다. 그 당시 오나라 왕 합려(闔閭)는 간장을 불러 명검 두 자루를 만들도록 명령했다.

간장은 이 나라에서 제일가는 대장장이라는 공식 인정을 받아 최선을 다해 검을 만들기로 했다.

그는 정선된 청동만으로 칼을 주조하기 시작했는데, 이 청동이 3년이 지나도 녹지 않는 것이었다. 왕의 독촉은 매일매일 계속되고, 청동은 녹을 기미조차 보이지 않았으므로 그의 걱정은 이만저만이 아니었다.

그는 어떻게 하면 이 청동을 하루 속히 녹여 검을 만들 수 있을까 하는 걱정으로 뜬눈으로 밤을 새우는 날이 허다했다.

그러던 중 그의 아내 막야가 청동을 녹일 방법을 알아냈다. 그것은 부부의 머리카락과 손톱을 잘라 용광로에 넣고 소녀 3백 명이 풀

무질을 하는 것이었다.

　막야의 말대로 하자 과연 청동은 서서히 녹기 시작하더니 명검으로써 손색이 없을 만큼 제 형태를 드러내기 시작했다.

　간장은 검이 완성되자, 한 자루에는 막야라는 이름을 새겼고, 또 다른 한 자루에는 간장이라고 새겼다.

　이 검은 그 어느 칼보다 단단하고 예리했으므로 높이 평가받게 되었고, 이로부터 '간장막야'라는 말로써 명검을 나타내게 된 것이다.

　그런데 순자는 이렇게 말했다.

　"아무리 명검일지라도 그 자체로써는 명검이 될 수 없고 반드시 인위적인 과정을 거쳐야 명검이 될 수 있다. 사람의 성품도 이와 같아서 악한 본성을 예로써 교육시켜야만 참된 인간이 될 수 있다."

강노지말 強弩之末

강할 **강** · 쇠뇌 **노** · 의 **지** · 끝 **말**

- 出典 《사기(史記)》
- 文意 힘차게 나간 화살도 어느 지점에서는 힘없이 떨어진다.
- 解義 아무리 강한 군사도 원정을 나가면 힘이 쇠하기 마련이라는 말.

한 고조(漢高祖)는 자기보다 몇 배나 많은 항우의 군사를 패배시켰다. 그러자 흉노쯤이야 하는 생각으로 정벌하려고 출전했다가 포위당했다.

진평(陳平)의 묘안으로 간신히 포위망을 벗어난 이후, 한 고조는 흉노족과 화친을 맺고 매년 선물을 보냈다. 그러나 선우는 자주 약속을 어기고 무례하게 행동했다.

무제(武帝)가 즉위한 후 흉노족을 응징하기로 결정했다. 어사대부 한안국(韓安國)은 흉노를 공격하려는 원정 계획을 반대하며 그 이유를 말했다.

"힘찬 활에서 튕겨나간 화살도 마지막에는 비단조차 뚫기 어렵습니다."

이 말을 듣고 한 무제는 응징을 포기했다.

그러자 강경파인 왕회는 새로운 계책을 진언하였다.

"그렇다면 흉노로 하여금 한나라를 치게 만들어 우리가 맞아 싸우는 방법을 쓰겠습니다."
하고 몰래 마읍(馬邑) 안에 30만 군사를 복병시킨 후 안문군(雁門君) 마읍의 호족 섭일로 하여금 간첩이 되어 흉노로 도망가서 선우에게 다음과 같이 말하게 하였다.

"섭일은 마읍의 신임이 두터운 호걸로 지금 마읍은 정세가 혼란하니 반란을 일으켜 현령과 관리의 목을 쳐 성 위에 걸어 놓을 테니 공격하여 들어오게" 하는 밀명을 내렸다. 그의 말이라면 선우도 믿을 정도였다. 선우는 섭일에게 반란을 일으켜 그렇게 하도록 허락하는 한편 밀정을 보내어 마읍의 상태를 탐지하도록 하였다.

이때 흉노의 선우는 전에 흉노의 세력을 크게 떨쳤던 묵특의 손자 군신 선우였다. 섭일은 죄수의 목을 성벽에 높이 매달아 성내의 반란이 성공한 것처럼 가장하였다.

밀정은 성벽에 매달은 목이 마읍의 현령과 관리들인 줄 알고 선우에게 연락하니 선우는 10만의 기병을 거느리고 마읍 공격에 나섰다. 선우는 장성을 넘어 약탈을 자행하면서 마읍을 향해 내려오는데 소·말·양 떼들이 초원 가득히 방목되어 있는데도 사람의 그림자는 한 사람도 보이지 않았다.

의아한 생각이 든 선우는 장성 가까이 있는 봉화대를 급습하여 봉화대 책임자를 신문하였다.

그런데 봉화대의 책임자는 고급 간부는 아니었지만 제1선을 담당하는 지휘자였으므로 한나라의 복병 계획을 알고 있었다. 신문에 못 이긴 봉화대 책임자는

"한나라의 군대 30만 명이 마읍 안에 숨어 있습니다."

고 말하였다.

"하마터면 한나라에 속을 뻔하였구나!"

선우는 마읍 공격에 나섰던 10만의 기병을 모두 철수시킴으로써 한나라의 복병 계획은 완전히 실패로 돌아가고, 30만의 한나라군은 맥이 빠져 버렸다.

개과천선 改過遷善

고칠 개 · 허물 과 · 옮길 천 · 착할 선

出典 《진서(晉書)》
文意 지난간 허물을 고치고 착한 사람이 됨.
解義 악한 자가 선한 자로 탈바꿈하는 것을 말함.

진(晉)나라 혜제 때 양흠 지방에 주처(周處)라고 하는 망나니가 있었다.

주처의 아버지 주방은 동오(東吳)의 파양태수를 지냈으나 주처가 어렸을 때 세상을 떠났다. 주처는 아버지의 가르침과 보살핌을 잃은 뒤부터 천방지축 방탕한 생활을 하며 지냈다.

그는 남달리 몸이 강인하고 힘도 보통사람이 도무지 상대할 수 없을 정도여서 걸핏하면 남을 두들겨 팼기 때문에 마을 사람들은 그를 보면 슬금슬금 피했다.

주처가 철이 들어감에 따라 자신의 과오를 깨닫고,
'지난 허물을 과감히 고치어 새로운 사람이 되겠다.'
고 굳은 결심을 하였다.

그리하여 어느 날 마을 사람들이 모두 모인 자리에서 물었다.
"지금 세상이 태평하여 모두들 걱정 없이 잘 사는데 왜 여러분들은 나만 보면 얼굴을 찡그리십니까?"

　모두들 머뭇거리고 있을 때 어느 대담한 마을 사람이 나서서 대답했다.

　"세 가지 해로움도 제거하지 못했는데 어찌 태평을 논할 수 있겠나?"

　"세 가지 해로움이라니요?"

　주처는 이상히 여겨서 물었다.

　"남산에 있는 사나운 호랑이, 장교(長橋) 아래에 있는 교룡(蛟龍), 그리고 바로 주처 자네를 합하여 세 가지 해로움이라 하는 걸세."

　주처는 그 사람의 말을 듣고는 더욱더 새로운 사람이 되어야겠다는 각오를 굳혔다. 그리고 자신 있게 다짐했다.

　"제가 반드시 그 세 가지 어려움을 제거할 것입니다."

　마을 사람들은 주처의 맹세를 듣고는 마음 속으로 다행한 일이라고 제각기 경하해 마지않았다.

　그리하여 주처는 검을 들고 남산에 올라가 맹호를 잡아 죽였다. 다시 장교 아래의 물에 뛰어들어 교룡과 싸움을 벌였는데, 사흘 밤낮이 지나도 주처는 돌아오지 않았다.

　마을 사람들은 주처가 교룡에게 잡혀먹혔다고 모두 손들 들어 기뻐하며 어쩔 줄을 몰라했다.

　그러나 주처는 악전고투 끝에 교룡을 죽이고 살아 돌아왔다. 이를 본 마을 사람들은 별로 반갑게 여기지 않았다.

　주처는 아직도 자기에 대하여 마을 사람들이 미움을 품고 있음을 깨닫고 허물을 고쳐 착한 사람이 되겠다는 마음의 각오를 더욱더 굳게 다졌다.

그래서 그는 정든 고향을 등지고 동오에 가서 대학자 육기(陸機)와 육운(陸雲) 형제를 만나 솔직담백하게 말했다.

"전에 저는 나쁜 짓을 헤아릴 수 없이 많이 했습니다. 그러나 이제부터는 뜻을 세워 착한 사람이 되려고 합니다. 하지만 너무 늦은 감이 있어 두렵습니다."

"자네는 나이가 아직 젊네! 굳은 의지를 가지고 개과천선(改過遷善)하면 자네의 앞길은 창창할 것일세."

하고 육운이 격려를 아끼지 않았다.

이때부터 주처는 뜻을 세워 동오에서 글을 배웠다. 이후 십여 년 동안 학문을 닦고 익혀 마침내 유명한 대학자가 되었다.

이 성어는 자신의 허물을 고친다는 의미에는 '개과자신(改過自新)'이라고도 한다. 그 외에도 개사귀정(改邪歸正)과 방하도도(放下屠刀)라는 말도 함께 사용한다.

거재두량 車載斗量

수레 거 · 실을 재 · 말 두 · 헤아릴 량

- [出典] 《삼국지(三國志)》
- [文意] 수레에 싣고 말(斗)로 셈할 수 있을 정도.
- [解義] 헤아릴 수 없을 정도로 많은 인재.

《삼국지(三國志)》를 읽어 보면, 많은 인물이 나오는데, 그 중에서는 각국을 돌아다니며 유세하는 세객(說客)으로 이름을 떨친 재사들이 무수히 등장한다.

장송(張松)이란 세객이 있었다. 그는 익주자사 유장(劉璋)의 밑에서 일하고 있었다.

어느 날 유장이 장로(張魯)에게 공격을 받았다. 장로는 자신의 어머니와 동생을 죽인 유장에게 원한을 품고 대대적인 복수전을 펼쳤다.

다급해진 유장은 회의를 소집하고 대책을 강구했지만 이렇다 할 만한 방법이 없었다.

이때 장송이 조조의 지원을 요청하겠다고 유장에게 말했다.

그러나 조조는 그 당시 명실공히 천하의 제왕으로 군림하고 있었으니 장송 따위를 만날 이유가 없었다. 장송은 조조를 사흘이나 기다렸다가 가까스로 만날 수 있었다.

장송이 설득하자 조조는 듣기만 하고 있었다. 때마침 조조의 모사 양수(楊修)가 들어와 장송의 의도를 짐작하고 비꼬듯 말했다.

"유장에게 이토록 인재가 없단 말이오?"

장송은 이 말을 듣고는 이렇게 되받아쳤다.

"유장의 주위에는 문무를 겸비한 충성스런 사람이 수백 명이오. 그러한 사람은 수레에 싣고 말로 잴(車載斗量) 정도로 많소."

이에 양수는 얼굴이 벌개져서 입을 다물었다.

건곤일척 乾坤一擲

하늘 건 · 땅 곤 · 한 일 · 던질 척

[出典] 한유(韓愈)의 시
[文意] 승부를 겨룸.
[解義] 나라의 탈취와 같은 큰 표적을 두고 잃느냐 그렇지 못하느냐의 큰 승부의 겨룸에 쓴다.

'건곤'은 본래 《주역(周易)》의 두 가지 괘명으로써 천지, 천하를 뜻하고, '일척'은 모든 것을 단 한 번에 내던지는 것을 뜻한다. 따라서 '건곤일척'은 하늘과 땅을 내걸고 승부나 성패를 건다는 뜻이다. 즉 흥하든지 망하든지 하늘에 자신의 운명을 맡기고 어떤 일을 단행하는 것을 비유한다.

이 말은 당(唐)나라의 대문호요, 당송 팔대가(唐宋八大家)의 한 사람인 한유(韓愈)가 홍구(鴻溝)를 지나가다가 읊은 회고시(懷古詩) '과홍구(過鴻溝)'에 나오는 구절이다.

용은 피로하고 호랑이는 지쳐 강을 사이로 땅을 나누니
억조창생들의 목숨이 보존되는구나
누가 군왕이 말머리를 돌릴 수 있도록 권할까
정녕 천하를 걸고 겨루었던가(眞成一擲賭乾坤)

항우와 유방은 진나라의 타도를 위해 서로 협력하였으나 그 목적이 이루어지자 천하의 패권을 놓고 서로 겨루게 되었다.

항우가 반란군을 토벌하고 있는 틈에 한왕 유방이 군사를 일으켜 관중(關中) 땅을 병합해 버렸다.

최초로 관중을 평정한 자가 관중의 왕이 된다는 공약이 무시되고, 관중에 누구보다 먼저 들어갔음에도 불구하고 항우에 의해 파촉(巴蜀)의 왕으로 봉해진 점이 유방의 최대 원한이 되었다. 이윽고 관중을 수중에 넣은 유방은 우선 항우에게 다른 뜻이 없음을 알려 놓고, 서서히 힘을 길러 후일 관외로 진출할 기회를 노리고 있었다.

이듬해 봄, 항우는 제(齊)나라를 공격했으나 항복시키지 못했다. 바로 그때가 적절한 시기라고 생각한 유방은 초나라의 의제를 위해 상을 치르고 역적 항우를 토벌할 것을 제후들에게 알린 후, 군사를 이끌고 초나라를 공격해 도읍 팽성을 빼앗았다.

항우는 이 소식을 듣고 군사를 몰아 팽성 주변에서 한나라군을 크게 격파해 버렸다. 유방은 겨우 목숨만 건진 채 영양(榮陽)까지 도망쳤거나 적중에 아버지와 부인을 남겨 놓는 등 비참한 결과를 가져왔고, 영양에서 다소 기세를 회복했으나 재차 포위당해 거기서도 겨우 탈출하는 꼴이 되고 말았다.

그후 유방은 한신이 제나라를 손에 넣음에 이르러 겨우 세력을 증가시키고, 또 관중에서 병력을 지원받아 여러 차례 초나라군을 격파시켰으며, 팽월(彭越)도 양(梁)나라에서 초나라군을 괴롭혔으므로 항우는 각지로 전전하게 되었다. 게다가 팽월에게 식량 보급로까지 끊겨 진퇴양난의 궁지에 몰리고 말았다.

마침내 항우는 유방과 화평을 맺고 천하를 양분하여 홍구에서 서쪽을 한나라로, 홍구에서 동쪽을 초나라로 양분하기로 한 다음 유방의 아버지와 부인을 돌려보내기로 했다.

항우는 약속이 되었으므로 군사를 이끌고 귀국했으며, 유방도 철수키로 하였으나 마침 그것을 본 장량(張良)과 진평(陳平)이 유방에게 진언했다.

"한나라는 천하의 태반을 차지하고 제후도 따르고 있으나, 초나라는 군사가 피로하고 식량도 없습니다. 이것이야말로 하늘이 초나라를 멸망시키려는 것으로 굶주리고 있을 때 없애 버려야 합니다. 지금 공격하지 않으면 호랑이를 길러 후환을 남기는 결과가 됩니다."

그래서 유방은 결심을 하고 이듬해 초나라군을 추격하여 드디어 한신, 팽월 등의 군사와 함께 항우를 해하(垓下)에서 무찌르고 천하의 패권을 잡았다.

한유는 이 역사적인 일을 홍구 땅에서 회상하며 이것이야말로 천하를 건 큰 도박이라고 읊었던 것이다.

견토지쟁 犬兎之爭

개 견 · 토끼 토 · 갈 지 · 다툴 쟁

出典 《전국책(戰國策)》
文意 개와 토끼의 다툼.
解義 쓸데없는 다툼을 뜻하기도 하고 양자의 싸움에서 제삼자가 이익을 보는 것을 비유한다.

전국 시대 세객(說客) 순우곤은 기지와 변론이 뛰어난 인물로 유명했다. 그가 제(齊)나라 선왕(宣王)에게 중용되었을 때의 일이다.

하루는 제 선왕이 위(魏)나라를 공격하려는 뜻을 비치자, 순우곤은 다음과 같은 비유를 들어 그 뜻을 거두라고 간언했다.

"옛날에 한자로(韓子盧)라는 빠른 개와 동곽준(東郭逡)이라는 토끼가 있었습니다. 하루는 한자로가 동곽준을 잡으려고 뒤쫓아 달려갔습니다. 개와 토끼는 수십 리에 이르는 산기슭을 세 바퀴나 돌았고, 높은 산을 다섯 번이나 오르락내리락하여 결국에는 모두 지쳐 쓰러져 죽게 되었습니다. 때마침 그곳을 지나던 농부가 힘을 들이지도 않고 개와 토끼를 모두 얻었습니다. 지금 제나라와 위나라는 오랫동안 대치하여 병사들과 백성들은 지칠 대로 지쳐 있으며 쇠약해졌습니다. 신은 진(秦)나라나 초(楚)나라가 농부가 힘들이지 않고 차지한 성과와 같은 것을 거두려 하지 않을까 걱정됩니다."
 이 말을 들은 선왕은 자신의 계획을 중지하고 병사들과 백성들을 쉬게 했다.

 제나라 수도인 임치는 태산 동쪽 약 150km 지점에 있는 전국 시대 굴지의 대도시였다. 이 임치성에는 성문이 13개 있었다고 하는데 그중에서도 서문의 하나인 직문은 천하의 학자들이 모여 학문이나 사상에 대하여 연구하고 그 결과를 기탄없이 토론하는 이른바 백가쟁명의 요람지라고 할 수 있었다.
 일찍이 위왕(威王)이 즉위하던 해는 위나라 문후가 죽은 지 30년이 되는 해였다. 당시 위나라는 진(晉)나라로부터 삼가 분할에 의해 성립한 신흥 국가이면서도 전국 칠웅 가운데 가장 먼저 강국의 위치를 차지하고 있었다.
 이처럼 위나라가 강하게 된 원인은 훌륭한 인재를 등용한 데 있었음을 안 위왕은 직문 부근에 호화 저택을 짓고 인재를 모아들여 학문 토론의 광장으로 삼았다.
 그들에 대한 대우도 후한 급료를 주어 자유로운 토론과 연구를 하게 하고 일정한 일은 맡기지 않았으므로 이들 학자들은 다른 분야의 학자에게서 무엇인가 새로운 지식을 얻으려 하였다.
 이 직문의 초대 간부가 순우곤이었다는 설이 있는 점으로 미루어 보아, 이 직문의 학자촌 건설이 순우곤이었다는 것인지도 모른다.
 이 직문에는 여러 가지 사상과 학술을 연구한 학자들이 여러 나라로부터 모여들었다. 성선설(性善說)을 주장한 맹자(孟子)와 성악설(性惡說)을 주장한 순자(荀子)는 시대가 다르기 때문에 서로 얼굴을 맞댄 일은 없었지만 같은 시대의 여러 학파의 학자들은 이 직문에 모여 매일 자유로운 토론을 하였다.

　사람들은 이것을 가리켜,

　"백가 쟁명"

이라 불렀다. 제자백가(諸子百家)로 불리는 각양 각색의 사상을 주장하고 상대방의 학문 사상을 논평하는 것이다.

　직문의 백가쟁명은 중국의 학문·사상의 황금 시대였다고 할 수 있다. 토론과 논쟁으로 인하여 학문·사상은 더욱 성숙·발전되었고 새로운 것을 창조해냈다.

　이런 면에서 볼 때 제나라의 위왕이나 선왕의 공적은 침략당한 토지를 돌려받거나 제나라의 위엄을 널리 천하에 떨친 것보다는 직문에 학자를 모아 백가쟁명의 분위기를 보장하고 장려했다는 점이 더 높이 평가되어야 할 것으로 생각된다.

결초보은 結草報恩

맺을 **결** · 풀 **초** · 갚을 **보** · 은혜 **은**

- 出典 《춘추좌씨전(春秋左氏傳)》
- 文意 풀을 엮어 은혜를 갚다.
- 解義 죽어서도 은혜를 잊지 않고 갚겠다는 뜻.

춘추 시대 진(晉)나라에 위무자(魏武子)라는 사람이 있었다. 그에게는 사랑하는 첩이 있었으나 그들 사이에는 자식이 없었다. 그래서 무자는 병이 들자 아들인 과(顆)를 불러 말했다.

"내가 죽으면 반드시 다른 곳으로 시집보내도록 하여라."

그러자 병이 악화되자 이번에는 이렇게 말했다.

"죽여서 함께 묻어 달라."

아버지가 돌아가시자 위과는 그녀를 다른 곳으로 시집보내면서 말했다.

"병이 심해질 적에는 머리가 혼란을 일으키게 마련이다. 나는 병세가 악화되기 전의 아버님 말씀에 따르는 것이다."

그후 선공(宣公) 15년 7월에 진(秦)의 환공(桓公)이 진나라를 쳐서 군대를 보씨(輔氏)에 주둔시켰다. 이 보씨의 싸움에서 위과는 진나라의 이름난 역사(力士) 두회(杜回)를 사로잡았다.

그런데 이 날의 결전은 이상했다. 싸움이 벌어지고 있는 그 자리엔 풀이 무성하게 자라 있었는데, 그 풀들은 다른 풀과 매듭이 만들어져 있었다.

두회가 이끄는 군졸과 전마들이 그 매듭에 걸려 순식간에 넘어지기 시작했다. 말 위에 있던 진나라 병사들은 여지없이 땅바닥에 곤두박질했고, 두회마저 낙마하여 포로가 되었던 것이다.

그날 밤 위과의 꿈속에 한 노인이 나타나서 말했다.

"나는 그대가 시집보내 준 여자의 아비 되는 사람이오. 그대가 선친의 바른 유언에 따랐기 때문에 내가 은혜를 갚은 것이오."

경국 傾國

기울어질 경 · 나라 국

[出典] 《한서(漢書)》
[文意] 임금이 여인의 미모에 반해 나라가 기울어짐.
[解義] 얼굴이 빼어난 미인이어서 나라가 흔들릴 정도로 위태로움. 또는 그런 용모의 여인.

한 무제(漢武帝)를 모시던 악사 이연년(李延年)이라는 사람이 있었다. 그는 음악에 재능이 뛰어나 노래는 물론이고 편곡이나 작곡에도 뛰어났으며, 아울러 춤에도 탁월하여 무제의 총애를 듬뿍 받았다.

하루는 한 무제 앞에서 춤을 추며 이런 노래를 불렀다.

북방의 아름다운 여인 있어
둘도 없이 우뚝 섰네
눈길 한 번에 성이 기울고
눈길 두 번에 나라가 기운다
성을 기울이고 나라를 기울게 함을 어찌 모르리(寧不知傾城與傾國)
아름다운 여인은 다시 얻기 어렵구나(佳人難再得).

한 무제는 이 노랫소리를 듣고, 과연 이러한 여인이 있는지 물었다. 이때 곁에 앉아 있던 누이 평양공주(平陽公主)는 이연년의 누이동생이 바로 그러한 미인이라며 귀엣말을 했다.

한 무제는 즉시 그녀를 불러들였는데, 이연년의 노래대로 매우 아름다웠으며 춤도 잘 추었다.

한 무제는 한눈에 그녀의 아름다움에 빠져들게 되었다. 이 여인이 바로 《한서》에 기록된 이 부인(李夫人)이다.

경원 敬遠

공경할 경 · 멀 원

出典 《논어(論語)》
文意 공경을 하나 멀리한다.
解義 겉으로는 존경하는 듯하나 내심으로는 꺼리고 멀리한다.

하루는 공자의 제자 번지(樊遲)가 이런 질문을 했다.
"선생님, 안다는[知] 것은 무엇입니까?"
공자는 말했다.
"백성들을 의롭게 만드는 데 힘쓰고 귀신은 공경하되 멀리하며, 이것을 안다고 할 수 있다."
또한 이런 글이 보인다.
'공자는 괴이함, 폭력, 문란, 귀신에 대해서는 말하지 않았다.'
공자는 귀신과 같은 불가사의한 존재에 의지하여 인격을 완성하기보다는 현실세계에서의 도덕적인 완성을 중요시하여 이러한 말을 한 것이다.
그러나 오늘날 '경원'은 그 본의에서 벗어나 자신보다 실력이나 인격이 더 빼어나면 사귀기를 꺼리고 멀리한다는 의미로 바뀌게 되었다.

계군일학 鷄群一鶴

닭 **계** · 무리 **군** · 한 **일** · 학 **학**

- 出典 《진서(晉書)》
- 文意 닭의 무리 속에 한 마리의 학.
- 解義 평범한 사람들 속에 뛰어난 인물이 있는 것을 비유한다.

이 고사는 《진서(晉書)》《혜소전》에 보인다.

위진 시대(魏晉時代)에는 혼란스러운 세상을 피해 산 속으로 들어가 문학과 사상, 음악 등을 하며 세월을 보내던 선비가 적지 않았다. 이들 중 대표적인 인물은 '죽림칠현(竹林七賢)'으로 불리는 일곱 명의 선비로 완적(阮籍), 완함(阮咸), 혜강, 산도(山濤), 왕융(王戎), 유령(劉伶), 상수(尙秀) 등을 일컫는다.

이들 가운데 혜강은 특히 문학적 재능이 뛰어났는데, 무고하게 죄를 뒤집어쓰고 처형을 당하게 되었다. 당시 그의 자식으로는 열 살배기 아들 혜소가 있었다.

혜소는 장성하면서 아버지의 풍모를 많이 닮아갔다. 혜강의 친구 중 한 사람이 혜소를 무제(武帝)에게 천거하며 이렇게 말했다.

"아버지와 자식간의 죄는 서로 연좌하지 않는다고 했습니다. 옛날, 춘추 시대 진(晉)나라의 극결은 아내와 정답게 농사지으며 살던 중 문공(文公)의 대부가 되었습니다. 혜소는 극결에 뒤지지 않을 만큼 총명하니 비서랑(秘書郎)으로 임명하십시오."

무제는 밝은 안색으로 말했다.

"경의 말대로면 승(丞)의 자리를 주어야 할 것이오."

그리고는 혜소를 비서랑에 임명했다.

혜소가 궁궐로 들어가던 날, 그의 모습을 멀리서 지켜보던 이가 있었다. 그 사람은 다음날 왕융을 찾아와 이렇게 말했다.

"어제 구름같이 많은 사람들 틈에 끼여서 궁궐로 들어가는 혜소를 보았습니다. 그 모습은 마치 닭의 무리 속에 한 마리의 학(鶴群一鶴) 같았습니다."

혜소는 나중에 시중(侍中)으로 승진하여 올바르고 곧게 처신하는 데 온 힘을 기울였다.

※ **군계일학(群鷄一鶴)**이라고도 한다.

계륵 鷄肋

닭 계 · 갈빗대 륵

[出典] 《후한서(後漢書)》
[文意] 닭 갈비.
[解義] 닭의 갈비는 뜯어먹을 살이 없으나 버리기에는 아깝다는 뜻.

삼국 시대(三國時代)가 나타나기 1년 전, 즉 후한 헌제(獻帝)의 건안 24년의 일이다. 익주(益州)를 차지한 유비(劉備)는 한중(漢中)을 평정시킨 다음, 위(魏)나라의 조조를 맞아 역사적인 한중 쟁탈전을 벌이고 있었다.

싸움은 수 개월에 이르렀다. 유비의 병참은 후방 근거지를 제갈량이 확보하고 있는 데 반해 조조는 병참이 혼란에 빠져 도망병이 속출하고 전진도 수비도 불가능한 상태였다.

그러던 어느 날 저녁 조조에게 닭요리가 바쳐졌다. 먹자 하니 먹을 것이 없고 버리자 하니 아깝고, 닭의 갈비가 꼭 오늘의 자기 처지와 같다고 생각되었다.

이때 그의 장수 하후돈이 야간 군호를 하달해 달라고 하기에 조조는 무심코 '계륵'이란 명령을 내렸다. 부하들은 무슨 소리인지 몰라 어리둥절해할 뿐이었다.

그런데 참모인 양수(楊修)는 조조의 이 명령을 듣자 혼자서 부지런히 장안으로 귀환할 준비를 하기 시작했다. 모두들 놀라 그 까닭을 묻자 양수는 이렇게 대답했다.

"닭의 갈비뼈는 먹을 만한 데가 없다. 그렇다고 버리기도 아깝다. 한중을 이에 비유했으므로, 왕께서는 귀환하기로 결정하신 것이다."

과연 조조는 위나라의 전군을 한중에서 철수시켰다.

그러나 유언비어를 퍼뜨렸다는 죄목으로 양수는 목이 달아나는 참수형에 처해졌다.

계명구도 鷄鳴狗盜

닭 계 · 울 명 · 개 구 · 도적 도

出典 《사기(史記)》
文意 닭처럼 울고 개처럼 들어가 좀도둑질을 함.
解義 아무리 미천한 사람도 작은 재주가 있으면 남을 도울 수 있다.

전국 시대 때 6국의 왕과 귀족들은 인재의 초청에 온갖 열의를 기울였다.

특히 제(齊)나라의 맹상군은 식객을 우대한 것으로 유명하여 설사 범죄자라 할지라도 한 가지 재주가 뛰어나기만 하면 모두 받아들이니, 그의 문중은 항상 3천 명을 헤아렸다고 한다.

진(秦)나라의 소왕(昭王)이 제(齊)나라의 귀족인 맹상군(孟嘗君)의 현명함을 듣고 볼모를 보내고 맹상군을 만나기를 요청했다. 맹상군이 진나라로 가려고 하자 빈객들은 모두 반대했다.

그러나 그가 듣지 않자, 소대(蘇代)가 이렇게 말했다.

"오늘 아침 제가 밖에서 돌아오는데 나무인형과 흙인형이 말하는 것을 들었습니다. 나무인형이 '하늘에서 비가 오면 그대는 무너질 것이다'라고 말하자, 흙인형은 '나는 흙에서 태어났으니 무너져도 흙으로 돌아갈 뿐이다. 만약 하늘에서 비가 오면 그대는 떠내려가 멈추는 곳을 알지 못한다'라고 하였습니다. 지금 진나라는 호랑이와 이리 같은 나라입니다. 그런데 주군이 가고자 하시니 만약 다시 돌아오지 못하면 흙인형의 비웃음을 면치 못할 것입니다."

그래서 맹상군은 가지 않았다.

그런데 얼마 후에 맹상군은 왕명으로 진나라에 가게 되었다. 진의 소왕은 그를 보자마자 자국의 재상으로 삼으려 했다. 그러나 거기에는 강경한 반대 의견이 있었다.

"맹상군은 당대의 어진 사람이며, 또 제나라는 그의 왕국입니다. 국정을 맡게 되면 반드시 자기편 제나라의 이익을 생각하고 진나라의 일은 나중으로 미룰 것이니 위험합니다."

이리하여 소왕은 재상을 삼는 것을 그만두고 맹상군을 잡아 가두어 기회를 보아 암살하려고 했다.

이를 안 맹상군은 소왕의 애첩에게 사람을 보내어 석방토록 힘써 주기를 부탁했다. 그러자 애첩은

"그대가 가지고 있는 호백구(여우의 겨드랑이 흰털로 만든 고급 가죽옷)가 탐이 난다."

맹상군은 원래 값이 수천 금이나 되는 천하 일품인 호백구를 가지고 왔었는데 진나라에 와서 그것을 소왕에게 헌상해 버렸기 때문에 이 요구에 응할 수가 없었다. 그래서 식객 등과 의논을 거듭했지만 이렇다 할 묘안이 나오지 않았다.

이때 말석에서 도둑질하는 데 명수라는 사나이가 앞으로 나서서 말했다.

"제게 맡겨 주십시오."

사나이는 한밤중에 개의 흉내를 내면서 궁중의 창고로 숨어들어가 용케도 호백구를 훔쳐 가지고 나왔다.

이것을 애첩에게 바치자, 애첩은 소왕에게 간청하여 맹상군을 석방했다.

석방된 맹상군은 곧 진나라에서 탈출하고자 위장을 한 후 한밤중에 함곡관에 도착했다.

그런데 진나라 법에 닭이 울어야 관을 통과시키게 되어 있었다. 맹상군은 뒤쫓아오는 자가 염려되어 안절부절하고 있는데 식객 가운데 닭 울음 소리를 잘 내는 자가 있어 그가 닭 울음 소리를 한 번 흉내내자 그 소리를 듣고 닭들이 모두 울었다.

이에 맹상군은 통행증을 보이고 무사히 관을 통과하였다. 통과한 지 잠시 뒤에 진나라의 뒤쫓는 자가 관에 도착하였으나 이미 맹상군이 관을 통과한 뒤였기 때문에 그대로 돌아갈 수밖에 없었다. 맹상군은 작은 재주를 가진 이 두 사람 때문에 위기일발의 죽을 고비를 넘길 수가 있었다.

일찍이 맹상군이 이 두 사람을 빈객으로 대우하자, 다른 빈객들은 모두 이 두 사람과 함께 있기를 부끄럽게 여겼다. 그런데 맹상군이 진나라에서 위기에 부딪쳤을 때에는 결국 이 두 사람이 그를 구출하였다. 그 뒤부터는 빈객들이 모두 탄복하였다 한다.

계포일낙 季布一諾

사철 **계** · 베 **포** · 한 **일** · 승낙할 **낙**

[出典] 《사기(史記)》
[文意] 계포가 승낙함.
[解義] 한 번 약속하면 반드시 지킨다.

계포는 항우와 유방이 천하를 다툴 때, 항우의 대장으로 용맹을 떨쳤던 인물로 자신이 한 약속은 반드시 지키는 신의가 있는 사람이었다.

항우가 마지막 싸움에서 패하자, 유방은 천금의 현상금을 걸어 계포를 수배하고, 그를 숨겨 주는 자가 있으면 그의 삼족을 멸할 것이라고 하였다.

그렇지만 계포를 알고 있는 사람들은 현상금에 눈이 어두워 그를 체포하려는 자가 없었으며, 오히려 유방에게 그를 중요한 직책에 임명할 것을 권하였다.

그래서 계포는 유방의 조정에서 벼슬을 하면서 의로운 일에 힘썼으므로 모든 이의 신임과 사랑을 받게 되었다.

흉노의 선우가 당시 최고 권력자 여 태후를 깔보는 편지를 보내오자, 상장군 번쾌가 말했다.

"제게 10만 병력만 주시면 흉노족을 토벌하고 오겠습니다."
이때 계포가 소리쳤다.
"번쾌의 목을 자르십시오. 한 고조께서도 40만 대군을 이끌고 가셨지만 포위당한 적이 있었는데 10만 군대로 흉노를 응징하겠다는 것은 망발입니다. 번쾌는 아첨으로 나라를 시끄럽게 하려고 합니다."

모두들 얼굴이 새파랗게 질려 계포를 염려했다. 그러나 그후부터 여 태후는 두 번 다시 흉노 토벌 이야기를 하지 않았다.

변설가이며 권세와 물질욕이 강한 조구(曹丘)가 계포를 찾아가 말했다.

"초나라 사람들은 황금 백 냥을 얻는 것보다 계포의 한 마디 승낙(季布—諾)을 받는 것이 낫다고 말하는데 어떻게 그렇게 유명해지셨습니까? 우리는 동향인이고, 내가 당신의 얘기를 각처에 퍼뜨리면 당신의 이름도 온 천하에 유명해질 것입니다."

계포는 마음이 흐뭇해 조구를 빈객으로 극진히 대접했다. 과연 조구로 인해 계포의 이름도 세상에 널리 알려졌다.

고굉지신 股肱之臣

넓적다리 고 · 팔 굉 · 의 지 · 신하 신

出典 《서경(書經)》
文意 다리와 팔뚝에 비길 만한 신하.
解義 군왕이 가장 신임하는 신하를 가리킴.

순 임금이 말했다.

"신하들이여, 옆에 있으면서 도와주오. 옆에서 어려울 때 도와주는 사람이 참된 신하로다."

우가 그 말을 받았다.

"옳으신 말씀입니다."

순 임금은 차분한 어조로 다시 말을 이었다.

"그대들과 같은 신하들은 짐의 팔과 다리요, 눈과 귀로다. 내가 백성들을 돕고자 하니 그대들도 힘써 도와 달라. 내가 위엄을 온 천하에 떨치려 하거든 그대들이 대신해 달라. 나에게 어긋남이 있을 때에는 그대들이 나를 보필하여 규정(規正)해 달라. 내 앞에서 순종하는 척하고 물러간 후에 이러쿵저러쿵 쓸데없는 소리를 할 것이 아니라 그 자리에서 직접 충고해 달라. 그리고 전후 좌우의 동료들을 서로 공경하여 예의에 어그러짐이 없도록 하라. 관리들은 백성들의 뜻을

나에게 전하는 것이 임무이니 올바른 이치를 세상에 크게 선양(宣揚)
토록 할 것이며, 잘못을 뉘우치는 자가 있으면 받들어 등용하고 그렇
지 않은 자에게는 철퇴를 가해 나라의 위엄을 보이도록 하라."

　이와같이 순 임금은 신하들이 자신을 잘 보좌하여 제도와 형벌에
대해 힘쓸 줄 것을 당부했다.

고복격양 鼓腹擊壤

두드릴 고 · 배 복 · 두드릴 격 · 땅 양

- [出典] 《십팔사략(十八史略)》
- [文意] 이 낱말의 원어는 '실제로 임금님의 은덕을 크게 입으면서도 그것이 너무도 크고 또 이미 만성화하여 이젠 그의 고마움을 잊고 어찌 임금님의 힘이 나에게 미치리요 하고 자만·무감각하게 됐다'는 뜻.
- [解義] 태평성대에 의식(衣食)이 풍부하고 만족한 나머지 고복(배를 북 삼아 두드린다는 뜻)하여 노래부르면서 격양(擊壤)놀이를 즐긴다는 뜻이다. 우리나라에서 풍년이 들어 농부가 태평한 세월을 찬양하여 부르는 노래를 '격양가'라고 하는 것도 원출처는 '고복격양(鼓腹擊壤)'이다.

요(堯)·순(舜) 임금이라고 하면 중국에서는 쌍벽으로 불리우는 이상적인 임금들이다. '고복격양'이라는 말은 이중에서 요 임금과 관련된다.

매일같이 태평무사한 나날을 보내던 어느날, 요 임금은 문득 천하가 정말 잘 다스려지고 있으며, 백성들이 평화롭고 행복하게 잘 살고 있는가 하는 의문을 가지게 되었다.

하루는 민정 시찰차 평상복으로 갈아 입고 일반 서민층이 살고 있는 거리로 나갔다.
 그런데 어떤 네거리에 이르렀을 때, 한 무리의 어린이들이 모여서 요 임금의 공덕을 높이 찬양하는 노래를 부르고 있었다.

  우리 백성들이 이처럼 사는 것은(立我烝民)
  모두 임금님의 지극한 덕이네(莫匪苡極)
  아는 체를 하지 않고(不識不知)
  임금님의 뜻을 따르는구나(順帝之則).

 이것은 바로 요 임금의 덕을 칭송한 노래였다. 요 임금은 만면에 흐뭇한 미소를 지으며 다른 곳을 발걸음을 옮겼다.
 잠시 후, 요 임금은 백발의 한 노인이 배를 두드리고 땅을 구르며 흥겹게 노래부르는 것을 보았다.

  해가 뜨면 일을 하고(日出而作)
  해가 지면 쉰다네(日入而息)
  우물을 파서 마시고(鑿井而飮)
  밭을 갈아 먹으니(耕田而食)
  제왕의 힘이 어찌 나에게 필요하겠는가(帝力何有於我哉).

 이 노래의 내용은 요 임금이 이상적으로 생각했던 정치였다. 다시 말해서 요 임금은 백성들이 그 누구의 간섭도 받지 않고 스스로 일하고 먹고 쉬는, 이른바 무위지치(無爲之治)를 바랐던 것이다.
 그래서 요 임금은 자신이 지금 정치를 잘 하고 있다는 생각에 마음이 뿌듯해졌다고 한다.

고성낙일 孤城落日

외로울 **고** · 성 **성** · 떨어질 **낙** · 날 **일**

- [出典] 왕유(王維)의 시
- [文意] 고립된 성과 해가 지는 낙조.
- [解義] 세력이 쇠하여 점차 고립무원의 상태를 의미함.

왕유(王維)의 자는 마힐(摩詰)이다. 지금의 산서성 출신으로 개원(開元) 초기 진사에 급제하여 벼슬이 상서우승(尙書右丞)에 이르렀다. 그는 음악에 정통하고, 시를 잘 지었으며, 그림 또한 상당한 수준이었다.

왕유의 많은 시작 가운데 요즈음 밖의 쓸쓸한 정경을 노래한 시가 있다.

물론 이 시는 고립무원의 상태에 떨어져 원군이 오기를 기다리는 절박한 상황은 아니다. 그러나 그런 상태를 빗대어 멀리 전장터에 있는 친구를 생각하여, 도움을 줄 수 없는 자신의 마음을 거기에 대입한 것이다.

72 고성낙일(孤城落日)

장군을 따라 우현을 취하고 하니
모래밭으로 말을 달려 거연으로 향하네
멀리 한나라 사자가 소관 밖에 오는 것을 아니
근심스러운 것은 고성낙일이라(孤城落日).

고침안면 高枕安眠

높을 고 · 베개 침 · 편안 안 · 잘 면

[出典] 《전국책(戰國策)》
[文意] 베개를 높이 하고 편히 잠을 잔다.
[解義] 근심이나 걱정 없이 편히 살아가는 것을 뜻함.

전국 시대 때 큰 활약상을 보인 종횡가(縱橫家) 가운데 소진(蘇秦)과 장의(張儀)는 각각 합종(合縱)과 연횡(連衡)으로써 이름을 떨쳤다.

먼저 소진은 제(齊), 연(燕), 한(韓), 위(魏), 조(趙), 초(楚) 여섯 나라가 동맹을 맺어 진(秦)나라에 대항하도록 했다.

이러한 소진의 합종책을 뒤집어 진나라로 하여금 유리한 위치에 서게 한 사람이 바로 장의였다.

장의는 본래 진나라 혜문왕(惠文王)의 신임을 받았다. 그는 진나라를 위해 고의로 재상직을 버리고 위(魏)나라의 재상이 되어 위나라 애왕(哀王)에게 진나라를 섬기도록 설득했다.

그러나 애왕은 그 당시 합종에 가담하고 있었으므로 장의의 주장을 일축하고 듣지 않았다.

그러자 장의는 은밀히 진나라로 연락하여 위나라를 두 차례나 공격하도록 했으며, 그 다음 해에는 한(韓)나라를 공격하여 대승을 거두었다.

  일이 이렇게 되자 위나라 애왕뿐만 아니라 다른 제후들도 위협을 느껴 불안에 떨었다. 이 기회를 포착한 장의는 애왕에게 이렇게 말했다.

  "위나라는 영토도 좁고 병사도 적습니다. 그런데 사방으로 초나라나 한나라 같은 강력한 제후들이 핍박하고 있습니다. 위나라는 진나라를 섬기는 것이 최상입니다. 만일 진나라를 섬기게 되면 초나라나 한나라가 공격할 일은 없을 것입니다. 초나라와 한나라로부터의 재앙만 없다면 전하께서는 베개를 높이 하고 편안히 잘 수 있을 것이고(高枕安眠), 나라에도 근심이 없을 것입니다."

  결국 애왕은 합종책에서 빠져 나와 진나라와 우호조약을 맺었다.

고희 古稀

예 고 · 드물 희

[出典] 두보(杜甫)의 시 《곡강(曲江)》
[文意] 예로부터 드문 것을 뜻함.
[解義] 70세를 고희라 칭한다.

통상 '인생 70 고래희(古來稀)라고 한다. 공자(孔子)는 인생을 10년 단위로 끊어서 30 이립(而立), 40 불혹(不惑), 50 지명(知命), 60 이순(耳順)이라고 하였는데, 두보(杜甫)는 '인생 70 고희'라고 노래하였다.

이 말은 두보의 작품인 《곡강이수(曲江二首)》에 나오는 말이다. 곡강(曲江)이란 당나라 때의 수도인 장안(長安)에 있던 연못의 이름이다. 당시 두보는 좌습유(左拾遺)라는 벼슬에 있었으나 정계 실정에 실망하였으므로 내심 분노를 느끼고 있었다. 이것은 그런 무렵에 곡강가에서 술로써 현실을 회피하기 위해 지은 시라고 한다.

조정에서 물러나면 춘의(春衣)를 저당잡혀
매일처럼 강변(江邊)에서 만취하여 돌아간다
외상술값은 당연히 갈 곳이 있나니
인생 칠십은 옛날부터 드물다더라(人生七十古來稀)

곡학아세 曲學阿世

굽을 곡 · 학문 학 · 아첨할 아 · 인간 세

| 出典 | 《한서(漢書)》
| 文意 | 학문을 왜곡하고 세상에 아첨한다 뜻.
| 解義 | 정도(正道)에서 벗어난 학문을 닦아 세상에 아부한다는 뜻.

전한(前漢)의 효혜제(孝惠帝)는 등극과 동시에 천하에 인재를 구하여, 먼저 시인으로서 이름 높은 원고생(轅固生)을 초빙하여 박사(博士)로 삼았다.

그때 그의 나이 이미 90세였다. 강직하고 직언하기로 유명한 이 노인이 궁중에 들어오면 가까이 하기가 어렵게 된다 하여 황제에게 어떻게든 그에 대한 영입을 만류시키고자, 사이비 학자들은 뒷공작을 했으나 황제는 듣지 않고 기어이 원고생을 맞아들였다.

이때 원고생과 같이 초빙된 사람이 공손홍(公孫弘)이라는 소장학자였다.

멸시하는 눈초리로 대하는 공손홍에 대하여 원고생은 전혀 개의치 않고 이렇게 말했다.

"지금 학문의 길이 어지러워서 속설(俗說)이 유행하고 있소. 다행히도 자네는 아직 젊은 호학지사(好學之士)로 듣고 있소. 모쪼록 올바른 학문을 갈고 닦아서 세상에 널리 퍼뜨려 주기 바라오. 절대로 자기가 신봉하는 학설을 굽히면서 세상의 속물 따위에게 아첨, 아부하지 않도록 해주기 바라오."

선입감을 가지고 원고생을 좋지 않게 생각하던 공손홍은 그의 훌륭한 인격과 풍부한 학식에 감복하여 스스로 잘못을 뉘우치자, 무례(無禮)했던 일을 깊이 사죄하고 제자가 되었다.

공중누각 空中樓閣

하늘 공 · 가운데 중 · 다락 누 · 다락집 각

[出典] 《몽계필담(夢溪筆談)》
[文意] 공중에 떠 있는 누각.
[解義] 현실성이 없는 생각이나 계획.

심괄(沈括)이 지은 《몽계필담》이란 책에 다음과 같은 기록이 있다.

"등주(登州)는 사면이 바다로 둘러싸여 있는데 늦은 봄부터 여름까지 멀리 수평선 위로 누각들이 줄을 이은 도시가 보인다. 지방 사람들은 이것을 해시(海市)라고 한다."

그 뒤에 청(淸)나라 적호(翟灝)는 그가 지은 《통속편(通俗篇)》 속에 심괄의 이 글을 수록한 다음,

"지금 말과 행동이 허황된 사람을 가리켜 공중누각이라고 하는데 바로 이것을 말하는 것이다(今稱言行虛構者 曰空中樓閣 用比事)."
라고 기록하였다.

참된 바가 없거나 비현실적인 이야기 또는 문장을 '공중누각과 같다'고 하는 말이 이미 옛날부터 쓰여지고 있었음을 이 기록으로 알 수 있다.

과유불급 過猶不及

지날 과 · 같을 유 · 아니 불 · 미칠 급

[出典] 《논어(論語)》
[文意] 지나침은 미치지 못하는 것만 못하다는 말이다.
[解義] 지나침은 미치지 못함보다 못하다는 뜻으로써, 사물은 어느 쪽으로 든지 치우침 없이 중용의 길을 걸어야 한다는 뜻.

하루는 공자와 그의 제자 자공(子貢)이 이런 문답을 하였다.
"선생님, 자장(子張)과 자하(子夏) 중 누가 낫습니까?"
"자장은 지나친 면이 있고, 자하는 미치지 못하는 면이 있다."
"그러면 자장이 낫겠군요?"
"지나친 것은 미치지 못하는 것과 같다(過猶不及)."
《논어》의 <선진편>에 나오는 이 말은 한 쪽으로 치우치지 말라는 뜻으로 요즈음에도 흔히 쓰이고 있다. 또한 '중용'이란 말도 '과유불급'과 비슷한 뜻이다.

과전불납리 瓜田不納履

외 과 · 밭 전 · 아니 불 · 드릴 납 · 신 리

出典 《당서(唐書)》
文意 참외밭에서는 신발을 고쳐 신지 않는다.
解義 사람들로부터 혐의 받을 일은 하지 말라는 뜻.

유공권은 뛰어난 시인으로 당나라 원화(元和)년간에 진사를 지냈다. 한 번은 당 문종(唐文宗)이 유공권에게 물었다.

"요즘에 사람들이 조정의 정책에 대해 불만을 가진 게 있습니까?"

"그렇습니다, 폐하."

"그래요? 그게 어떤 점이오?"

"폐하께서 곽민을 빈령 지방에 벼슬자리를 마련하여 내려보낸 것은 잘 했다고 한 사람도 있지만, 거의가 반대 의견을 나타내고 있습니다."

"그 사람은 상보(商父)의 조카며 태후의 작은아버지가 아닌가. 청렴결백한 사람이어서 그를 파견한 것인데도?"

유공권이 뒷말을 받았다.

"곽민이 그동안 나라에 세운 공적으로 본다면 빈령 지방의 벼슬자리는 왈가왈부할 일이 아닙니다. 그러나 그 일을 거론하는 사람들은 곽민이 두 딸을 천거하여 입궁시켰기 때문에 그런 자리를 받은 것이라고 숙덕공론입니다."

"그건 아니오. 곽민이 두 딸을 입궁시킨 것은 태후를 뵈려 한 것이지 첩으로 삼으라고 그런 것이 아니었소."

"그렇기에 과전이하(瓜田李下)의 혐의를 뒤집어쓴 것입니다."

유공권이 말한 '과전이하는《악부고제요해군자행(樂府古題要解君子行)》의 시구였다.

참외밭을 걸을 때는 몸을 굽히어 신발을 고쳐 신지 않고
(瓜田不納履),
오얏나무 밑을 지날 때에는 손을 들어 갓을 고쳐 쓰지 않는다
(李下不正冠).

관포지교 管鮑之交

관 **관** · 절인어물 **포** · 갈 **지** · 사귈 **교**

> [出典] 《사기(史記)》
> [文意] 관중과 포숙의 두터운 우정.
> [解義] 친구 사이의 두터운 우정을 말함.

관중(管仲)은 춘추 시대 제(齊)나라 사람으로 젊었을 때부터 포숙(鮑叔)과 둘도 없는 친구였다.

포숙은 관중의 재능과 덕성을 잘 알아 주었다. 가난한 관중은 언제나 포숙을 속였지만, 포숙은 늘 그를 잘 대해 주었으며 그런 일로 따지지 않았다.

얼마 후에 관중은 공자(公子) 규(糾)를 섬기게 되었고, 포숙은 규의 동생인 소백(小白)을 섬기게 되었다. 제(齊)나라 양공(襄公)이 죽자 규와 소백은 왕위를 놓고 다투었다.

이윽고 소백이 제 환공(桓公)으로 즉위하고 규가 죽자, 관중은 체포되어 옥에 갇히게 되었다.

환공은 관중이 한때 자신의 목숨을 노렸기 때문에 그의 목을 치려 했지만, 포숙은 관중의 역량을 알기 때문에 오히려 관중을 환공에게 추천하여 제나라의 국정을 맡기게 되었다.

제 환공이 제후를 규합하여 천하의 패자로 군림할 수 있었던 것은 관중의 능력이었다.

제나라가 융성하고 관중이 영달을 얻기까지는 포숙의 우정의 덕이 컸다. 관중은 포숙에 대한 고마운 마음을 회고하여 이렇게 말했다.

"내가 젊어 가난했을 때 포숙과 함께 장사를 하면서 나는 언제나 그보다 더 많은 이득을 취했다. 그러나 포숙은 나를 욕심쟁이라고 말하지 않았다. 그는 내가 가난한 것을 알고 있었기 때문이다. 또 몇 번씩 벼슬에 나갔으나 그때마다 쫓겨났다. 그는 나를 무능하다고 흉보지 않았다. 내게 아직 운이 따르지 않았다고 생각한 것이다. 나를 낳아 준 이는 부모이지만 나를 진정 알아 준 사람은 포숙뿐이다."

포숙은 관중을 추천한 후 그의 아래에 있었다. 포숙의 자손은 대대로 제나라의 봉록을 받고 영지를 10여 대나 보전하여 언제나 명대부(名大夫)로 알려졌다. 세상 사람들은 관중의 현명함을 내세우기보다는 관중의 사람됨을 볼 줄 알고, 끝까지 관중을 신뢰하였던 포숙의 인품을 더 높이 평가했다.

시성(詩聖) 두보(杜甫)의 유명한 시 '빈교행(貧交行)'에서의 다음과 같은 구절을 기억하고 있는 사람도 있을 것이다.

> 손을 펴서 구름을 부르고 손을 뒤집어서 비를 부르네.
> 경박한 사람의 수를 헤아려 무엇하랴.
> 보라. 관중이 빈곤했을 때의 포숙의 우정을.
> 이렇게 아름다운 우정의 도를 사람들은 흙과 같이 여기네.

그러나 중국에 있어서의 '관중'은 예부터 사상가로서뿐만 아니라 정치, 경제, 그 외에도 여러 방면에서의 선구자로 추앙받고 있다.
《논어》에서 공자는 관중에게 '인자(仁子)'라는 최대의 찬사를 보내고 있고, "관중이 없었더라면 우리는 지금쯤 오랑캐의 지배하에 놓여 있어 피발좌임(길게 풀어 헤친 머리에 왼쪽으로 옷을 여며 입는 것으로 오랑캐의 풍속을 뜻함)을 하고 있었을 것이다"라고까지 말하고 있다. 공자는 관중을 마치 구세주처럼 여기고 있었던 것이다.
그리고 《삼국지(三國志)》에서 보듯이 제갈공명이 관중을 이상적으로 생각하고 있었다는 사실도 유명하다.
특히 근대 이후에 와서 관중은 크게 주목을 받아 중국에서는 그의 사상이 은연중에 많은 공감을 불러일으키고 있다.
이렇게 보면 중국 수천 년의 역사 속에서 유교나 제자백가의 사상 뒷면의 실천적인 정치사상으로써 진가를 발휘해 온 것은 역시 관중이었다는 사실을 느낄 수 있다.

창고가 가득해야 예절을 알고
의식이 풍족해야 영예와 치욕을 안다.

이러한 사고방식은 불멸의 사상으로써 현대에까지 영향을 미치고 있다.

특히 관중과 포숙의 아름다운 우정은 오늘날 극도로 황폐화된 인간 관계에 신성한 충격을 줌과 동시에 자신을 돌아보는 계기가 될 것이다.

괄목상대 刮目相對

긁을 괄 · 눈 목 · 서로 상 · 마주할 대

出典 《삼국지(三國志)》
文意 눈을 비비고 상대방을 대한다는 말.
解義 상대방의 학식이나 재주가 갑자기 몰라볼 정도로 진보한 것을 뜻한다.

삼국이 정립하여 격렬한 대립을 계속하고 있던 무렵 오(吳)나라 손권(孫權)의 부하에 여몽(呂蒙)이라는 장수가 있었다. 아주 무식한 사람이었으나 전공을 세워 계속 승진하여 마침내 장군이 되었는데, 어느 날 손권이 그에게 공부를 하도록 충고했다.

얼마 후 손권의 부하 중 가장 학식이 뛰어난 노숙이 여몽을 찾아갔다. 여몽과는 오랜 친구 사이였던 노숙은 이야기하는 사이에 여몽의 박식함에 깜짝 놀라고 말았다.

"언제 그렇게 공부했는가? 이제 학식이 대단하니 이미 오(吳)의 시골 구석에 있던 여몽이 아니로군."

그러자 여몽은 이렇게 대꾸했다.

"선비는 헤어진 지 사흘이 지나면 눈을 비비고 다시 대해야 할 정도로 달라져 있어야 하는 법이라네(士別三日 卽更刮目相對)."

광풍제월 光風霽月

빛 **광** · 바람 **풍** · 비개일 **제** · 달 **월**

- 出典 《송사(宋史)》〈주돈이(周敦頤)〉
- 文意 빛나는 바람과 맑은 달.
- 解義 가슴 속에 맑은 인품을 지닌 사람을 말함.

주돈이(周敦頤)는 북송(北宋)의 유명한 유학자로 옛사람의 풍모가 있으며 올바른 정치를 했다. 송대의 대표적인 시인이었던 황정견(黃庭堅)이 주돈이의 인품을 평하여 다음과 같이 말했다.

"주돈이의 인품은 매우 고결하고 가슴 속이 맑아서 맑은 날의 바람과 비 개인 날의 달(光風霽月)과 같구나."

또한 주자(朱子)의 시에서도 이런 글이 보인다.

파란 구름 흰 돌과 같은 맛인데(靑雲白石聊同趣)
밝은 달 맑은 바람이 달리 전해 오는구나(霽月光風更別傳).

괘관 掛冠

걸 괘 · 관 관

[出典] 《후한서(後漢書)》
[文意] 갓을 벗어 걸다.
[解義] 관직을 버리고 벼슬길에서 물러나는 것을 뜻함.

왕망(王莽)이 정권을 잡고 평제를 세웠을 때 도둑을 잘 잡는 정장(亭長)이라는 관직에 있는 봉맹(蓬萌)이라는 관리가 있었다. 비록 도둑을 잡는 일에 종사하고 있었지만 열심히 책을 읽은 학자였다.

처음에 애제가 후사가 없이 죽자 원후는 왕망을 불러 뒷일을 의논했다. 그렇게 하여 당시 아홉 살인 중산왕을 세우니 이가 곧 평제다.

평제에게는 생모 위씨가 있었다. 왕망은 그녀를 중산국에 억류시키고 장안에 발을 들여놓지 못하게 했다.

"이 일은 참으로 온당치 못합니다."

정면에서 반박하고 나온 것은 왕망의 장남 왕우였다. 그는 이 일의 옳지 못함을 간하였다가 자살할 것을 명령받았다.

그리고 왕우가 자살을 명 받아 죽은 해에 평제의 생모 위씨도 음모를 꾸몄다는 이유로 죽임을 당하였다.

이런 저런 소식을 들은 봉맹은 친구들이 모인 자리에서 그런 얘기를 했다.

"이보시게들, 이미 삼강은 끊어졌네. 서둘러 떠나지 않는다면 머지않아 우리 목에 재앙이 내릴 것이네."

그는 관을 벗어 장안의 북문인 동도문에 걸어 놓았다. 그런 다음 집으로 돌아가서는 가족들을 이끌고 바다 건너 요동 땅으로 들어갔다.

평제가 14세의 나이로 급서하였는데 사실은 왕망이 독살한 것이었다. 평제가 자신의 생모가 왕망에게 죽은 것을 원망하고 있다는 사실을 알았기 때문이었다.

왕망에게는 안한공(安漢公)의 칭호가 내려졌다. 한나라를 편안하게 한 왕망의 공을 표창한다는 뜻이었다. 한나라 창업 이래 공의 칭호를 내린 것은 이번이 처음이었다.

그리고 마침내는 '재형(宰衡)'의 칭호까지 더해졌다. 주나라 성왕을 보좌한 주공을 태재(太宰), 은나라 탕왕을 보좌한 이윤을 아형(阿衡)이라 불렀다. 재형은 이들 두 칭호를 합친 것이니 두 사람의 공적을 겸했다는 뜻이다.

얼마 후 안한공은 가황제(假皇帝)라 칭하였고 사람들에게는 섭황제(攝皇帝)라 부르도록 하였다.

평제의 후계자로는 황족 가운데 가장 나이가 어린 두 살의 자영이 옹립되고 연호를 거섭이라 하였다. 이렇게 되면 왕망이 황제가 되는 것은 시간 문제였다.

왕망은 마침내 안한공의 칭호를 집어던지고 망한공(亡漢公; 한나라를 멸망시킨 사람)의 본성을 드러내어 황제의 위에 올랐다. 그리고 국호를 '신(新)'이라 칭하였다.

황제가 된 왕망은 사람을 시켜 태황태후로부터 황제의 옥새를 받아 오도록 하였다. 이때 태황태후는 80세의 고령이었다.

　그녀는 자기 일족인 왕씨가 유씨의 천하를 찬탈하는 것을 끝까지 반대하였으나 사태가 여기에 이르자 분을 이기지 못해 옥새를 땅바닥에 내동댕이치는 바람에 옥새에 새겨진 용의 머리 부분이 망가져 버렸다.

　옥새를 내던지던 이 할머니의 심정은 어떠하였을까? 그녀는 한나라의 여성으로서 일생을 바쳤으며 204년간 이어오던 전한은 종지부를 찍고 말았다.

　훗날 광무제 유수가 즉위하여 봉맹을 불렀으나 한사코 나오지를 아니했다고 한다.

교언영색 巧言令色

공교할 교 · 말씀 언 · 하여금 령 · 낯 색

出典 《논어(論語)》
文意 교묘한 말과 부드러운 얼굴.
解義 얼굴색을 부드럽게 하고 말을 교묘하게 하여 분란을 일으키는 소인배를 일컫는 말.

이 말은 《논어(論語)》〈학이(學而)〉편에서 공자가 한 말이다.
'말을 좋게 하고 얼굴빛을 곱게 하면서 어진 사람은 적다(巧言令色, 鮮矣仁).'
공자는 교언영색하는 자는 자신의 사리사욕을 위해 남에게 아부하는 사람이 태반이므로 그들에게 인(仁)을 찾기란 어려운 일임을 강조하고 있다.
〈자로(子路)〉편의 다음 말은 교언영색의 의미가 보다 구체적이다.'
"강직하고 의연하고 질박하며 어눌한 사람은 인에 가깝다(剛毅木訥近仁)."
공자는 약삭빠를 정도로 말재주가 뛰어난 사람은 그로 인해 복을 얻기보다는 오히려 다른 사람의 미움을 받기 쉽다고 생각했다. 왜냐하면 비위를 맞추는 말과 알랑거리는 태도로 사람을 대하는 자는 인간의 내면을 충실하게 하는 일을 경시하고 있기 때문에 군자가 될 수 없기 때문이다.

그래서 자로에게 단단히 주의를 주었다.

"나는 말을 잘 한다고 해서 그 사람을 믿을 수는 없다. 왜냐하면 진정으로 도를 실천하려는 사람인지 겉만 장식하고 있는 사람인지를 그것만으로는 판단할 수 없기 때문이다. 우리는 정면으로 반대할 수 없는 논리로 장식된 악한 행위가 있음을 알아야 한다. 자신의 선을 행하기 위해 남을 망치게 하는 일도 그러한 행위의 하나다. 그러한 행위를 하는 자는 언제나 훌륭한 논리를 구사한다. 그리고 나는 그러한 논리를 교묘히 구사하는 혀를 갖고 있는 자를 마음으로부터 증오한다."

자로가 체험에 의거한 학문의 진정한 의미를 분명히 이해할 수 있었던 것은 그 후의 일이었다.

교주고슬 膠柱鼓瑟

아교 교 · 기둥 주 · 북 고 · 악기이름 슬

[出典] 《사기(史記)》
[文意] 기둥(비파나 거문고의 기러기발)을 풀로 붙여 놓고 거문고를 탄다는 뜻.
[解義] 어떤 규칙에 얽매여 임기응변을 모르는 것. 또는 고집불통을 비유하는 말이다.

조나라 명장 조사(趙奢)에게 괄(括)이라는 아들이 있었다. 그는 어릴 때부터 병서에 밝아 가끔 아버지와 용병(用兵)에 관해 토론을 하면 오히려 아버지가 궁지에 몰리곤 하였다.

조사의 부인이 아들의 총명함을 보고 장군의 집에 장군이 났다면서 기뻐하자 조사는 이렇게 타일렀다.

"전쟁이란 생사가 달린 결전으로 이론만 가지고 승부에 결정되는 것이 아니오. 철없이 이론만 가지고 가볍게 이러니 저러니하는 것은 장수로서 가장 삼가야 할 일이오. 앞으로 괄이 장군이 된다면 조나라는 큰 변을 당하게 될 터이니 오히려 걱정이오."

그 뒤 진나라가 조나라를 침략해왔다. 명장 염파가 나가 싸웠으나 싸움은 조나라에 불리하게 전개되었다. 염파는 힘이 모자라는 것을 알자 진지를 굳게 다지고 방어에 힘을 기울였다.
 그러자 진나라는 첩자를 들여보내 헛소문을 퍼뜨렸다.
 "진나라 사람들은 조사의 아들 조괄이 조나라 대장이 되면 어쩌나 하고 겁을 먹고 있다. 염파는 이제 늙어서 싸움을 회피만 하고 있기 때문에 조금도 두렵지가 않다."
 이 헛소문에 귀가 솔깃해진 조나라 왕은 염파 대신 조괄을 대장에 임명하려 했다.
 그때 인상여가 반대하고 나섰다.
 "대왕께서 이름만 듣고 조괄을 쓰려 하시는 것은 마치 기둥을 아교로 붙여 두고 거문고를 타는 것과 같습니다. 괄은 그의 아버지가 전해 준 책을 읽었을 뿐으로 때에 맞추어 변통할 줄을 모릅니다."
 그러나 임금은 인상여의 말을 듣지 않고 조괄을 대장에 임명했다.
 진왕은 조괄이 조나라 장수가 되었다는 소문을 듣자 비밀리에 백기를 상장군으로 삼고 왕흘로 부장을 삼은 후 군중에 영을 내려 백기가 상장군이 되었다는 사실을 누설하는 자는 목을 베겠다는 엄명을 내렸다.
 조괄은 염파를 대신하여 장평에 이르자 지금까지 취해 오던 수비 위주의 작전에서 공격 체제로 작전을 바꾸었다.
 진나라 장수 백기는 그 소문을 듣고, 거짓 패하여 달아나는 척하며 뒷길로 돌아 식량 보급로를 차단하고 기습 공격을 감행하여 조나라 진영을 포위하였다.
 포위 상태가 46일 동안 계속되니 보급로가 끊긴 조나라 군사들은 굶주려 서로 잡아먹는 지경에 이르렀다.
 조괄은 더 기다릴 수가 없어 정예 부대를 편성하여 스스로 돌격을 감행하였다가 진나라 군사의 화살에 맞아 죽으니 조나라 군대는 여지없이 무너져 40만 명이 진나라에 항복하였다.

　백기는 항복한 조나라 군사를 모두 구덩이에 묻어 죽이고 어린 군사 240명만 살려 보냈다.

교토삼굴 狡兎三窟

교활할 교 · 토끼 토 · 석 삼 · 굴 굴

[出典] 《사기(史記)》
[文意] 지혜로운 토끼는 구멍 세 개를 파 놓는다.
[解義] 갑작스러운 난관에 대처해 미리 준비해 놓는 것을 말한다.

전국 시대 맹상군(孟嘗君)의 식객 중에 풍환(馮驩)이라는 자가 있었다.

어느 날, 풍환은 설(薛) 땅의 백성들에게 빌려 준 돈을 거두어 오라는 명령을 받고 그곳으로 가게 되었다. 부채가 있는 자들을 한자리로 불러 모았다.

풍환은 차용증서를 꺼내어 맞춰 보고는 이자를 낼 수 있는 사람에게 언제까지 내라는 기한을 정해 주고, 가난하여 이자를 낼 수 없는 자의 차용증서는 받아서 불태우고는 이렇게 말했다.

"맹상군께서 돈을 빌려 준 까닭은 가난하여 자본금이 없는 백성들을 위하여 생업에 힘쓰게 하기 위해서입니다. 이자를 받는 것은 빈객들을 대접할 것이 없기 때문입니다. 이제 부유한 사람들은 기한을 정해 주고, 가난하여 어려운 사람은 차용증서를 태워 그것을 내지 않아도 되도록 하겠습니다."

그러자 그곳 백성들은 만세를 부르며 기뻐하며 절을 했다.

맹상군은 이 소식을 듣고 즉시 풍환을 불러들였다.

풍환은 빈 손으로 돌아온 자신을 보고 화가 잔뜩 난 맹상군을 태연히 쳐다보며 말했다.

"만약 빚을 급하게 독촉하여 받을 수 없게 된다면, 위로는 선생께서 이익을 좋아하여 선비나 백성들을 사랑하지 않는 것이며, 아래로는 백성들이 선생을 떠나 빚을 갚지 않는다고 하는 말을 듣게 될 것이니, 이것은 선비와 백성들을 격려하고 주군의 명성을 드러내게 하는 것이 아닙니다. 받을 수 없는 차용증서를 불태워서 설의 백성들로 하여금 주군과 친하게 하고 주군의 훌륭한 명성를 드러나게 하려고 한 것입니다."

그로부터 1년 후, 제나라 민왕(湣王)은 진(秦)나라와 초(楚)나라의 비방에 현혹되어 맹상군의 명성이 그의 군주보다 높고 제나라의 권력을 마음대로 휘두른다고 여겨 파면시켰다.

맹상군이 영지로 돌아가게 되자, 그를 따르던 빈객들도 모두 떠났다.

설 땅의 백성들은 백 리 길도 멀다 하지 않고 나와서 맹상군을 위로해 주었다. 이것이 풍환이 맹상군을 위해 만든 첫번째 굴이다.

그 다음 풍환은 맹상군으로부터 수레와 돈을 얻어 위나라의 수도 양(梁)으로 가서 혜왕(惠王)을 설득했다.

"지금 제나라 왕이 비방을 듣고 맹상군을 파면시켰으니, 그의 마음은 왕을 원망하여 반드시 제나라를 배반할 것입니다. 그가 제나라를 배반하고 진나라에 들어오면 제나라와 인사(人事)의 실정을 진나라에 모두 다 이야기할 것이며, 그러면 제나라의 땅을 얻게 될 것이니 어찌 영웅만 될 뿐이겠습니까? 왕께서는 급히 사자를 시켜 예물을 싣고 가서 맹상군을 은밀히 맞이하시고, 시기를 놓치지 마십시오."

혜왕 역시 익히 맹상군의 명성을 들어 알고 있었는데, 풍환의 말을 듣자 맹상군을 자신의 사람으로 만들어야겠다는 생각을 하게 되었다. 그래서 황금 백 일(鎰)과 수레 10 승(乘)을 맹상군에게 보냈다.

그러나 맹상군은 혜왕의 사자보다 먼저 도착한 풍환의 말에 따라 그것을 받지 않았다. 이렇게 하기를 세 차례나 했다.

이 소문은 제나라의 민왕에게까지 들어갔다. 그는 즉시 맹상군에게 사신을 보내 자신의 잘못을 사과하고 다시 재상직을 주었다. 이것이 풍환이 맹상군을 위해 취한 두 번째 굴이다.

그 다음, 풍환은 맹상군에게 설 땅에 선대의 종묘를 세우도록 했다. 이러하면 민왕이 맹상군을 함부로 대하지 못할 것이고, 그의 지위는 더욱 공고해질 것이기 때문이었다. 이것이 세 번째 굴인 것이다.

구밀복검 口蜜腹劍

입 구 · 꿀 밀 · 배 복 · 칼 검

出典 《십팔사략(十八史略)》
文意 입에는 달콤한 꿀을 머금고 뱃속에는 칼이 있다.
解義 겉으로는 부드럽고 달콤하게 대하지만 속으로는 상대를 몰아칠 흉측한 생각을 품음.

양귀비와의 사랑으로 유명한 당(唐)나라 현종(玄宗)에게 후궁을 통하여 뇌물과 아첨으로 재상의 자리에까지 올라간 인물에 이임보(李林甫)라는 자가 있었다.

그는 황제의 의견이나 뜻이라면 무조건적으로 맹종하여 알랑거리지만, 정의론을 내세우는 사람만은 몹시 미워하여 어떠한 구실을 써서라도 그런 사람들을 암살해 버리거나 추방하여, 황제와 접근하지 못하게 했다.

그가 퇴청하여 집에 돌아가 하룻밤 자면서 무엇인가 생각해가지고 다음날 등청하면, 반드시 누군가가 주살되었다고 한다.

이런 음험(陰險)한 자가 조정의 정권(政權)을 쥐고, 현종이 양귀비만을 총애하여 정사를 돌보지 않았으니, 안사(安思)의 난(안록산과 사사명이 일으킨 반란으로써 5년이나 계속되었다)이 일어나지 않을 수 없었던 것이다.

그래서 당시의 사람들은 모두 이임보를 두려워하여,

"이임보는 입에는 꿀을 담고 뱃속에는 칼을 지녔다."

라고 숙덕공론을 했던 것이다.

현종은 당나라 6대 황제이다. 학문과 글재주가 뛰어나고 정치에 힘을 써 '개원(開元)의 치(治)'를 구가하였다.

재위는 45년으로 만년에 이르러 정치에 싫증을 내기 시작했다. 사치와 방탕을 밥 먹듯하여 국정은 갈수록 혼란스럽고, 직언하는 어진 재상 장구령(張九齡)을 내쫓고 간신 이임보(李林甫)를 기용하였으니 그동안 쌓은 빛나는 치적은 물거품이 되고 말았다.

구상유취 口尙乳臭

입 구 · 주장할 상 · 젖 유 · 냄새 취

[出典] 《사기(史記)》
[文意] 입에서 아직 젖내가 난다는 뜻.
[解義] 상대가 어리고 말과 행동이 유치함을 얕잡아 일컫는 말.

한왕이 한신을 시켜 위왕 표를 치게 하면서 물었다.
"유나라의 대장이 누구인고?"
좌우의 사람들이 대답했다.
"백직(柏直)입니다."
그러자 한왕이 말했다.
"입에서 젖비린내가 나는구나. 어찌 우리 한신을 당해낼 수 있겠는가."

여기에서부터 유래된 '구상유취'는 '당랑거철(螳螂拒轍)'과 같이 분수를 모르고 날뛰는 자, 또는 적수가 적지 않는 자를 얕잡아 일컬을 때에 흔히 쓰이게 되었다.

구사일생 九死一生

아홉 **구** · 죽을 **사** · 한 **일** · 살 **생**

[出典] 《사기(史記)》의 〈굴원 가생열전(屈原 賈生列傳)〉
[文意] 아홉 번 죽을 고비를 넘어 살았다.
[解義] 죽을 고비를 어렵게 넘겨 살아남을 비유.

전국 시대 초(楚)나라 시인이며 정치가인 굴원의 작품은 거의 모두가 몽환적인 세계를 묘사하고 있다. 고대 문학에서는 드물게 서정적이며 당시 조정 간신들의 발호, 현신을 알아보지 못하는 임금을 원망하는 내용도 있다.

굴원의 작품 25편이 《초사(楚辭)》에 수록되어 있다. 그 중 이소(離騷), 천문(天問), 구장(九章) 등이 남아 있는데,

'길게 한숨 쉬고 눈물을 닦으며 인생에 어려움 많음을 슬퍼한다……. 그러나 자기 마음에 선하다고 믿고 있기 때문에 비록 아홉 번 죽을지라도 오히려 후회하는 일은 하지 않으리라(九死 猶未其悔)'는 구절이 있다.

애국시인 굴원은 중국 시가의 세계에서나 중국인의 생활면에 많은 영향을 끼쳤다. 중국 역대의 위대한 시인인 이백(李白)과 두보(杜甫)도 예술 · 품격 · 덕성면에서 굴원의 영향을 많이 받고 있다.

호남성 도강현에 있는 굴원에 얽힌 고적의 하나인 천문대 구지(天問臺舊址)는 지금까지 고스란히 보존되어 있으며, 투신 자살한 멱라수 가에는 그의 무덤과 사당이 세워져 있다.

굴원이 죽은 음력 5월 5일은 속칭 단오절이라 하여 그를 추모하는 제일(祭日)로 정해져 있다.

매년 이 날이 되면 강남 지방의 사람들은 뱃머리에 용의 머리를 장식한 용선(龍船)의 경주를 성대히 벌이고 갈대잎으로 싼 송편을 멱라수 물고기에게 던져 준다.

전설에 의하면 물 속에 잠긴 굴원이 고기에게 뜯어먹히지 않도록 하기 위한 놀이라고 한다.

구우일모 九牛一毛

아홉 구 · 소 우 · 한 일 · 터럭 모

出典 《한서(漢書)》
文意 아홉 마리 소 가운데 한 개의 터럭.
解義 많은 것들 중에서 극히 작은 한 개. 대단한 것이 못됨.

한 무제(漢武帝) 때의 명장 가운데 이릉(李陵)이라는 장수가 있었다. 그는 흉노를 두려움에 떨게 하여 '비장군(飛將軍)'으로 불리던 이광(李廣) 장군의 손자로, 자신의 몸을 돌보지 않는 무인 중의 무인이었다.

이릉은 보병 5천 명을 이끌고 흉노를 정벌하러 나가 고군분투했으나 중과부적으로 인해 패하고 말았다.

그 당시 사람들은 이 싸움에서 이릉 역시 전사한 것으로 믿고 있었다. 그런데 그 이듬해 이릉이 흉노에게 투항하여 우교왕(右校王)이 되어 호의호식하고 있다는 사실이 전해졌고, 무제는 이릉의 비애국적인 행위에 격분하여 그의 일족을 모두 죽이려고 했다.

조정의 대신이나 이릉의 옛 친구들은 격노하는 무제를 두려워하며 이릉을 변호할 생각조차 못하고 무제의 안색만을 살피고 있었다. 오직 당시 사관으로 있던 사마천만은 이릉을 굳게 믿고 있었으므로 그대로 있을 수 없었다. 그는 이릉의 무고함을 변호하기 위해 무제 앞으로 나갔다.

"이릉은 적은 병력으로 용감하게 싸웠습니다만, 원군이 도착하지 않고 우리 병사들 가운데 배신자가 있었기 때문에 패한 것입니다. 그는 끝까지 병사들과 고통을 같이하며 자신의 역량을 최대한 발휘한 명장입니다. 지금 그가 흉노에게 투항한 것 또한 훗날 황제의 은혜에 보답할 기회를 얻기 위한 고육지책일 것입니다. 이릉의 공을 천하에 알리십시오."

무제는 이릉을 변호하고 나선 사마천 역시 이릉과 똑같은 반역자라며 생식기를 자르는 궁형(宮刑)에 처했다. 이것은 그 당시 형벌 중에서 가장 수치스러운 형벌이었다.

궁형을 당한 사마천의 당시 심정은 친구 임안(任安)에게 보낸 편지 속에 잘 나타난다.

"내가 죽임을 당하더라도 아홉 마리 소 가운데 터럭 하나(九牛一毛) 없어진 것과 같으니, 땅강아지나 개미와 비교해 무엇이 다르랴? 세상 사람들은 가장 수치스러운 일을 당하고도 죽지 못한 졸장부라고 비웃을 것이다."

사마천은 땅강아지나 개미와 다를 것 없는 초라한 자신의 처지를 가슴 아파했다. 그러면서도 치욕스런 삶을 이어갔던 이유는 아버지 사마담(司馬談)이 통사《通史》를 기록하라는 유언을 함에 따라 《사기(史記)》를 집필하고 있었기 때문이었다.

분사(憤死)하기에 앞서 그의 손을 잡고 눈물을 흘리며 말하던 아버지의 모습이 그의 뇌리에 떠올라 죽으려는 그의 마음을 호되게 꾸짖었던 것이다.

사마천이 궁형을 받은 것은 그의 나이 48세 때의 일로 2년 후 출옥하였다. 그의 출생 연대에 대해서는 《사기정의》에는 경제 중원 5년(BC 145), 《사기색은》에는 무제 건원 6년(BC 135)으로 되어 있다.

후자에 따른다면 38세 때 궁형을 받은 셈이 된다.

사마천은 출옥 후 중서령(中書令)의 일을 맡아보면서 《사기》의 저술에 힘썼다. 사마천이 받은 치욕의 상처는 견디기 어려운 것이었다. 그는 견디기 어려운 상처를 받은 자만이 저술에 열중할 수 있다는 마음의 자세로 저술에 열중하였다. 봉선의 의식에 참여하지 못했던 아버지의 굴욕과 자신이 받은 정신적 치욕과 육체적 상처를 씹으면서 사만천은 붓을 움직였다.

그가 저술한 《사기》는 <본기(本紀)> 12권, <표(表)> 10권, <서(書)> 8권, <세가(世家)> 30권, <열전(列傳)> 70권으로 도합 130권에 이른다.

구화지문 口禍之門

입 구 · 재앙 화 · 갈 지 · 문 문

- 出典 《설시(舌詩)》
- 文意 입은 재앙의 문.
- 解義 입은 재앙을 불러들이는 문이라는 뜻이다.

빙도(馮道)는 당(唐)나라 말기에 태어났다. 당나라 멸망 후에 진(晉)·한(漢) 등으로 이어지는 여러 나라에 벼슬한 사람으로 알려져 있다. 풍도가 쓴 설시(舌詩)에는 다음과 같은 내용이 있다.

입은 곧 재앙의 문이요(口是禍之門)
혀는 곧 몸을 자르는 칼이라(舌是斬身刀)
입을 닫고 혀를 깊이 감추면(閉口深藏舌)
가는 곳마다 몸이 편하다(安身處處牢).

국사무쌍 國士無雙

나라 국 · 선비 사 · 없을 무 · 한쌍 쌍

[出典] 《사기(史記)》
[文意] 한 나라에 둘이 없는 인물.
[解義] 둘도 없다 할 정도로 뛰어난 인물.

한(漢)나라의 개국 공신이며, 어렸을 때 건달의 가랑이 밑을 기어갔다는 일화의 주인공 한신(韓信)이 아직 한중왕(漢中王)인 유방(劉邦)의 인정을 받지 못하고 있을 무렵이다. 유방을 따라 한중 땅에 온 부하들 가운데는, 망향의 생각과 향수에 젖은 나머지 도망쳐 고향으로 돌아가는 사람이 속출하여, 군 내부에서도 동요의 빛이 역력히 나타나고 있었다.

겨우 치속도위(治粟都尉)라는 하위직위에 제수된 데 크게 불만을 품고 있던 한신도 도망자에 끼여서 역시 도망쳤다. 한신이 도망쳤다는 보고를 받은 재상 소하(蕭何)가 황급히 그의 뒤를 쫓았다.

유방은 가장 신임하는 소하까지 도망친 것으로 오해한 나머지 큰 충격과 더불어 몹시 화를 냈다.

그러던 중 느닷없이 소하가 돌아왔으므로 유방은 기쁘기도 하거니와 한편 화를 내면서 왜 도망쳤느냐고 힐문했다.

소하는 도망친 것이 아니라 도망치는 한신을 붙잡아서 만류시키고자 쫓아갔던 것이라고 설명했지만, 유방은 이름도 알려지지 않은 한신 따위를 재상 자리에 앉아 있는 사람이 굳이 뒤쫓아가서 데려와야 할 이유가 무엇이냐고 되물었다.

이에 대해 소하는 이렇게 대답했다.

"장수를 얻기란 쉽지만, 한신과 같은 사람은 가히 국사무쌍(國士無雙)이라고 말할 만한 인물입니다. 언제까지나 이 좁은 한중땅의 왕으로서 만족해 계시겠다면 그를 중용할 필요가 없습니다. 그러나 반드시 천하를 제패하여 통일을 기하고자 하신다면, 그 사람이 과연 필요한지 안 한지는 대왕께서 천하를 바라고 계시느냐의 여부에 의해 결정되는 것입니다."

이 말을 듣자 천하통일의 야망을 품고 있던 유방은 소하의 권고에 따라 한신을 대장군으로 임명하여 중용하였다. 이것은 인재(人材)의 중요성을 말한 것인데 '승패는 무기에 있다기보다도 무기를 사용하는 사람에 달려 있다'라는 말이 있다.

국파산하재 國破山河在

나라 **국** · 깨뜨릴 **파** · 뫼 **산** · 물 **하** · 있을 **재**

[出典] 《오세도(奧細道)》
[文意] 나라는 파괴되었어도 산과 내는 여전함을 뜻함.
[解義] 포로가 된 몸을 슬퍼함.

당나라 현종(玄宗)의 천보(天寶) 15년(756) 6월 나라의 도읍인 장안(長安)이 안록산(安祿山)이 이끄는 반란군에 의해 함락되었다.

두보(杜甫 712~770)는 장안이 함락되기 전에 고향인 봉선현(奉先縣)으로 돌아가, 가족들과 함께 부주에서 이 난리를 피했다. 그리고 태자인 형(亨)이 7월에 영무(靈武)에서 즉위했다는 소식을 듣자, 곧장 그는 새 임금에게로 달려가 배알했다.

그는 10년 동안 벼슬을 구하여, 고관들이나 정상배들에게 비굴할 정도로 허리를 굽히면서도, 뜻을 제대로 이루지 못해 벼슬도 변변히 못한 두보가, 만리장성이 가까운 변두리 지역에서 왕위에 오른 새 임금의 막하로 들어가려 한 것은 무엇 때문일까?

두보에게는 자신과 아내와 자식을 포함한 백성들과, 이민족인 안록산에 의해 무너지고 있는 민족문화의 미래를 그곳에서밖에 의탁할 수 없었던 때문이 아닐까?

그러나 두보는 도중에서 반란군에게 체포되어, 장안으로 보내어져서 포로가 되었다.

두보에게 가르침을 받고 있던 파초(芭蕉)가 <오세도(奧細道)>의 일절에, '나라는 파괴되었어도 산과 내는 있고, 성에는 봄이 찾아와 풀이 푸르네'라고 기록한 구절을 첫머리로 한 오언율시(五言律詩)인 <춘망(春望)>을 두보가 읊은 것은, 다음해인 지덕(至德) 2년의 봄이었다. 이 시는 두보가 장안성에서 자신이 포로가 된 것을 원망하면서 부른 노래이다.

> 나라는 파괴되었어도 산과 내는 있고,
> 성에 봄이 찾아오니 풀과 나무가 무성하다.
> 때때로 느끼어 꽃을 보아도 눈물이 흐르고,
> 이별을 한하여 새에도 마음이 놀라네.
> 횃불은 석 달 동안 이어지고,
> 집에서 오는 편지 만금에 해당되네.
> 흰 머리 긁으면 다시 짧아지고,
> 모두가 비녀찌름보다 낫지를 않네.

두보는 이 시를 읊고 같은 해 여름 4월에 장안을 탈출하여, 봉상(鳳翔)까지 와 있던 숙종(肅宗)을 만났고, 그 이듬해 5월에 좌습유(左拾遺-왕에게 간하는 벼슬)에 임명되었다.

군자삼락 君子三樂

임금 군 · 아들 자 · 석 삼 · 즐거울 락

- 出典 《맹자(孟子)》
- 文意 군자의 세 가지 즐거움.
- 解義 군자 삼락이 곧 인생 삼락으로 통한다..

공자(孔子)는 자신의 실수를 지적해 주는 사람이 옆에 항상 있기 때문에 자신이 행복한 사람이라고 했다. 제자가 앞의 가르침과 뒤의 가르침이 틀린다고 반문하자, 앞의 말은 자신의 그릇된 판단이었다고 솔직히 시인하는 대목을 볼 수 있다.

맹자는 이러한 경우, 그때는 그때 지금은 지금(此一時 彼一時)이라고 표현하면서 이렇게 말했다.

"군자에게는 세 가지 즐거움(君子有三樂)이 있다. 천하를 다스리는 왕이 되는 것은 이 세 가지 속에 들어 있지 않다. 부모가 모두 살아 계시고 형제가 무고한 것이 첫째 즐거움이요, 하늘을 우러러 부끄러움이 없고 사람을 굽어보아도 부끄럽지 않음이 둘째 즐거움이요, 천하의 영재를 얻어 교육하는 것이 셋째 즐거움이다."

군자표변 君子豹變

임금 군 · 아들 자 · 표범 표 · 변할 변

[出典] 《역경(易經)》
[文意] 표범의 가죽이 아름답게 변해가는 것처럼 군자도 뚜렷한 태도로 옮겨간다.
[解義] 오늘날에는 이 성어가 소인들의 돌변하는 행동에 쓰이고 있다.

《역경(易經)》에 '군왕은 호랑이로 변한다. 군자는 표범으로 변하고 소인(小人)은 얼굴을 혁신한다'는 말이 있다.

군주는 호랑이가 여름에서 가을에 걸쳐 털을 갈고 변하는 것처럼 말이나 행동이 뭇 사람들의 표준이 된다. 군자는 표범의 털이 가을이 되어 아름답게 변하는 것처럼 행위가 빛난다. 또 만일 덕이 없는 소인이라면 얼굴을 혁신하고 새로운 군주(君主)를 따르도록 마음을 써야 한다. 이것이 '대인호변(大人虎變)'과 '군자표변(君子豹變)'의 본뜻이다.

군자표변은 윤리적으로 해석하면, 가을이면 표범의 털가죽이 선명하고 아름답게 변하듯 군자의 공로와 업적이 찬란하게 빛나고, 지위나 덕이 없는 작은 사람들은 태도를 임금에게 충성을 하라는 것이다.

권선징악 勸善懲惡

권할 권 · 착할 선 · 징계할 징 · 악할 악

出典 《춘추좌씨전(春秋左氏傳)》
文意 착한 행실은 권하고 악한 행위는 징계함.
解義 선한 사람은 격려하고 악한 행위를 하는 자를 책망함.

노(魯)나라 성공(成公) 때, 제(齊)나라로 공녀(公女)를 맞이하러 가 있던 교여(僑如:선백)가 부인 강씨(姜氏)를 제나라로 데리고 돌아왔다. 교여라고 높여 부른 것은 부인을 안심시켜 슬며시 데려오기 위해서였다.

이보다 앞서 갔었을 때는 선백(宣伯)을 숙손(叔孫)이라고 불러 군주의 사자로 높여 부르기도 했다.

사관은 이렇게 평했다.

"춘추(春秋) 시대의 호칭은 알기 어려운 것 같으면서도 알기 쉽고, 쉬운 것 같으면서도 뜻이 깊고, 빙글빙글 도는 것 같으면서도 정돈되어 있고, 노골적인 표현이지만 품위가 없지 않으며, 악행을 징계하고 선행을 권한다(勸善懲惡). 성인이 아니고서야 누가 이렇게 지을 수 있겠는가."

권선징악은 여기서 유래되었다.

권토중래 捲土重來

말 권 · 흙 토 · 무거울 중 · 올 래

[出典] 《제오강정(題烏江亭)》
[文意] 흙먼지 날리며 다시 온다.
[解義] 한 번 실패한 사람이 다시 세력을 되찾아 돌아온다는 말.

초나라 항우는 한신(韓信)에게 패하여 수하의 부하를 모두 잃고 말았다. 한신은 항우를 잡기 위해 구리산(九里山) 곳곳에 병사들을 매복시켜 두었다.

그러나 그는 혼자 무사히 탈출하였으나, 오강(烏江)을 건너야만 살 수 있었다. 마침 오강의 정장(亭長)이 배를 강 언덕에 대고 기다리다가 항우에게 말했다.

"강동(江東)이 비록 작으나 땅이 사방 천 리요, 백성들의 수가 수십만에 이르니, 그곳 또한 족히 왕이 되실 만한 곳입니다. 대왕께서는 빨리 건너십시오. 지금 신에게만 배가 있어 한나라 군사가 이곳에 온다 해도 강을 건널 수는 없을 것입니다."

항우는 웃으며 말했다.

"하늘이 나를 망하게 하려 하는데, 내가 건너서 무얼 하겠소? 또한 내가 강동의 젊은이 8천 명과 함께 강을 건너 서쪽으로 갔었는데,

지금 한 사람도 돌아오지 못했거늘 설사 강동의 부모형제들이 불쌍히 여겨 왕으로 삼는다고 한들 무슨 면목으로 대하겠소? 설사 그들이 아무 말도 하지 않는다 해도 내 양심에 부끄럽지 않을 수 있겠소?"

그리고는 용맹스럽게 싸우다가 자결했다.

만당(晩唐)의 시인으로 두보(杜甫)에 대해 소두(小杜)라고 칭하던 두목(杜牧)의 시로 항우를 읊은 시 중에서는 특히 유명하다.

> 승패는 병가도 기약할 수 없는 것
> 수치를 참을 수 있음이 바로 남아라
> 강동의 자제들 중에는 준재가 많으니
> 흙먼지를 일으키며 다시 왔으면 승패는 없었을 터인데
> (捲土重來未可知).

항우가 죽은 지 천여 년이란 세월이 지난 후 두목이 오강을 바라보는 나루터에 서서 항우의 인품을 그리며 너무나도 빠른 그의 죽음(31세)을 애석해했다. 항우는 단순하고 격한 성격의 소유자였으나 일면 우희(虞姬)와의 이별에서 보듯 인간적인 매력이 있었다.

그래서 두목의 시에는 항우를 애석하게 여기는 정이 넘쳐 흐르고 있음을 알 수 있다.

귤화위지 橘化爲枳

귤나무 **귤** · 될 **화** · 위할 **위** · 탱자나무 **지**

- 出典 《안자춘추(晏子春秋)》
- 文意 귤이 변하여 탱자가 되었다.
- 解義 경우에 따라서 사람의 성질도 변함을 뜻한다.

춘추 시대(春秋時代) 제(齊)나라의 명재상 안자(晏子)가 초(楚)나라에 도착하려고 했다. 초나라 왕은 이 소식을 듣고 주위에 있는 신하들에게 말했다.

"안자는 제나라의 달변가인데, 지금 이곳으로 오고 있소. 나는 그를 모욕하려고 하오. 어떤 방법이 있겠소?"

주위에 있던 자가 말했다.

"그가 이곳으로 오면 신이 한 사람을 결박하여 왕 앞으로 데려오기를 청합니다."

초왕이 말했다.

"어떤 사람이오?"

"제나라 사람입니다."

"무슨 짓을 했소?"

"도적질을 했습니다."

초왕은 그렇게 하도록 허락했다. 잠시 후 안자가 도착했다. 초왕은 안자에게 주연을 베풀었다.

주연이 한창 무르익었을 때 두 명의 관리가 한 사람을 포박하여 왕의 앞으로 데려왔다.

초왕이 말했다.

"결박당한 자는 무엇을 하는 사람인가?"

"제나라 사람인데 도적질을 했습니다."

초왕은 안자를 보고 말했다.

"제나라 사람은 진실로 도적질을 잘 하는군."

그러자 안자는 웃으며 대답했다.

"저는 귤이 회남(淮南)서 나면 귤이 되지만, 회북(淮北)에서 나면 탱자가 된다고 들었습니다. 잎은 서로 비슷하지만 그 과실의 맛은 다릅니다. 그러한 까닭은 무엇이겠습니까? 물과 땅이 다르기 때문입니다. 지금 백성들 중 제나라에서 나고 성장한 자는 도적질을 하지 않습니다. 그런데 초나라로 들어오면 도적질을 합니다. 초나라의 물과 땅이 백성들로 하여금 도적질을 잘 하게 하는 것입니다.

초왕은 웃으면서 말했다.

"성인은 농담을 하지 않는다고 하오. 과인이 오히려 부끄럽군요."

제나라 출신의 죄수를 안자에게 보여줌으로써 안자의 명성을 눌러 보려던 초왕의 계획은 보기 좋게 실패로 끝났다.

금상첨화 錦上添花

비단 금 · 윗 상 · 더할 첨 · 꽃 화

出典 《즉사(卽事)》
文意 비단 위에 수를 놓는다.
解義 좋은 일에 좋은 일을 더한다.

왕안석(王安石)은 북송(北宋) 중기의 군사비 팽창에 의한 경제적 파탄을 구하려고 획기적인 신법(新法)을 실시한 정치적 귀재일 뿐 아니라 송(宋)나라 시풍(詩風)을 대표하는 시인이다. 여기 소개하는 시는 그가 만년에 정계를 떠나 남경의 한적한 곳에 은거하면서 지은 것으로 추측된다.

강물은 남원을 흘러 언덕 서쪽으로 기울어지는데
바람엔 맑은 빛이 있고 이슬에는 꽃의 화려함이 있네
문 앞의 버들은 옛 도령의 집이요,
우물가의 오동은 전날 총지의 집이라
좋은 모임에서 술잔을 거듭 비우려 하는데
아름다운 노래는 비단 위에 꽃을 더한 듯 (麗唱仍添錦上花)
문득 무릉이 술과 안주를 즐기는 손이 되어
내 근원에 응당 붉은 노을이 적지 않으리.

금성탕지 金城湯池

쇠 금 · 재 성 · 끓일 탕 · 못 지

[出典] 《한서(漢書)》
[文意] 굳건한 성이 끓어오르는 연못으로 둘러싸여 있다.
[解義] 적군이 공략할 수 없도록 수비를 굳게 하고 있다.

진(秦)나라는 시황제가 죽자 동요의 움직임이 보이기 시작했다. 시황제를 이어 제위에 오른 2세 황제는 시황제와는 달리 야심도 지혜도 없는 어리석은 인물이었다.

이 혼란스런 틈을 타서 전국 시대 때 강국으로 군림하던 자들의 후예들이 각지에서 일어났는데, 이들은 자칭 왕이라 하며 진나라를 조금씩 무너뜨려 갔다.

이때 무신(武臣)은 조(趙)나라의 옛 영토를 평정하고 무신군이라고 불리었다. 이때 범양에 있던 괴통이라는 변설가가 범양 현령인 서공(徐公)에게 자기가 무신군을 만나 이렇게 설득해 보겠다고 했다.

"만약 범양을 공격하여 현령을 섣불리 취급하고 항복을 받는다면 여러 곳의 현령들이 그 항복이 헛수고임을 알리고자 '금성탕지(金城湯池)'처럼 성을 굳게 지켜 공격할 수 없게 될 것이다. 하지만 범양의 현령을 후하게 맞이하고 사자를 다른 곳으로 보낸다면 그것을 보고 모두들 싸우지 않고 항복할 것이다."
 과연 괴통은 그대로 설득해서 30여 개의 성이 무신군에게 항복했고, 범양 사람들은 전쟁을 없게 해 준 덕이 서공에게 있다고 말했다.
 동의어로서는 금성철벽(金城鐵壁), 탕지백보(湯池百步)가 있다. 한국에서는 이외에 철옹성(鐵瓮城), 철옹산성(鐵瓮山城)이라는 말을 많이 쓴다.

금슬상화 琴瑟相和

거문고 금 · 비파 슬 · 서로 상 · 화할 화

- 出典 《시경(詩經)》
- 文意 금(琴)은 거문고, 슬(瑟)은 비파로 이 두 가지의 악기를 탈 때 음률이 잘 어울려 양자의 울림이 잘 화합한다.
- 解義 부부간의 금슬이 좋음을 일컫는다.

한 집안의 화합함을 노래한 8장으로 된 시로, 이 시의 제7장에 다음과 같이 나와 있다.

처자가 좋게 합하는 것이(妻子好合)
비파와 거문고를 타는 것과 같고(如鼓瑟琴)
형제가 이미 합하여(兄弟旣翕)
화락하고 또 즐겁다(和樂且湛).

여기서 금슬을 슬금이라고 바꿔놓은 것은 운을 맞추기 위함이다. 거문고와 비파를 타면 음률이 어울려 양자의 울림이 서로 화합해서 즐거운 분위기를 자아내듯 아내와 뜻이 잘 맞음을 뜻한다.
여기서 부부간의 정을 금슬로 표현하게 되었고, 부부간의 금슬이 좋은 것을 금슬상화라고 한다.

금의야행 錦衣夜行

비단 금 · 옷 의 · 밤 야 · 다닐 행

[出典] 《한서(漢書)》
[文意] 비단옷 입고 밤길 가기.
[解義] 남이 알아 주지 않는 보람도 없는 일을 함.

항우(項羽)는 진(秦)나라의 도읍이었던 함양(咸陽)으로 들어오자마자 나이 어린 왕자 자영을 죽이고, 아방궁(阿房宮)에 불을 질렀으며, 시황제의 무덤을 파헤쳤다. 그리고는 유방(劉邦)이 창고에 봉해 둔 재물을 모두 차지하고는 미녀들을 곁에 끼고 승리의 자축을 하며 시간을 보냈다.

모처럼 제왕으로서의 제일보를 내디디면서 스스로 그 발밑을 무너뜨리는 듯한 그 방법을 보고 범증(范增)이 간했으나 그는 듣지 않았다. 오랜 싸움 끝에 그는 망향의 그리움에 사로잡히고 있었다.

그래서 진나라에서 약탈한 재물과 미녀를 다 거두어 고향으로 돌아가고자 했던 것이다. 한생(韓生)이란 자가 그것을 간했다.

"관중(關中)은 산하가 사면이 막혀 있어 지세가 견고할 뿐 아니라 토질도 비옥하니 이곳을 도읍으로 정하여 천하의 패권을 잡고 제후들에게 호령해야 합니다."

그러나 항우의 눈에 비친 함양은 불타다 남은 궁전, 마구 파괴된 황량한 초토일 뿐이었다. 그보다도 빨리 고향으로 돌아가 자기의 성공을 과시하고 싶었다.

그래서 그는 동쪽 하늘을 바라보며 말했다.

"부귀를 이루고도 고향으로 돌아가지 않는 것은 비단옷을 입고 밤에 걷는 것과 같다. 누가 이것을 알소냐(富貴不歸故鄕 如衣錦夜行 誰知之者)."

한생은 항우의 면전에서 물러나자 사람들에게 말했다.

"초나라 사람들은 원숭이로서 겨우 관(冠)을 썼을 뿐이라는 말이 있는데 이는 틀림없는 말이다."

원숭이는 관이나 띠를 둘러도 오래 참지는 못하는 점에 비유한 말이다.

이 말은 항우의 귀에 들어가자 한생은 즉석에서 피살되고 말았다. 이렇게 해서 항우는 한때의 성공에 취하여 부귀를 향리에 과시하려다가 얼마 안 가서 천하를 유방에게 빼앗겼다.

기사회생 起死回生

일어날 기 · 죽을 사 · 돌아올 회 · 낳을 생

[出典] 《여씨춘추(呂氏春秋)》
[文意] 죽었다가 살아남.
[解義] 죽음에 다다른 환자를 살리는 것. 또는 그러한 은혜를 베푸는 뜻으로도 쓰인다.

춘추 시대 월(越)나라가 오왕 합려에게 부상을 입혔음에도 그 아들 부차가 이를 용서하고 자기가 승리했을 때 은혜를 베풀자 월왕 구천이 말했다.

"군왕의 은혜는 월나라의 죽은 사람을 일으켜서(起死人) 백골에 살을 붙인 것과 같습니다. 소인은 감히 하늘의 재앙을 잊지 못하고 대왕의 은혜를 잊을 수 없습니다."

부차가 구천에게 말했다.

"과인은 그대의 죄를 용서하고 본국으로 돌려보내니 그대는 앞으로도 우리 오나라 은혜를 잊지 마오."

월왕 구천이 땅에 엎드려 머리를 조아렸다.

"대왕께서 이 외롭고 곤궁한 신하를 불쌍히 생각하여 살아서 고국으로 돌아가게 해주시니 장차 자손 대대로 오나라에 충성을 다하겠습니다. 위에서 하늘이 신의 마음을 다 굽어보고 계십니다. 그러므로 만일 신이 오나라를 배반한다면 우선 하늘이 신을 돕지 않을 것입니다."

부차는 흐뭇했다.

"본디 군자는 한 번 말한 것을 실행하는 법이오. 그대는 고국에 돌아가서 노력하고 또 노력하시오."

구천은 두 번 절하고 꿇어 엎드려 하염없이 울었다. 차마 정든 오나라를 떠나기 싫다는 표정이었다.

오왕 부차는 월왕 구천을 붙들어 일으키고 친히 수레에 태워줬다. 드디어 월왕 구천 일행을 태운 수레는 남쪽으로 떠나갔다.

기우 杞憂

구기자 기 · 근심 우

出典 《열자(列子)》〈천서편(天瑞篇)〉
文意 기나라 사나이의 걱정.
解義 쓸데없는 근심과 걱정을 뜻하는 말.

주(周)나라 시대 기(杞) 땅에 한 사나이가 살고 있었다. 이 사나이는 행여나 자신의 머리 위에 있는 하늘이 무너지고 발 밑에 있는 땅이 꺼질까 걱정하면서 한숨만 푹푹 내쉬며 하루하루를 보내고 있었다.

그의 근심은 점점 심해져 밤에도 잠도 이루지 못하고 밥도 먹지 못할 지경이었다. 그의 이러한 모습을 안타까운 마음으로 지켜보던 어떤 이가 이렇게 말했다.

"이보게, 하늘이란 기운이 쌓여 있는 것이고, 기운이 없는 것은 없네. 이것은 몸을 굽혔다 폈다 하며 호흡하는 것과 같네. 종일토록 하늘 한복판에서 가기도 하고 머물기도 하지, 어찌 무너지고 떨어질까 걱정하겠는가?"

"하늘이 기운이 쌓인 것이라면 해와 달이 당연히 떨어지지 않을까요?"

"한심한 친구일세. 해와 달도 기운이 쌓인 속에서 빛이 있는 것일세. 떨어진다고 해도 역시 무사할 걸세."

"그런데 땅은 왜 꺼지지 않지요?"

"땅이란 흙덩이가 쌓여 있는 것이지. 사방 빈 곳을 가득 메우고 있어 흙덩이가 없는 데가 없지. 머뭇거리고 걷고 밟고 뛰고 하는 것과 같네. 하루 종일 땅 위에서 걷기도 하고 머물기도 하지. 그것이 어떻게 무너질 것이라고 걱정하겠는가?"

그제야 그 사나이는 근심이 사라져 기뻐했다. 또한 근심병도 씻은 듯이 사라졌다.

기호지세 騎虎之勢

탈 기 · 범 호 · 갈 지 · 기세 세

出典 《수서(隋書)》
文意 범의 등에 올라탄 형세.
解義 달리는 범의 등에 올라탔으니 어찌 내릴 수 있겠는가. 이 것은 도중에 그만두고 물러설 수 없는 형세를 뜻한다.

남북조 시대 북조 최후의 왕조인 북주(北周)의 선제(宣帝)가 죽자 외척인 양견(楊堅)은 뒤처리를 하기 위해 궁중으로 들어갔다. 양견은 재상으로서 정치를 총괄하고 있었으나 언제나 자기 나라가 이민족에게 점령당하고 있는 것을 원통하게 생각하며,
'기회만 있으면 다시 한인의 천하로 만들겠다.'
고 마음을 다지곤 했다.
　그러던 차에 선제가 죽었다. 아들이 아직 어리고 그리 영특하지도 못했으므로 제위를 양위시켜 수(隋)나라를 세웠다. 때는 서력 581년으로 양견은 그로부터 8년 후에 남조의 진(陳)을 멸망시켜 천하를 통일했다. 그가 수의 고조 문제(文帝)이다.
　이 문제의 황후인 독고 황후(獨孤皇后)는 전부터 남편의 대망을 들어 알고 있었으므로 선제가 죽고 남편이 북주의 천하를 빼앗기 위해

궁중으로 들어갈 때 말했다.

"하루 천 리를 달리는 호랑이를 탄 이상 도중에서 내릴 수는 없습니다(騎虎之勢 不得下 勉之). 도중에 내리면 잡혀먹히고 말 것입니다. 호랑이와 함께 최후까지 가지 않으면 안 됩니다. 이미 대사를 일으키시고자 착수한 이상 도중에 꺾여서는 안 됩니다. 반드시 목적을 달성하시도록 애써 주십시오."

양견이 용기를 북돋워 주는 독고 황후의 말에 격려된 것은 말할 나위도 없다.

기화가거 奇貨可居

기이할 기 · 재물 화 · 옳을 가 · 살 거

出典 《사기(史記)》
文意 기이한 보화를 잘 두면 큰 이득을 얻음.
解義 사람에게도 투자하면 장차 큰 이득을 얻는다는 뜻.

전국 시대에 활약한 인물은 거의 '사'(士)라는 신분의 출신이었다. 사라는 것은 경, 대부, 사라고 불리운 지배계급의 말단에 자리한 계층이다.

사 아래가 서민으로 이것이 피지배계급을 구성하고 있었는데, 여기서 대신, 재상까지 오른 사람은 아주 드물다.

그 유일한 예외라고 할 수 있는 것이 장사꾼에서 대국인 진의 재상까지 올라 한때 권세를 제멋대로 휘둘렀던 여불위(呂不韋)이다.

여불위는 제나라 양적 출신이지만 여러 지방을 왕래하는 당시의 국제 무역상인이었다.

장사꾼인 만큼 천하의 정보에 통하고 있었던 것은 말할 것도 없다.

여불위가 특기로 삼았던 것은 대담한 투기였다. 보통의 도박이 아니다.

모을 수 있는 만큼의 정보를 모아 그것을 분석해서 막대한 자금으로 투기를 하는 것이다.

그것으로 엄청난 부를 쌓았다.

보통사람들로서는 발상조차 할 수 없는 것이었다.

그는 손에 들어온 정보를 분석하고 나서,

'천하는 통일을 향해 가고 있다.'

'통일의 대업을 성취하는 것은 전국의 9웅 중에 최강인 것은 진나라일 것이다.'

하고 예상했다.

전국 시대의 7웅 중에서도 진은 국토의 넓이나 군사력이 월등한 강국이었으므로 이 생각은 당연했다.

그때의 진왕은 즉위 50년에 가까운 고령인 소왕(昭王)이었다. 실제의 정치는 태자인 안국군(安國君)의 손에 쥐어져 있었으나 이 왕태자도 이미 왕위를 계승하기에는 늦은 나이였다.

여불위가 양성하려는 진왕은 안국군 다음의 왕이어야만 했다.

안국군에게는 이십여 명의 아들이 있었다.

여불위는 그 뛰어난 정보 수집력에 의해 안국군의 이십여 명의 아들들을 한 사람씩 조사하기 시작했다.

"이것이다!"

이십여 명의 형제들 중에서 가장 불우한 자는 누구인가? 가장 접근하기 쉬운 자는 누구인가?

여불위는 그와 같은 기준에서 조나라에 볼모로 보내어져 있는 자초(子楚)라는 공자에게 주목했다.

여불위는 자초의 집을 찾아가 은밀히 말했다.

"소양왕도 이젠 나이가 나이인만큼 머지않아 당신의 아버님이신

안국군께서 진왕이 되실 겁니다. 그러나 정비 화양부인에게는 자손이 없습니다. 당신까지 합해 20여 명의 서자분들이 계시지만 그 중에서 누구를 태자로 택하겠습니까? 솔직한 말로 당신은 유리한 입장에 놓여 있다고는 할 수 없습니다. 그러니 지금부터 당신을 태자로 세울 계획을 세워야 합니다."

----- 기화(奇貨).

상품 중에는 지금은 보잘것없지만 나중에 값이 폭등할 상품이 있게 마련이다. 여불위는 자초를 그러한 물건으로 보고 싼값으로 사두었던 것이다.

자초와 뒷날을 굳게 약속한 여불위는 진으로 가서 그를 화양부인의 아들로 입양시켜 안국군이 후사를 있게 하는 데 성공했다.

여불위의 재력과 웅변은 한낱 불우한 서자였던 자초를 태자로 삼는 데 마침내 성공한 것이다. 그리고 자기 아이를 배고 있던 조희(趙姬)를 순진한 자초에게 시집보냄으로써 자기의 핏줄을 왕좌에 앉게 하였다.

바로 그가 시황제로 여불위의 야망은 훌륭하게 달성된 것이다.

낙백 落魄

떨어질 낙 · 혼백 백

- 出典 《사기(史記)》
- 文意 혼백이 땅에 떨어지다.
- 解義 뜻을 얻지 못한 처지에 있는 사람을 뜻함.

진나라 말기에 역이기라는 선비가 있었다. 집안이 가난하고 쇠락하였으며 이렇다 할 직업도 없이 하루하루를 보내고 있었다.

글을 읽었으나 일거리를 찾지 못하던 중 마을의 문지기 자리를 겨우 하나 얻었다. 그 당시 그의 고향 사람들은 한결같이 그를 '미친 선생'이라며 비웃을 뿐이었다.

그러나 그는 남을 설득시키는 능력만큼은 타의 추종을 불허했다.

그는 자신의 궁색한 처지로부터 벗어나기 위해 패공(沛公) 유방(劉邦)을 만나 자신의 능력을 펼치고 싶어 주위 사람들에게 이렇게 말했다.

"남들은 나를 바보 취급하지만, 책략이 뛰어나니 그분에게 한번 만나고 싶다고 전해 주게."

"패공은 선비를 싫어하여 갓 쓴 선비만 보면 갓을 벗겨 오줌을 눌 정도요. 어찌 당신 같은 유생을 소개시켜 주겠소?"

그러나 역이기는 개의치 않고 천연덕스럽게 말했다.

"하여튼 만나게만 해주시게."

그리고 누가 소개했는지 마침내 역이기는 패공을 만나게 되었다. 때마침 패공은 의자에 앉아 다리를 씻고 있었는데, 역이기를 보고 일어나기는커녕 돌아보지도 않았다.

역이기는 불쑥 물었다.

"당신은 진나라를 도와 제후를 공격하려는가, 아니면 제후들을 이끌고 진나라를 공격하려는가?"

"이런 미친 늙은이가 있나? 내가 제후들을 이끌고 진나라를 공격하려는 것도 모른단 말이오?"

"그렇다면 다리를 고치고 앉아 어른인 나를 만나야 되지 않겠는가?"

패공은 느낀 바 있어 태도를 고치고 역이기를 상석에 앉히고 천하대사를 논의하기 시작했다. 그 이후로 역이기는 패공의 세객이 되어 제후들 사이에서 큰 활약을 했다.

낙양지가 洛陽紙價

서울 낙 · 볕 양 · 종이 지 · 값 가

- 出典 《진서(晉書)》
- 文意 낙양의 종이 값이 오르다.
- 解義 유명한 저자의 책 내용을 종이를 사서 베끼므로 종이값이 오른다는 뜻.

삼국 시대 다음 진(晉)나라의 좌사(左思)는 사람들과의 접촉을 끊고 집 안에 틀어박혀 모든 정열을 학문에만 쏟았다. 서사시 《제도부(齊都賦)》로 이름이 알려지자, 삼국 시대 촉나라의 서울 성도(成都)와 오나라 서울 건업(建業)과 위나라 서울 업을 노래한 「삼도부(三都賦)」를 짓고자 구상했다.

수많은 참고 서적과 선배들을 찾아다니고, 대문에서 담 밑까지 종이를 놔둔 채 시상이 떠오를 때마다 적기를 10여 년. 그는 지식이 부족하다고 절감하고 자진해 비서랑(秘書郎) 직책을 얻어 많은 자료를 얻어 보았고, 이윽고 「삼도부」를 완성했다.

처음에는 알아 주는 이가 별로 없었는데 당시의 유명한 시인 장화(張華)가 우연히 「삼도부」를 읽고 격찬했다. 그러자 사람들의 관심이 집중되어 「삼도부」는 날개 돋친 듯 팔렸다. 귀족, 부자들이 사본을 만들려고 앞다투어 종이를 사는 바람에 낙양의 종이값이 마구 뛰어올랐다.

난형난제 難兄難弟

어려울 난 · 맏 형 · 어려울 난 · 아우 제

[出典] 《세설신어(世說新語)》
[文意] 누가 형인지 동생인지 분간하기 어려움.
[解義] 서로 비슷할 때에 쓰는 말.

후한(後漢) 말 진식(陳寔)이라는 선비가 있었는데, 그에게는 기(紀)와 심(諶)이라는 두 아들이 있었다. 이들 역시 아버지를 닮아서인지 학문이 깊었으며 영특했다. 기와 심에게는 각각 군(群)과 충(忠)이라는 아들이 있었다.

하루는 군과 충이 입씨름을 벌였는데, 서로 자기 아버지가 더 훌륭하며 학문이 깊다는 것이었다. 시간이 한참 흘렀으나 이렇다 할 결론이 나지 않았다.

그러자 이들은 할아버지 진식에게 가서 누구의 아버지가 더 나은지 묻기로 했다. 손자들의 질문에 진식은 군의 아버지가 낫다고 할 수도 없고, 충의 아버지가 낫다고 할 수도 없었다.

그래서 잠시 생각하다가 이렇게 말했다.

"원방(元方)은 형이 되기 어렵고, 계방(季方)은 아우가 되기 어렵다."

원방은 큰아들을 말하고, 계방은 작은 아들을 말한다.

진식의 대답은 형이 나은지 동생이 나은지 명확하게 알 수 없다는 것이었다. 진식은 물론 기와 심 두 아들 중 어느 아들이 더 뛰어난지 분명하게 알고 있었을 것이다.

그러나 손자들에게 이것을 사실대로 말한다면 그들의 아버지에 대한 존경심에 행여나 흠집이 있을까 염려스런 마음이 들었기 때문에 '난형난제'라고 했으리라.

남가일몽 南柯一夢

남쪽 남 · 가지 가 · 한 일 · 꿈 몽

出典 《남가기(南柯記)》
文意 남쪽으로 뻗은 나뭇가지 아래에서의 꿈.
解義 인생의 부귀 영화가 덧없음.

당(唐)나라 제9대 덕종(德宗) 시절, 양쯔강 하류의 광릉군(강소성)에 순우분이라는 사나이가 살고 있었다. 그는 원래 협객(俠客)으로 이름을 떨쳐 이 지방 장군의 부관 노릇을 한 적도 있었으나, 술을 좋아하고 웬만한 일에는 신경을 쓰지 않는 성격이라 결국 장군의 눈 밖에 나 낙향을 하게 되었다.

순우분의 집에는 크고 무성한 느티나무가 있어 널찍한 그늘을 이루었으므로 날마다 친구들과 같이 그 그늘에서 술을 마시며 즐기곤 했다.

어느 날, 순우분은 여느 때와 마찬가지로 두 사람의 친구와 나무 그늘에서 술을 마셨는데 그만 도를 지나쳐 만취가 되었다. 그래서 친구들은 그를 그 자리에 눕도록 하고는 자게 하였다.

순우분은 어렴풋이 잠이 들었는데, 문득 깨어나 앞을 바라보니 자줏빛 옷을 입은 두 관원이 넙죽 엎드려 있었다.

그들은 머리를 들고,

"괴안국(槐安國) 국왕의 어명을 받잡고 모시러 왔습니다."

하고 공손히 말했다.

순우분은 어리둥절했지만 그들을 따라나섰다. 문 밖에는 네 마리의 말이 끄는 마차가 대기하고 있었다.

그들이 마차에 오르자 쏜살같이 달려서 큰 느티나무 뿌리 쪽에 있는 나무 구멍으로 들어가는 것이었다. 그리고는 처음 보는 풍경 속을 수십 리나 달려 '대괴안국(大槐安國)'이라고 쓰인 금색 현판이 걸려 있는 성문을 지나 화려한 도성으로 들어갔다.

이어 순우분은 국왕 앞으로 안내되었다.

국왕은 매우 기뻐하며 그를 부마로 맞이할 뜻을 비쳤다. 그의 부친은 일찍이 북쪽 변방의 장수로 있다가 그가 어렸을 적에 행방을 알 수 없게 되었었는데, 괴안국 왕의 이야기로는 그의 아버지와 상의를 하여 이 혼사를 결정했다는 것이었다.

그렇게 하여 부마로 궁중에서 살게 된 그에게 세 명의 시종이 따르게 되었는데, 그 중 한 사람은 잘 아는 전자화(田子華)란 사람이었다. 또 조회 때 신하들 중에서 술친구였던 주변(周辯)을 발견하게 되었는데, 전자화의 말로는 지금은 출세를 해서 대신이 되어 있다고 했다.

이윽고 순우분은 남가군(南柯郡)의 태수로 임명되어 20년 동안 두 사람의 보좌로 인해 고을 안이 태평을 누리게 되고, 백성들은 그를 부모처럼 따랐다.

그 사이에 다섯 아들과 두 딸을 얻었는데, 아들들은 다 높은 벼슬에 오르고 딸은 왕가(王家)에 시집을 가서 그 위세와 영광을 덮을 자가 국내에는 없었다.

20년이 되던 해 단라국(檀羅國) 군대가 남가군을 침략해 들어왔다. 순우분은 주변에게 3만의 군사를 이끌고 나가 맞아 싸우게 했으나 적을 깔보고 방심한 탓으로 크게 패했으며, 주변도 등창을 앓다가 죽고 말았다.

순우분은 아내마저 병사하였으므로 그는 벼슬을 사임하고 서울로 돌아왔다.

그러나 서울에서 순우분의 세력이 커짐을 은근히 꺼려하고 있던 왕은 그에게 근신을 하도록 명령했다. 그는 스스로 죄가 없는지라 심한 불평 속에서 나날을 보냈다. 이것을 눈치챈 국왕은,

"고향을 떠난 지 벌써 오래니 한 번 고향엘 다녀오는 것이 어떻겠소? 그동안 자손들은 내가 맡을 터이니 3년 후에 다시 만나기로 하시오."

하고 권했다.

"소신의 집은 여긴데 어디를 간단 말입니까?"

하고 그는 깜짝 놀라 반문했다.

"그대는 원래 속세 사람으로 여기는 그대의 집이 아니오."

순우분은 그제서야 옛날 생각이 되살아나 고향으로 돌아가기로 했다. 처음 그를 맞이하러 왔던 사람들에 의해 옛집으로 돌아오자 자고 있는 자기의 모습이 보였다.

깜짝 놀라 우뚝 서 있노라니 두 관리가 큰 소리로 그의 이름을 불렀다. 번쩍 눈을 뜨니 밖은 그가 처음 업혀 올 때와 조금도 변한 것이 없고, 하인들은 뜰을 쓸고 있었으며, 두 친구는 시원스레 발을 씻고 있었다.

이상히 여긴 그는 친구와 함께 느티나무 구멍으로 들어가 살펴보

니 성곽 모양을 한 개미집이 있는데 머리가 붉은 큰 개미 주위를 수십 마리의 큰 개미가 지키고 있었다. 그것이 바로 대괴안국의 왕궁이었다.

다시 구멍을 더듬어 남쪽으로 뻗은 가지를 네 길쯤 올라가자 네모진 곳이 있고 성 모양의 개미집이 있었다. 그가 있던 남가군이었다.

그는 감개무량해서 그 구멍들을 본래대로 고쳐두었는데 그날 밤 폭풍우가 불어 아침에 다시 보니 개미들은 흔적마저 보이지 않았다.

그후 남가군에서 만난 두 친구들은 열흘 사이에 모두 병사하고 말았다. 그는 이 남가군에서의 한 번의 꿈으로 인해 인생의 허무함을 깨닫고 술과 여자를 멀리하며 오로지 도술(道術)에 전념하게 되었다.

그로부터 3년 후 순우분은 자는 듯이 세상을 떠났다. 이때가 바로 남가국에서 약속한 기한이 되는 바로 그 해였다.

남상 濫觴

넘칠 남 · 잔 상

- 出典 《순자(荀子)》〈자도편(子道篇)〉
- 文意 큰 강도 처음에는 한잔 정도였다.
- 解義 무릇 모든 일의 시초는 가장 작은 것에서부터 시작됨.

공자의 제자 중에 자로(子路)가 있었다. 공자보다 아홉 살 아래인데, 성질이 급하고 강직하며 공자를 우습게 볼 정도로 오만방자했다.

공자는 자로의 만용을 항상 경계하여 말했고, 호되게 나무라기도 했다. 그러나 한편으로는 공자의 칭찬을 들을 때도 더러 있었다. 공자는 평소 옷 따위에 신경을 쓰지 않는 자로서 검소함을 칭찬하여 이렇게 말한 적이 있다.

"다 낡고 해어진 옷을 입고도 가장 값비싼 가죽옷을 입은 사람과 나란히 서서 조금도 부끄러워하지 않을 사람은 우리 중에 자로밖에 없다."

그런데 하루는 자로가 매우 화려한 옷을 입고 으스대며 공자 앞에 나타났다. 공자는 자로의 그러한 모습이 걱정스러워 꾸짖어 말했다.

"옛날 양쯔강은 그 근원이 민산에서 비롯되었다. 그것이 처음에는 양도 적고 흐르는 것도 조용하여 잔에 넘칠 정도밖에 안 되었다. 그러나 그것이 하류에 이르자 사람들은 배를 타고서도 빠질까 염려할 정도가 되었다. 세상의 모든 일은 시작이 중요한 것이다. 착한 일을 시작하여 계속하면 점점 커져서 마침내 훌륭한 인물이 되지만, 착하지 못한 일을 시작하여 그 끝이 없으면 결국에는 걷잡을 수 없는 지경에 이르게 된다."

자로는 느낀 바가 있어 즉시 수수한 옷으로 바꿔 입고 들어왔다.

남전생옥 藍田生玉

쪽 람 · 밭 전 · 날 생 · 구슬 옥

[出典] 《삼국지(三國志)》
[文意] 남전에서 옥이 나온다.
[解義] 현명한 아버지가 재능 있는 아들을 놓은 것을 칭찬하는 뜻이다.

제갈각은 자(字)가 원손(元遜)이고 제갈근(諸葛瑾)의 맏아들이다. 젊어서부터 재능이 있어 명성을 떨쳐 태자의 친구가 되기도 했다. 그는 기발한 발상과 임기응변에 뛰어나 그와 더불어 상대할 자가 없었다.

제갈각의 아버지 제갈근은 얼굴이 마치 당나귀처럼 길었다. 손권은 많은 신하들이 모인 자리에서 사람을 시켜 당나귀 한 마리를 끌고 들어와 그 당나귀의 얼굴에 긴 봉투를 붙이고 제갈자유(諸葛子瑜)라고 쓰도록 했다.

제갈각이 무릎을 꿇고 말했다.

"붓으로 두 글자를 더하도록 허락해 주십시오."

그래서 손권은 이것을 허락하고 붓을 주었다. 제갈각은 그 아래에 계속하여 다음과 같이 썼다.

"지려(之驢)"

그곳에 앉아 있던 사람들은 그걸 보고 크게 웃었다. 그래서 손권은 당나귀를 제갈각에게 하사했다.

손권(孫權)은 제갈각이 기이한 인물임을 알고는 그의 아버지 제갈근에게 칭찬의 말을 했다.

"남전(藍田)이 옥을 낳는다고 하더니, 정말 헛된 말이 아니군요."

남취 濫吹

넘칠 남 · 불 취

- 出典 《한비자(韓非子)》
- 文意 엉터리로 악기를 부는 것.
- 解義 무능한 사람이 유능한 체하는 것을 말함.

제나라의 선왕(宣王)이 사람을 시켜 우를 연주할 때는 반드시 3백 명이 하도록 했다. 남곽(南郭)이라는 처사도 왕을 위해 우를 불기를 원했다.

선왕은 그것을 기뻐하였으며, 이렇게 하여 수백 명이 쌀을 받게 되었다.

선왕이 죽고 민왕이 즉위했다. 그는 한 사람 한 사람 연주하는 것을 듣기 좋아하였다. 그러자 연주 실력에 자신이 없던 처사는 달아났다.

일설에 한(韓)의 소후(昭侯)가 이런 말을 했다.

"우를 부는 자가 많으므로 나는 그들 가운데 뛰어난 자를 알지 못한다."

그러자 전엄(田嚴)이 대답하여 말했다.

"한 사람 한 사람씩 불도록 하여 들어 보시면 금방 알 수 있습니다."

우리 주위에는 능력이 없으면서 높은 자리를 차지하고 있는 사람이 무척 많다. 능력에 따라 자리를 부여받아야겠지만 그렇지 못한 경우가 허다하다.

한비자(韓非子)는 봉건제국의 전쟁이 치열하기 그지없던 춘추전국 시대 말기, 서기전 3백 년대에 융성했던 법가(法家)의 대표적인 사상가이다.

《사기(史記)》에는 한비(韓非)를 한자(韓子)라고 했는 바 그를 한비자(韓非子)로 통칭하게 된 것은 당대(唐代) 이후로써 당(唐)의 한유(韓愈)를 한자(韓子)라고 불렀기 때문에 그 혼돈을 피하기 위해서라고 한다. 한비자(韓非子)는 한(韓)나라의 왕족에서 태어났으며 그의 젊은 시절은 그가 태어난 한(韓)나라의 역사상 가장 비참한 시대였다.

진(秦)이 침략한 삼소국(三小國) 중에서도 가장 규모가 작은 한(韓)나라의 군대는 많은 불운과 재난을 당했으며, 그 영토는 인근의 강대 국가들에게 수시로 희롱당하고 안으로는 골육상잔이 벌어져 막강한 당파들의 권력 다툼으로 짓밟히고 있었다.

게다가 한비는 선천적으로 말더듬이어서 자신의 신분계급이 주위의 귀족사회에 어울리지 못하였으므로 성장과정에서 겪은 그러한 고독과 국가적 비운은 울분과 냉혹한 법가의 정신을 마련하는 데 충분한 원인이 되었을 것이다.

사실 법가는 이전의 추상적인 대의나 복고적인 이상주의, 의례(儀禮) 등으로 천하를 구하는 데 절망하고 있었다.

사마천(司馬遷)의 《사기(史記)》에 보면,

'한비는 명(名)과 실(實)이 일치함으로써 뚜렷한 실적이 이루어지는 것을 좋아했으며 그것은 곧 형명(刑名)의 학(學)이요, 법술(法術)의 학이었다. 그 연원은 황제(黃帝)와 노자(老子)의 학문이다. 그는 말더듬이였으나 글은 잘 지었다. 젊은 시절엔 친우 이사(李斯)와 함께 순경(荀卿=荀子)을 스승으로 모시고 배웠는데 이사는 스스로 자신의 재주가 한비에 미치지 못한다고 여겼다. ……한비는 한의 국세가 쇠미한 것을 보고 자주 한왕에게 의견을 써 올렸으나 한왕은 받아들이지 않았다'한다. 이에 한비는 <고분(孤憤)>, <오두> 등 십만여의 글을 지어 자신의 경륜을 밝혀 놓으니 이것은 《한비자》로 알려진 불멸의 명저다.

남풍불경 南風不競

남녘 **남** · 바람 **풍** · 아니 **불** · 다툴 **경**

- 出典 《춘추좌씨전(春秋左氏傳)》
- 文意 남방의 풍악은 지극히 미약하다.
- 解義 힘이나 기세가 약한 것을 뜻한다.

춘추 시대에 찬탈을 꿈꾸던 정(鄭)나라 자공(子孔)은 초(楚)나라 군대를 끌어들여 권력을 장악하려고 했다. 초나라 재상 자경은 초 장왕에게 명분이나 의로움이 없다는 이유로 전쟁을 반대했다.

장왕은 그에게 말했다.

"나는 즉위한 지 5년이 되었지만 외국에 군대를 파견한 적이 없소. 국민들은 내가 게으르거나 안일하여 선군의 위대한 유업을 망각하고 있다고 생각할지 모르니 재상은 파병을 해주시오."

자경은 정(鄭)나라로 공격해 들어갔으나 정나라는 자공(子孔)의 야심을 미리 알고 있었다.

그래서 싸움을 상대해 주지 않자 자경의 군대는 성 아래에서 며칠 주둔하다 철수할 수밖에 없었다.

철수 중에 큰 비와 추위를 만나 동사자(凍死者)가 많이 나와서 전멸 상태에 빠지고 말았다.

진나라에 초나라군이 출동했다는 소문이 퍼지자 사광(晉의 樂官)이 말했다.

"뭐 대단한 일은 없을 것이다. 나는 전부터 남방의 노래, 북방의 노래를 연구했는데, 남방의 음조는 미약해서 생기가 조금도 없으니(南風不競) 초나라군은 반드시 실패할 것이다."

낭중지추 囊中之錐

주머니 **낭** · 가운데 **중** · 갈 **지** · 송곳 **추**

出典 《사기(史記)》
文意 주머니 속에 든 송곳은 그 끝이 뾰족하여 주머니를 뚫고 나온다.
解義 포부와 역량이 있는 사람은 많은 사람 중에 섞여 있을지라도 눈에 드러난다는 말이다.

전국 시대 말기에 조나라가 진나라의 침략을 받아 멸망의 위기에 처하게 되었다. 이때 조나라의 재상인 평원군(平原君)이 초나라로 구원병을 청하러 가게 되었다. 평원군은 식객(食客)을 3천 명이나 거느리고 있는 당대의 어진 공자로 이른바 사군(四君) 중의 한 사람이었다.

그는 초나라로 떠나기에 앞서 함께 떠날 사람 20명을 식객 중에서 고르기로 했다. 문무를 겸한 인사 19명을 뽑았으나 나머지 한 사람을 뽑기가 힘들었다. 이때 모수(毛遂)라는 사람이 자진해 나서며 평원군에게 청했다.

"저를 함께 데려가 주십시오."

평원군은 그의 얼굴조차 처음 보는 듯하여 물었다.

"그대는 내 집에 온 지 몇 해나 되었소?"
"3년쯤 되었습니다."
"무릇 현명한 선비가 세상에 있으면 송곳이 주머니 속에 들어 있는 것과 같아서 반드시 그 끝이 밖으로 나타나게 마련이오. 그런데 3년이나 내 집에 있는 동안 그대에 대해 이렇다 할 얘기를 들은 바가 없으니, 남다른 재주를 갖고 있지 않다는 증거가 아니겠소. 그대는 좀 무리일 것 같소."

그러자 모수가 말했다.

"그러니 저를 오늘 주머니에 넣어 주십사 하는 겁니다. 저를 일찍 주머니 속에 넣어 주셨더라면 끝은 물론이요 자루까지 밖으로 내밀어 보였을 것입니다."

이리하여 모수도 20명 속에 끼여 초나라로 가게 되었다. 그러나 평원군의 끈덕진 설득에도 불구하고 초왕은 진나라가 겁이 나는지라 얼른 결정을 내리지 못했다. 아침 일찍부터 시작한 회담이 낮이 기울도록 제자리걸음만 하고 있었다.

이때 단 아래 있던 모수가 위로 올라와서 평원군에게 그 까닭을 물었다.

그러자 초왕이 평원군에게 물었다.

"이는 누구요?"
"제가 데리고 온 사람입니다."
"과인이 그대 주인과 이야기를 하고 있는데 무슨 참견인가? 어서 물러가지 못하겠는가?"

초왕이 큰 소리로 꾸짖었다.

이때 모수는 차고 있던 칼자루에 손을 걸친 채 앞으로 나아가 말했다.

"대왕께서 신을 꾸짖는 것은 초나라 군사가 많은 것을 믿기 때문입니다. 그러나 지금 대왕과 신과의 거리는 열 걸음밖에 되지 않습니다. 지금 초나라는 땅이 넓고 군사가 강한데도 두 번, 세 번 진나라에 패해 어쩔 줄을 모르고 있는 실정입니다. 이런 것을 볼 때 조나라와 초나라가 동맹을 맺는 것은 조나라를 위한 것이 아니라 초나라를 위한 것입니다."

이렇게 해서 결국 초왕은 모수의 위엄과 설득에 굴복하여 조나라에 구원병을 보낸다는 맹세를 하게 되었다.

평원군은 맹약을 정하고 조나라에 돌아와 말하였다.

"나는 감히 다시는 선비의 사람됨을 아는 체하지 않겠습니다(모수의 사람됨을 몰라보았음을 한탄함)."

드디어 모수를 상객(上客)으로 삼았다.

평원군이 조나라에 돌아오자 초나라에서는 춘신군을 장수로 하여 조나라를 구원하게 하고 위나라의 신릉군도 또한 왕명을 사칭하여 군대를 이끌고 조나라를 구원하기로 하였다.

내우외환 內憂外患

안 **내** · 근심 **우** · 바깥 **외** · 근심 **환**

- 出典 《십팔사략(十八史略)》
- 文意 안의 근심과 밖의 재난.
- 解義 근심 · 걱정 속에 사는 것을 뜻함.

춘추 시대 중엽, 진(晉)나라 낙서(樂書)는 진나라에 항거한 정(鄭)나라를 치기 위해 스스로 중군(中軍)의 장군이 되고, 범문자(范文子)는 부장군이 되었다. 진(晉)과 초(楚)의 두 군대가 충돌하자 낙서는 초(楚)와 싸울 것을 주장했다.

이에 반대하여 범문자가 말했다.

"성인이라면 안으로부터의 근심도, 밖으로부터의 재난도 지니지 않고 견디지만, 우리에게는 밖에서의 재난이 없으면 반드시 안에서 근심이 일어난다. 초(楚)나라와 정(鄭)나라를 잠시 놓아두어 밖에서의 근심을 내버려 두어야 하지 않겠는가?"

이때 송나라에 화원이라는 대부가 있었다. 그는 지성을 다해 진(晉) · 초(楚)를 설득하여 기원전 579년에 송나라의 서문 밖에서 양국의 대표자가 맹약을 조인케 하였다.

그 맹약의 주된 내용은 서로 침범하지 않을 것을 기본골격으로 하고, 환난이 있을 때엔 서로 도우며 복종하지 않는 나라가 있을 때에는 두 나라가 연합하여 공벌한다는 내용이었다.

이것은 남북을 대표하는 두 나라가 평화를 유지함으로써 천하의 소란을 가라앉히려는 데 목적이 있었다.

맹약이 깨어진 것은 3년이 지나서였다.

초나라가 정나라를 침략함으로써 맹약은 깨어지고 이듬해인 575년에는 진나라의 영공과 초나라의 공왕 사이에 충돌이 일어나 언릉이라는 곳에서 대치했다.

이 싸움에서 초나라의 공왕은 눈에 화살을 맞고 패주하여 초나라의 기세가 크게 꺾이는 비운을 맞이했다.

노마지지 老馬之智

늙을 노 · 말 마 · 갈 지 · 지혜 지

- 出典 《한비자(韓非子)》〈설림편(說林篇)〉
- 文意 늙은 말의 지혜.
- 解義 세상살이는 경험에 의하여 축적된 지혜가 난관 극복에 도움이 된다는 뜻.

관중(管仲)과 습붕(濕朋)이 제나라 환공을 따라가서 고죽국(孤竹國)을 정벌하기 위해 봄에 갔다가 돌아올 때는 겨울이 다 되었다. 시간이 오래 흐르다 보니 길을 잃게 되었다.
 그러자 관중이 말하기를,
 "늙은 말의 지혜를 이용하는 것이 좋겠다."
하고 즉시 늙은 말을 풀어 놓고 그 뒤를 따라가니 과연 길을 찾을 수가 있었다. 그렇게 길을 찾아서 가는 도중에 숲 속을 지나게 되었는데 물이 보이지 않았다.
 이번에는 습붕이,
 "개미는 겨울에 산의 양지쪽에 살고, 여름에는 산의 음지쪽에 사는데 개미둑이 한 치만 되면 그곳에는 물이 있다고 한다."
라고 말하였다. 그리고는 그의 말대로 양지에서 물을 발견할 수가 있었다.

관중이나 습붕과 같은 지혜로운 사람도 자신이 모르는 일에는 하찮은 늙은 말이나 개미까지도 스승으로 삼는 것을 수치스럽게 여기지 않았다.

환공이 찬탄해 마지 않았다.

"습붕은 가히 성인이로다."

그래서 그 샘을 성천(聖泉)이라 이름지었다. 또 복룡산을 용천산(龍泉山)이라 고쳐 불렀다. 군사들은 그 물을 마시며 환호성을 올렸다.

노익장 老益壯

늙을 로 · 더할 익 · 장사 장

出典 《후한서(後漢書)》
文意 늙을수록 건강하다.
解義 나이가 들수록 건강에 힘써야 한다는 것.

전한(前漢) 말, 부풍군(扶風郡)에 마원(馬援)이라는 사람이 있었다. 그는 글을 배웠고 무예에도 뛰어나 훗날 나라를 위해 크게 쓰일 그릇감이었다.

마원은 장성하여 군수를 보좌하면서 그 현을 감찰한 독우관(督郵官)이 되었다. 그때 죄수를 호송하는 일을 맡게 되었는데, 이런 저런 하소연을 하는 죄수들에게 동정심을 느껴 그들을 풀어 주고 북쪽으로 도망갔다. 그는 친구들과 담소하면서 이렇게 말했다.

"대장부의 의지는 어려울 때는 마땅히 더욱 굳세어야 하며, 늙은 면 마땅히 더욱 왕성해야 한다."

그 후 마원은 광무제(光武帝)를 알현하게 되었다. 광무제는 마원을 만나자 성심성의껏 예절을 다해 대접했으며, 각 부서를 데리고 다니며 조언할 말이 있는지 물었다.

마원은 이러한 후한 대접에 감동되어 돌아가지 않고 광무제의 휘하에 있기로 결심했다. 광무제는 마원을 복파장군(僕波將軍)으로 임명하여 남방의 교지(交趾)를 평정하게 하여 성공한다.

얼마 후, 동정호(洞庭湖) 일대의 만족이 반란을 일으키자. 광무제가 군대를 파견하였으나 전멸하고 말았다. 이 소식을 들은 마원이 자신에게 군대를 달라고 청하자 광무제는 이렇게 말했다.

"그대의 나이가 이미 적지 않으니 원정은 삼가는 것이 나을 듯하오."

"소신의 나이 비록 예순두 살이나 갑옷을 입고 말도 탈 수 있으니, 어찌 늙었다고 할 수 있습니까!"

그리고 마원은 말에 안장을 채우고 훌쩍 뛰어올랐다. 광무제는 웃으며 말했다.

"이 노인은 늙어도 더욱 굳세구려!"

결국 마원은 군대를 이끌고 정벌길에 올라 만족의 항복을 받아냈다.

녹림 綠林

푸를 녹 · 수풀 림

- 出典 《한서(漢書)》의 〈왕망전(王莽傳)〉
- 文意 푸른 숲.
- 解義 세상을 피한 호걸들이 산 속에 집단을 이루었음.

전한(前漢)은 고조(高祖) 유방(劉邦)이 창건한 후 15대 210년간 계속되다가 외척(外戚)인 왕망(王莽)이 서기 8년에 제위(帝位)를 찬탈하여 신(新)나라를 세움으로써, 한조(漢朝)는 15년 동안 일시 중단되었다.

그것이 서기 25년, 광무제(光武帝) 유수(劉秀)에 의해 재건되었는데, 둘로 나누어진 한조(漢朝)를 구별하기 위해 사가(史家)들은 전자를 전한(前漢) 또는 서한(西漢), 후자를 후한(後漢) 또는 동한(東漢)이라 하고, 그 수도도 전자의 수도인 장안(長安)을 서도(西都), 후자의 수도가 낙양(洛陽)이기 때문에 동도(東都)라고 불렀다.

그런데 왕망의 신(新)나라는 건국 불과 10년이 못 되어 민심이 왕망에서 떠나 폭동사건이 연발했다.

봉맹이라는 사람은 왕망이 자기 아들인 왕우를 죽인 것을 보고 "사람이 사람된 도리도 이제 끊겼다. 어물어물 머물러 있다가는 화가 나에게도 미칠것이다"고 하면서 의관을 동도의 성문에 벗어 걸곤, 가족들을 데리고 멀리 요동지방(지금의 만주지방)으로 도망쳤다.

   조정의 벼슬아치들이 이런 형편이니 백성들이 왕망의 정책을 지지할 까닭이 없었다. 그러던 중 지금의 호북성 당양현에 있는 녹림산(綠林山)에 굶주린 사람들이 모여들어 스스로 녹림군(綠林軍)이라 칭하면서 인근 지방의 지주와 관청을 습격하여 그 창고를 털어 간다든지, 백성들을 못 살게 굴었다.

   그 세력이 처음에는 1만 명 정도였지만 날이 갈수록 팽대해져 나중에는 5만 명 이상의 큰 군단으로 성장하여 관군(官軍)의 대부대와도 맞붙어 싸울 정도로 세력이 커졌는데, 광무제(光武帝)도 이 녹림군을 이용하여 후한조(後漢朝)를 복구하는 데 성공했다고 한다. 이후 녹림을 도적 떼의 대명사로 사용하게 되었다.

녹의사자 綠衣使者

푸를 **록** · 옷 **의** · 사신 **사** · 놈 **자**

- 出典 《개원천보유사(開元天寶遺事)》
- 文意 푸른옷을 입은 사자.
- 解義 앵무새의 다른 명칭.

당(唐)나라 수도 장안(長安)에서 제일가는 부호는 양숭의(楊崇義)였다. 그런데 그의 아내 유씨(劉氏)는 이웃집 아들 이감과 사통을 하였다.

하루는 양숭의가 잔뜩 술에 취해 집으로 돌아왔다. 유시와 이감은 자신들의 사통 행위에 방해가 되는 그를 죽였다. 그리고는 주위 사람들의 눈을 피해 물이 말라 버린 우물 속에 양숭의를 매장했다.

노복들 중 이 사실을 아는 자는 아무도 없었다. 단지 당 앞의 횃대 위에 있던 앵무새만이 유일하게 현장을 목격했다.

그로부터 며칠 후, 유씨는 관청으로 달려가서는 남편이 아직 집으로 돌아오지 않았는데, 누군가에게 살해된 것으로 생각된다고 진술했다.

이 일로 인해 의심스런 사람과 노복들 중 곤장을 맞은 자가 백여 명이나 되었지만 범인은 찾지는 못했다.

후에 관청의 관리가 다시 양숭의 집으로 와서 조사를 했으나 별다른 소득은 없었다. 그런데 횃대 위에 있던 앵무새가 갑자기 큰 소리로 말을 했다.

"이 집 주인을 죽인 자는 유씨와 이감이다."

이 말에 관리는 깜짝 놀라며 이들을 포박하여 감옥에 가두고 사건의 진상을 완벽하게 조사했다. 현의 장관은 이 일의 진상을 작성하여 조정에 보고했다. 그러자 황제는 앵무새를 '녹의사자(綠衣使者)'로 봉하고 궁궐로 데리고 와서 길렀다.

농단 壟斷

언덕 농 · 절단할 단

- 出典 《맹자(孟子)》
- 文意 높이 솟은 언덕.
- 解義 시장 등에서 이익을 독점하듯이 권력을 한 손에 쥐고 좌지우지하는 것.

옛날 아주 먼 옛날, 온 세상이 평화롭고 사람들은 다 순박하기 짝이 없을 때의 일이다. 광장에서 장이 섰다. 곡식을 가지고 와서 모피와 바꾸거나 생선을 소금과 바꾸거나 하는 식으로 물물교환을 하는 장으로 수많은 사람들로 매우 붐볐다.

그런데 교활한 한 사나이가 여기서 한 밑천 잡아 보려고 생각했다. 그는 많은 진기한 물품을 가지고 장이 서는 광장으로 오자, 우선 농(壟; 약간 높은 언덕)의 깎아지른 곳에 자리를 잡았다.

여기라면 어디서든지 잘 보이기 때문이었다. 아무도 장사를 하려는 생각이 없는데다 지리(地利; 지세가 편리한 이점)를 독차지하였으므로 재미가 날 정도로 잘 팔렸다. 이 사나이는 그 후 언제나 이 농단(壟斷)을 차지하고 물건을 팔았다.

사람들은 이 사나이가 시장의 이익을 독점해 갔으므로 이 사나이에게 세금을 물리기로 했다. 여기에서 장사치에게 세금을 물리는 일이 비롯되었다.

이 이야기는 《맹자》의 <진심편(盡心篇)>에 나와 있다. 맹자는 왕도정치의 실현을 위해 여러 나라를 경험하기 위하여 제나라에도 수년간 체류했으나, 결국 손을 들고 고향으로 돌아가려고 했다.

맹자가 떠나려고 하자 선왕(宣王)은 이 유명한 현인을 놓치는 것이 아까워 봉록을 크게 높이고 잡아두려고 했다.

그 말을 듣자 맹자는 자기의 의견도 채택되지 않는데 높은 봉급에 매달려 부를 독점하고 싶지는 않다면서 이 '농단'의 이야기를 하였다고 한다.

누란지위 累卵之危

얽힐 루 · 알 란 · 갈 지 · 위태할 위

出典　《사기(史記)》
文意　알을 포개 놓은 위기라는 뜻.
解義　매우 위태로운 형세를 비유적으로 나타낸다.

전국 시대에는 소진(蘇秦)처럼 제후 사이를 유세하며 다니는 소위 종횡가(縱橫家)라고 불리는 변설에 능란한 무리들이 횡행했다. 그들은 한결같이 일예일능(一藝一能)에 뛰어난 자들로서, 모두가 자기의 실력을 인정받아 제후에게 고용되어 출세코자 필사적인 노력을 한 사람들이다.

위(魏)나라의 가난한 집안에서 태어난 범수도 그 중의 한 사람이다. 처음에 고향에서 중대부(中大夫)인 수가(須賈)에게 고용되어 말단 관리직에 있었으나, 수가의 기분을 몹시 상하게 했기 때문에 위나라 재상인 위제의 하인에게 대나무발로 묶이어 측간 안에 갇히는 신세가 되었다.

여기서 간신히 도망친 범수는 이름을 장록(張祿)으로 고치고 정안평(鄭安平)이라는 사람에게 가서 보호를 받았다.

그러던 차에 마침 진나라 소왕의 사신이 위나라에 왔다. 이 기회를 놓칠세라 장안평은 곧 진나라 사신이 묵고 있는 객사로 찾아가 장록의 인물됨을 극찬하면서 데리고 갈 것을 천거하였다. 사신은 두 사람을 모두 데리고 진나라로 돌아가자 소왕에게 이렇게 보고했다.

"위의 장록은 천하의 유능한 외교관입니다. 그는 진나라의 정치를 '진나라는 누란(累卵)보다 더 위태롭다'고 평하면서 자기를 써 준다면 진나라는 안전할 것(秦王之國 危於累卵 得臣則安)이라고 자천(自薦)하고 있사오니 한번 시험해 주시기 바랍니다."

장록, 즉 범수는 진왕에 의해 채용되었다. 그가 자기의 진가를 발휘하여 원교근공책(遠交近攻策)을 진언하여 진나라를 위해 큰 공을 세운 것은 그로부터 얼마 후의 일이다.

능서불택필 能書不擇筆

능할 **능** · 글 **서** · 아니 **불** · 택할 **택** · 붓 **필**

出典 《당서(唐書)》
文意 글씨에 능한 사람은 붓을 가리지 않는다.
解義 참다운 서예가는 필기구에 구애받지 않는다는 뜻.

당(唐)나라 초기 서예의 4대가는 우세남(虞世南), 저수량(褚遂良), 유공권(柳公權), 구양순(歐陽詢)이다. 이 중 구양순은 서성(書聖) 왕희지(王羲之)의 글씨체를 계승하여 익힌 후 자신의 개성을 담은 솔경체를 완성한 인물이다.

그는 비록 글씨를 잘 쓰기로 유명했지만, 붓이나 종이를 가리는 일이 없었다. 그러나 이와 달리 저수량은 붓이나 먹을 선택하는 일에 이만저만 까다로웠던 것이 아니었다.

하루는 저수량이 우세남에게 이런 질문을 했다.

"내 글씨와 구양순의 글씨 중 어떤 것이 더 훌륭하다고 생각하십니까?"

우세남은 씩 웃으며 거침없이 말했다.

"구양순의 글씨가 훨씬 낫다고 생각합니다. 그는 붓이나 종이를 가리지 않고 자기 마음대로 글씨를 쓸 수 있습니다. 그러니 당신은 구양순만은 못한 것이지요."

저수량은 자신의 글씨가 낫다는 말을 듣고 싶었지만, 우세남의 말이 옳았기 때문에 고개를 끄덕이지 않을 수 없었다.

후세 사람들은 명필일수록 붓을 가린다고 말하고 있다. 사실 구양순이 붓을 가리지 않는다는 것은 어느 붓이든 가리지 않고 글씨를 썼다는 말이 아니다.

그 역시 행서(行書)를 쓸 때는 그 글씨에 맞는 붓을 선택했고, 초서(草書)를 쓸 때는 초서에 알맞은 붓을 선택했다. 그가 붓을 가리지 않았다는 것은 단지 조잡한 붓으로 글씨를 쓰더라도 그의 대가다운 경지에는 변함이 없었음을 말하는 것이다.

다기망양 多岐亡羊

많을 다 · 갈림길 기 · 잃을 망 · 양 양

[出典] 《열자(列子)》
[文意] 갈림길이 많아 양을 잃다.
[解義] 학문에는 길이 많으므로 목적을 망각하지 말라는 뜻.

양자(楊子)의 옆집에서 양 한 마리가 도망쳤다. 그래서 옆집 사람들은 물론이고 양자의 집 하인들까지 모두 나서서 양을 찾으러 나섰다.

그것을 본 양자가 물었다.

"단 한 마리의 양인데 그렇게 여러 사람이 쫓아가느냐?"

그러자 양자의 하인이 대답했다.

"달아난 방향은 갈림길이 많기 때문입니다."

얼마 후 모두들 맥이 빠져서 돌아와 말했다.

"갈림길 속에 또 갈림길이 있어서 양이 어디로 갔는지 통 알 수가 없습니다."

양자가 그 말을 듣자 말문을 닫고 오랫동안 말도 하지 않을 뿐더러 그날 하루는 웃는 낯도 보이지 않았다. 제자들은 기껏해야 양 한 마리를 잃어버린 것일 뿐이며 또 그 양이 자기 것도 아닌데 선생이 어째서 그렇게 언짢아하는지 통 알 수가 없었다.

까닭을 물어도 양자는 대답조차 하지 않았다.

그래서 맹손양(孟孫陽)이란 제자가 선배인 심도자(心都子)를 찾아가 사실을 말했다.

심도자는 맹손양과 함께 양자를 찾아 뵙고 공손히 물었다.

"옛날 세 아들이 유학을 갔다 돌아오자 그 아버지가 인의(仁義)에 대해 물었습니다. 그러자 큰아들은 '몸을 소중히 하고 이름을 뒤로 미루는 것입니다'라고 대답하고 둘째 아들은 '내 몸을 죽여 이름을 남기는 것입니다'라고 했으며, 셋째 아들은 '몸과 마음을 다 온전히 하는 것입니다'라고 대답했습니다. 같은 선생님 밑에서 함께 배웠는데도 세 사람 모두 대답이 달랐습니다. 그렇다면 과연 어느 것이 옳고 어느 것이 틀린 것입니까?"

그러자 양자는 이렇게 대답했다.

"어떤 사람이 황허 기슭에서 살고 있었는데 헤엄을 잘 치기 때문에 배로 사람들을 건네 주고 많은 돈을 벌어 호화로운 생활을 하게 되었네. 그래서 그에게 헤엄치는 법을 배우러 오는 사람이 많았는데 그 중 반에 가까운 사람이 헤엄을 배우다가 물에 빠져 죽었지. 그들은 헤엄을 배우러 왔지 빠지는 것을 배우러 오지는 않았거든. 그러니 돈을 버는 사람과 목숨을 잃는 사람과는 너무도 많은 차이가 있네. 그대는 어느 쪽이 좋고 어느 쪽이 나쁘다고 생각하는가?"

심도자는 잠자코 밖으로 나왔다. 그러나 맹손양은 뭐가 뭔지 도무지 알 수가 없었다. 그래서 심도자에게 물었다.

"큰 도는 갈림길이 많기 때문에 양을 놓쳐 버리고 학문하는 사람은 방법이 많기 때문에 양을 놓쳐 버리고 학문하는 사람은 방법이 많기 때문에 본성을 잃는다(大道以多岐亡羊 學者以多方喪生). 학문이란 원래 근원이 하나였는데 그 끝에 와서 이같이 달라지고 말았다. 그러므로 하나인 근본으로 되돌아가기만 하면 얻는 것도 잃는 것도 없다고 말씀하신 거라네."

다다익선 多多益善

많을 다 · 많을 다 · 더할 익 · 좋을 선

[出典] 《사기(史記)》
[文意] 많을수록 좋다.
[解義] 감당할 능력이 있으면 많을수록 좋다는 말.

마침내 천하를 통일한 유방은 무장으로서의 역량이 가장 큰 초왕(楚王) 한신(韓信)을 위험한 존재로 느끼고 있었다. 특히 한신은 한나라의 대장군이었지만, 항우와의 전쟁 당시는 가끔 독자적인 군사행동을 취하여 유방을 애먹인 일도 있었던 것이다.

유방이 제위에 오른 지 1년도 채 못 되어 한신의 반역음모를 밀고한 자가 나타났다. 여러 신하들이 곧 토벌할 것을 주장했지만, 정면으로 맞붙어 싸우면 반드시 이긴다는 보장도 없었다. 그만큼 한신의 용병술이 탁월했기 때문이다.

여기서 고조 유방은 지혜주머니 진평(陳平)의 헌책을 받아들여 남쪽에 있는 진주(陳州)로 내려가 여기에 제왕(諸王)의 회의를 소집하였다.

아무것도 모르고 어슬렁어슬렁 회의장에 나타난 한신을 고조는 힘들이지 않고 체포하여 장안(長安)으로 압송하여 사문(査問)에 부쳤다. 그러나 반역음모의 확증이 없었으므로 초왕에서 격하시켜 회음후(淮陰侯)로 봉하였다.
　당시의 제도로써 '후(侯)'는 '왕(王)'과 달리 봉토 내에서의 조세 징수권만 보장될 뿐 군사권이 없었으므로 후로 격하되면 독자적인 세력권을 형성할 수 없었다. 그래서 한신은 이 빠진 호랑이가 된 것이다.
　한신을 장안으로 압송한 어느 날 고조는 한신과 더불어 여러 장수들의 능력에 대하여 대화를 나누었다.
　"그런데 과인은 도대체 몇만 명 정도를 통솔하는 장수의 자격이 있겠소?"
　"폐하께서는 기껏해서 10만 군대나 통솔하실 겁니다."
　"과연 그렇군. 그러면 귀공은 어떠하오?"
　"소장은 다다익선(多多益善)입니다."
　고조는 여기서 껄껄 웃었다. 그리고 다시 물었다.
　"다다익선이라면 어째서 과인에게 붙잡혔소?"
　"그것도 또 별개 문제이옵니다. 폐하는 사병에 대한 장수는 될 수 없지만, 장수들의 우두머리는 되실 수 있습니다. 이것이 소신(小臣)이 폐하에게 포로가 된 이유입니다."
라고 한신이 대답하였다.

단장 斷腸

끊을 단 · 창자 장

- [出典] 《세설신어(世說新語)》
- [文意] 창자가 끊어짐.
- [解義] 창자가 끊어지는 듯한 비통한 슬픔. 또는 그럴 만큼 마음의 상처를 입는다는 뜻.

진나라의 환온(桓溫)이 촉나라로 가던 도중 삼협을 지날 때의 일이다.

환온을 따르는 종자가 숲에 들어갔다가 원숭이 새끼 한 마리를 붙잡아 가지고 배로 돌아왔다. 그런데 어미 원숭이가 뒤를 따라와 물을 사이에 두고 강가에서 슬프게 울어댔다.

그러나 배는 그대로 떠났다. 어미 원숭이는 강기슭을 따라 배를 계속 쫓아오면서 새끼 원숭이를 보고 울부짖었다. 이윽고 백 리도 더 간 곳에서 배가 기슭에 닿자 어미 원숭이는 배로 뛰어드나 끝내 그대로 죽고 말았다.

나중에 그 원숭이의 배를 갈라 보니 너무나도 슬퍼했던 나머지 장이 토막토막 잘라져 있었다고 한다.

이때부터 참을 수 없는 슬픔을 '단장'이라고 하였다.

당랑거철 螳螂拒轍

주발매미 **당** · 버마재비 **랑** · 막을 **거** · 바퀴자국 **철**

> [出典] 《회남자(淮南子)》
> [文意] 사마귀가 앞발로 수레바퀴를 막음.
> [解義] 분수를 모르고 날뛰는 것을 비유.

제나라 장공(莊公)이 사냥을 가는데 벌레 한 마리가 발을 들어 장공이 탄 수레바퀴를 치려 했다.

장공은 말몰이꾼에게 물었다.

"저건 어떤 벌레인가?"

"사마귀(螳螂)입니다. 저놈은 원래 앞으로 나아갈 줄만 알고 뒤로 물러날 줄을 모르며 분수도 몰라 제 힘은 생각하지 않고 상대를 업신여기는 놈입니다."

어려서부터 궁 안에서 자란 장공으로서는 처음 보는 희한한 일이었다. 더구나 그 벌레는 처음 보았다.

머리는 삼각형이고 눈알은 튀어나왔으며 촉각이 기다란 것이 마치 두 개의 채찍과 같았다.

앞가슴은 가늘었으며 복부는 비대하고 앞발은 길었다. 그 발은 마치 톱니 달린 낫과 같았다.

"그놈이 만일 사람이면 반드시 천하의 용사가 되겠구나."
장공은 수레를 돌려 사마귀를 비켜갔다.

장자(莊子)는 이런 질문을 받은 적이 있다.
"광포 잔인하고 더구나 지혜가 없는 군주를 섬기는 데 어떻게 하면 좋습니까?"
"우선 신중하게 자신의 품행을 바로잡아 상대가 감화하도록 힘쓰라. 당랑처럼 두 발을 치켜들고 차바퀴에 덤비는 식이라면 소임을 다하지 못한다."

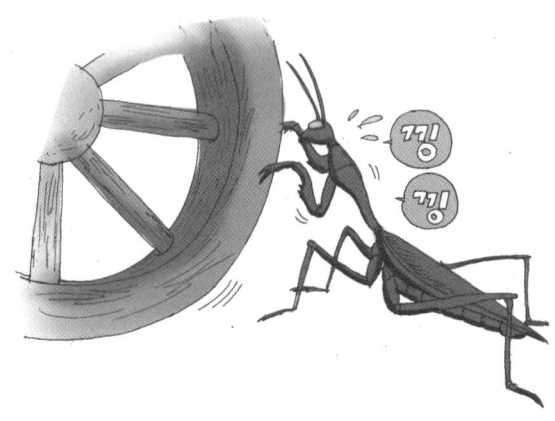

대공무사 大公無私

큰 대 · 마을 공 · 없을 무 · 사정 사

出典 《진서(晉書)》
文意 모든 일에 사가 없다.
解義 일 처리가 개인적인 감정이 없고 공정하고 바르다.

춘추 시대 때 진평공(晉平公)이 기황양(祁黃羊)이라는 신하에게 물었다.

"남양현(南陽縣)에 장(長) 자리가 비어 있는데 누구를 보내는 것이 적당하겠는가?"

기황양은 주저하는 기색이 없이 즉시 대답했다.

"해호(解狐)를 보내면 반드시 훌륭하게 임무를 해낼 것입니다."

평공은 놀라서 물었다.

"그대는 해호와 원수지간이 아닌가? 어찌하여 해호를 추천하는 것인가?"

기황양이 대답했다.

"저에게 물으신 것은 임무를 수행할 수 있는 적임자에 관한 것이지, 해호가 제 원수인지 아닌지를 물은 것이 아닙니다."

이렇게 하여 임명된 해호는 임무를 성실하게 수행하였다. 얼마 후, 평공이 다시 물었다.

"지금 조정에 자리가 하나 비어 있는데 누가 적임자인가?"

기황양은 대답했다.

"기오(祁午)가 수행할 수 있을 것입니다."

평공이 고개를 갸웃거리며 반문했다.

"기오는 그대의 아들이 아니오? 어찌 아들을 추천할 수 있겠소?"

"누가 적임자인지를 물으신 것이지, 기오가 제 아들인지 아닌지를 물은 것은 아닙니다."

기오 역시 모든 일을 공명정대하게 처리하여 칭송을 받았다.

대기만성 大器晚成

큰 대 · 그릇 기 · 늦을 만 · 이룰 성

[出典] 《노자(老子)》
[文意] 큰 그릇은 늦게 만들어진다.
[解義] 큰 일이나 큰 인물은 쉽게 만들어지지 않고 온갖 어려움을 거친 후에야 비로소 이루어진다.

"최대의 사각은 지나치게 커서 그 모퉁이가 보이지 않을 정도인 것과 같이 최고의 가치가 있는 그릇은 모든 것의 최후에 완성된다. 가장 힘이 강한 소리는 소리가 나지 않는 것같이 생각된다. 절대적인 불변의 참된 도(道)는 너무나도 광대해서 그 정체를 포착하지 못하기 때문에 참된 도인 것이다."

노자의 말로써, 여기서의 도는 유교가 말하는 사람이 지켜 행해야 하는 도와는 다르다.

그것이 현대와 같이 오로지 인물에 대해 쓰이는 뜻으로 변화된 것은 다음과 같은 고사에서 비롯된다.

삼국 시대 위나라에 최염(崔琰)이라고 하는 유명한 장수가 있었다. 《삼국지》에서는 조조가 위왕(魏王)이 되려는 것을 간하다가 결국은 옥에서 타살되었다고 다소 과장되어 기록되어 있는데, 정사(正史) 《삼국지》에서는 그 목소리는 유연하고 모습은 한층 눈에 띄며 수염이 4척이나 되는 이 장수를 무제가 누구보다 신임하고 친근히 여겼다는 기록이 있다.

최염에게는 사촌인 최림(崔林)이 있었는데 친척들에게 바보 취급을 받는 것을 보고

"아우는 소위 대기만성(大器晚成)형이다."

라고 말하며 그의 인물됨을 평했다. 얼마 후 과연 최림은 천자의 고문역이 되었다고 한다.

대풍가 大風歌

큰 대 · 바람 풍 · 노래 가

- [出典] 《사기(史記)》
- [文意] 큰 바람이 불어 구름을 흩날린다.
- [解義] 한 고조 유방의 뜻을 읊은 노래.

달아난 경포의 추격을 다른 장수에게 맡긴 한나라 고조는 장안으로 개선하는 도중에 고향인 패에 들렀다. 오랜만의 금의 환향이었다.

젊은 시절에 그는 이곳에서 건달 생활을 하여 많은 비난도 받았지만 이제 황제가 되어 돌아온 것이다. 그는 고향의 옛 친구와 부호들을 모두 불러 모아 큰 잔치를 베풀었다.

잔치가 무르익고 술기운이 돌자 깊은 감회에 젖어 축(筑; 현악기의 일종)을 치며 '대풍가(大風歌)'를 지어 부르며 춤을 추었다. 그뿐 아니라 고향의 소년 120명에게 이 노래를 가르쳐 합창하게 하였다.

큰 바람 불어닥쳐 구름은 흩날리고(大風起兮雲飛揚)
위엄 해내(海內)에 떨쳐 고향에 돌아오다(海威加內歸兮故鄕)
이제 어떻게 용맹한 병사를 얻어 천하를 지킬거나
(安得猛士兮守四方).

여기서 큰 바람은 난세를 뜻하는 말이고, 구름은 자기 자신을 포함한 영웅 호걸들을 가리킨다. 세상이 어지러워지자 영웅호걸들이 여기저기서 일어나 다투다가 이제 자신의 위엄을 천하에 떨치고 금의 환향하였다..

그 천하를 길이 보전하기 위해서는 용맹한 사나이들을 얻어서 사방을 지키게 해야 하겠다는 내용이다.

이 '대풍가'는 항우 '해하의 노래'와 자주 비교된다. 항우가 해하에서 한군에 포위되어 사면초가의 비운에 처했을 때 항우는 그 패배의 책임을 그 자신에게 돌리지 않고 시운이 불리하여 하늘이 자신을 망치게 하려고 한다는 등의 말로 다른 곳에 책임을 전가시키고 있다.

이에 비하여 유방의 '대풍가'는 난세의 큰 바람이 불어닥치자 구름이 되어 하늘을 날고 다른 구름의 도움을 받아가며 천하를 평정하고 금의 환향하였다고 술회하고 있다.

그리고 앞으로도 용맹한 사나이들을 얻어 길이 천하를 지키고 싶다고 말하고 있다.

혹자는 '대풍가' 첫 구의 큰 바람은 유방을 가리키고, 구름은 항우를 위시하여 그에게 적대 관계에 있던 군웅을 가리키는 것이라고 해석하기도 한다. 즉, 자신이 큰 바람이 되어 항우 등을 불어서 날려 버렸다는 뜻이라고도 한다.

마지막 구는 일단 차지한 천하는 자기 혼자의 힘으로는 지킬 수 없으므로 용맹한 사람을 바란다는 원망을 나타내고 있어 결코 항우와 같이 자기 힘만을 찬미하지 않고 있다.

소년들이 부르는 '대풍가'의 합창이 점점 흥을 돋우자 고조는 자리에서 일어나 손발을 흔들며 춤을 추었고, 춤이 끝나자 두 눈에서는 두 줄기 눈물이 주르르 흘렀다.
　고조가 '대풍가'에 맞추어 춤을 춘 것은 고조 12년 10월이었고 그로부터 7개월 후에 세상을 떠났다.

도원결의 桃園結義

복숭아 도 · 동산 원 · 맺을 결 · 의 의

- [出典] 《삼국지연의(三國志演義)》
- [文意] 복숭아나무가 심어진 정원에서 의형제를 맺음.
- [解義] 《삼국지연의》에 등장하는 유비·관우·장비가 의형제를 맺은 것을 말함.

전한(前漢)은 외척(外戚)에 의해 망했고 후한(後漢)은 환관(宦官)에 의해 망했다고 한다. 그러나 후한의 직접적인 붕괴의 원인은 황건적(黃巾賊)의 봉기였다.

어지러워진 국정에 거듭되는 흉년으로 당장 먹을 것이 없어 굶주린 백성들은 태평도(太平道)의 교조 장각(張角)의 깃발 아래로 모여들어 누런 수건을 머리에 두르고 황건적이 되었는데, 그들의 수는 무려 50만에 이르렀다.

이를 진압하기 위해 정부에서는 각 지방 장관에게 의용병을 모집하라는 지시를 내렸다. 유주(幽州)의 탁현(涿縣)에도 의용군 모집의 게시판이 높이 나붙었다.

게시판 앞에 발길을 멈춘 유비(劉備)는 나라 일을 걱정하며 길게 한숨을 내쉬었다. 이때,

도원결의(桃園結義)

"왜 나라를 위해 싸울 생각은 않고 한숨만 내쉬고 있는 거요?"

하고 뒤쪽에서 외치는 자가 있었으니 다름 아닌 장비(張飛)였다.

두 사람이 서로 인사를 교환한 다음 가까운 주막으로 들어가 함께 나라 일을 걱정하고 있는데 한 거한이 들어왔다. 기골이 장대한 모습이 남다른 인물인지라 자리를 같이할 것을 청하고 서로 존성대명을 하였다. 그는 운장(雲長) 관우(關羽)였다.

이들 셋은 자리를 같이하고 술을 마시며 이야기하는 동안 서로 뜻이 맞아 함께 천하를 위해 손잡고 일하기로 결심을 했다.

이리하여 장비의 청으로 유비의 집 후원 복숭아나무 아래에서 세 사람이 형제의 의를 맺고 힘을 합쳐 천하를 위해 일하기로 맹세하게 되었다.

얼마 후에 세 사람은 3백여 명의 젊은이들을 이끌고 황건적 토벌에 가담하게 되었고, 뒤에 제갈공명을 삼고초려로써 맞아들인 유현덕은 조조(曹操), 손권(孫權)과 함께 천하를 삼분하여 삼국 시대를 이루었다.

도원경 桃源境

복숭아 **도** · 도원 **원** · 지경 **경**

- 出典 《도화원시병기(桃花源詩竝記)》
- 文意 속세를 떠난 별천지.
- 解義 이상향의 세계를 뜻함.

진(晉)나라 태원(太元) 연간의 일이다.

무릉(武陵)에 사는 한 어부가 고기를 잡고자 조그마한 나룻배를 타고 한 지류를 따라 저어서 올라갔다. 그런데 어디서 어떻게 길을 잘못 들었는지 전에는 전혀 보지 못한 장소에 이르렀다.

다시 배를 저어 올라가니 이윽고 수원지(水源地)로 보이는 산 밑에 이르렀다.

보아하니 겨우 사람 하나가 지날갈 정도의 동굴이 있었다. 그 동굴을 지나가니 거기는 그림처럼 아름다운 풍요한 농촌의 광경이 전개되어 있었다.

집들도 고래등 같은 큰 기와집들이었다. 그러자 동내 사람들이 이 어부가 나타난 것을 보고 모여들어 크게 환영하여 잔치까지 베풀었다.

물어 보니 이 사람들은 수백 년 전인 진 시황 때 전란과 학정을 피하여 이곳으로 도피한 사람들의 자손들이라고 했다. 그러니 외부 세계와 전혀 단절되어 수백 년을 살아왔으니, 그 사이에 한(漢)나라가 바뀌고 삼국(三國) 시대와 위(魏)를 거쳐 지금은 진(晉)의 천하가 된 것도 물론 알지 못했다.

거기에는 군신(君臣)제도도 없는 '산중무일력(山中無日曆)' 그대로였다. 이곳 사람들의 극진한 환대 속에 며칠 동안이 꿈처럼 지나갔다.

집 생각이 나자 이 어부가 돌아가려 하자 이곳 사람들이 많은 선물을 주면서 전송했으나, 이와 같은 무릉도원(武陵桃源)의 별천지가 있다는 사실만은 절대로 외부에 발설하지 말라는 단단한 주의를 주는 것이었다.

이리하여 그 어부는 황홀했던 며칠 동안의 생활을 도저히 발설하지 않고는 견딜 수 없어서 가족에게, 마을 사람들에게 이야기한 것이 태수(太守)의 귀에까지 들어갔다.

태수(太守)가 이 어부를 앞장세워 이 선경(仙境)을 찾으려 애썼으나 도원경으로 통하는 길은 끝내 찾지 못했다.

도주지부 陶朱之富

질그릇 도 · 붉을 주 · 갈 지 · 부자 부

出典 《사기(史記)》
文意 도주공의 부(富).
解義 중국에서 최고의 부자를 뜻하는 말.

월(越)나라가 오(吳)나라를 멸망시키자, 일등공신인 범려는 월나라를 떠났다.

"남의 고생을 안다."

이것은 범려가 그 군주인 월왕 구천을 평한 말이었다.

얼핏 보면 찬사처럼 들린다. 고생을 함께 할 수 있는 군주라고 한 것이다. 하지만 이 범려의 말은 반드시 구천을 칭찬한 것이라고는 할 수 없다.

숙적인 오나라를 멸망시킨 월나라는 고생의 막을 내리고 이제부터 영락의 시대를 맞는다.

'왕도 지금까지의 모습과는 달라진 것이다.'

범려는 이렇게 예견했다.

"오래 머무를 곳은 못 된다."

그는 그렇게 보고 물러설 것을 생각했다.

그는 사라지지 않으면 안 되었다.

범려는 도중에 재물과 주옥을 감추고 가족들 및 가신들과 함께 배를 타고 강과 호수를 건너 바다로 나가 제(齊)나라로 가서는 이름을 치이자피로 바꾸고 생활했다. 그는 아들과 함께 재산을 증식하여 수천만금에 이르렀다. 제나라 사람들은 그의 현명함을 듣고 재상으로 임명했다. 그러자 범려는 한탄하며 말했다.

"집에는 천금이 있고, 관직은 재상이 되었구나. 이것은 평민으로서는 최고의 출세이다. 그러나 오랫동안 존경을 받는 것은 불길한 것이다."

그는 재상의 지위를 거절함과 동시에 수천만금의 재산을 남김없이 남에게 나누어 준 다음 다시 도(陶)로 떠났다.

도에서 그는 다시 장사를 시작했다. 이곳을 택한 것은 이곳이 제후의 나라와 사방으로 통하는 물자의 중심지였기 때문이다.

여기서 그는 이름을 주(朱)로 바꾸고, 거래선을 잘 골라 기회를 잡아 물자를 유통시키니, 다시 수천만금의 부(富)를 쌓아 도주공(陶朱公)이라 불리게 되었다.

그는 19년 동안에 세 번씩이나 큰 부를 얻어 그 중 두 번씩이나 재물을 빈민들에게 나누어 주었다. 뒤에 그의 나이가 많아지자 모든 가업을 자손들에게 맡겼으나 자손들 역시 그 재주를 물려받아 더욱더 그 부를 늘렸다고 한다.

도청도설 道聽塗說

진흙 도 · 들을 청 · 진흙 도 · 말씀 설

出典 《논어(論語)》
文意 큰 길에서 듣고 작은 길에서 말한다.
解義 길에서 듣고 말하는 것은 경박한 행동이라는 것.

공자가 말했다.
"길에서 듣고 길에서 말하는 것은 덕을 버리는 것이다(道聽而塗說 德之棄也)."

이 말은 그 자리에서 듣고 곧바로 다른 사람에게 말하는 것은 덕을 버리는 일이란 뜻이다. 사람은 선한 말을 들으면 그것을 마음 속에 간직하여 깊이 생각하고 몸소 실천함으로써 자기 것으로 만들어야 한다.

언어의 홍수 속에 살고 있는 우리는 자칫 사고의 빈곤에 직면하기 쉽다. 공자의 말에서처럼, 다른 사람의 말을 듣기보다는 자신의 말을 하는 일에 치중하는 경우가 적지 않다. 지나칠 정도의 말은 그 자신뿐만 아니라 그 말을 듣는 상대방에게까지 나쁜 영향을 준다.

옛 성현들은 어떤 말을 듣게 되었을 경우, 반드시 그 의미를 되새겨 본 후에 자신의 정신 수양에 보탬이 되도록 해야 한다고 말했다.

도청도설(道聽塗說)

　길에서 듣고 길에서 말한다는 말은, 어떤 사람에게 말을 들었을 때는 반드시 그 말을 잘 이해하여 좋은 말은 마음 깊숙이 간직하고 반성할 것은 반성하여 자아를 발전시키는 데 도움이 되도록 하면 자기의 덕(德)을 밝히는 자료가 된다.

　그러나 건성으로 듣고 다른 사람에게 생각 없이 말해 버리는 것은 덕을 버리는 것과 같은 이치임을 지적한 것이다.

　공자는 제자들이 학문을 하는 목적은 선현들의 지식만을 전수받기 위해서가 아니라, 이론 못지않은 실천이 중요하다고 강조한다. 즉, 배움의 길은 이론과 행동이 병행될 때, 좋은 성과를 기대할 수 있다.

도탄 塗炭

진흙 도 · 숯 탄

- [出典] 《서경(書經)》
- [文意] 진흙 수렁이나 숯불에 떨어진 고통.
- [解義] 견디기 힘듦을 이름.

하(夏)의 걸왕(桀王)은 요염한 미녀 말희를 사랑하여 주지육림 속에서 음란을 즐기다가 비도망국의 제왕이 된다. 걸왕의 학정에 반항, 군사를 일으켜 걸왕의 대군을 명조산에서 대파하고 천자의 위에 오른 것이 은(殷)의 탕왕(湯王)이다.

탕왕은 거병할 때, 군중 앞에서 출진의 서약을 선포했다.

"오라 그대들이여, 모두들 내 말에 귀를 기울이라. 나는 감히 난을 일으키는 것이 아니다. 하의 죄가 많아 천명으로 이를 토벌하고자 한다."

탕왕은 다시 걸왕과 싸워 대승하고 개선했을 때 탕왕은 재차 제후들에게 걸왕의 포학무도함을 공격했다.

"하왕은 덕을 멸하고, 폭위를 떨쳐 그대들 만방의 백성에게 학정을 가했다. 그대들 만방의 백성은 그 흉해를 입어 도독(荼毒; 씀바귀의 독)의 괴로움에 견디다 못해 무고한 괴로움을 상하의 신기(神祇;

하늘의 신령과 땅의 신령)에 고했다. 천도는 언제나 선에게 복을 주고, 음(淫)에게 화를 미치게 한다. 하늘은 재앙을 하(夏)에 내려 이로써 그 죄를 밝혔다."

걸왕의 학정을 비난한 말은 이 밖에도 고전(古典)에 수 없이 보이나 같은 《서경》에서는,

'유하혼덕(有夏昏德)하여 백성이 도탄(塗炭)에 떨어지다'라고 했다. 탕 임금이 무력혁명에 의해 걸을 내쫓고 천자가 된 것을 부끄러워하자 좌상인 중훼가 글을 지어 탕 임금을 위로한 것이다. 걸왕의 부덕, 악랄한 행위에 의해 백성들이 받은 말할 수 없는 고난을 여기서는 한마디 말로 '백성이 도탄에 떨어지다'라고 표현했다. 이것이 오늘날 '도탄의 괴로움'이란 말의 어원이 되었다.

독안룡 獨眼龍

홀로 독 · 눈 안 · 용 룡

- 出典 《오대사(五代史)》
- 文意 눈이 하나이지만 용기 있는 사람.
- 解義 사납고 용맹한 장수를 일컬음.

당나라 18대 황제 희종(僖宗)이 나라를 다스리던 때의 그 유명한 황소(黃巢)의 난이 일어났다. 황소는 홍수와 가뭄과 같은 천재로 인해 농사를 망친 백성들을 이끌고 난을 일으켜 도읍 장안(長安)을 함락시켰다. 그리고 자칭 제제(齊帝)라고 칭하며 국호를 대제국(大齊國)이라 했다.

희종은 이 난을 피해 성도(成都)로 갔다. 희종은 그곳에서 돌궐족 출신의 맹장 이극용(李克用)에게 황소 토벌을 명하였다. 젊었을 때부터 용맹스러웠던 이극용은 4만여 명의 병사를 직접 지휘하여 맹렬히 싸웠다.

이때 이극용의 병사들은 한결같이 검은 옷을 입고 있었기 때문에 사람들은 이들을 '갈가마귀 군사(鴉軍)'라고 불렀으며, 이극용을 이아아(李鴉兒)라고 불렀다.

이극용을 비롯한 그의 병사들은 무용 또한 대단하여 반란군들은 이들을 보기만 해도 두려워 벌벌 떨었다.
 그 이듬해 소종(昭宗)이 즉위하고서야 반란군은 모두 토벌되었다. 이극용은 이 공으로 농서의 군왕(君王)으로 책봉되었다. 그 당시 사람들은 당나라가 존재했을 때나 멸망했을 때나 변하지 않고 당나라 조정에 충성을 다하며 자신의 절개를 지킨 이극용을 높이 평가했다.
 그가 높은 자리에 오르게 되자, 애꾸눈이라는 사실에 의거하여 '독안룡'이라고 일컬었다.

동식서숙 東食西宿

동녘 동 · 먹을 식 · 서녘 서 · 잘 숙

[出典] 《태평어람(太平御覽)》
[文意] 동쪽에서 먹고 서쪽에서 잔다.
[解義] 부평초와 같은 떠돌이 신세를 의미한다.

옛날 제(齊)나라에 혼기가 꽉 찬 한 처녀가 살고 있었다. 그녀에게 동쪽에 사는 집과 서쪽에 사는 집에서 동시에 청혼이 들어왔다.

그런데 동쪽 집 아들은 볼 수 없을 정도로 추남인 반면 생활은 매우 윤택하였고, 서쪽 집 아들은 가난했으나 빼어난 외모를 갖고 있었다. 이 처녀의 부모들은 어느 집으로 딸을 시집보내는 것이 잘 하는 일인지 확신이 서지 않았다.

그래서 곰곰이 생각하던 끝에 당사자인 딸의 생각에 따르기로 하고 물었다.

"이 두 집 중 어느 곳으로 시집을 갈래? 만일 동쪽 집으로 시집을 가고 싶으면 왼쪽 어깨 옷을 내리고, 서쪽 집으로 시집을 가고 싶으면 오른쪽 어깨 옷을 내리도록 해라."

딸 역시 쉽게 어느 한 쪽을 결정하지 못하였다. 그녀는 잠시 골똘히 생각하더니, 갑자기 양쪽 어깨를 모두 벗는 것이었다.

부모는 딸의 행동에 깜짝 놀라 그 이유를 묻자 그녀가 배시시 웃으며 대답했다.

"낮에는 동쪽 집에 가서 먹고 싶고, 밤에는 서쪽 집에 가서 자고 싶어요."

지극히 탐욕스러운 답변이었다. 이 성어는 '동가식서가숙(東家食西家宿)'으로 변해 한 곳에 오래 있지 못하고 떠돌이 생활을 하는 처지를 비유한다.

동병상련 同病相憐

한 가지 **동** · 병들 **병** · 서로 **상** · 사랑할 **련**

[出典] 《오월춘추(吳越春秋)》
[文意] 같은 병을 앓고 있는 사람끼리 서로 동정한다.
[解義] 처지가 비슷한 사람끼리 상대를 동정함.

초나라의 오자서(吳子胥)는 아버지와 형을 역적의 누명을 씌워 죽이고 오나라에 망명했다. 오나라의 실권자가 되었을 때 아버지가 초나라에서 억울하게 죽은 백희가 망명차 오자서에게 몸을 의탁하러 왔다.

백희의 할아버지 백주려는 초나라 좌윤(左尹)이었다. 좌윤은 상대부(上大夫) 벼슬이다. 그의 아들, 즉 백희의 아버지인데 이름은 극완이었고, 평왕의 총애를 받은 사람이다. 극완과 함께 있으면 평왕은 심심한 것을 몰랐다.

권세욕에 미친 사람이며, 따라서 병적으로 질투가 많은 비무기는 그것이 몹시 샘이 났다. 비무기는 간계를 꾸며 어느 날 평왕에게 말했다.

"대왕께서 극완을 총애하시는 것은 나라 안에 누구나 모르는 사람이 없습니다. 한 번 극완 집에서 주연을 베풀어 주심이 어떻겠습니까? 극완도 영광으로 생각할 것입니다. 신하들도 대왕님의 극완에 대한 두터운 총애를 알고 충성을 더할까 합니다."

"좋겠군."

평왕은 극완의 집에 술과 안주를 보냈다.

"그대 집에서 주연을 베풀겠다.'

극완이 감격하여 준비를 하고 있는데, 어느 날 비무기가 극완을 불렀다.

"대왕께서는 대단히 용맹스런 분으로 무사(武事)를 퍽 좋아합니다. 그러므로, 대왕께서 행차하시는 날에 당신이 무사와 병기를 당 아래나 문 앞에 진열한다면 대왕께서는 더할 바 없이 기뻐하실 거요."

평왕이 무사를 좋아하는 것은 사실이었으므로 극완은 그 말을 그대로 믿었다.

드디어 그 날이 와서, 평왕은 왕궁에서 떠나 극완의 집에 들어서니 당 아래와 문 앞에 견고하게 투구 갑옷을 입고 무기를 든 군사들이 삼엄하게 정렬해 있는 것처럼 보였다. 진열한 무기가 그렇게 보였던 것이다.

왕은 놀라서 비무기에게

"대체 저건 어떻게 된 일이오?"

하고 묻자, 비무기가 말했다.

"심상치 않습니다. 반역을 꾸미고 있는지 모릅니다. 급히 돌아가심이 안전할 듯합니다."

"나도 그렇게 생각한다."

평왕은 수레를 돌려 질풍처럼 대궐로 돌아갔고, 군사를 풀어 극완을 죽였다. 그래서 극완의 아들 백희는 나라를 몰래 빠져나와 오자서를 믿고 오나라에 온 것이다.

　오자서는 그를 동정하여 합려왕에게 천거해서 대부 벼슬을 시켰다.

　피리(被離)가 물었다.

　"당신은 어째서 백희를 한 번 보고 그토록 믿는 것이죠?"

　"그건 나와 같은 원한을 품고 있기 때문이요. 옛 노래가 있지 않소. '같은 병을 서로 불쌍히 여기고(同病相憐), 같은 근심은 서로 구원하다(同憂相救). 육친을 사랑하고 슬퍼하지 않는 사람이 어디에 있겠소."

　"그러나 내가 보기에 그의 눈은 매와 같고 걸음걸이는 범을 닮았소. 사람 죽이기를 보통으로 아는 잔인한 상이오. 절대 마음을 주지 마시오."

　오자서는 피리의 충고를 무시하고 백희를 태재(太宰)까지 올렸다. 그러나 백희는 자신이 더 크기 위해 적국인 월나라의 뇌물에 팔려 자기를 이끌어 준 큰 은공을 원수로 갚았다.

동취 銅臭

구리 **동** · 냄새 **취**

[出典] 《십팔사략(十八史略)》
[文意] 돈 냄새가 난다.
[解義] 돈으로 관직을 산 사람을 비웃을 때 쓰는 말.

후한 영제(靈帝) 때는 홍도문(鴻都門)을 열어 관직과 작위를 입찰을 통해 매매했다.

최열(崔烈)은 유모를 통해 돈 5백만금을 들여 사도(司徒)라는 관직을 샀다. 최열은 아들 조(釣)에게 이런 질문을 했다.

"나는 삼공의 자리에 있게 되었는데, 논의하는 자들은 이를 어떻게 평가하고 있느냐?"

조가 말했다.

"아버지는 젊어서는 영민하다는 평가를 받았고, 대신(大臣)과 태수(太守)를 역임했습니다. 사람들은 삼공이 되는 것은 당연하다고 말했습니다. 그러나 이번에 아버지께서 그 지위에 오르자 천하 사람들은 실망했습니다."

최열이 물었다.

"어찌하여 그러느냐?"

조가 말했다.

"논의하는 자들은 동전 냄새(銅臭)를 싫어합니다."

아들의 대답에 최열의 얼굴은 벌개져 버렸다.

또 한 사람 무사학이라는 인물은 수나라 말기의 상인이었다. 그는 태원의 근방에서 발호하던 이연 일파에게 거금을 밀어 주어 뒷날 당나라가 들어섰을 때에 이주도독이라는 자리에 올랐다.

이를테면 당시 강북 지역을 감시하는 지방 장관이었던 셈이다. 그는 돈을 뿌려 빠르게 고관의 지위에 올랐다. 세상 사람들은 그를 '동취'라고 공공연히 놀렸다.

동호직필 董狐直筆

동독할 **동** · 여우 **호** · 곧을 **직** · 붓 **필**

[出典] 《춘추좌씨전(春秋左氏傳)》
[文意] 동호의 곧은 붓.
[解義] 죽음을 두려워하지 않고 있는 그대로의 역사를 기록한 동호의 곧은 붓을 뜻함.

공자가 지은 《춘추(春秋)》의 '선공(宣公) 2년' 항에 다음과 같은 기록이 있다.

'추구월 을축(秋九月乙丑), 진(秦)의 조돈이 임금 이고를 시해하다.'

선공 2년이라면 노(魯)의 선공이 즉위한 지 2년째를 가리키며 기원전 607년에 해당한다. 이 해의 9월 을축날에 진나라의 대부(大夫) 조돈이 신하의 신분으로 그 주군인 영공 이고를 죽였다는 것이다.

여기서 대부란 지금으로 치면 장관이다. 그런데 조돈의 직책은 보통 대부가 아니라 국정을 전담하는 국무총리 격이었다.

조돈은 제(齊)나라의 환공(桓公)에 이어서 춘추의 패자(霸者)가 된 진나라 문공(文公)의 중신 조쇠(趙衰)의 아들이다. 정승으로서 국정을 맡고 있던 조쇠의 뒤를 이어 양공(襄公)의 즉위 8년째부터 진나라의 국정에 참여하고 있었다.

조돈이 국정을 담당한 지 2년 만에 양공이 죽자 태자인 이고가 왕위에 올랐다.

이 임금이 문제의 영공(靈公)이다.

그런데 이고는 성장함과 동시에 옛날의 폭군 걸주에 견줄 정도로 황음포학한 성질을 나타내었다. 조돈이 몇 번이나 간했지만 듣지 않았다.

이고의 입장에서 조돈은 거북한 존재에서 미움의 대상으로 바꾸어 갔다.

'저 귀찮은 늙은이만 없으면 무슨 일이든 마음대로 할 텐데…….'라고 생각한 이고는 조돈의 집으로 자객을 보냈다.

그 자객은 이고의 측근에서 시중 들고 있는 서예라는 용사였다. 서예는 모든 사람들이 깊이 잠든 새벽을 틈타서 조돈의 집에 잠입했다. 조심조심 조돈의 침실로 다가가자 침실의 문이 열려 있었다.

그 방 안을 엿보다가 그는 바짝 긴장했다.

조돈은 이미 출근 준비를 끝낸 단정한 옷차림으로 의자에 앉은 채 날이 밝기를 기다리고 있었던 것이다.

그 모습을 본 서예는 발소리를 죽이며 뜰로 나왔다.

'아, 그야말로 진정한 재상의 자세로다. 재상은 백성의 어버이다. 그런 백성의 어버이 되신 분을 죽인다는 것은 불충이다. 그렇다고 하여 저분을 죽이라는 어명을 거역할 수도 없다. 어명을 받들 수도 없고 거역할 수도 없다면 남은 길은 오직 하나 죽음뿐이다.'

이렇게 탄식하고 그는 앞에 있는 홰나무에 머리를 부딪쳐서 자살했다.

이를 안 조돈은 부랴부랴 그 길로 국외 망명을 했다.

조씨 일족의 힘으로써 한다면 이고가 진나라의 병력을 총동원해 와도 충분히 대항할 수가 있었으며, 반대로 궁전에 공격해 들어가서 이고의 목을 칠 수도 있었다.

조돈이 굳이 그러지 않은 것은 재상으로서 스스로 옹립한 군주를 자신이 죽였다고 한다면 '임금을 능멸한 자' 즉, 신하의 도리를 벗어난 자라는 비방을 면치 못할 그 점을 두려워했기 때문이다.

얼마 후 영공은 조돈의 조카인 조천의 군사들에게 목숨을 잃었다. 백성들은 오랫동안 고통을 받고 원한에 사무쳤기 때문에 영공이 죽었다는 소문을 듣고서 도리어 통쾌하다고 했다. 조천을 욕하는 사람은 하나도 없었다.

그 이튿날이 지나기 전에 조돈은 수레를 타고 강성으로 돌아갔다. 조돈이 도원에 당도하자 모든 문무백관이 다 모여들었다.

조돈은 영공의 시체에 엎드려 대성통곡을 했다. 그 애달픈 울음소리는 도원 밖에 모여든 백성들의 귀에까지 들렸다.

백성들은 서로 돌아보고 말했다.

"조승상은 임금에 대한 충성이 저렇듯 대단하구나. 누구를 원망하겠소. 임금이 스스로 자기 불행을 저질렀을 뿐이다. 승상에게 무슨 허물이 있겠소."

조돈은 영공의 시신을 모신 다음 모든 대신들을 불러 모으고 새로운 임금을 옹립했다.

조돈은 도원에서 영공이 피살됐다는 그 사실이 늘 마음에 걸렸다. 그래서 하루는 사관으로 갔다. 그는 사실(史實)을 맡아서 기록하고 관리하는 동호(董狐)에게 청했다.

"선군에 관한 기록을 좀 보여 주오."

태사(太史) 벼슬에 있는 동호는 사간(史簡)을 조돈에게 내보였다. 조돈은 그 기록을 보고 까무러치게 놀랐다.

'가을 7월 을축날에 조돈이 도원에서 그 임금 이고(진영공의 이름)를 죽였다.'

놀란 가슴을 겨우 가라앉히고 조돈은 항의했다.

"태사는 이 기록을 잘못 적었소. 그때 나는 강성에서 2백여 리나 떨어져 있는 하동(河同) 땅에 몸을 피하고 있었소. 그러니 내가 그때 어찌 임금이 피살된 것을 알리 있었겠소. 그런데 그대는 임금을 죽였다는 끔찍스런 허물을 나에게 뒤집어씌웠구려. 이것은 멀쩡한 생사람을 잡는 게 아니고 무엇이오. 후세 사람이 이 기록을 볼 때 나를 뭐라고 하겠소?"

동호는 냉정히 대답했다.

"승상은 국경을 넘지 않았고 이 나라 안에 있었습니다. 뿐만 아니라 그 후 서울로 돌아왔으나 임금을 죽인 자를 찾아내어 그 죄를 벌하지 않았습니다. 그러니 승상이 그 일을 꾸민 것이 아니라고 변명하더라도 누가 곧이듣겠습니까?"

조돈이 식은땀을 흘리며 사정했다.

"이 기록을 고칠 수 없겠소?"

동호의 대답은 단호했다.

"옳은 것은 옳다 하고 그른 것은 그르다는 것이 사관의 직책입니다. 그러기에 임금도 사관의 기록에 대해선 간섭 못하는 법입니다. 승상이 내 머리를 끊을 수는 있지만 이 기록만은 고치지 못합니다."

조돈이 길게 탄식했다.

"슬프다! 훌륭한 사관의 붓은 권력이 정승보다 더하구나. 내 그때에 국경을 넘어가지 않았다가 천추만세에 누명을 쓰게 됐으니 한이로다. 내 지금 후회한들 무슨 소용이 있으리요!"

그 뒤로 조돈은 진성공을 섬기되 더욱 공경하고 매사에 더욱 조심했다.

두주불사 斗酒不辭

말 두 · 술 주 · 아니 불 · 말씀 사

[出典] 《십팔사략(十八史略)》
[文意] 말 술을 사양하지 않음.
[解義] 주군을 구하기 위해 말 술을 사양하지 않고 마심.

유방(劉邦)이 진(秦)나라 수도 함양(咸陽)을 함락시켰다는 소식이 전해지자, 항우(項羽)는 유방을 공격하려고 했다. 유방은 두려운 나머지 직접 항우의 진영으로 나가 일의 자초지종을 해명했다.

그래서 항우의 의심은 거의 풀렸으나, 항우의 모사 범증(范增)은 이를 빌미 삼아 유방을 죽이려고 했다. 그래서 항장(項莊)을 불러서 그 일을 하도록 했다.

항장은 연회가 열리는 곳으로 가서 예를 올리고 공손히 말했다.

"군왕과 패왕께서 주연을 여시는데 취흥을 돋울 만한 것이 없으니 검무를 추고자 합니다."

항우가 이를 허락하자 항장은 검을 뽑아서 춤을 주기 시작했다. 이때 유방의 신하인 항백(項伯)이 검을 뽑아들고 일어나서 춤을 추며 자신의 몸으로 유방을 감싸 주었으므로 항장은 공격할 틈이 없었다.

그때 장량(張良)이 군문(軍門)에 갔다가 번쾌를 만났다. 장량의 표정을 보고 번쾌가 물었다.

"오늘 일이 어떠합니까?"

장량이 다급한 어조로 말했다.

"매우 위급하오. 지금 항장이 검을 뽑아들고 춤을 추는데 패공을 해치려는 것이 분명하오."

번쾌가 말했다.

"정말 급박한 일입니다. 제가 들어가 패공과 함께 생사를 같이하기를 청합니다."

그리고는 검을 차고 방패를 들고는 군문에 들어갔다. 경비를 서는 위사(衛士)가 들어가지 못하게 하자, 번쾌는 방패를 비켜서 치니 위사들은 땅에 엎어졌다.

번쾌가 들어가서 장막을 들치고 서쪽을 향해 서서는 눈을 부릅뜨고 항우를 노려보았는데, 머리카락은 위로 곤두서고 눈꼬리는 찢어질 대로 찢어져 있었다.

항우가 검을 만지며 무릎을 세워서 앉고 말했다.

"그대는 무엇하는 자인가?"

장량이 말했다.

"패공의 참승(參乘 ; 수레 오른쪽에 서서 호위를 하는 호위병) 번쾌라는 자입니다."

항우가 말했다.

"보기 힘든 장사로다. 그에게 술 한 잔을 내리라."

즉시 큰 술잔에 술이 주어졌는데, 번쾌는 절을 하고 일어나 선 채로 단숨에 마셔 버렸다. 그러자 항우가 말했다.

"그에게 돼지 다리를 주어라."

두주불사(斗酒不辭) ▌211

그 즉시 익히지 않은 돼지 다리 하나가 번쾌에게 주어졌다. 번쾌는 방패를 땅에 엎어놓고 그 위에 돼지 다리를 올려놓고는 검을 뽑아서 잘라 삽시간에 먹어 버렸다.

항우는 말했다.

"진짜 장사로다. 더 마실 수 있겠는가?"

번쾌가 말했다.

"신은 죽음도 피하지 않는 몸인데 말 술이라도 어찌 사양할 수 있겠습니까?"

항우는 기가 막혀 유방에게 번쾌를 데리고 속히 가라며 놓아 주었다.

이렇게 하여 번쾌는 유방을 사지에서 무사하게 구해낼 수 있었다.

득롱망촉 得隴望蜀

얻을 **득** · 밭두렁 **롱** · 바랄 **망** · 고을이름 **촉**

[出典] 《후한서(後漢書)》
[文意] 농서 지방을 얻자 촉의 땅을 바란다.
[解義] 사람의 욕심이 끝없음을 나타내는 말.

후한(後漢)의 세조 광무제(光武帝)가 비로소 제위에 올라 낙양으로 들어가 그곳을 수도로 정했을 무렵이었다.

경시제(更始帝)는 적미(赤眉)의 적에게 쫓겨 장안으로 도망치고 말았다. 이때 광무제는 경시를 회양왕(淮陽王)으로 봉했으나 적미와 대항도 못하고 곧 항복하여 살해되었다.

그 무렵 국내에는 장안에 웅거하고 있는 적미를 비롯하여 농서에는 외효, 하서에는 두융, 촉(蜀)에는 공손술, 휴양에는 유영, 여강에는 이헌, 임치에는 장보 등이 할거하고 있었는데 그 중 적미의 유분자, 휴양의 유영, 여강의 이헌, 촉의 공손술 등은 황제의 칭호를 쓰고 있었다.

광무제는 먼저 적미인 유분자를 토벌하고, 이어 유영, 이헌, 장보 등을 차례로 토벌해 갔다. 두융은 순응하는 뜻을 표했으므로 남은 것은 농서에 있는 외효와 촉에 웅거하고 있는 공손술 두 사람이었다.

외효는 앞서 광무제와 손을 잡고 서주 상장군(西州上將軍)의 칭호를 받고 있었으나 나날이 강성해지는 광무제의 기세에 겁을 먹고 촉의 공손술과 손을 잡고 이에 대항하려 했다.

그러나 이미 나라를 세워 제위에 오른 공손술은 외효가 보낸 사신을 모욕하는 형편이었으므로 외효는 공손술과 합칠 생각을 버리고 반대로 광무제에게 사람을 보내어 그와의 결탁을 더욱 두텁게 했다.

그러나 외효는 광무제로부터 신하가 될 것을 요구받자 이를 거절하고 배반을 했는데, 건무(建武) 9년에 이르러 광무제와 대립 상태인 채 병이 들어 죽었다. 그리고 이듬해에는 그 아들 구순(寇恂)이 항복해서 마침내 농서의 땅은 완전히 평정되었다.

이때 광무제는,

"인생이란 족함을 모른다. 이미 농서를 얻었으니 다시 촉을 얻어야겠다."

하고 큰 뜻을 술회하였다.

남아 있는 것은 촉의 공손술뿐이다. 건무 13년, 광무제는 대군을 일으켜 촉을 정벌, 이를 대파하여 전국의 평정을 끝내고 후한 제국의 기초를 굳게 했다.

득어망전 得魚忘筌

얻을 득 · 고기 어 · 잊을 망 · 다래끼 전

- 出典 《장자(莊子)》
- 文意 고기를 잡으면 통발을 잊어버린다.
- 解義 어떤 일에 대한 목적이 달성되면 그것을 위해 사용한 것을 잊어버린다는 뜻.

"전(筌)은 고기를 잡기 위한 것이나 고기가 잡히면 전은 잊어버리게 된다. 제(蹄 ; 덫)는 토끼를 잡기 위한 것이나 토끼가 잡히면 잊어버린다는 뜻을 나타내는 것이다. 말의 뜻을 다 알게 되면 그 말은 잊어버린다."
라고 장자는 세 가지 보기를 들고 난 뒤 말했다.

'나는 참된 뜻을 깨달은 사람과 만나 진심으로 이야기해 보고 싶다.'

그 마음의 밑바닥에는, 참된 뜻이란 말로는 전할 수 없는 것이라는 생각이 흐르고 있다. 선(禪)에서 말하는 불립문자(不立文字)라는 것과 비슷하나 말이 필요 없을 만큼 무엇인가를 뚜렷하게 파악했다면 설명하지 않아도 서로 알 수 있는 사람이 있다면 부러운 경지라 할 수 있으리라.

여기서 '망전(忘筌),' '망제(忘蹄),' '망언(忘言)'이란 말이 생겼는데 어느 것이나 말을 초월한, 진실을 파악하고 있는 경우를 가리켜 쓰이게 되었다.

장자는 또 이렇게 말하고 있다.

"성인이 천하를 움직이는 연유에 대해 신인은 문제 삼지 않고, 현인이 세상을 움직이는 연유에 대해 성인은 문제 삼지 않으면, 군자가 나라를 움직이는 연유에 대해 현인은 문제 삼지 않는다. 소인이 때에 따르는 것을 군자는 문제 삼지 않으며, 소인은 군자에 미치지 못하고 군자는 현인에 미치지 못하며 현인은 성인에 미치지 못한다. 또한 성인은 신인에 미치지 못하기 때문이다."

등용문 登龍門

오를 등 · 용 용 · 문 문

出典 《후한서(後漢書)》
文意 입신 출세의 관문을 나타냄.
解義 뜻을 크게 펴서 영달하는 것에 비유.

후한(後漢) 말, 환제(桓帝) 때는 혼란이 극심했다. '발호장군(跋扈將軍)'으로 불리며 횡포를 일삼던 외척 양기(梁冀)가 죽자, 이번에는 단초(單超) 등을 중심으로 하는 '오사(五邪)'의 환관들이 권력을 쥐고 천하를 뒤흔들었다.

이때 나라의 기강을 바로 세우기 위해 뜻있는 관리들이 모여 힘을 합쳐 환관의 무리들과 맞서 싸웠다. 이 무리의 핵심 인사가 바로 이응(李膺)이다.

이응은 관리로서의 양심을 끝까지 지키며 지조를 굽히지 않아 그 당시 젊은이들의 우상이 되었다. 태학(太學)의 젊은 학생들은 그를 '천하의 모범'이라고까지 하며 기꺼이 따랐다.

신진 관료들 역시 그의 추천 자체가 바로 장래를 약속받는 첩경으로 인식되어 결국 '등용문'이라는 말까지 생겨나게 된 것이다.

과연 용문은 무엇일까?

용문은 황허(黃河) 상류 지역에 있는 협곡 이름인데 물살이 너무 빨라 웬만한 물고기는 거슬러 올라갈 엄두도 못낼 정도였다. 용문을 올라가려고 도전한 물고기 중 실패한 물고기는 바위에 비늘도 찢기고 상처를 입어 두 번 다시 오를 생각조차 못한다고 한다.

그러나 일단 그 물살을 거슬러 오르기만 하면 그 물고기는 용으로 변한다 해서 '등용문'은 출세의 디딤돌이라는 말로 옛날부터 사용됐던 것이다.

마이동풍 馬耳東風

말 마 · 귀 이 · 동녘 동 · 바람 풍

- 出典 《답왕거일한야독작유회(答王去一寒夜獨酌有懷)》
- 文意 말의 귀를 스치는 동풍.
- 解義 다른 사람의 의견이나 충고 등을 전혀 상대하지 않거나, 이쪽에서 아무리 떠들어도 상대에게 아무런 반응도 주지 않는 것을 형용한 말이다.

사람의 의견이나 비평이나 충고 등을 전혀 상대하지 않는 것을 형용하는 말이다.

'마이동풍'이란 이백(李白)의 <왕거일(王去一)의 한야(寒夜)에 독작(獨酌)하고 회포에 잠긴다에 답하다>라는 시(詩)에 나온다. 시 제목이 말하듯, 이 시는 거일이란 친구가 <한야에 독작해서 회포가 있다>라는 시를 보내온 데 대한 회답시로 장단구(長短句)를 섞은 장시이다.

이백의 시는 길고 짧은 구절이 서로 섞여 있는 장시(長詩)로 구성되어 있으므로 여기서는 '마이동풍'이 나오는 부분만을 적겠다.

세상 사람들은 이것을 듣고 모두 머리를 흔드는데(世人聞此皆掉頭)

마이동풍(馬耳東風)

마치 동풍이 말의 귀를 쏘는 것 같구나(有如東風射馬耳).

그 당시 당나라는 투계(鬪鷄)를 잘 하는 자가 천자의 총애를 받아 거리를 씩씩하게 활보하고, 오랑캐의 침입을 막아 약간의 공을 세운 자가 큰 소리를 치며 다녔다. 이처럼 시대 상황이 무인만을 숭상하다 보니, 왕거일이나 이백처럼 재능 있는 문인은 북쪽으로 난 창 아래에서 시를 읊거나 부(賦)를 지으며 세월을 흘려 보낼 뿐이었다. 이들의 작품이 제아무리 천하의 걸작이라고 하여도 세상에서는 그 누구 하나 알아 주지 않았다.

이백은 세상 사람들이 시인들의 훌륭한 작품을 제대로 평가하지 않는 안타까움을 '동풍이 말의 귀를 쏘는 것 같구나'라고 말하고 있다. 동풍은 봄바람을 말하는 것으로, 봄바람은 부드러워 말의 귀를 스쳐가도 아플 리 없다.

오늘날에도 흔히 말의 의미를 제대로 알아듣지 못하는 어리석은 사람들에게 이 말을 즐겨 쓴다.

막역지우 莫逆之友

말 **막** · 거스를 **역** · 어조사 **지** · 친구 **우**

[出典] 《장자(莊子)》
[文意] 거스름이 없는 친구.
[解義] 마음이 맞는 절친한 친구를 뜻한다.

　　《장자(莊子)》〈대종사(大宗師)〉편에 다음과 같은 글이 있다.
　"자사(子祀), 자여(子輿), 자려(子犁), 자래(子來) 네 사람이 서로 이야기를 나누었다.
　누가 과연 무(無)를 머리로 삼고, 삶을 등골로 알며, 죽음을 꽁무니로 여길 수 있을까? 또한 누가 과연 죽음과 삶, 있음과 없어짐이 하나임을 알 수 있을까? 그런 자와 벗삼고 싶구나."
　이렇게 말하고 나서 네 사람은 서로 쳐다보며 싱긋 웃고 뜻이 맞아 이윽고 벗이 되었다(莫逆於心, 遂相與爲友).
　다른 글이 하나 더 있다.
　"자상호와 맹자반(孟子反), 자금장(子琴張) 등 세 사람이 서로 이야기를 나누었다. 누가 과연 새삼 서로 사귀는 게 아니면서도 사귀고, 서로 돕는 게 아니면서도 도울 수 있을까? 어느 누가 과연 하늘에 올라 안개 속에 노닐며, 끝이 없는 곳을 자유로이 돌아다니고, 서로 삶도 잊은 채 다함이 없을 수 있을까? 세 사람은 서로 쳐다보며 싱긋 웃고 뜻이 맞아 이윽고 벗이 되었다(莫逆於心, 遂相與爲友)."

　이 '뜻이 맞아 이윽고 벗이 되었다(莫逆於心, 遂相與爲友)'라는 말에서 '막역지우(莫逆之友)'라는 말이 나와 절친한 친구 사이를 가리키게 되었다.

만가 挽歌

당길 만 · 노래 가

> 出典 《춘추좌씨전(春秋左氏傳)》
> 文意 수레를 끌며 부르는 노래.
> 解義 본래의 상여를 메고 갈 때에 죽은 자를 애도하여 부르는 노래를 말한다.

유방(劉邦)과 항우(項羽)는 천하를 두고 오랜 세월 동안 다투었다. 그 대세가 유방 쪽으로 완전히 기울었을 때의 일이다.

그 당시 제(齊)나라는 그 후손들에 의해 영토를 회복하고 명맥을 유지하고 있었다. 유방은 제나라에 책사(策士) 역이기를 보내 항복을 종용하였고, 제나라 왕이 된 전횡(田橫) 또한 그 제의를 받아들여 군대를 해산시켰다.

그런데 예상치도 않게 유방의 신하 한신(韓信)이 이끄는 병사들이 전횡을 급습했다. 전횡은 유방에게 속았다고 판단하여 역이기를 삶아 죽이고 발해만(渤海灣)의 전횡도(田橫島)라는 섬으로 달아났다.

그 후 황제의 자리에 오른 유방은 제나라가 반란을 일으킬 것을 대비하여 전횡에게 사람을 보내 이전의 죄를 사면시켜 준다는 조건으로 항복을 유도했다. 전횡은 유방의 제의에 동의하기로 하고 사자를 따라 낙양(洛陽)으로 향했다.

그런데 낙양으로부터 30리 정도 떨어진 곳까지 왔을 때, 갑자기 전횡이 자결을 했다.

이때 전횡은 다음과 같이 말했다고 한다.

"나는 처음에 한왕과 함께 나라를 다스리며 고(孤)라고 일컬었다. 그런데 지금 와서는 한왕은 천자가 되고 횡은 신하가 되어 그를 섬기게 되었으니 그 수치스러움은 이루 말할 수 없다. 또 나는 남의 형을 죽였으면서도 그의 아우와 어깨를 나란히 하여 한 임금을 섬기려고 하니 어찌 마음에 부끄럽지 않겠는가? 또한 폐하가 나를 보고자 하는 것은 한 번 나의 얼굴을 보고자 하는 것에 불과할 것이다. 지금 폐하는 낙양에 있으니 나의 머리를 베어 30리의 거리를 달려가더라도 나의 형용은 흐트러지지 않아 알아볼 수 있을 것이다."

전횡을 따르던 부하들은 전횡의 머리를 유방에게 바친 후 자결했으며, 섬에 남아 있던 500여 명의 부하들도 전횡의 절개를 추모하여 자결했다.

그 즈음, 전횡의 문인이 '해로가', '호리곡(蒿里曲)'이라는 두 장의 상가(喪歌)를 지었는데, 전횡이 자결하자 그를 애도하여 노래를 불렀다.

'해로가'

부춧잎의 아침 이슬은 어찌 그리 쉬이 마르는가
이슬은 말라도 내일 아침 다시 또 내리지만
사람은 죽어 한 번 가면 언제 돌아올까.

만가(挽歌)

'호리곡(蒿里曲)'

호리는 누구의 집터인가
혼백을 거둘 때는 어질고 어리석음이 없다네
귀백은 어찌하여 재촉하는가
인명은 잠시도 머뭇거리지 못하네.

이윽고 한나라는 무제(武帝)의 시대가 된다. 무제는 악부(樂府)라는 국립음악원을 만들어 음악의 연구에 힘쓰고, 악인(樂人)인 이연년(李延年)을 책임자로 임명했다.

이연년은 2장을 나누어 두 곡으로 만들고 전자는 공경귀인(公卿貴人)을, 후자는 사부서인(士夫庶人)을 죽은 사람의 관을 끄는 자에게 부르게 했다.

사람들은 그것을 보고서 만가(挽歌)라고 부르게 되었다.

죽음을 조상하는 말을 만(輓=挽)이라고 하는 것은 여기서 유래되었다고 한다. 《진서》의 〈예지(禮志)〉에 따르면 만가는 원래 무제 때 노동자가 부르던 노래였으나 노랫소리가 애절해서 구구절절 가슴을 울리므로 마침내 죽은 사람의 장례 의식에 쓰이게 되었다고 한다.

만사휴의 萬事休矣

일만 만 · 일 사 · 쉴 휴 · 어조사 의

[出典] 《송사(宋史)》
[文意] 체념의 상태.
[解義] 온갖 수단과 방법을 사용해 보았지만 해결할 수 없는 상태에 직면했을 때에 사용하는 말.

중국 문화의 황금기였던 당(唐)나라가 멸망한 후, 중국에는 오대십국(五代十國)이라는 것이 있었다. 오대란 중원(中原)에서 후량(後梁), 후당(後唐), 후진(後晋), 후한(後漢), 후주(後周)의 다섯 왕조가 난립한 것을 말하며, 십국이란 중원을 벗어난 지방의 전촉(前蜀), 오(吳), 남한(南漢), 형남(荊南), 오월(吳越), 초(楚), 민, 남당(南唐), 후촉(後蜀), 북한(北漢) 등 열 나라를 말한다.

만사휴의라는 말은 이 중 형남이라는 아주 작은 나라와 관련이 있다.

형남은 당대 말기에 파견된 절도사 고계흥(高季興)이 세운 나라이다. 고계흥에게는 아들 종회(從誨)와 손자 보욱이 있었다.

종회는 보욱을 남달리 귀여워했다. 특히 보욱이 어린 시절부터 병약하였기 때문에 종회의 그에 대한 사랑은 아버지로서의 사랑을 넘어 도를 지나칠 정도였다.

보욱 또한 아버지의 사랑에 기대어 안하무인격의 행동을 서슴지 않았을 뿐만 아니라, 자기의 생각대로 모든 일이 이루어진다고 믿고 있었다.

하루는 어떤 사람이 보욱의 가당치 않는 행동을 보고 심하게 꾸짖으며 매서운 눈빛으로 쏘아보았다. 보욱은 이때 역시 반성의 기미를 보이기는커녕 오히려 싱긋거리는 것이었다.

이후에 이 사실을 알게 된 백성들은 한결같이 이렇게 생각했다.

"모든 일이 끝났구나(萬事休矣)."

보욱은 왕위에 오르자 정사는 등한히 하고 사치스런 생활과 음탕함만을 즐겼고, 결국 오래지 않아 나라는 멸망하게 되었다.

만전지책 萬全之策

일만 만 · 온전 전 · 갈 지 · 꾀 책

[出典] 《후한서(後漢書)》
[文意] 상황에 맞는 계책.
[解義] 작은 틈도 찾을 수 없는 완벽한 계책.

후한 말, 조조(曹操)가 원소(袁紹)를 공격했을 때 조조의 군대는 3만이었고 원소의 군대는 10만이었다. 전세가 이렇듯 불리해서 조조는 도읍인 허창(許昌)으로 후퇴할지 잠시 생각했을 정도였다.

원소의 군대는 백마(白馬) 싸움에서 명장 안량(顔良)과 문추를 잃는 큰 타격을 입었다. 그래서 조조를 섣불리 공격하지 못하고 당시 형주(荊州) 목사였던 유표(劉表)에게 원조를 청했다.

유표는 승낙한 채 양쪽의 움직임을 관망하면서 모두에게 아무 도움도 주지 않고 있었다. 이것을 본 함숭과 유선이 유표에게 말했다.

"조조는 반드시 원소를 격파한 다음 우리를 공격해 올 것입니다. 우리가 관망만 하고 있으면 양쪽 모두에게 원한을 받게 될 것입니다. 그러므로 강한 조조를 따르는 것이 현명한 만전지책(萬全之策)

이 될 것입니다."

　그러나 유표는 이 말을 듣지 않고 망설이다가 결국 화근을 불러들이게 되었다.

망국지음 亡國之音

망할 **망** · 나라 **국** · 갈 **지** · 소리 **음**

[出典] 《예기(禮記)》
[文意] 망한 나라의 음악.
[解義] 나라를 망하게 하는 해로운 음악.

주나라의 국력이 쇠퇴하여 제후간에 분쟁이 끊임없던 춘추 시대의 이야기이다.

위(衛)나라의 영공(靈公)이 진(晉)나라로 가는 도중 복수라는 강 근처에서 밤을 지내게 되었다. 만물이 고요히 잠들어 있는 한밤중에 일찍이 들어본 적이 없는 절묘한 음악이 들려 왔다.

음색이나 가락이 이 세상의 것이라곤 생각할 수 없으리 만큼 절묘해서 영공(靈公)은 동행하던 악사장인 사연(師涓)에게 명하여 그 악보를 익히게 했다.

이윽고 진나라에 도착한 영공은 진평공(晉平公)에게 도중에 배운 새로운 음악이라고 하면서 사연에게 거문고를 타게 하여 복수강에서 들은 음악을 들려 주었다.

그 무렵 진나라에는 사광(師曠)이라는 악사장이 있었는데, 그가 음악을 연주하면 학이 춤을 추고 흰구름을 부른다고까지 하는 명인이었다.

한창 새로운 음악이 연주되고 있을 때, 사광이 황급히 사연의 손을 잡으며 말했다.

"잠시 기다려 주시오, 그것이 새로운 음악이라니 말도 안 되오. 이것이야말로 망국지음입니다."

놀라며 의심쩍어하는 양군(兩君)에 대해 사광은 그 까닭을 다음과 같이 설명했다.

"옛날 사연(師延)이라는 유명한 악사장이 있었습니다. 은나라 주왕(紂王)의 악사장으로 있으면서 왕을 위해 신성백리(新聲百里)니 미미지악(靡靡之樂)이니 하는 음탕한 곡을 지어 바쳤던 바 왕은 그 곡에 빠져 밤낮을 가리지 않고 들었습니다. 주왕은 아시는 바와 같이 포학무도해서 주 무왕에게 멸망당했습니다. 주왕을 잃은 사연은 악기를 안고 복수까지 와서 몸을 던져 죽었습니다. 죽은 사연의 혼이 허공을 헤매면서 이 곡을 연주하고 있는 것입니다. 사람들은 망국지음이라 하며 귀를 막고 지나다닙니다."

맥수지탄 麥秀之嘆

보리 **맥** · 빼어날 **수** · 갈 **지** · 탄식할 **탄**

- [出典] 《사기(史記)》
- [文意] 보리가 패는 것을 탄식한다.
- [解義] 나라가 멸망하는 것을 탄식한다는 뜻이다.

주왕(紂王)은 즉위한 후 군주로서의 직분을 잊고 술과 음란에 빠져 폭군으로 군림하였다. 이때 그의 이러한 행동을 말리던 신하가 있었는데, 미자(微子), 기자(箕子), 비간(比干) 등이다.

미자는 은(殷)나라의 왕이었던 을(乙)의 큰아들이며 주왕의 서형이다. 그는 주왕에게 여러 차례 간언을 하였으나 듣지 않자 어떻게 할 방법이 없음을 비관하여 직접 자신의 목숨을 끊으려고 하였다.

이때 태사(太師)와 소사(少師)로 있던 기자와 비간이, 그가 자결을 하여 나라가 잘 다스려진다면 여한이 없지만, 그렇게 하고도 끝내 다스려지지 않는다면 떠나는 편이 낫다고 설득하여 국외로 도망을 가게 되었다.

기자는 주왕의 친척으로, 그 역시 주왕에게 계속하여 간언을 했지만 듣지 않았다. 어떤 사람이 기자에게 차라리 이 나라를 떠나는 것이 나을 것이라는 충고를 하였다.

그러나 기자는 신하된 자가 간언하다가 받아들여지지 않았다고 하여 떠난다면, 군주의 과실을 추어 주는 꼴이며, 자신이 백성들의 기쁨을 빼앗는 것이라 말하고는 머리를 풀어 헤치고 미친 척하다가 잡혀서 노예가 되었다. 그는 풀려난 후에는 숨어 살면서 거문고를 뜯으며 슬픔을 달랬으니, 그것을 전하여 '기자조(箕子操)'라고 불렀다.

비간은 기자가 간언을 하다가 결국 노예가 되는 것을 보고 직접 주왕에게 달려가 신하된 자로서의 간언을 하였다. 그러나 주왕은 이렇게 말했다.

"나는 성인의 가슴 속에는 일곱 개의 구멍이 있다고 들었는데, 과연 정말로 이런 일이 있을 수 있을까?"

그리고 비간을 죽이고는 그 가슴을 열어 들여다보았다.

이 밖에도 임신한 여자의 자궁을 갈라 그 속에 무엇이 있나 보려고 한 일, 기수(淇水)라고 하는 강에서 어떤 노인이 강을 건너지 못해 안절부절하자 주왕이 그 까닭을 물은즉 그 측근이 대답하기를,

"노인은 뼈 속에 골이 비어 다리가 시려서 못 건너는 것이옵니다."
라고 하자,

"그러면 골이 어떤 것인지 보아야겠다."
하고 노인의 종아리를 잘랐다고 한다.

이러한 주왕의 포학무도한 정치로 은나라는 공포에 뒤덮여 머지않아 붕괴해 버리는 운명을 맞게 되었다.

그 후 주나라의 무왕(武王)이 주왕을 정벌하여 은(殷)왕조를 무너뜨리자, 미자는 종묘 안의 제기를 가지고 무왕의 군영의 대문 앞으로 갔다. 그리고는 웃옷을 벗고 손을 등뒤로 묶게 한 후, 사람을 시켜 왼쪽으로는 양을 끌게 하고, 오른쪽으로는 띠를 쥐게 하고는 무릎을 꿇

고 앞으로 나아가 무왕에게 고하였다.

이에 무왕은 미자를 석방하고 그의 작위를 종전과 같이 회복시켜 주었다. 그 후 무왕은 기자를 방문하여 조선(朝鮮)에 봉하고, 그를 신하의 신분으로 대하지 않았다.

그 이후 기자는 주왕을 만나러 가는 길에 옛 은나라의 도읍지를 지나게 되었다. 기자는 궁궐은 이미 파괴되었건만 여전히 곡식이 자라는 것을 보고 《맥수(麥秀)》라는 시를 지어 그 마음을 노래하였다.

> 옛 궁궐터에는 보리만이 무성하고
> 벼와 기장들도 잎이 기름지도다
> 저 사나운 아이 주왕이
> 나의 말을 듣지 않았음이 슬프구나.

맹모삼천 孟母三遷

맏 **맹** · 어머니 **모** · 석 **삼** · 옮길 **천**

[出典] **《후한서(後漢書)》**
[文意] 맹자의 어머니가 자식의 교육을 위해 세 번을 이사했다.
[解義] 맹자(孟子)는 어렸을 때부터 어머니 슬하에서 자랐다. 그의 어머니는 자식의 교육을 위해서는 어떤 희생을 무릅쓰고 훌륭한 인간으로 키우고자 노력하였다. 그러한 집념으로 아들을 위해 세 번씩이나 이사하게 된 것이다.

맹자는 증자(曾子)의 문인(門人)에게서 사숙(私淑)했다. 기초는 스승에게서 배웠으나 그의 독특한 성선설(性善說), 사단설(四端說), 호연지기설(浩然之氣說)은 모두 독학에서 얻은 독창적인 것이다.

맹자는 독학자였기에 환경이 중요했다. 이 환경 조성을 위해 그의 어머니는 세 번씩이나 이사를 했다.

처음에는 공동묘지 근처에 살았다. 어린 맹자는 상여놀이, 봉분 만드는 놀이를 했다.

'여기는 자식을 기를 만한 곳이 못 되는구나.'

어머니는 심사숙고해서 이번에는 서당 근처로 집을 옮겼다. 맹자는 학생들이 공부하는 모습과 제삿상을 차리는 법, 예의를 갖춰 인사하고 행동하는 광경들을 흉내 내며 놀았다. 이를 본 어머니는,

'이곳이 참으로 자식을 기를 만한 곳이다.'
하고 그곳에 자리를 잡았다. 이리하여 맹모삼천(孟母三遷) 또는 맹모삼천지교(孟母三遷之敎)라는 말이 유래했다.

맹인모상 盲人摸象

장님 **맹** · 사람 **인** · 모방 **모** · 코끼리 **상**

[出典] 《열반경(涅槃經)》
[文意] 소경이 코끼리를 만짐.
[解義] 소경 여럿이서 코끼리를 만지고 자신이 만진 부분으로 전체를 알려고 함.

옛날 인도의 어떤 임금이 좌우에 있는 신하들에게 말했다.
"누가 가서 코끼리 한 마리를 끌고 오시오."
대신 한 사람이 나가자 이번에는 소경 몇 사람을 데려오게 하였다.
"소경들로 하여금 코끼리를 만져 보도록 하시오."
임금의 명이 떨어지자 이내 코끼리 한 마리를 끌고 왔다. 명을 받은 소경들이 안으로 들어와 코끼리의 이곳 저곳 부위를 만지기 시작했다.
잠시 후 국왕은 소경들을 가까이 불러 물었다.
"너희들이 방금 만져 본 코끼리는 무엇과 비슷하다고 생각하느냐?"
소경들 중에서 코끼리의 이를 만져 본 한 소경이 재빨리 대답했다.
"국왕 전하께 아뢰옵건대 코끼리의 형상은 굵고 큰 무와 같습니다."
코끼리의 귀를 만져 본 다른 소경이 말했다.

"코끼리의 형상은 키와 같습니다."
다른 소경이 말했다.
"아닙니다. 코끼리의 형상은 절구질하는 절구통과 같습니다."
코끼리의 등을 만져 본 다른 소경이 나섰다.
"제가 보기엔 흡사 평탄한 침대와 같은 줄 아뢰옵나이다."
코끼리의 뱃가죽을 만져 본 소경은 이렇게 말했다.
"코끼리의 형상은 배가 툭 튀어나온 옹기와 같습니다."
그러자 마지막으로 코끼리의 꼬리를 만져 본 소경이 큰 소리로 외쳤다.
"천만의 말씀이옵니다. 모두 틀렸습니다. 코끼리의 형상은 굵은 밧줄과 꼭같습니다."
이들은 설왕설래하면서 각기 자기의 견해가 옳다고 고집을 피웠다. 그것은 소경들이 만져 보고 안 것은 코끼리 몸의 일부분에 지나지 않았기 때문이다.

명경지수 明鏡止水

밝을 명 · 거울 경 · 그칠 지 · 물 수

出典 《장자(莊子)》
文意 밝은 거울과 조용한 물.
解義 한 점의 티나 흔들림이 없는 거울과 물처럼 맑고 고요한 마음을 가리킨다.

노(魯)나라에 형벌로 발 하나가 잘린 왕태라는 사람이 있었다. 그는 덕망이 매우 높아서 그를 따라 배우는 자가 공자의 제자와 거의 맞먹을 정도였다. 그래서 공자의 제자 상계(常季)는 공자에게 이런 질문을 했다.

"왕태는 외발이 병신입니다. 그런데 그를 따르는 자가 선생님의 제자와 노나라 인구를 반씩 갈라 가질 정도입니다. 그는 서 있어도 가르치지 않고, 앉아 있어도 의논하는 일이 없는데, 빈 마음으로 찾아갔던 자가 무언가를 가득 얻고 돌아옵니다. 본래 말없는 가르침이라는 게 있어서 겉으로 드러나지는 않아도 속으로 완성된 마음을 지닌 자가 아닐까요? 그는 어떤 사람입니까?"

공자가 대답했다.

"그분은 성인이다. 나는 아직 찾아 뵙지 못했지만, 장차 스승으로 삼으려고 한다. 하물며 나만 못한 사람들이야 말할 게 있느냐. 노나라 사람뿐만 아니라 온 천하 사람을 이끌고 가서 그를 따르려고 한다."

상계는 또 이런 질문을 했다.

"그는 스스로를 수양함에 있어서 자기의 지혜로 그 마음을 터득하고, 스스로의 마음으로 그 변함없는 본심을 터득했습니다. 그러고 보면 그것은 자기 자신을 위해서 한 수양인데도 세상 사람들이 그에게 모여드는 까닭은 어디에 있습니까?"

공자가 대답했다.

"사람은 흐르는 물을 거울 삼지 않고 잔잔하게 가라앉은 물을 거울 삼는다. 잔잔하게 가라앉았기 때문에 다른 모든 가라앉은 것을 잔잔하게 할 수 있다. 그의 경우도 마찬가지이다."

또한 정(鄭)나라의 현인 신도가(申徒嘉)라는 자는 형벌로 발 하나가 잘렸는데, 자산(子産)과 함께 백혼무인(伯昏無人)을 스승으로 섬겨 배우고 있었다. 그런데 자산은 발 하나가 없는 병신과 함께 다니는 것이 싫어 신도가에게 이렇게 말했다.

"내가 먼저 나가면 자네가 남고, 자네가 먼저 나가면 내가 있기로 하세."

그러자 신도가는 이렇게 대답했다.

"거울이 맑으면 먼지가 끼지 않으며 먼지가 끼면 맑지 못하다. 그와 같이 인간도 오랫동안 현자와 함께 지내면 마음이 깨끗해져 과오가 없어진다."

여기에서는 명경(明鏡)이 현자의 밝고 맑은 마음에 비유되어 있다.

장자는 <응제왕편(應帝王篇)>에서 지인(至人), 즉 지덕(至德)의 성인을 말하며,

"지인의 마음가짐은 저 환하게 맑은 거울에나 비유할 수 있을 것이다. 명경은 사물의 오고감에 내맡긴 채 자신의 뜻을 나타내지 않는다. 미인이 오면 미인을 비추고 추부(醜婦)가 오면 추부를 비추어 어떤 것이라도 받아들이기는 하나 그 자취를 남기는 일이 없다. 그러므로 계속해서 얼마든지 물건을 비추면서도 본래의 맑음을 상하게 하는 법이 없다. 그와 같이 지인의 마음가짐도 사물에 대해 차별도 없고 집착도 없으므로 자유자재일 수가 있다."
라고 했다.

이렇듯 명경지수란 장자가 만들어 낸 우화에서 나온 말이다.

그러나 송대(宋代)에 유가나 선학(禪學)에서 즐겨 사용하면서부터 장자 특유의 허무주의적 색채가 사라지고, 고요하고 깨끗한 마음을 비유하게 되었다.

모순 矛盾

창 모 · 방패 순

[出典] 《한비자(韓非子)》
[文意] 창과 방패.
[解義] 언행이 일치하지 않음.

전국 시대 때, 어떤 사람이 시장에서 방패를 늘어놓고 팔고 있었다.

"자! 보세요. 이 방패로 말하면, 명장이 만든 것을 견고함을 당해낼 창이 없지요. 아무리 강하고 예리한 창도 결코 뚫지 못해요. 자! 사세요."

조금 있다가 그는 창을 팔기 시작했다. 이번에는 더 큰 목소리로 말했다.

"이 창을 보세요. 천하에서 이 창으로 말할 것 같으면 어떤 방패도 뚫을 수 있습니다."

한 노인이 장사치의 말을 가만히 듣고 있다가 이렇게 말했다.

"당신이 갖고 있던 창과 방패는 훌륭한 것 같소. 그러나 내가 보기에 이해가 안 되는 점이 하나 있소. 그 창으로 방패를 한 번 찔러 보면 어떻게 되겠소? 어느 쪽이 이기게 되는지 내 두 눈으로 똑똑히 보고 싶소."

 그 사나이는 아무 말도 못하고 물건을 주섬주섬 챙기더니 슬그머니 사라지고 말았다. 그 뒷모습을 보고 모두들 큰 소리로 웃어댔다.

 춘추전국 시대에 한(韓)나라의 왕족이었던 한비자가 쓴 《한비자》라는 책 속에 나오는 얘기다.
 이 무렵은 주나라 황실은 권위가 날로 땅에 떨어져 군웅이 난립하고 패권을 다투고자 천하는 혼란으로 치달았다. 자고 일어나면 모든 게 변해 있을 정도였으니 싸움은 하루도 그칠 날이 없었다.
 이렇다 보니 병장기의 소모는 심했으며, 좋은 무기는 날개가 돋친 듯 팔려 나갔다.

목탁 木鐸

나무 **목** · 큰방울 **탁**

- 出典 《논어(論語)》
- 文意 나무 방울.
- 解義 문교에 관한 명령을 내릴 때에 울리는 방울.

공자가 노나라를 떠나 위나라로 들어가 14년에 걸쳐 열국들을 돌아다녔다. 위나라는 다섯 번이나 찾아간 것으로 되어 있다. 여기에 나오는 얘기는 물론 첫방문에 관한 것이다.

위(衛)나라의 국경수비관이 입경(入境)하는 공자에게 뵙기를 청하였다. 연유를 묻는 공자에게 국경수비관이 말했다.

"이곳을 지나가시는 훌륭한 분은 언제나 제가 뵙기를 청했습니다. 그럴 때마다 그분들은 저를 만나 주셨습니다."

"그래요? 그렇다면 어디 얘길 해보시오."

국경수비관은 공자를 뵙고 여러 가지 말을 나누었다. 그런 다음 국경수비관은 초소에서 나와 공자의 제자들에게 말했다.

"여러분 목적 달성을 못하고 있다고 상심 마십시오. 천하에 도(道)가 없는 지가 오래 되었소. 하늘이 장차 여러분의 선생님을 목탁으로 삼을 것이라 생각됩니다."

당시 무사(武事)에 관한 명령을 내릴 때는 쇠방울을 울렸고, 문교(文敎)에 관한 명령을 내릴 때는 목탁(木鐸)을 울렸다고 한다.

국경수비관의 얼굴이 점차 홍조를 띠어 갔다. 제자들도 그에 이끌려 자세를 바로잡았다.

"그리고 첫째로……"

하고 그는 제자들 쪽으로 한 발 다가서며,

"선생님을 노나라에만 가둬 두고, 관리 노릇이나 하도록 하는 것은 아까운 일이라고 생각지 않으시오?"

제자들은 서로 얼굴을 마주 보았다.

아무도 대답하는 사람이 없었다. 그러자 그는 큰 소리로 외쳤다.

"선생님은 당신들의 입신 출세를 위하여 태어나신 분이 아니오!"

제자들의 표정이 돌처럼 굳어졌다. 국경수비관은 공자의 제자 염유의 얼굴을 가만히 응시하고 있었다.

염유는 그 딱딱한 분위기 속에서 헤어나려는 듯이 뭐라고 말을 꺼내려고 했다. 그러자 국경수비관은 갑자기 싱긋 웃으며 손을 저었다.

"그만 큰 소리를 질러 미안하오. 당신들이 선생님의 일을 마음으로부터 염려하고 있음을 이 늙은이도 잘 알고 있소. 하지만 천하가 이토록 어지러워졌으니 선생님에게라도 어려움을 겪어 주시도록 하는 수밖에 없을 것입니다. 말하자면 그것이 선생님에게 내려진 천명이니까요."

"……"

"그건 그렇고…… 이 위나라에서는 걸핏하면 조정에서 포고가 내려오고, 그때마다 목탁이라는 묘한 방울을 딸랑딸랑 울리며 돌아다니는데, 노나라에서는 그 따위 어리석은 짓은 하지 않겠죠? 그것은 시끄러울 뿐 아무 쓸모도 없는 것이오. 나는 지금까지 그 소리를 들을 때마다 생각했습니다. 하늘의 목소리를 전해 줄 목탁이 있으면 좋겠다고 말이오."

그는 탐색하듯이 제자들의 얼굴을 둘러보고 있었는데, 다시금 엄숙한 표정으로 말하였다.

"아시겠죠? 당신들의 선생님이야말로 앞으로 그 하늘의 목탁이 되실 분이라는 것을."

다시 침묵이 계속되었다. 국경수비관은 제자들에게 고개를 숙이며,

"혼자서 너무 오래 지껄였군요. 그러면 건강하게 여행을 계속하시오."

이렇게 말하고 그는 천천히 방을 나갔다.

무산지몽 巫山之夢

무당 무 · 뫼 산 · 갈 지 · 꿈 몽

出典 송옥(宋玉)의 《고당부(高唐賦)》
文意 무산에서 꾼 꿈.
解義 남녀의 밀회나 은밀한 정사를 가리키는 말.

전국 시대 초나라 양왕이 대부 송옥과 함께 운몽의 고당관에 갔다. 굴원의 제자 송옥은 박학한 옛 기록을 들려 주어 양왕의 총애를 받고 있었다. 양왕이 고당관에서 나와 문득 산 위를 바라보는데 그 구름이 여느 때와는 달리 여러 형태로 변화하는 것이었다.

양왕은 구름이 변하는 것에 대해 물었다.

"도대체 무슨 구름이기에 저렇듯 변화하는 것이오?"

"조운(朝雲-남녀의 정을 나눔을 뜻함)이라 합니다."

"조운이라?"

"그러하옵니다. 옛날 선왕이신 회왕이 고당에서 잔치를 베푸시고 문득 잠이 드셨습니다. 그때 요염하게 생긴 여인이 나타나 말했답니다. 자신은 무산에 사는 여자인데 고당에 와 보니 대왕이 계시기에 함께 있고 싶다는 것입니다. 그렇게 하여 왕께서는 그 여인과 함께 밤을 지내게 되었습니다."

그 여인은 헤어질 무렵이 되자 이런 말을 했다.

"저는 무산 남쪽의 높은 봉우리에 살고 있는데, 매일마다 아침에는 구름(朝雲)이 되고 저녁에는 비가 되어 양대(陽臺) 아래 머무를 것입니다."

말이 끝나자마자 여인은 자취를 감추었고, 왕은 퍼뜩 잠에서 깨어났다.

그 다음날 아침, 왕이 무산 쪽을 바라보니 꿈속에서 만난 여인의 말대로 산봉우리에 아름다운 구름이 걸려 있는 것이었다. 그래서 왕은 그곳에 조운묘(朝雲廟)라는 사당을 지어 그녀를 그리워했다.

이 이후로 '무산지몽'은 남녀간의 정교(情交)를 의미하는 말이 되었다.

무용지용 無用之用

없을 무 · 쓸 용 · 갈 지 · 쓸 용

出典 《장자(莊子)》
文意 쓸모없는 것도 쓸 데가 있다.
解義 쓸모없는 사람이라고 여겼는데 작은 재주가 있다는 의미.

《장자(莊子)》 〈인간세(人間世)〉편을 보면 다음과 같은 우화가 있다.

"산에 있는 나무는 사람들에게 쓰이기 때문에 잘리어 제 몸에 화를 미치고, 등불은 밝기 때문에 불타는 몸이 된다. 계수나무는 먹을 수 있기 때문에 베어지고, 옻나무는 그 칠을 쓸 수 있기 때문에 잘리고 찍힌다. 사람들은 모두 유용(有用)의 용(用)만을 알고 무용(無用)의 용(用)을 알려 들지 않으니 한심한 일이다."

이렇듯 인간에게 유용하게 되면 오히려 명대로 살 수 없게 된다. 따라서 이런 나무들의 입장에서 보면 결코 쓸모가 있는 것이 못 된다. 즉 그들이 자신을 망치는 것은 모두 다 유용하기 때문이다.

또한 〈외물(外物)〉편에는 이런 말이 있다.

혜자(惠子)가 장자에게 말하기를,

"당신의 말은 쓸모가 없소."

라고 하자, 장자는 웃으며 대답했다.

"쓸모가 없음을 알고 나서 비로소 쓸모 있는 것을 말할 수 있소. 저 땅은 턱없이 넓고 크지만 사람이 이용하여 걸을 때 소용되는 곳이란 발이 닿는 지면뿐이오. 그렇다고 발이 닿은 부분만 재어 놓고 그 둘레를 파 내려가 황천(黃泉)에까지 이른다면 과연 사람들에게 그래도 쓸모가 있겠소?"

그러자 혜자는 고개를 흔들었다.

"쓸모가 없소."

이에 장자는 다시 웃으며 말했다.

"그러니까 쓸모 없는 것이 실은 쓸모 있는 것임이 분명하지 않소!"

유용(有用)의 용(用)과 무용(無用)의 용(用) 가운데 어떤 것이 더 중요한가 하는 문제에 대한 장자의 입장은 〈산목(山木)〉편의 다음 대화를 통해 알 수 있다.

장자가 산 속을 가다가 잎과 가지가 무성한 거목을 보았다. 그런데 나무꾼이 그 곁에 머문 채 나무를 베려 하지 않으므로 그 까닭을 물었더니,

"쓸모가 없습니다."

라고 대답했다. 장자가 말했다.

"이 나무는 재목감이 안 되므로 천수를 다할 수 있구나."

장자가 산을 나와 친구 집에 머물렀다. 친구는 매우 반기며 심부름하는 아이에게 거위를 잡아 대접하라고 일렀다.

아이가,

"한 마리는 잘 울고 또 한 마리는 울지 못합니다. 어느 쪽을 잡을

까요?"
라고 묻자 주인은,

"울지 못 하는 쪽을 잡아라."

고 했다. 다음날 제자가 장자에게 물었다.

"어제 산 속의 나무는 쓸모가 없어서 그 천수를 다할 수가 있었는데, 지금 이 집 주인의 거위는 쓸모가 없어서 죽었습니다. 선생님은 대체 어느 입장에 머물겠습니까?"

장자가 웃으면서 말했다.

"나는 쓸모 있음과 없음의 중간에 머물고 싶다. 그러나 쓸모 있음과 없음의 중간이란 도와 비슷하면서도 실은 참된 도가 아니므로 화를 아주 면하지는 못한다. 만약 이런 자연의 도에 의거하여 유유히 노닌다면 그렇지 않게 된다. 영예와 비방도 없고 용이 되었다가 뱀이 되듯이 마음대로 늘였다 줄였다 하듯이 함께 변화하여 한 군데에 집착되지 않는다. 올라갔다 내려갔다 하며 남과 화합됨을 자기의 도량으로 삼는다. 마음을 만물의 근원인 도에 노닐게 하여 만물을 뜻대로 부리되 그 만물에 사로잡히지 않으니 어찌 화를 입을 수 있겠는가!"

묵수 墨守

잠잠할 묵 · 지킬 수

[出典] 《묵자(墨子)》
[文意] 묵자가 지킨다.
[解義] 자신의 의견을 굽히지 않고 지킨다.

송(宋)나라의 묵적(墨翟, 존칭으로 묵자(墨子)라고 한다)은 박애주의적인 이념에서 겸애설(兼愛說)을 제창하여 비전론(非戰論)을 주창한 철학자로서 유명하지만, 병법가(兵法家)로서도 또한 일세를 풍미했다.

묵자가 제(齊)나라에서 급히 초(楚)나라로 떠난 지 10일 만에 초나라의 수도인 영에 도착했다. 왜냐하면 공수반(公輸盤)이 초나라를 위해 운제계(雲梯械 ; 사닥다리를 성에 대고 높이 올라가는 기계)를 만들어 송나라를 공격하려고 한다는 소리를 들었기 때문이다.

묵자는 공수반을 방문했다.

"북방에 나를 경멸하는 자가 있어 당신의 힘으로 죽여 주시기를 바랍니다만……"

공수반은 불쾌한 낯빛으로 말했다.

"나는 의를 생각하는 마음으로 사람을 죽일 수는 없소이다."

묵자는 공손히 절을 하면서 말했다.

"초나라는 땅이 넓은 데 비해서 사람은 모자랄 정도입니다. 그런데 영지가 부족한 송나라를 공격해도 좋습니까? 더구나 아무 죄도 없는 송나라를 말입니다. 한 사람을 죽이지 않는 것이 의라면 송나라의 많은 사람을 죽이는 것은 의라 할 수 있을까요?"

공수반은 묵자에게 공박을 당하자 묵자의 청을 받아들여 초왕에게 안내했다.

묵자는 다시 예를 들어 말했다.

"아주 화려하게 꾸민 수레의 주인이 옆에 있는 하찮은 수레를 훔치려고 하거나, 비단옷을 입은 사람이 옆집의 누더기를 훔치려고 하거나, 진수성찬을 먹는 사람이 옆집의 술찌꺼기를 훔치려고 든다면, 그것을 어떻게 생각하십니까?

"아마도 도벽이 있는 사람이겠지."

"그럼 사방이 5천 리나 되고 수어(獸魚)가 풍부하며 대목(大木)이 많은 초나라가 사방이 5백 리밖에 안 되고 식량이 부족하며 장목(長木)도 없는 송나라를 공격한다면 이것과 같지 않겠습니까?"

초왕이 이 질문에 궁한 대답을 했다.

"아냐, 나보다 공수반의 재주를 살려 볼까 해서 그랬지."

그래서 공수반이 얼마나 머리가 좋은가를 보아야겠다고 생각한 묵자는 초왕 면전에서 아주 기묘한 승부를 하였다.

묵자는 띠를 풀고 성(城)처럼 버티고서 작은 나뭇조각을 방패로 사용할 수 있는 기계를 만들었다.

공수반의 9회에 걸쳐 임기응변의 장치를 만들어 공격했으나, 묵자는 9회를 다 굳게 지켰다. 공수반의 공격 무기는 바닥이 났으나 묵자의 수비에는 아직도 여유가 있었다. 마침내 공수반은 손을 들고 말았다.

묵자는 초왕에게 고했다.

"공수반은 나를 죽이려 했고, 나를 죽이면 송나라를 공격할 수 있다고 생각했을는지 모르오나 내 제자들은 내가 수비했던 기계를 가지고 송나라로 가서 초나라의 침입을 기다리고 있습니다. 나를 죽여도 항복시킬 수는 없습니다."

묵자가 선수를 치는 바람에 초왕은 결국 송나라를 공격하지 않겠다고 약속했다. 이렇게 해서 묵자는 미연에 초나라의 침략을 막았던 것이다.

문경지교 刎頸之交

목벨 문 · 목 경 · 의 지 · 사귈 교

出典 《사기(史記)》
文意 목을 벨 정도의 지경에도 생사를 함께 할 친구.
解義 생사를 함께 하는 매우 절친한 친구의 교제를 뜻함

인상여와 염파간의 우의를 뜻하는 말이다. 그러나 처음부터 둘 사이가 좋았던 것은 아니다.

인상여가 화씨벽(和氏璧)이라는 구슬을 들고 진나라 왕을 찾아간 것은 옛날 조나라의 영토였던 열다섯 성과 바꾸자는 조건 때문이었다. 진나라 왕은 대가 없이 구슬을 빼앗으려는 속셈이었지만, 인상여는 구슬을 들고 진왕을 만나 담판을 짓고 무사히 돌아왔다.

그 후 진왕이 국경에서 조왕을 만났을 때, 전날의 수치를 풀어볼 생각으로 거문고 한 곡을 타 달라고 부탁했다. 조왕은 여흥으로 부탁하는 것을 거절할 수 없어 그대로 하였다. 그랬더니 진왕은 시관을 시켜 '몇 월 며칠 진왕이 조왕으로 하여금 거문고를 타게 하다'로 기록하게 하였다.

조왕의 얼굴이 벌겋게 달아오르자 인상여가 앞으로 나섰다. 예(禮)라는 것은 주고받는 것이므로 조왕을 위해 축(筑)을 한 곡 타 달

라는 청이었다.

그는 대뜸 항아리 하나를 앞으로 내밀었다. 당연히 진왕의 호령이 터져 나왔다.

"내가 조왕과 노는 데 무엄하게 무슨 짓이냐?"

인상여는 비수를 꺼내들고 진왕의 소매를 잡았다.

"대왕께서 수십만의 대군이 있다 한들 나 인상여가 피로써 대왕의 옷을 적시겠습니다."

이에 진왕은 별 수 없이 축을 탔다.

회합을 마치고 돌아오자, 조왕은 인상여의 공이 크다고 하여 그를 상경(上卿)에 임명하였다. 이것은 조나라의 뛰어난 장수 염파보다 윗자리였다. 그러자 염파는 말했다.

"나는 조나라 장수로서 전쟁에서 큰 공을 세웠다. 그러나 인상여는 겨우 입과 혀를 놀렸을 뿐인데 지위는 나보다 높다. 게다가 인상여는 본래 천한 출신이니 나는 부끄러워 도저히 그의 밑에 있을 수 없다. 인상여를 만나면 기어코 모욕을 주리라."

이 말을 들은 인상여는 될 수 있으면 그와 만나지 않으려고 했다. 조회가 있을 때마다 언제나 병을 핑계로 나가지 않았으니, 염파와 자리 순서를 놓고 다투기 싫었기 때문이다. 또한 인상여는 외출을 하였다가 멀리 염파가 보이면 피해서 숨곤 하였다. 그러자 인상여의 가신들이 모두 그에게 말하였다.

"신들이 가족, 친척을 버리고 상공을 모시는 것은 상공의 높으신 의로움 때문입니다. 지금 상공께서는 염파 장군과 서열이 같으면서 염장군이 상공께 욕을 하는데도 두려워하며 피하고, 지나칠 정도로 무서워하고 있습니다. 이는 보통사람들도 부끄러워하는 일입니다.

하물며 장군이나 대신들은 어떻겠습니까? 못난 저희들은 이만 하직하고 물러나고자 합니다."

인상여는 그들을 만류하며 말했다.

"그대들은 염장군과 진나라 왕 중 누가 더 무섭다고 생각하오?"

'염장군은 진나라 왕을 당할 수 없습니다."

"나는 진나라 왕의 위세에도 불구하고 조정에서 그를 질타하고, 그의 신하들을 모욕하였소. 내가 아무리 노둔하다고 할지라도 염장군을 두려워할 리가 있겠소? 그러나 지금 사정을 살펴보면, 강한 진나라가 우리 조나라를 공격하지 못하는 것은 오직 우리 두 사람이 있기 때문이오. 만일 지금 우리 두 호랑이가 다투게 되면 둘 다 무사할 수 없는 상황이 되오. 내가 염장군을 피하는 것은 나라의 위급함을 먼저 생각하고 개인적인 원한은 뒤로 돌렸기 때문이오."

이 말을 전해 들은 염파는 어깨를 드러내고, 가시나무 채찍을 등에 지고서 인상여의 문 앞에 이르러 사죄하였다.

"더럽고 천박한 인간이 상공께서 이토록 너그러우신지 미처 몰랐소."

이리하여 두 사람은 마침내 화해를 하고 목이 잘리는 일이 있더라도 후회하지 않는다는 문경지교를 맺었다.

문경지치 文景之治

글월 **문** · 밝을 **경** · 갈 **지** · 다스릴 **치**

[出典] 《사기(史記)》
[文意] 문제와 경제의 정치.
[解義] 중국의 번영시대를 상징하는 말이다.

한나라 문제는 중국 역사상 검소하기로 이름난 황제로 즉위한 지 얼마 안 되는 봄철에 친히 적전(籍田; 종묘의 제사에 바치는 곡식을 농사짓는 전답)을 갈아 농업과 누에치기를 장려하였다.

문제는 또 각 지방 행정 관청에 명하여 농민이 농사지을 시기를 잃지 않도록 계몽·지도하고 가난한 농민에게는 오곡의 씨앗과 식량을 대여해 주고 농지의 조세를 반으로 감하여 고조가 정한 15분의 1세를 30분의 1세로 개정하였다.

문제는 농민에 대한 조세와 부역을 경감시키면서도 자신의 생활에 대하여는 검소와 절약을 기본으로 삼았다. 그는 노대(露臺; 지붕이 없고 관망이 좋은 높은 건물)를 지으려고 생각하였으나 필요 경비를 계산해 본 결과 황금 1백 근이 소요된다는 사실을 알았다.

황금 1백 근은 중류 가정 10세대의 재산과 맞먹는 금액이었다. 문제는 경비가 너무 많이 든다 하여 노대의 건축을 취소하라 하였다.

그의 옷은 무늬와 장식이 없는 검정색 비단을 주로 사용하였으며, 가장 총애하는 신부인(愼夫人)에게도 절약과 검소함의 모범을 보이기 위하여 실내에서는 무늬가 없는 단색의 천을 사용토록 하고 의복이나 치마의 길이도 땅에 끌리지 않도록 짧게 하였다.

문제는 죽음에 임하여 다음과 같이 유언하였다.

"내가 죽은 다음 장례를 치를 때는 거마와 의장병을 거창하게 벌여 세우지 않도록 하고 장례에 참석하는 사람이 머리에 쓰는 흰 베도 폭이 세 치가 넘지 않도록 하라. 그리고 복상(服喪) 기간도 될 수 있는 대로 줄이고, 복상 기간 중이라도 결혼과 제사를 제한하지 말며 술과 고기를 금지시키지 말라."

라고 하였다.

그리고 자신의 능묘는 백성들의 부담을 덜기 위하여 산기슭에 만들되 금·은·동·주석이나 옥 따위를 사용하지 말고 모두 와기(瓦器)를 사용하고 그 규모도 적게 하라고 거듭거듭 유언하였다.

한나라의 문제와 진나라의 시황제는 모두 지주 계급을 대표하는 인물이었으나 그들이 한 일은 전혀 다른 면을 보여주고 있다.

진나라의 시황제는 뛰어난 재능과 원대한 웅략, 그리고 백성에 대한 포학으로 역사에 이름을 남겼다. 지금까지도 여산 기슭에 있는 거대한 능묘는 시황제다운 풍모를 여실히 보여주고 있다.

반면 한나라의 문제는 부역과 조세를 경감하고 친히 검소한 생활로 모범을 보임으로써 청사에 그 이름을 남기고 있다. 서안시 동북에 있는 그의 능묘인 패릉은 검소를 생활 신조로 한 한나라의 문제다운 간소한 면모를 보여주어 사람들의 감동을 사고 있다.

문제는 재위 23년 되는 해 46세에 죽고, 그 뒤를 이어 경제(景帝)

가 즉위하였다. 문제와 경제는 모두 '백성에게 휴식을 제공한다'는 정책을 40년 가까이 실시하였기 때문에 사회 경제는 공전의 번영을 이룩하였고 사회 질서는 안정되어 태평 성대를 구가하였다.

이 때문에 역사에서는 이 시대를 '문경(文景)의 치(治)'라고 부르고 있다.

경제 시대 말기에 이르러서는 3분의 2세기 동안이나 침체되었던 경제가 활성화되어 각 군현의 정부 창고에는 식량과 동전이 꽉꽉 차 있었다. 도시의 국유 창고에는 동전이 산더미처럼 쌓여 있었고, 식량은 오래 보관되어 변질되고 창고가 모자라 노적 가리가 산더미처럼 쌓였다.

황제의 마장(馬場)에서는 30만 마리나 되는 말을 길렀고, 백성들이 타고 다니는 노새가 도시와 농촌의 거리 어디서나 볼 수 있었다.

중국 봉건 사회의 역사를 훑어보면 전한의 '문경의 치'는 후세 당대의 '정관(貞觀)의 치(治)'와 함께 모두 황제의 칭호와 연호를 붙인 봉건 왕조의 번영 시대를 칭송하는 말로 전해지고 있다.

문일지십 聞一知十

들을 문 · 한 일 · 알 지 · 열 십

[出典] 《논어(論語)》
[文意] 하나를 들으면 열을 안다.
[解義] 한 부분을 통해 전체를 안다는 뜻.

공자의 제자 자공(子貢)은 재산을 모으는 데 남다른 재주가 있었다. 그와는 대조적으로 묵묵히 스승의 뒤를 따르는 안회는 매우 가난했으나 사람으로 인정받은 제자였다.

공자가 안회와 자공의 길고 짧음에 대해 자공에게 묻자 자공이 대답했다.

"사(賜 ; 자공의 이름)가 어찌 감히 회를 바랄 수 있겠습니까? 회는 하나를 들으면 열을 알고, 사는 하나를 들으면 둘을 알 뿐입니다(回也聞一而知十 賜也聞以一知二).'

공자는 자공의 대답에 만족했다. 자공은 스승의 기대에 어긋나지 않게 자신을 알고 있었던 것이다.

"네가 안회만 못하다는 것은 나도 인정한다."

기뻐 우러나오는 스승의 대답이었다.

문전성시 門前成市

문 문 · 앞 전 · 이룰 성 · 저자 시

[出典] 《한서(漢書)》
[文意] 문 앞이 시장터와 같다.
[解義] 세도가 있어 찾아오는 사람이 많아 마치 시장 바닥처럼 붐빈다는 뜻.

후한(後漢)의 성제(成帝) 이후 애제(哀帝)가 즉위하자 조정의 실권은 외척들에게 넘어갔고 그는 황제라는 제위에 허명만을 걸어 놓고 있었다.

명유(名儒)인 포선(鮑宣), 중신(重臣), 왕굉, 왕선, 정숭(鄭崇) 등이 조정을 바로잡고자 간하였으나, 애제는 듣지 않았다.

정숭은 외척들의 전횡(專橫)을 보다 못해 누차 애제에게 알현을 청해 간했다.

애제도 처음에는 그의 간언에 귀를 기울였다. 부 태후의 사촌동생을 시중광록대부상(侍中光祿大夫尙)으로 봉하는 것을 중지하라고 간했을 때 듣지 않는 사람은 도리어 부 태후였다.

정숭은 애제가 동현(董賢)을 총애하는 정도가 지나치게 되자 다른 중신들과 함께 재삼 간했으나 애제도 그 무렵에는 이미 귀를 기울이려고 하지 않았다. 오히려 그 일 때문에 죄를 얻어 힐책당할 정도였다. 정숭은 그러는 동안 병을 얻어 사직하려고 하였으나 참고 있었다.

당시에 조창(趙昌)이라는 상서령(尙書令)이 있었다. 남을 고자질하여 아첨하는 인물로 전부터 정숭을 꺼림칙하게 생각하고 있던 터라, 정숭이 애제에게서 소원되고 있는 것을 알자 은근히 좋아했다.

"정숭이 왕실의 여러 사람들과 빈번히 내통하고 있습니다. 의심컨대 무슨 음모가 있을 것입니다."

그는 이렇게 상주하고 적당한 조치를 취할 것을 덧붙였다.

애제는 곧 정숭을 불러들여 문책했다.

"그대의 집 앞은 시장터와 같다고 하더군."

힐책하는 애제의 말을 받아 정숭은 이렇게 대답했다.

"신의 문은 저자 같아서 신의 마음은 물과 같습니다. 다시 한번 조사해 보옵소서."

애제는 노해서 정숭을 하옥시켰다. 사간(司諫)인 손보(孫寶)가 상소하고 조창의 중상을 공격하여 정숭을 변호했으나 황제는 손보마저 서인으로 강등시켰고, 정숭은 옥사하고 말았다.

문전작라 門前雀羅

문 문 · 앞 전 · 참새 작 · 벌일 라

[出典] 《사기(史記)》
[文意] 문 앞에 참새 그물을 친다는 말.
[解義] 방문객의 발길이 끊어지는 것을 뜻함.

한 무제(漢武帝) 때의 현명한 신하들 가운데 급암과 정당시라는 두 사람이 있었다.

급암은 학문을 좋아하고 의협심이 있어 지조를 지키고 평소 행동도 결백하였다. 직언하기를 좋아하여 여러 번 무제와 대신들을 무안하게 만들기도 했다. 신하들이 그를 책망하면 이렇게 말했다.

"천자께서는 공경(公卿) 등과 같은 보필하는 신하를 두셨는데, 어찌 신하된 자로서 아첨하며 뜻대로 따르기만 하여 옳지 못한 곳으로 빠지게 하겠는가? 또 그러한 지위에 있으면 설령 자기 한 몸을 희생시키더라도 어찌 조정을 욕되게 하겠는가!"

그리고 정당시는 자칭 협객이라고 하였고, 덕성이 중후한 인물을 흠모하며 매사에 신중했다. 그는 자기를 찾아오는 손님이 있으면 지위 고하를 막론하고 문 앞에서 기다리는 일이 없도록 했다.

또한 청렴한 성격 때문에 가업을 돌보지 않았고, 봉록이나 하사품을 받으면 빈객들에게 나누어 주었다.
　이 두 사람은 모두 구경(九卿)의 자리까지 오르기는 했지만, 강한 개성으로 인해 벼슬길이 순탄하지 않았다.
　이들이 현직에 있을 때는 방문객들이 끊이지 않았지만, 파면되자 집안 형편이 어렵게 되고 빈객들은 모두 떠나갔다.
　태사공(太史公) 사마천(司馬遷)은 급암과 정당시의 전기를 쓰고 난 다음에 다음과 같은 말을 덧붙였다.

　도대체 급(汲), 정(鄭) 같은 현인이라도 세력이 있으면 빈객이 40배나 되나, 세력이 없으면 곧 떠나 버린다. 보통사람 같으면 말할 필요가 없다.
　하규의 적공(翟公)의 경우는 이러했다. 처음 적공이 정위(廷尉)가 되자, 빈객은 문 안에 넘쳐 흐를 정도로 많았으나, 직위에서 파면되자 빈객은 하나도 찾아오지 않았다. 문전은 한산해서 참새 떼가 모여들어 새그물을 칠 정도였다.
　이윽고 적공이 다시 정위가 되자 빈객들은 또 모여들었다. 적공은 문에 크게 써붙였다.

　　　일사일생(一死一生) 즉 교정(交情)을 알고,
　　　일빈일부(一貧一富) 즉 교태(交態)를 알며,
　　　일귀일천(一貴一賤) 교정(交情)이 나타난다.
　　　이 어찌 슬픈 일이 아니겠는가.

물의 物議

물건 물 · 의논 의

- 出典 《한서(漢書)》
- 文意 여러 사람의 평판을 뜻함.
- 解義 세상 사람들의 공론이나 논의.

사기경(謝幾卿)은 양나라 무제 때에 상서좌승(尙書左丞)의 자리에 있었다. 그는 성격이 대범하여 자잘한 일에는 도무지 신경을 쓰지 않았다.

그러다 보니 조정의 규정 같은 것은 그에겐 전연 소용이 닿지 않았다.

술을 좋아하여 사귀는 친구들도 많았다.

한번은 잔칫집에 갔다가 술에 취하지 않고 맑은 정신으로 집으로 돌아오게 되었다. 도중에 술집을 발견하자 지나치지 못하고 수레를 멈췄다. 그리고는 같이 갔던 일행과 함께 술이 떨어질 때까지 마셨다.

이때 그를 에워싼 구경꾼의 수는 헤아릴 수 없을 정도로 많았지만, 전혀 동요됨이 없었다.

그렇지만 이러한 술버릇 때문에 결국은 관직에서 파면당하는 운명에 처하게 된다. 무제(武帝)는 사기경이 지방 토벌에 나갔다가 실패한 것을 문책하여 파면시켰다. 이것은 사실상 명령을 수행하지 못해서 처벌되었다기보다는 그의 자유분방하고도 방탕한 생활 태도에 대한 단죄인 것이다.

이때 좌승(左丞) 유중용(庾仲容)도 파면되어 고향 집으로 돌아오게 되었다. 사기경은 그와 의기투합하여 자유롭게 생활을 했다. 덮개가 없는 수레를 타기도 하고, 술에 취하여 방울을 손에 쥐고서 조가(弔歌)를 부르기도 하였다. 그는 세상의 물의(物議)는 조금도 마음에 두지 않았다.

미망인 未亡人

아닐 미 · 죽을 망 · 사람 인

出典 《춘추좌씨전(春秋左氏傳)》
文意 남편을 따라 죽지 못한 여인.
解義 홀몸이 된 여인을 말함. 이것은 스스로가 남편을 따라 죽어야 하는데 아직도 살아 있다는 것을 겸손한 마음으로 말하는 것이다.

楚나라 영윤(令尹 ; 재상)인 자원(子元)이 문부인(楚 文王의 부인)을 유혹하려고 궁궐 곁에 저택을 짓고 만의 춤(은나라 탕왕이 시작했다는 춤)을 추게 했다. 문부인은 그 음악을 듣고 울면서 말했다.

"돌아가신 왕께서 이 무악을 군대 훈련에 사용했습니다. 지금 영윤은 원수를 치는 데 사용하지 않고 이 미망인(未亡人) 곁에서 하고 있습니다. 이상하지 않습니까?"

한편 위나라 위정공(衛定公)은 서실인 경사부인의 아들 간을 태자로 삼고 세상을 하직했다. 간이 아버지의 죽음을 슬퍼하는 기색이 없자 정공의 정실 강씨(姜氏)가 식음을 전폐하고 길게 탄식했다.

"저놈이 필시 나라를 망치고 미망인인 나를 학대할 것이다. 아!

하늘이 위나라를 저버리는 것일까? 전야(강부인의 아들)가 어려 제위에 오르지 못하다니!"

이 말을 들은 간은 행동을 고치고 강씨를 친어머니처럼 모셨다.

노나라에서는 성공(成公)이 보위에 올라 다스리고 있었다. 노나라의 백희가 송공(宋公)에게 출가하게 되어 계문자(季文子)가 호위하여 따라갔다. 임무를 무사히 마친 계문자가 돌아오자 성공은 잔치를 성대하게 열어 주었다.

그 자리에서 계문자는 《시경》의 내용을 빌어 주군인 성공과 송공을 칭송하고 송나라는 좋은 곳이므로 백희 공주가 편히 지내실 것이라고 했다.

이를 들은 공주의 모친 목강은 크게 기뻐했다.

"참으로 고맙소이다. 계문자는 선군 때부터 충성을 다하였을 뿐만 아니라 미망인(未亡人)인 내게까지 힘을 주시니 정말 고맙소이다."

그리고 나서는 《시경》의 마지막 장을 정이 듬뿍 담긴 목소리로 노래를 불렀다.

미봉 彌縫

기울 미 · 기울 봉

- 出典 《춘추좌씨전(春秋左氏傳)》
- 文意 터진 옷을 임시로 꿰맴.
- 解義 모자라는 부분을 때우고 잇는다. 요즘에는 대충 눈어림으로 꾸며 넘기는 것을 뜻한다.

춘추 시대는 주나라 왕실의 세력이 점점 약해져 천자의 위력을 잃고 서주 시대의 문물 제도는 차차 무너져 제후들은 서로 싸움을 일삼고 강한 자가 약한 자를 집어삼키는 약육강식의 생태를 연출한 시대이다.

또한 고대부터 황허의 유역만을 근거지로 삼고 있던 중국 민족이 사방으로 뻗어나가려던 시대라고도 할 수 있다.

이 시대에는 주나라 초기에 1천여 국이나 되던 제후의 나라가 120여 국으로 줄어들었다.

춘추 시대 초기, 주(周)의 환왕은 약해진 주나라의 세력을 복구하고자 종래 왕조의 경사(卿士)를 맡고 있던 장공의 실권을 박탈했다. 이를 못 마땅하게 생각한 정장공은 왕실에 대한 조공을 일체 중지했다.

환왕은 괵, 채(蔡), 위(衛), 진(陳) 등 네 나라의 군대와 함께 정장공의 나라로 진격했다.

　그러자 정장공은 태연자약했다.

　"내란으로 싸울 경황이 없는 진나라를 먼저 치면 달아나게 되고, 그렇게 되면 연합군에 혼란이 올 것이다. 그 다음에 천자가 지휘하는 군사를 집중 공격하면 승리할 것이다."

　장공은 전차 부대를 앞세우고 보병이 뒤따르게 하여 보병이 전차의 틈을 연결시키는 오승미봉(伍承彌縫) 전법을 사용하여 토벌군을 무너뜨렸다. 도망가는 연합군을 계속 추격하려고 하자 장공은 추격을 멈추고 말했다.

　"군자란 약자를 업신여겨서는 안 된다. 하물며 천자를 업신여겨서는 더욱 안 된다. 나라의 안전만 보전된다면 그만둬야 한다."

　이 싸움으로 장공의 이름은 천하에 떨치게 되었다.

미생지신 尾生之信

꼬리 미 · 낳을 생 · 갈 지 · 믿을 신

[出典] 《사기(史記)》
[文意] 작은 약속.
[解義] 쓸데없는 약속을 뜻한다.

노(魯)나라에 미생(尾生)이라는 아주 정직한 사람이 있었다. 남하고 약속을 하면 무슨 일이 있어도 꼭 지키고야 마는 그런 인물이었다.

그런데 어느 날 그 사나이가 개울 다리 밑에서 연인을 만나기로 약속을 하였다.

약속에 늦지 않게 그는 약속 장소로 나갔다. 그러나 아무리 기다려도 여자는 나타나지 않았다. 그러는 동안에 밀물로 개울물이 불어서 그의 몸은 점점 물에 잠기게 되었다.

발에서 무릎, 무릎에서 가슴으로 물은 불어가는 데도 그는 단념하지 않았다.

나중에는 물이 머리 위까지 올라와 교각에 매달렸으나 피신하지 않고 끝내 그곳에서 익사해 버리고 말았다고 한다.

전국 시대의 유세가(遊說家)로서 유명한 소진(蘇秦)은 연왕(燕王)

을 만나 자기 생각을 말했을 때 미생의 이야기를 꼬집어 신의가 두터운 사나이의 본보기로 삼고 있다고 말했다.

그러나 같은 전국 시대의 철학자인 장자(莊子)는 그의 특색 있는 우언(寓言)에서 공자와 이름 높은 도적 도척의 대화 속에서 도척을 통해 이 고사에 대해 다음과 같이 비판하고 있다.

"제사에 쓰려고 찢어발긴 개나 떠내려가는 돼지, 또는 바가지를 든 거지와 다를 바가 없다. 명목(名目)에만 달라붙어 죽음을 가벼이 여겼고 본성으로 돌아가 수명을 보존하려 하지 않은 것이다."

이것은 미생의 어리석은 행동을 비판한 것으로, 공자(孔子)를 중심으로 하는 유교학파의 명분만을 좇는 모습을 빗대어 말한 것이다.

반간 反間

돌이킬 반 · 사이 간

[出典] 《손자(孫子)》
[文意] 적 사이를 이간한다.
[解義] 이중간첩이다.

손자는 오늘날 간첩에 해당하는 간자(間者)를 다섯 부류로 분류하고 있다.

향간(鄕間)은 적국의 백성을 이용하여 정보를 얻는다.

내간(內間)은 적국의 관리를 매수하여 정보를 얻는다.

반간(反間)은 적국의 첩자를 포섭하여 아군의 첩자로 삼는다.

사간(死間)은 죽음을 각오하고 적국에 잠입하여 활동한다.

생간(生間)은 적국으로 들어가 보고를 가지고 살아 돌아오는 것이다.

손자가 간자를 중시한 이유는 적국과의 전쟁에서 승리하기 위해서는 무엇보다도 정보가 중요하다는 점을 알았기 때문이다. 이것은 과거에만 국한되는 것은 아니며 세계가 정보화 사회인 현재는 더욱 중요하다.

반골 反骨

거꾸로 반 · 뼈 골

- 出典: 《삼국지(三國志)》
- 文意: 뼈가 거꾸로 되어 있다.
- 解義: 모반을 뜻한다.

삼국 시대(三國時代) 촉(蜀)나라에 위연(魏然)이라는 장수가 있었다. 그는 용맹하고 호탕하며 지략이 뛰어난 인물이었지만, 자기 무예를 과신하고 다른 사람을 업신여기는 단점이 있었다.

그러나 유비는 그를 장수로서의 능력을 인정하여 한중(漢中)의 태수로 임명했다.

그러나 제갈량(諸葛亮)에게는 위연이 달갑지 않은 인물이었다. 그 이유는 위연의 성품과 맞지 않았을 뿐만 아니라 그의 목덜미에 이상한 뼈가 거꾸로 솟아 있는 것을 보고 장래에 반드시 모반할 인물임을 짐작하였기 때문이었다.

제갈량이 죽자 위연 역시 제갈량을 겁쟁이라고 말하며 자신의 재능을 충분히 발휘할 수 없음을 은근히 나타냈다.

위연은 이상한 꿈을 꾸었다. 그래서 행군사마(行軍司馬) 조직(趙直)에게 이렇게 말했다.

"나는 어젯밤에 내 머리에 뿔 두 개가 거꾸로 나 있는 꿈을 꾸었소. 이것을 해몽해 주시오."

조직은 말했다.

"기린의 머리에도 뿔이 있고, 청룡의 머리에도 뿔이 나 있습니다. 이것은 뱀이 용으로 변하여 하늘로 올라갈 상(相)으로 천하에 보기 드문 길몽입니다."

조직의 해몽은 사실과 달랐다. 사실 뿔(角)은 칼(刀)을 사용한다(用)는 뜻이므로 꿈을 꾼 자의 몸이 잘린다는 나쁜 꿈이었던 것이다.

위연은 이 꿈 해석을 믿고 모반을 꾀하려고 했다. 그런데 위연의 모반을 미리 예상한 제갈량은 자신이 죽기 전에 이런 일을 대비하여 계략을 세워 두었다.

그래서 결국 위연은 군권을 장악하려다가 부장인 마대(馬岱)의 칼에 목이 잘렸다.

반근착절 槃根錯節

쟁반 **반** · 뿌리 **근** · 섞일 **착** · 마디 **절**

[出典] 《후한서(後漢書)》
[文意] 서린 뿌리와 섞인 마디.
[解義] 얽히고 설켜 해결의 실마리를 찾지 못하는 어려운 일을 비유함.

후한(後漢)의 7대 황제에 13세인 안제(安帝)가 제위에 올랐다. 이렇게 되자 어머니인 태후가 정사를 맡고 태후의 오빠 등질이 대장군이 되었다.

그 무렵 서북 변경에서는 이민족의 세력이 강성하여 병주(幷州)와 양주(涼州)가 침략당하고 있었다. 등질은 국력의 부족을 염려해서 양주는 포기하고 병주에 주력을 쏟으려고 했다.

이때 낭중(郞中)의 직책에 있는 우후가 극력 반대를 하고 나섰다.

"함곡관의 서쪽에서는 장군이 나오고, 동쪽에서는 재상이 나온다고 합니다. 예로부터 열사무인(烈士武人)으로 관서의 양주 출신이 많지 않습니까. 이러한 땅을 이민족에게 맡긴다는 것은 결코 안 될 말씀입니다."

좌중의 인사들은 모두 우후의 의견에 찬성했다. 등질은 이 사건으로 우후를 미워하게 되었다.

때마침 조가현(朝歌縣)의 도적 떼가 현령을 죽이고 그 고을을 장악하여 폭력을 휘둘렀다. 등질은 바로 이때다 싶어 우후를 조가현령으로 임명해 도적을 토벌토록 명했다.

이때 우후의 친구들은 이 소식을 듣고 한결같이 조문을 했다고 한다. 기세가 당당한 적과 싸워서 전사할지도 모른다고 생각했던 것이다.

그러나 우후는 태평스럽게 웃으며 말했다.

"생각은 쉬운 것을 찾지 않고 일은 어려운 것을 피하지 않는 것이 신하된 도리이다. 구부러진 뿌리가 내려서 엉클어져 있는 마디(槃根錯節)에 부딪치지 않으면 날카로운 칼날의 진가도 알 도리가 없지 않은가?"

우후는 조가현에 부임하여 지혜와 용맹으로 마침내 도적을 무찔렀다고 한다.

반식재상 伴食宰相

짝 반 · 먹을 식 · 재상 재 · 정승 상

[出典] 《당서(唐書)》
[文意] 자리만 지키는 무능한 재상.
[解義] 재능이 없으면서 유능한 재상 옆에 붙어 정사를 처리하는 재상을 가리킴.

당(唐)나라의 현종(玄宗)이 '개원(開元)의 치적(治績)'이라고 일컬을 만큼 처음에는 선정(善政)을 베풀었는데, 이때에 행정력이 뛰어난 재상에 요숭(姚崇)이라는 사람이 있었다.

요숭(姚崇)이 10일 정도 휴가를 얻어 자리를 비우게 되자, 그가 맡았던 일까지 처리하게 된 인물은 같은 재상직위에 있는 노회신(盧懷愼)이었다.

지나치리 만큼 청빈한 생활을 하여 그의 처자식은 언제나 먹고 입는 것을 걱정하지 않는 날이 없었다. 그렇지만 노회신은 고매한 인격의 소유자이기는 했지만 행정적 수완은 제로에 가까웠다.

그래서 요숭의 담당 분야의 행정문서가 매일처럼 수백 건씩 올라왔지만, 그는 어찌할 바를 몰라 거의 처리하지 못했기 때문에, 후에는 미결서류가 산더미처럼 쌓이게 되었다.

그러자 요숭이 휴가를 마치고 등청하게 되었다. 그는 미결서류를 며칠 동안에 모두 처결해 버렸다.

　이런 일이 있은 후, 노회신은 자신의 역량이 요숭에게 미치지 못함을 깨닫고 매사를 그와 상의한 후 처리했다.

　이런 고사로부터 행정가도 아니요, 그렇다고 활동가도 아닌 정사(正使)의 수행원(隨行員)으로 대접받는 곁다리 대신을 '반식재상(伴食宰相)'이라고 부르게 된 것이다.

발본색원 拔本塞源

뽑을 **발** · 근본 **본** · 막을 **색** · 근원 **원**

- 出典: 《춘추좌씨전(春秋左氏傳)》
- 文意: 뿌리를 뽑아 근원을 없앤다.
- 解義: 근본적으로 폐해를 일으키는 근원을 제거함.

주왕이 말했다.

"나는 백부(伯父)에게 있어 마치 옷에 갓이 있는 것과 같다. 나무와 물에 근원이 있어야 하듯 백성들에게 주모자가 있어야 한다. 백부께서 만약 갓을 찢어 버리고 뿌리를 뽑아 근원을 막고(拔本塞源) 집주인을 버린다면 비록 오랑캐들이라도 나라는 사람을 어떻게 볼 것인가?"

명(明)나라의 철학자 왕양명(王陽明)의 발본색원론은 '하늘의 이치를 지니고 사람들은 욕심을 버리라'는 데 있다. 사사로운 탐욕은 근본을 뽑아버리는 데 있다는 것이다.

이 정신적인 고사가 지금은 범죄나 범죄조직의 근원을 뿌리 뽑는 뜻으로 사용되고 있다.

발호 跋扈

밑동 **발** · 넓을 **호**

- 出典 《후한서(後漢書)》
- 文意 통발을 뛰어넘는다.
- 解義 제멋대로 날뛰는 것을 뜻함.

한(漢)나라가 외척들과 환관들 때문에 멸망하였다는 것은 잘 알려진 사실이다. 특히 외척 중에서 10대 순제(順帝)의 황후의 오빠인 양기(梁冀)란 자가 20년 간에 걸쳐 실권을 장악하고 횡포를 부렸다.

양기는 원래 일정한 직업이 없는 불한당으로 승냥이와 같은 눈매에 독수리와 같은 어깨를 가졌으며 성질 또한 잔인하기 이를 데 없었다. 매사냥, 말타기, 닭싸움, 도박 따위로 세월을 보냈으며 그와 접촉하는 인물들이란 궁정 내의 다방 마담, 환관, 낙양거리의 건달패 등에 불과하였다.

그러나 그의 누이가 순제(順帝)의 황후가 되면서 그는 서서히 권력을 손에 쥐게 되었다.

그는 순제가 죽자, 겨우 두 살짜리 조카를 충제(沖帝)로 즉위시켰고, 1년 후에 여덟 살짜리 질제(質帝)를 즉위시켰다.

그런데 질제는 어릴 때부터 총명하여 양기의 횡포가 이만저만 눈에 거슬렸던 것이 아니었다.

어느 날, 질제는 신하들과 마주한 자리에서 양기에게 눈을 고정시키고 말했다.

"이분이 발호장군(跋扈將軍)이로군."

이것은 양호가 물고기를 잡을 때 쓰는 통발을 뛰어넘어 도망친 큰 물고기처럼 방자함을 비유한 것이다.

양기는 이 말을 듣고는 화가 치밀어 올라 측근에 있는 자에게 명하여 질제를 독살시켰다.

또 수(隋)나라 양제(煬帝)가 배를 타고 항해하는 중에 폭풍을 만나 당황하여,

"이 바람은 발호장군이라고 말할 만하다."

라고 한 말에서 '장군' 두 글자를 붙여서 강한 폭풍을 뜻하기로 한다.

방약무인 傍若無人

곁 방 · 같을 약 · 없을 무 · 사람 인

- 出典 《사기(史記)》
- 文意 곁에 아무도 없는 것처럼 멋대로 행동함.
- 解義 건방지고 무례한 행동.

　　연(燕)나라 태자 단(丹)은 일찍이 조(趙)나라에 볼모로 가 있었는데, 진(秦)나라 왕 정(政)은 조나라에서 태어나, 어린 시절에는 단과 사이가 좋았다. 정이 즉위하여 진나라 왕이 되자, 단은 진나라에 볼모로 갔다. 진나라 왕이 단을 예우하지 않았으므로 이를 원망하여 연나라로 도망쳤다.

　그런 다음 진나라 왕에게 보복할 방법을 생각하였으나 나라가 약소하여 힘이 미치지 못하였다. 이때 단의 마음을 살펴 진왕을 암살하기 위해 떠난 자객이 바로 형가(刑軻)이다.

　형가는 위나라의 사람이었다. 하지만 조상은 제나라의 사람이었다고 한다.

　전국 말기는 이미 이처럼 혼란스러웠고, 그것이 통일에의 추진력의 하나로 되어 있었던 것이다.

　형가는 책을 읽으며 격검을 즐겼다. 결코 장사풍의 거칠고 난폭함이 없었다. 오히려 그는 타인과의 싸움은 될 수 있는 한 피하도록 하고 있었다.

유차라는 곳에서 검객인 왕종오가 검에 대해서 논하고 있을 때 의견이 맞지 않아 왕종이 화가 나서 형가를 노려보았다.

그러자 형가는 곧 그 자리를 떠나고 말았다. 사람들은 그가 왕종을 두려워한 것이라고 생각했다.

조나라의 수도 한단에 들렀을 때 형가는 노구천이란 자와 '박(博)'이라고 하는 시합을 했다.

이 박이란 송대(宋代)에 없어져서 지금은 자세한 놀이방법을 알 수 없게 되었다. 바둑판을 사용해서 여섯 개의 막대로 말을 밀어내는데 그 규칙은 지극히 복잡한 것이었던 것 같다.

그 말을 밀어내는 순서에서 입씨름이 되었는데 노구천은,

"이봐 내 눈이 삐기라도 한 줄 아는가? 분명히 이렇게 되어 있는 거야. 어때 불만이 있어?"

하고 옷소매를 걷어 올리고는 적동색의 굵고 억센 팔을 보이자 형가는 잠자코 도망쳐 버렸다.

이때도 그 자리에 있던 사람들은 형가가 노구천의 노기찬 태도에 겁을 먹고 도망친 것이라고 생각했다.

형가는 가슴 속에 격정을 간직하고 있었다.

그런데 그는 그것을 소중히 했다. 헤아릴 수 없는 힘을 가진 각별한 것을 믿고 있었던 것이다.

때로 쓸데없는 게임의 싸움이나 격검 논쟁으로 그 소중한 것을 분출할 수는 없었던 것이다.

그렇다고는 하지만 격정을 언제까지나 간직해 둘 수만은 없었다.

적당히 분출시키고 정화를 시키지 않으면 안 된다.

형가에게 그것은 '노래'였다.

형가의 노래는 '우성(羽聲)'을 자랑으로 했다.

중국의 음악에는 궁, 상, 각, 치, 우의 5음이 있고, 우는 가장 맑은 음으로 격한 감정을 노래하는 데 적합했다. 높고 맑고 그리고 떨리는 노래이다.

연나라로 와서 형가는 두 사람의 친구를 얻었다. 한 사람은 고점리라고 하는 '축(築)'의 명수이다.

축은 악기의 일종으로 현악기이지만 대를 가지고 현을 퉁겨서 연주한다. 거문고를 닮았으며 5현, 13현, 21현의 세 종류가 있었다고 한다.

이것도 일찍 없어지고 현물이 남아 있지 않다.

또 한 사람의 친구는 구도(오늘날의 백정)의 송의(宋意)라는 자였다.

형가는 이 두 사람의 친구와 연의 시장에서 함께 술을 마시고 함께 노래를 불렀다.

술과 노래를 즐기고 있는가 하면 갑자기 큰 소리를 내어 우는 때도 있었다. 웃는 소리도 우는 소리도 세 사람이 목소리를 함께 내었다. 그야말로 주위의 시선을 아랑곳하지 않는 '방약무인'의 태도였다.

얼마 후 그는 진(秦)나라 정(政 ; 뒷날의 진 시황)을 암살하기 위해 진나라가 요구하는 번어기의 머리와 연나라의 지도를 가지고 진나라로 갔으나 불행하게도 일은 실패로 끝났다.

배반낭자 杯盤狼藉

잔 배 · 소반 반 · 어지러울 랑 · 자리 자

- 出典 《사기(史記)》
- 文意 술잔과 그릇이 아무렇게나 널려 있음.
- 解義 난잡한 술자리의 모습.

전국 시대 초, 제 위왕(齊威王) 때 키가 작은 사나이로 익살을 잘 부리는 순우곤이란 사람이 있었다. 때마침 제(齊)나라가 초(楚)나라의 공격을 받게 되어 조(趙)나라에 원병을 청하게 되었다.

그때 순우곤이 제나라의 사신으로 조나라에 가서 10만 정병을 얻는 데 성공하여 초나라는 제나라의 침공 계획을 포기할 수밖에 없게 되었다. 그리하여 제나라의 궁에서 축하연이 베풀어졌다.

그 자리에서 제나라 왕은 순우곤에게 물었다.

"그대는 얼마나 마시면 취하는가?"

"저는 한 되 술을 마셔도 취하고 한 말 술을 마셔도 취합니다."

순우곤은 제나라 왕에게 수수께끼 같은 대답을 했다. 제나라 왕은 곧 그 설명을 재촉했다.

"한 되 술을 마시고 취하는 사람이 어떻게 한 말 술을 마신단 말인가, 어서 말해 보게."

"먼저 대왕에게서 술을 받는데, 제 옆에는 법의 집행관이 있고 뒤에는 재판관이 있다고 가정을 해보시지요. 그때 저는 황공해하며 마시게 되므로 한 되도 채 못 마시고 취하게 될 것입니다. 또 제 친척으로 근엄한 손님을 상대할 때는 몸을 바르게 하고 마시며 자주 잔을 올리게 되므로 두 되도 마시지 못하고 취할 것입니다. 혹은 오래 만나지 못했던 친구하고 돌연 만나 환담하면서 마시면 대여섯 되로도 취할 것입니다."

순우곤의 이야기는 점차 열을 띠기 시작했다.

"만약 촌리(村里)의 회합이 있어 남녀가 섞여 앉아 술을 마시며 육박(六博 ; 주사위놀이)을 하면서 손을 잡아도 좋고 물끄러미 쳐다보아도 좋고, 제 곁에 귀걸이나 비녀 등이 떨어져 있다면 저는 그만 기뻐서 여덟 되쯤 마시고, 서너 차례 취기가 돌 것입니다. 다시 날이 저물어 주연이 마침내 절정에 이르면 술통을 치우고 남녀는 무릎을 맞대며 신발이 흩어져서 배반낭자(杯盤狼藉)가 되지요. 집 안의 등불은 꺼지고 주인이 나를 머물게 하고서 손님은 돌려보내는데 그러한 때 내 곁에서 얄팍한 비단옷의 가슴팍이 풀어지고 은근한 체취가 풍기면 나는 그만 하늘에라도 오른 듯한 말의 술을 마실 것입니다."

이렇듯 술과 여자를 좋아하는 제나라 왕을 기쁘게 해 놓고, 교묘하게 간하는 것이었다.

"술이 극도에 달하면 어지러워지고 즐거움이 극도로 달하면 슬퍼진다고 합니다만, 그렇게 되면 나라가 위태해집니다."

이로부터 제나라 왕은 철야의 주연을 그만두고 곤을 제후의 주객으로 삼아 연석에는 반드시 자기 곁에 앉게 했다고 한다.

배수진 背水陣

등 배 · 물 수 · 진 진

出典 《사기(史記)》
文意 물을 등쪽에 두고 진을 침.
解義 최후의 일전을 도모하기 위해 비장한 각오로 싸울 준비를 함.

유방 아래에 있는 명장 한신(韓信)이, 위(魏)나라를 격파하고 조(趙)나라와 싸울 때의 일이다. 조나라 서울을 치려면 정경이라는 좁은 지렛목의 골짜기로 된 요충지를 돌파해야만 했다. 그래서 한신은 군사를 둘로 나누어 2천 명을 다른 길을 통하여 조(趙)나라의 서울 뒷산에 매복하게 하였다. 그러면서 그 지휘관에게 이렇게 일렀다.

"내가 이끄는 본대는 내일 싸움에서 거짓 패주할 것이다. 그러면 적은 우리를 추격하여 모두 성 밖으로 밀고 나올 것이고, 그러면 성 안이 텅텅 비울 것이니, 그때 매복했던 군사들은 급히 성 안으로 쳐들어가서 점령하라. 성을 점령하면 성루에 올라 붉은 깃발을 올려라."

다음날 싸움에서 조나라군은 패주하는 한신의 전초부대를 한참 추격하다 보니 어리석은 한나라군이라 깔보고 조나라군은 더욱 기세를 올려 돌진했다.

그러나 한나라군은 뜻밖에도 강력히 저항했다. 이렇게 싸우는 사이에 조도(趙都)의 성루에 한나라의 기치인 붉은 기가 올라갔다. 한신의 군사는 역습을 가하여 크게 이겼다.

싸움이 끝나고 축하연이 벌어졌을 때 부장들은 한신에게 물었다.

"병법에는 산을 등지고 물을 앞에 두고서 싸우라고 했습니다. 그런데 이번에는 물을 등지고 싸워 승리를 거두었습니다. 이것은 대체 어떻게 된 일입니까?"

"이것도 병법의 한 수로 제군들이 미처 깨닫지 못했을 뿐이오. 병서에 자신을 사지(死地)에 몰아넣음으로써 살 길을 찾을 수가 있다고 적혀 있지 않소. 그것을 잠시 응용한 것이 이번의 배수진(背水陣)이오. 원래 우리 군은 원정을 계속하여 보강한 군사들을 대부분 이런 안전한 곳에 두었다면 그냥 흩어져 달아나 버렸을 것이오. 그래서 사지에다 몰아넣은 것뿐이오."

제장들이 듣고 모두 탄복하였다.

배중사영 杯中蛇影

잔 배 · 가운데 중 · 뱀 사 · 그림자 영

[出典] 《풍속통(風俗通)》
[文意] 잔 속에 비친 뱀 그림자.
[解義] 쓸데없이 의심하여 근심을 만든다.

진(晉)나라에 악광(樂廣)이란 사람이 있었다. 악광은 집안이 가난하여 혼자서 글을 익혔다고 한다. 단정하고 침착해서 서두르지 않고 남의 이야기를 잘 귀담아 듣는 성격이었다.

후에 인정을 받아 수재로 지목되어 관(官)에 기용되었으나 역시 단정하고 겸손했다.

또 그가 말하는 것을 들은 많은 병사들은 그의 말을 평해서.

"수경(水鏡)과 같이 깨끗하고 명료하여 구름이 걷힌 푸른 하늘을 보는 것 같다."

고 감탄했다고 한다.

'배중지사영(杯中之蛇影)'이라고 하면 "뭐 걱정할 필요는 없습니다'라는 뜻이 된다. '의심이 암귀(暗鬼)를 만든다'는 말과 일맥상통되는 말이다.

악광이 태수가 되어 친구와 술자리를 같이 했는데, 이튿날 그 친구가 식음을 전폐하고 누웠다는 전갈이 왔다. 자기와 술자리를 같이 한 후에 식음을 전폐하고 앓아 누워 있다는 것이 이상해서 곰곰이 생각하고 있는데 문에 햇빛에 반사된 활의 그림자가 뱀처럼 비쳤다.

'아 저것이다.'

그는 술상을 보게 하고 사인교를 보내 친구를 억지로 데려왔다.

"자, 한잔 하세."

"아이고, 나는 안 마시겠네."

"술잔을 보게. 잔 속에 뱀이 있지? 어제 자네가 본 것과 같을 걸세. 이건 실제 뱀이 아닐고 활 그림자라네."

친구는 의혹이 풀리자 병도 씻은 듯이 나았다.

백년하청 百年河淸

일백 **백** · 해 **년** · 물 **하** · 맑을 **청**

出典 《춘추좌씨전(春秋左氏傳)》
文意 황하의 물이 맑아지기를 기다림.
解義 아무리 기다려도 실현 가능성이 없는 일을 뜻함.

춘추 시대(春秋時代) 중엽에 정(鄭)나라는 국가의 존망이 걸린 위기에 봉착했다.

정나라가 초(楚)나라를 공격한 일을 빌미로 하여 초나라가 보복 공격을 해 온 것이었다.

조정의 신하들은 어떻게 할지 논의를 하였는데, 한 쪽에서는 진(晉)나라의 원군을 기다리며 끝까지 싸우자고 했고, 또 다른 쪽에서는 항복하자는 주장이었다. 이때 대부 자사(子駟)가 이런 말을 했다.

"주(周)나라의 시에 '황허의 흐린 물이 맑아지기를 기다린다. 해도 인간의 수명이 얼마나 되는가? 점을 쳐서 듣는 것이 많으면 어수선해져서 그 점괘의 그물에 걸려 꼼짝달싹할 수 없게 된다' 라는 구절이 있습니다. 계책이 많으면 많을수록 목적을 달성하는 데는 도움이 못됩니다. 우선 초나라에 복종하여 백성들의 불안을 씻어 줍시다."

이리하여 정나라는 초나라에 항복하여 화친을 맺었다.

누런 빛의 물이 도도히 흐른다고 하여 붙여진 황허가 맑고 푸른 물로 바뀌리라고 기대하는 것은 불가능한 일이다.

불가능한 것을 가능한 것으로 믿고 계획하는 것은 진정 어리석은 일이다.

우리는 불가능한 일이 아닌 가능한 일에 시간과 노력을 투자해야 한다는 것은 오늘날에도 만고의 진리가 아닌가.

백면서생 白面書生

흰 **백** · 얼굴 **면** · 글 **서** · 서생 **생**

- 出典 《송서(宋書)》
- 文意 얼굴이 하얀 서생.
- 解義 세상 경험이 전혀 없는 서생을 일컬음. 또는 경험은 없고 이론만 내세우는 자를 뜻하기도 함.

남북조 시대(南北朝時代) 송(宋)나라의 문제(文帝)와 북위(北魏)의 태무제(太武帝)는 각각 스무 살도 안 된 젊은 나이에 즉위하여, 강남의 사진(四鎭) 지역의 쟁탈을 두고 화의와 전쟁 두 가지를 병행하는 작전을 취했다.

태무제는 북쪽을 통일한 후, 유연(柔然)을 대비하기 위해 서역의 여러 나라들과 수교를 맺었고, 문제는 남쪽의 임읍(林邑)을 평정하여 북위와의 싸움에 대비하는 식이었다.

마침내 태무제가 유연을 공격하자, 문제는 북위를 토벌할 절호의 기회라고 생각하고 귀족들과 상의하여 군대를 일으키려 했다. 이때 태자의 교위(校尉)로 있던 심경지(沈慶之)라는 자가 그곳에 모인 귀족들을 꾸짖으며 문제에게 말했다.

"밭일은 종들에게 물어 보고, 베짜는 일은 하녀들에게 물어야 합니다. 지금 폐하께서는 적국을 치려고 하는데, 백면서생(白面書生)들에게 일을 도모하도록 한다면 어찌 성공하겠습니까?"

심경지는 글을 배운 적이 없어 글자도 모르는 무식한 무인이었지만, 그 당시 자신의 당당한 기세에 힘입어 글만 읽고 세상 일에 경험이 없는 귀족들을 빗대어 백면서생이라고 한 것이다.

문제 역시 무인의 피를 이어받았고, 심경지의 문인과 무인의 대비가 재미있어서 큰 소리를 내어 웃었다. 그러나 마침내 군대를 일으켰지만 패하고 말았다.

백문불여일견 百聞不如一見

일백 **백** · 들을 **문** · 아니 **불** · 같을 **여** · 한 **일** · 볼 **견**

出典 《한서(漢書)》
文意 백 번 듣는 것은 한 번 보는 것만 못하다.
解義 풍문으로 들은 것보다 직접 눈으로 확인하는 것이 바람직하다는 뜻.

한나라 선제(宣帝) 원년에 서북쪽에 칩거해 있던 티베트 계의 유목민 강(羌)이 반란을 일으켰다. 본래 그들은 강의 선령(先零)이라는 종족이었는데 그들에게 허가된 황수(湟水) 북방에서 점차 남으로 목초지를 찾아 내려왔다.

이때 진압에 나선 한나라의 장수가 그들을 1천여 명이나 죽였기 때문에 원한이 깊어져 있었다. 그들은 원한을 품은 상태에서 힘을 길러 심심찮게 변경을 지키던 한나라 병사들을 공격하여 골치를 썩히게 하였다.

조정에서는 회의를 열어 그들을 진압할 장수를 물색하기 시작했다.

토벌군의 지휘자를 정하지 못할 때에 70이 넘은 장수가 나섰다. 바로 조충국(趙充國)이었다. 그는 상규 출신으로 지난 한(漢) 무제 때에는 장군 이광리를 따라 원정을 갔었다.

그 전투에서 한때 포위되어 이십여 곳이나 창상을 입었으나 그는 끝까지 그들과 싸워 포위망을 뚫고 본진으로 돌아와 황제의 찬탄을 자아내게 만들었다. 그날의 혈전으로 조충국은 거기장군(車騎將軍)에 봉해졌다.

선제는 조충국을 불러 말했다.

"장군의 군략과 병력의 규모를 듣고 싶소."

조충국이 대답했다.

"백 번 듣는 것이 한 번 보는 것만 같지 못합니다(百聞不如一見). 군이란 멀리 떨어져서 계획을 세우기 어렵습니다. 급히 금성으로 달려가 현지 도면을 보고 계획을 세우고자 합니다."

조충국은 금성(金城)으로 달려가 현지를 답사하고 둔전책(屯田策)을 세웠다. 즉, 보병 약 만 명을 각지에 배치시켜 농사일을 해가면서 군무에 종사하게 했다. 그러자 1년이 지나 반란이 진압하게 되었다.

백미 白眉

흰 백 · 눈썹 미

[出典] 《삼국지(三國志)》
[文意] 흰 눈썹, 흰 눈썹을 가진 사내.
[解義] 여럿 가운데서 뛰어남을 이르는 말.

촉한(蜀漢)의 유비(劉備)는 적벽대전(赤壁大戰) 이후에 군사(軍師)인 제갈량의 계책에 의해 형주(荊州), 양양(襄襄), 남군(南郡)을 얻자 마음이 무척 흡족하였다.

그리하여 군신들을 모아놓고 구원지계(久遠之計)를 물었는데 문득 한 사람이 계책을 올리고자 청(廳) 위로 올라왔다. 지난날에 두 번이나 유비를 구하여 준 이적(伊籍)이었다.

유비는 십분 공경하여 즉시 그에게 자리를 내주고 계책을 물었다. 그러자 이적이 말했다.

"형주의 구원지계를 아시려고 하면 어찌하여 먼저 어진 선비를 구하려고 하지 않으십니까?"

"어진 선비가 누구요?"

"형양(荊襄) 땅 마량(馬良)의 다섯 형제가 모두들 재명(才名)이 있는데 가장 어진 이는 양 눈썹 사이에 흰 털이 난 양(良)으로 자는 계상(季常)이라고 합니다. 향리에서 평판이 자자한데 '마 씨 집 오상(五常)'이 모두 뛰어나지만 그 중에서도 백미가 있는 마량이 제일 뛰어나다(馬氏五常白眉最良)고 하더이다. 공께서는 어찌하여 청하여 물으시지 않으십니까?"

훗날 유비(劉備)가 형주에 있을 때, 마량을 불러 종사로 임명했다가 좌장군의 속관으로 임명했다. 나중에 유비가 제(帝)라고 칭한 후 마량을 시중으로 임명했다.

또한 유비가 오나라를 정벌하러 갈 때, 마량은 오계(五溪)의 이민족의 귀순에 큰 기여를 했다.

그러나 유비는 이릉(夷陵)에서 패배했고 마량 역시 살해됐다.

마량의 동생 마속(馬謖) 또한 유비의 사람이었다. 그는 일반 사람들을 뛰어넘는 걸출한 재능을 갖고 있고, 군사 전략에 관한 논의를 좋아하였다. 유비는 임종할 무렵 제갈량에게 이렇게 말했다.

"마속은 말이 실질을 넘고 있어 크게 사용할 수 없소. 그대는 그를 잘 살펴보시오!"

그러나 제갈량은 유비의 생각이 틀리다고 보고 그를 참군으로 임명하여 불러서 담론을 하면 항상 대낮부터 밤까지 이르렀다. 마속과 제갈량의 관계가 어느 정도였는지는 마속이 죽을 때 제갈량에게 보낸 편지를 통해 알 수 있다.

"명공께서는 저를 자식처럼 돌보았으며, 저 역시 명공을 아버지처럼 생각했으되, 되돌아보면 곤과 우(禹)의 의리처럼 깊다고 생각했습니다. 평생의 교분이 여기에서 무너지게 하지 않을 것이며, 제가 비록 죽어 황천에 간들 여한은 없을 것입니다."

이 편지를 읽은 이들은 모두 눈물을 비오듯 흘렸다고 한다.

백발백중 百發百中

일백 **백** · 열 **발** · 일백 **백** · 가운데 **중**

[出典] 《사기(史記)》
[文意] 백 번 쏘아 백 번 맞추다.
[解義] 일이나 계획하고 있던 바가 뜻한 대로 적중하다.

초(楚)나라에 양유기(養由基)라는 장수가 있었다. 그는 활을 쏘면 백 보 앞의 버들잎을 쏘아 맞출 정도로 활쏘기의 명수였다. 그가 시범을 보일 때면 수백, 수천의 관중들이 구름처럼 모여들었다. 그들은 양유기가 화살을 쏘아 과녁을 적중시킬 때마다 함성을 지르며 잘 쏜다고 하였다.

투월초(鬪越椒)라는 초나라 재상이 반란을 일으켰을 때의 일이다. 외국으로 초 장왕(楚莊王)이 출정 나간 틈을 타서 반란을 일으킨 투월초는 장왕이 돌아오는 길을 막았다.

양쪽은 강을 끼고 대치하게 되었다. 관군이 가장 무서워하는 것은 투월초의 뛰어난 활솜씨였다.

투월초가 강 저쪽에서 활을 높이 들고,

"나를 대항할 놈이 누구냐?"

고 외쳤을 때 양유기가 나섰다.

"많은 군사를 괴롭히지 말고 우리 둘이서 활로 승부를 결정짓자."

양유기가 제안했다. 투월초는 약간 겁이 났으나 거절하지 못하고, 각각 세 번씩 활을 쏘아 승부를 결정하기로 했다.

투월초는 자기가 먼저 쏘겠다고 했다. 먼저 쏘아 죽여 버리면 제 아무리 명사수라도 무슨 소용이 있겠느냐는 생각에서였다.

이리하여 먼저 투월초가 양유기를 향해 화살을 쏘아 보냈다. 양유기는 처음은 활로 화살을 쳐서 떨어뜨리고 두 번째는 몸을 옆으로 기울여 화살을 피했다.

투월초는 당황한 끝에,

"대장부가 몸을 피하다니 비겁하지 않느냐."

하고 억지를 썼다.

양유기는 세 번째 날아오는 화살 끝을 두 이로 물어 보였다. 그리고는 투월초에게 큰 소리로 외쳤다.

"세 번으로 약속이 되어 있지만 나는 단 한 번만으로 승부를 결정하겠소."

이렇게 말하고 먼저 빈 줄을 튕겨 소리를 보냈다.

투월초는 줄이 우는 소리에 화살이 오는 줄 알고 몸을 옆으로 기울였다. 순간 기울이고 있는 그의 머리를 향해 재빨리 화살을 쏘았다.

이리하여 투월초는 죽고 반란은 간단히 끝났다고 한다.

백발삼천장 白髮三千丈

흰 백 · 터럭 발 · 석 삼 · 일천 천 · 어른 장

出典 《추포음(秋浦吟)》
文意 흰 머리털이 삼천 장이나 되다.
解義 근심이 깊다. 너무 늙었음을 탄식한다.

이백은 시선(詩仙)으로 일컬어지며 중국 시인들 가운데 두보(杜甫)와 더불어 양대 산맥을 형성하는 천재 시인으로서 스스로 취선옹(醉仙翁)이라고 했다. 그의 시세계는 도가적 성향이 강하였고 정치적 포부도 있었으며 공명심이 강렬한 유가적인 면도 있었다. 어쨌든 그도 자인하듯 미치광이(狂人)요, 사귄 친구만 해도 400명을 헤아린다니 호방한 성격에서 우러나온 낭만주의적 시풍을 그 특색으로 한다.

　　백발 삼천장(白髮三千丈)
　　시름 때문에 이처럼 자랐나니
　　알 수 없구나. 밝은 거울 속의 물골은
　　어디서 가을 서리 맞았는지.

이 시는 본래 17수로 된 연작시이며, 만년(55세)에 영왕(永王) 이린(李璘)의 거병에 가담한 죄로 유적(流謫)되었다가 다시 사면되어 동쪽으로 와서 지은 것으로 모든 시행에 애수가 젖어 있다.

이 시는 자유분방한 열정과 낭만주의적인 예술 기교를 이용하여 원망하는 마음으로 가득 찬 자아의 형상을 묘사하고 있는 걸작이다.

이백(李白; 701~762)의 자는 태백(太白)이고 농서(감숙성)에서 출생하여 면주의 청련향(靑蓮鄕)에서 성장하였다. 이백의 청련거사라는 호는 여기서 연유한 것이라고 한다.

이백은 부유한 가정에 태어나 소년 시절부터 탁월한 문재를 발휘하여 시와 부(賦)를 써 주위 사람들을 깜짝 놀라게 하였다. 뿐만 아니라 학식 또한 풍부하고 검술을 좋아하는 의협심이 강한 호쾌한 남아이기도 하였다.

이백은 원래는 정계에 투신할 포부를 가졌었으나 그 뜻은 이루지 못하고 결국 시인으로서 이름을 떨치게 되었다.

742년 이백은 조정의 부름을 받아 수도 장안으로 올라와 당시 80이 넘은 명사 하지장(賀知章)의 지우를 받기도 하였다.

어느 날 현종은 이백을 궁정에 불러들여 파격적인 대우를 하였다.

"평민인 경을 짐이 알게 된 것은 오로지 경의 사람됨과 그 문재가 보통사람과 비교할 수 없을 만큼 탁월하기 때문이오."

라고 말하고 이백을 칠보어상(七寶御床)에 앉히고 이야기를 나누면서 함께 식사를 하였다. 이러한 현종의 이백에 대한 파격적인 대우는 봉건 시대에 있어서 극히 드문 예이다. 이렇게 해서 이백의 명성은 점점 천하에 알려지게 되었다.

현종의 파격적인 총애를 받은 이백은 그가 꿈꾸던 정계 투신의 야망이 현실화될 것으로 생각하고 의기양양하였으나 그것도 잠시일 뿐 이백의 환상은 수포로 돌아가고 말았다.

원래 조정에서 이백에게 기대한 것은 국정을 담당하는 유능한 관리로서가 아니고 잔치 때 임금 곁에서 시를 짓는 궁정 시인이 되는 일이었다.

이백은 이렇다 할 일도 없이 그저 시를 짓는 친구들과 어울려 술을 주고받으며 술로써 향수를 달래는 나날을 보낼 뿐이었다.

백아절현 伯牙絶絃

맏 **백** · 어금니 **아** · 끊을 **절** · 줄 **현**

[出典] 《열자(列子)》
[文意] 백아가 거문고의 줄을 끊는다.
[解義] 자기를 알아 주는 참다운 벗의 죽음을 슬퍼하는 것을 뜻한다.

전국 시대 때, 거문고의 명인 백아(伯牙)라는 사람이 있었다. 백아가 거문고를 탈 때면, 종자기(鍾子期)라는 친구가 그 소리를 듣기 좋아했다.

종자기는 백아가 거문고를 탈 때의 심리 상태가 슬프든 기쁘든 간에 항상 소리를 통해 정확히 이해하고 감상할 수 있는 능력이 있었다. 종자기는 백아가 거문고의 현을 튕겨 내는 소리에 자신이 감정을 정확히 담아 내는 재주를 매우 아꼈다.

하루는 백아가 거문고를 탈 때에 높은 산을 오르는 생각을 하자, 종자기는 이렇게 말했다.

"훌륭해! 높이가 태산처럼 높군!"

또 흐르는 물을 생각하며 거문고를 타자 이렇게 말했다.

"훌륭해! 넘실거리는 것이 강물과 같군!"

하루는 백아가 태산(泰山) 북쪽으로 놀러 갔다가 갑자기 폭우가 쏟아져 바위 아래에서 비를 피하게 되었다. 그는 문득 마음이 슬퍼져서 거문고를 당겨 이것을 노래했다.

처음에는 비가 내리는 곡조로 했고, 다음에는 산이 무너지는 소리를 만들었다. 곡조를 연주할 때마다 종자기는 백아의 마음을 다 알았다.

백아가 거문고를 놓고 탄식하며 말했다.

"훌륭해! 훌륭해! 자네가 소리를 들을 줄 아는 것이. 뜻과 생각과 표현하는 것이 나의 마음과 같아! 내가 어찌 소리를 피하겠는가?"

법삼장 法三章

법**법**·석**삼**·법**장**

- 出典 《사기(史記)》
- 文意 세 조목의 법.
- 解義 진나라의 잔혹하고 번잡스러운 법을 대신한 간단 명료한 법.

한(漢)나라 원년 10월에 유방(劉邦)은 진(秦)나라 군사를 격파하고 패왕(覇王)이 되었다.

유방은 진나라의 수도 함양(咸陽)에 입성하여 궁궐로 들어갔다. 그 궁궐은 호화스럽기 그지없었으며, 재물은 산같이 쌓여 있고, 후궁들의 수도 천 명도 넘었다.

유방은 그곳에 계속 머물고 싶었다. 유방의 이런 마음을 눈치 챈 장수 번쾌가 말했다.

"밖에서 야영을 하십시오. 이러한 재물과 후궁은 모두 진나라가 멸망하게 된 원인입니다. 이곳에서 머물면 안 됩니다."

그러나 유방이 받아들이지 않으려고 하자 이번에는 장량(張良)이 간언했다.

"지금 왕께서 이곳에 올 수 있었던 것은 진나라가 무리하게 사치와 향락을 탐했기 때문입니다. 진나라에 들어와서 진나라와 똑같은 즐거움을 즐긴다면 진나라의 전철을 밟는 것입니다. 충고하는 말은 귀에 거슬리지만 행동에 이롭고, 좋은 약은 입에 쓰지만 병에는 좋다고 합니다. 번쾌의 말을 들으십시오."

유방은 그래서 패상(霸上)으로 돌아가 야영을 했다. 그리고 각 고을의 대표와 호걸들을 불러 이렇게 말했다.

"여러분들은 오랫동안 진나라의 가혹한 법에 시달렸습니다. 진나라의 법을 비방하는 사람은 온 집안 식구가 죽음을 당했고, 그것을 화제로 삼은 자도 시체가 되었습니다. 나는 먼저 관문(關門)에 들어온 사람이 왕이 된다고 약속하였으므로 관중(關中)의 왕이 될 것입니다. 나는 각 고을의 대표와 호걸들에게 약속하겠습니다. 법은 세 가지만 둘뿐입니다(法三章耳). 살인한 자는 사형에 처하고, 사람에게 상해를 입힌 자는 그 정도에 따라 처벌하며, 남의 재물을 훔친 자는 그 정도에 따라 벌하겠습니다. 그 밖의 진나라 법은 모두 폐기할 것입니다. 여러 관리와 백성들은 지금까지와 마찬가지로 생활을 하십시오. 내가 여기에 온 것은 여러분들을 위해 해악을 제거하려는 것이지 괴롭히려는 것이 아닙니다. 두려워하지 마십시오. 내가 패상으로 돌아가서 진을 치고 있는 것은 제후가 이르기를 기다려서 약속을 정하려고 하는 것뿐입니다."

이렇듯 유방은 사람됨이 어질어 백성들을 사랑하였던 것이다.

진나라 백성들은 모두들 기뻐하며 유방이 왕이 되기를 바랐음은 말할 것도 없다.

병문졸속 兵聞拙速

군사 **병** · 들을 **문** · 못날 **졸** · 빠를 **속**

[出典] 《손자병법(孫子兵法)》
[文意] 전투는 속전속결이다.
[解義] 싸움에 있어서는 단기전으로 성공한 일은 있지만, 결코 오래 끌어 성공한 예는 없다.

손자(孫子)는 싸움에 있어서는 지구전보다는 속전속결을 주장한 병법가이다. 손자가 신속한 싸움을 주장하게 된 이유는 지구전을 벌일 때의 불리한 점을 누구보다도 잘 알고 있었기 때문이다.

그것은 《손자(孫子)》의 글에 다음과 같이 나타나고 있다.

"지금 전쟁은 전쟁용 수레 천 대, 수송차 천 대, 병사 십만 명으로 천 리나 떨어진 먼 곳까지 식량을 수송하려 하고 있다. 이처럼 큰 규모의 전쟁을 하려면 조정 안팎의 경비, 외교 사절의 접대, 군수 물자, 무기 보충 등 하루 천금이나 되는 막대한 비용이 소용된다.

이렇게 하여 싸움에서 이길지라도 장시간의 싸움은 군사들을 피폐하게 만들뿐만 아니라 사기 또한 저하시킨다. 이와같이 된 이후에 당황하여 적을 공격하면 실패할 뿐이다. 그리고 병사들을 계속하여 전쟁터에 있게 하면 국가 재정은 위기 상황에 봉착하게 될 것이다. 군사들이 피폐해지고 사기가 떨어지고 공격에 실패하여 국력을 소모하면, 그 틈을 타고 다른 나라가 침략해 온다.
 이렇게 된 후에는 아무리 지혜로운 자가 나와도 사태를 수습할 수 없다."
 그래서 손자는 단기간에 나라의 존망을 걸고 병사들의 힘을 규합하여 싸우는 것이 가장 효과적인 싸움이 된다고 보았다.

병입고황 病入膏肓

병 **병** · 들 **입** · 기름칠 **고** · 명치끝 **황**

[出典] 《춘추좌씨전(春秋左氏傳)》
[文意] 병이 고황에 들다.
[解義] 병이 깊어져 고치기 어려움을 이르는 말.

춘추 시대의 다섯 강국(5패) 중에서도 당시 진(晉)은 첫째 가는 강국이었다. 그 진나라의 경공(景公)이 어느 날 꿈을 꾸었다.

신전(新田)으로 놀러 갔다. 신전은 토지가 비옥하고 물맛이 달았다. 이에 진경공은 도읍을 신전으로 옮겼다.

경공은 새로 지은 내궁에서 크게 잔치를 베풀고 모든 신하를 대접했다. 어느덧 해는 서산 너머로 떨어지고 신시가 되었다.

좌우 내시들은 촛불을 밝히려고 했다. 문득 일진의 괴상한 바람이 내궁 안으로 불어 들어왔다.

그 바람은 매우 추웠다. 자리에 있던 사람들은 추워서 한참 동안 몸을 떨었다.

이윽고 그 괴상한 바람은 사라졌다. 그때였다.

경공은 무시무시한 것을 봤다. 문이 열리면서 무엇이 들어오는데, 본즉 키가 8척이나 되는 귀신이었다. 머리는 쑥대머리로 산발하고 그 모발은 마룻바닥에까지 드리워진 참으로 무서운 귀신이었다.
　그 귀신이 팔을 휘저으며 경공을 크게 꾸짖었다.
　"하늘이여! 내 자손에게 무슨 죄가 있기에 너는 나의 자손을 다 죽였느냐? 내 이제 옥황상제께 품하고 너를 잡으러 왔다."
　말을 마치자 귀신은 소매 속에서 구리쇠망치를 내어 경공을 쳤다. 경공은 큰 소리로,
　"모든 신하는 과인을 구하라!"
고 외치고 칼을 뽑아 들고 귀신을 향해 휘둘렀다.
　신하들은 주군이 갑자기 왜 그러는지를 알 수 없었다. 그들에겐 귀신이 보이지 않았던 것이다.
　그런 만큼 신하들은 어쩔 바를 몰라 했다. 경공은 황망히 칼을 휘두르다가 입에서 시뻘건 피를 쏟고 쓰러졌다.
　그 뒤로 경공은 병석에서 일어나지 못했다. 한 내시가 경공에게 아뢰었다.
　"상문에 용한 무당이 있다고 합니다. 그 무당은 대낮에도 귀신을 본답니다. 한 번 불러서 물어 보십시오."
　경공은 사람을 상문으로 보냈다. 상문의 무당은 임금의 부름을 받고 궁으로 들어왔다.
　무당이 병석에 누워 있는 경공을 유심히 보고 나서 말했다.
　"주공께서는 귀신 때문에 병드셨습니다."
　경공이 물었다.
　"그 귀신 모양이 어떠하냐?"
　"봉두난발을 한 귀신입니다. 키가 8척이나 됩니다."
　"무당의 말이 내가 본 귀신과 추호도 다르지 않다. 그 귀신은 과인

을 보고 말하기를, 죄 없는 내 자손을 죽였구나! 하고 매우 분노했었다. 어떤 귀신이냐?"

무당이 대답했다.

"그 귀신은 선대 때 이 나라에 많은 공로가 있었던 신하입니다. 그 자손들이 참혹한 화를 당했기 때문에 그렇듯 노한 것입니다."

이 말을 듣고 경공은 크게 놀랐다.

"그 귀신을 쫓아버릴 수 없느냐?"

"귀신이 매우 노하고 있습니다. 굿을 해도 소용이 없습니다."

"그럼 과인의 천명은 어떠하냐?"

"소인은 죽음을 무릅쓰고 말씀드립니다. 아마 주공께선 새로 나오는 햇보리를 맛보지 못하실 것입니다."

무당이 간 후로 경공의 병은 더욱 악화됐다. 고명한 의원들이 많이 와서 치료하려고 했으나 그 증세를 알 수 없어서 약을 쓰지 못했다.

며칠 후 경공은 웬일인지 가슴이 별로 쑤시지 않았다.

이때 내시 한 사람이 들어와서 아뢰었다.

"교외 백성이 새로 난 보리쌀을 진상해 왔습니다."

경공은 이 말에 구미를 느꼈다.

"절구에 잘 찧어서 죽을 쑤어 오너라. 좀 먹어 보자."

간신인 도안가는 전날 상문의 무당이 조씨의 원귀가 왕에게 붙었다고 말했기 때문에 그를 잔뜩 벼르던 참이었다. 그래서 경공에게 말했다.

'전날 무당의 말에 의하면 주공께서 새로 나는 보리를 못 잡수실 것이라고 했습니다. 이제 그 말이 맞지 않았습니다. 그 무당놈을 불러서 새로 난 보리쌀을 보이십시오."

경공은 머리를 끄덕이고 상문의 무당을 불러들이게 했다.

이윽고 무당이 붙들려 병실로 들어오자 도안가가 크게 꾸짖었다.

"눈을 똑바로 뜨고 보아라. 여기에 새로 난 보리쌀이 있다. 이래도 주공께서 잡숫지 못하실까?"

그러나 무당은 태연했다.

"아직 좀더 두고 볼 일입니다"

경공의 얼굴에 노기가 떠올랐다. 도안가가 대신 호령했다.

"네 이놈, 못하는 소리가 없구나! 곧 이놈을 끌어내어 참하여라."

무당이 무사들에게 끌려 나가면서 깊이 탄식했다.

"내 아는 것 때문에 이제 죽는구나! 어찌 슬프지 않으리요!"

얼마 후, 밖에서 무사들은 무당의 목을 베어 쟁반에 받쳐 가지고 들어왔다. 동시에 요리장이 보리죽을 가지고 들어왔다. 이때가 바로 오시였다.

경공이 막 보리죽을 먹으려는데, 갑자기 배가 당기고 설사가 날 듯했다. 이에 환관인 강충이 황급히 경공을 들쳐 업고 측간으로 갔다.

강충이 측간에 내려놓았을 때, 경공은 가슴이 찢어지는 듯 아팠다. 정신이 아찔하면서 기운이 쭉 빠졌다.

경공은 아픔과 현기증 때문에 몸을 휘청거리다가 발을 헛디뎌 측간 밑으로 떨어졌다. 깜짝 놀란 강충은 더럽고 구린 것을 돌볼 계제가 아니었다.

강충은 측간 밑에 들어가서 경공을 안아 내왔다. 그러나 경공은 이미 숨이 끊어진 뒤였다. 경공은 결국 새로 난 보리쌀을 먹지 못하고 죽었다.

복수불반 覆水不返

엎을 복 · 물 수 · 아닐 불 · 돌이킬 반

- 出典 《습유기(拾遺記)》
- 文意 엎지른 물은 돌이켜 담을 수 없다.
- 解義 일단 저지른 일을 되돌릴 수 없음을 뜻한다.

주(周)나라 문왕(文王)이 하루는 사냥을 나갔다가 위수(渭水) 근처에서 낚시질을 하고 있는 한 노인을 만나게 되었는데, 그의 형색은 남루하기 짝이 없었다.

그러나 문왕은 그 노인과 이야기하고는 그의 세상 돌아가는 이치를 꿰고 있는 탁월한 식견에 감탄하였다. 그 노인이 바로 강태공(姜太公) 여상(呂尙)이다.

문왕은 여상을 스승으로 모시고, 아버지 태공이 바라던 주나라를 일으켜 줄 만한 인물이라는 뜻에서 태공망(太公望)이라고 높여 불렀다.

여상은 문왕을 만나기 전까지는 끼니도 제대로 잇지 못할 만큼 궁색한 생활을 하였다. 그러나 그는 어려운 가정 형편은 돌아보지 않고 책만 끼고 살았고, 그의 아내 마(馬) 씨는 굶주림을 견디다 못해 보따리를 싸서 친정으로 달아났다.

복수불반(覆水不返)

　그로부터 시간이 흘러 여상이 문왕을 만나 부귀공명을 이루게 되자, 이 소문은 마침내 마 씨의 귀에까지 전해졌다. 마 씨는 여상을 찾아와서 이렇게 말했다.
　"이전에는 굶주림을 견디지 못해 떠났지만, 이제는 그런 걱정은 안 해도 될 것 같아서 돌아왔어요."
　그러자 여상은 잠자코 있다가 그릇의 물을 마당에 쏟으며 이렇게 말했다.
　"저 물을 그릇에 담아 보시오."
　마 씨는 당황해하며 물을 그릇에 담으려고 했지만, 쏟아진 물은 이미 땅 속으로 스며들어간 후였다. 여상은 차가운 표정으로 말했다.
　"한 번 엎지른 물은 다시 그릇에 담을 수 없소. 또한 한 번 떠난 아내는 돌아올 수 없소."

부마 駙馬

결말 부 · 말 마

[出典] 《수신기(搜神記)》
[文意] 예비로 준비해 둔 말.
[解義] 공주의 남편을 지칭.

옛날 농서에 신도탁(辛道度)이라는 자가 있었다. 그는 공부하기 위해 돈이 떨어져 배를 주리면서 진나라의 서울인 옹주(雍州)의 서쪽 5리 지점까지 이르렀다.

그때 문득 보니 앞에 큰 저택이 있고 문에 하녀 같은 여인이 서 있었다. 신도탁이 사정을 이야기하고 음식을 청하자, 하녀는 일단 안으로 들어갔다가 곧 다시 나와 그를 안주인이 있는 방으로 안내했다.

그는 거기서 대접을 후하게 받았다. 식사가 끝나자 여주인이 말했다.

"저는 진(秦)나라 민왕(閔王)의 딸이었는데 조(曹)나라로 시집갔다가 불행히도 남편과 헤어져, 그후 23년 동안 죽 혼자 이곳에서 지내고 있습니다. 이렇게 모처럼 오셨으니 부디 저하고 부부가 되어 주십시오."

그는 처음엔 거절했으나, 여인의 간곡한 청에 못 이겨 인연을 맺었다. 3일째 되는 날 여자는 슬픈 듯 신도탁에게 말했다.

"좀더 당신과 지내고 싶지만 3일 이상은 안 됩니다. 더 이상 지내면 화가 미치게 되므로 이별하지 않으면 안 됩니다만, 이별해 버리면 저의 진심을 보일 수가 없게 되는 것이 슬프옵니다. 하다못해 이것이라도 표적으로 드리고 싶습니다.'

여자는 신도탁에게 금베개를 내주고 하인을 시켜 대문까지 전송하게 했다. 대문을 나선 신도탁이 뒤를 돌아보니 저택은 온데간데 없고, 근처는 풀이 무성한 들판으로 무덤 하나가 있을 뿐이었다.

그러나 품에 손을 넣어 보니 여자가 준 금베개는 있었다.

그는 그 베개를 팔아 음식으로 바꾸었다. 그 후 진나라의 황후가 그 베개를 시장에서 발견하고 조사하여 신도탁을 찾아내 경위를 알게 되었다.

황후가 수상히 생각하고 무덤을 파헤쳐 관을 열어 보니 공주의 장례 때 넣어 준 물건은 다 있었으나 오직 금베개만이 없었다. 황후는 비로소 신도탁의 이야기가 진실이란 것을 알고 사위대접을 하고 부마도위의 벼슬을 내렸으며 금백거마(金帛車馬)를 하사하여 본국으로 돌아가게 했다.

이 일로 해서 황제의 사위를 부마라고 하게 된 것이다.

부중지어 釜中之魚

솥 부 · 가운데 중 · 어조사 지 · 물고기 어

出典 《자치통감(資治通鑑)》
文意 솥 안의 물고기.
解義 생명이 오래 남지 않은 사람을 뜻하기도 하고, 동물을 비유하기도 한다.

후한(後漢) 때, 양익(梁翼)이라는 자는 20여 년 동안 온갖 횡포를 자행하였다. 하루는 사자 여덟 명을 파견하여 주(州)와 군(郡)을 순찰하도록 명령했다.

이 사자들 가운데 장강(張綱)이라는 자가 있었는데, 그는 평소 양익의 처사에 상당한 불만을 갖고 있었다. 그래서 수레바퀴를 낙양(洛陽) 숙소의 흙 속에 묻고 이렇게 중얼거렸다.

"들개와 이리 같은 양익 형제가 요직을 차지하고 있는데, 어찌 여우나 살쾡이 같은 지방 관리를 조사할 수 있는가?"

그리고는 양익 형제를 탄핵하는 상소문을 올렸다.

이 일로 인해 장강은 양익의 원망을 사게 되어 도적 떼가 득실거리는 광릉군(廣陵郡) 태수로 자리를 옮기게 되었다.

그렇지만 장강은 두려워하는 기색 하나 없이 혼자 도적 떼의 소굴로 찾아가서는, 그들의 두목인 장영에게 사물의 이치를 설명하며 개과천선할 것을 종용하였다. 장강의 말에 깊은 감동을 받은 장영은 이렇게 말했다.

"저희들이 이와같이 생활하며 오래 사는 것은 결국 물고기가 솥 안에서 헤엄치는 것과 같습니다. 오래 지속할 수 없을 것입니다."

그리고는 항복을 했다. 장강은 그곳에서 도적 떼들과 함께 잔치를 벌이고 모두 석방시켜 주었다.

분서갱유 焚書坑儒

불사를 분 · 글 서 · 구덩이 갱 · 선비 유

出典 《사기(史記)》
文意 책을 불사르고 유생들을 구덩이에 묻다.
解義 서적과 학자들을 탄압하는 행위.

진시황은 6국을 평정하고 천하를 통일한 업적에 만족해하며 함양궁(咸陽宮)에 신하들을 모아 놓고 주연을 베풀었다.

이 자리에서 박사 순우월(淳于越)이 8년 동안 실시해 온 군현제를 봉건제로 바꿀 것을 건의하였다. 그 이유는 군현제로는 황실의 무궁한 안녕을 보장하기 어렵다는 것이다.

시황제가 신하들에게 이에 관해 묻자, 승상 이사(李斯)가 이렇게 말했다.

"지금 천하는 통일되어 법령은 한 곳에서 나왔고, 이것을 범하는 자가 없으며 백성들은 농업과 공업에 전력하고 있습니다. 그런데 유생(儒生)이라는 자들이 정부가 세운 법령을 비판하고 다른 의견을 내세우고 있습니다. 만일 이 때문에 백성들의 마음이 어지럽혀진다면, 위로는 황실의 세력이 약해질 것이고, 아래로는 당파가 생겨나 국가가 위태롭게 될 것입니다. 그러므로 정치에 관한 모든 논의를 금지시켜야만 합니다. 뿐만 아니라 의약, 복서(卜筮), 농업에 관한 책과 역사서를 제외한 유교 경전과 정치적 색채가 있는 서적들을 모두 몰수하여 불태워야 합니다."

시황제는 이사의 건의를 받아들여 관청에 비치하고 있던 희귀본은 물론이고 개인이 소장하고 있는 문학 서적을 비롯하여 모든 책을 거둬들여 불태워 버렸다. 이것이 이른바 '분서(焚書)' 사건이다.

그 이듬해 아방궁이 완성되자, 시황제는 불로장생을 꿈꾸며 신선술(神仙術)에 깊이 빠졌고, 신선술을 닦는 방사(方士)들을 후대하였다.

그런데 방사로 총애를 받던 노생(盧生)과 후생(侯生)이 시황제의 부도덕함을 비난하고 달아나는가 하면, 또 다른 방사와 유생들이 분서 사건에 대해 공개적으로 반박하고 나섰다.

이에 진 시황은 이들을 잡아들여 문초하고는 모두 땅 속에 매장시켰다. 그 수는 460명이나 되었다고 한다. 이 일을 '갱유(坑儒)'라고 한다.

불사약 不死藥

아니 **불** · 죽을 **사** · 약 **약**

[出典] 《십팔사략(十八史略)》
[文意] 죽지 않는 약.
[解義] 죽음을 피할 수 있는 약.

진 시황 28년, 서시(徐市) 등은 동남, 동녀와 함께 바다로 나아가 봉래, 방장 영주, 삼신산의 신선에게서 불사약을 구해 오겠다며 떠났다. 그러나 그들은 돌아오지 않았다.

일설에 의하면 서복은 불사약은 구할 수가 없고 그대로 돌아가면 죽음을 당할 것이 확실하였기 때문에 그 길로 동남, 동녀와 함께 일본으로 도망가서 살았다는 이야기도 있다.

또 일설에는 서복이 시황제의 곁에서 떠나기 위하여 동해에 가서 불사약을 구해 오겠다고 속여 많은 젊은 남녀와 재물을 싣고 일본으로 갔다는 설도 있다. 지금 일본 각지에는 서복의 묘가 있다고 한다.

《한비자(韓非子)》에 이런 이야기가 있다.

어떤 사람이 초나라 임금에게 불사약(不死藥)을 바쳐서 내시(內侍)가 들고 들어가는데 궁전지기가 물었다.

"먹을 수 있는 거요?"

"먹을 수 있는 거지."

그러자 그가 그것을 먹어 버렸다.

임금은 그 말을 듣고 크게 노하여 궁전지기를 죽이도록 명령했다. 궁전지기는 다급히 외쳤다.

"신이 내시에게 물어 보니 먹어도 괜찮다고 하기에 먹었습니다. 먹으면 죽지 않는 불사약이라고 했는데, 임금께선 신을 죽이시면 그건 죽는 약이 됩니다. 그러면 그 사람이 임금님을 속인 것이 됩니다. 죄 없는 신하가 죽으면 임금님이 속으신 것이 밝혀지오니 신을 놓아 주심이 좋을 것입니다."

왕은 이 말에 그를 놓아 주었다.

불입호혈부득호자 不入虎穴不得虎子

아니 **불**·들 **입**·범 **호**·굴 **혈**·아이 **불**·얻을 **득**·범 **호**·아들 **자**

- 出典 《후한서(後漢書)》
- 文意 호랑이 굴에 들어가야 호랑이 새끼를 잡는다.
- 解義 일단의 모험을 하지 않는 한 아무 것도 얻을 수 없다는 뜻.

반초는 후한 시대(後漢時代)의 무인으로, 《한서(漢書)》를 지은 반고(班固)의 동생이며, 흉노족을 토벌하는 데 큰 공을 세웠다.

반초는 명제(明帝) 때, 서쪽 오랑캐 선선국에 사신으로 가게 되었다. 선선국의 왕은 처음에는 반초와 그 일행 36명을 융숭하게 대우해 주었다.

그런데 어느 날 갑자기 태도가 돌변하여 박대하기 시작했다. 반초는 궁궐 안에 어떤 일이 있음을 직감하고 부하를 시켜 그 진상을 알아보도록 했다. 심부름 갔던 부하는 놀랄 만한 소식을 가지고 왔다.

"지금 이 나라에 흉노의 사신이 와 있는데, 100명이나 되는 군사를 이끌고 왔다고 합니다."

반초는 즉시 일행을 불러 이렇게 말했다.

"지금 이곳에는 흉노의 사신이 군사를 이끌고 와 있소. 선선국의 왕은 우리들을 모두 죽이지 않는다면 흉노국의 사신에게 넘길 것이

오. 그렇게 되면 우리는 그들에게 끌려가 죽게 될 것이오. 어떤 좋은 방법이 없소?"

잠시 후 반초는 다시 말했다.

"오늘밤 흉노들의 숙소를 습격합시다. 호랑이 굴에 들어가지 않고서는 호랑이 새끼를 잡을 수 없소."

그날 밤 반초 일행은 흉노의 숙소를 습격하여 불을 지르고 모두 죽였다. 이 일로 선선국과 인근 50여 오랑캐 나라가 한나라에 복종하게 되었다. 그리고 반초의 활약상은 두고두고 세인들의 입에 오르내리게 되었다.

불초 不肖

아니 **불** · 닮을 **초**

- 出典: 《맹자(孟子)》
- 文意: 닮지 않았다.
- 解義: 아버지를 닮지 않아 현명하지 못하고 어리석음.

"요(堯) 임금의 아들 단주(丹朱)가 불초(不肖)했던 것처럼, 순(舜)의 아들도 또한 불초했다. 순이 요 임금을 도운 것과 우(禹)가 순 임금을 도운 것은 해를 거듭한 것이 많아서 백성들에게 혜택을 베푼 것이 오래 되지 않았다. 순과 우 사이에 시간적 거리의 길고 짧은 것과 그 자식들의 불초함은 모두 하늘이 시킨 것이요, 사람의 힘으로는 할 바가 아니다. 특별히 하는 것이 없지만 저절로 되는 것은 하늘이요, 사람의 힘으로 달성하려 하지 않아도 이루어지는 것은 천명이다."

요 임금은 아들 단주가 불초해서 천하를 이어받기에는 부족하다는 것을 알았기 때문에 권력을 순에게 넘겨주기로 했다. 순에게 제위를 넘겨주는 것은 천하의 모든 사람들이 이익을 얻고 단주만 손해를 보지만, 단주에게 제위를 넘겨주면 천하의 모든 사람들이 손해를 보고 단주만 이익을 얻는다는 것을 알았기 때문이다.

요가 붕어하고 삼년상을 마쳤을 때, 순은 요 임금의 뜻에 따라 천자의 자리에 오를 수 없었다. 그래서 단주에게 천하를 양보하고 자신은 남하(南河)의 남쪽으로 피했지만, 제후들이 봄과 가을에 천자를 알현하는 조근(朝覲) 때마다 단주에게로 가지 않고 순에게 왔고, 소송을 거는 사람들도 단주가 아니라 순에게로 해결해 달라고 왔으며, 송덕을 구가하는 자들은 단주가 아닌 순의 공덕을 구하였다.

그러자 순은 이렇게 말했다.

"하늘의 뜻이로다!"

그리고서 도성으로 가서 천자의 자리에 올랐다.

맹자는 천지만물의 삶의 원동력이 하늘이며 이 세상을 이끌어 가는 원동력이 하늘이라는 뜻을 밝힌 것이다. 사람은 근본적으로 스스로 사는 것이 아니라 하늘에 의하여 살게 되는 것이다.

불혹 不惑

아니 **불** · 미혹할 **혹**

[出典] 《논어(論語)》
[文意] 세상의 일에 혹하지 않음.
[解義] 나이 마흔을 가리킴.

열다섯에 학문에 뜻을 두었고(吾十有五而志于學)
서른에 뜻을 확고히 세웠으며(三十而立)
마흔에 온갖 유혹에 흔들리지 않았으며(四十而不惑)
쉰에 하늘의 명을 알았다(五十而知天命).
예순에 사물의 이치를 알게 되고(六十而耳順)
일흔에 어느 일을 하든 법도가 있었다(七十而從心所欲 不踰矩).

이 글은 공자가 자신의 일생을 돌아보고 학문의 심화된 과정을 술회한 것이다.

공자의 이 말로부터, 15세를 지학(志學), 30세를 이립(而立), 40세를 불혹(不惑), 50세를 지천명(知天命), 60세를 이순(耳順), 70세를 종심(從心)이라고 부르게 되었다. 적어도 공자가 살던 시대에 있어, 나이 마흔은 미혹됨이 없어 부동(不動)의 위상을 지키고 있어야 하는 것이었다.

붕정만리 鵬程萬里

붕새 **붕** · 길 **정** · 일만 **만** · 마을 **리**

- 出典 《장자(莊子)》
- 文意 붕새는 단숨에 만 리를 날아간다.
- 解義 원대한 계획이나 사업.

북해(北海) 끝에 곤(鯤)이란 이름의 고기가 있다. 곤의 크기는 몇 천 리인지 모른다. 곤이 변해서 붕(鵬)이란 이름의 새가 된다. 붕의 등도 몇 천 리인지 모른다.

이 새가 한 번 힘을 내어 날면 그 날개는 하늘 전체를 뒤덮는 구름이 아닌가 생각되고, 해면이 한꺼번에 뒤집힐 듯한 대풍(大風)이 불면 그 바람을 타고 북해 끝에서 남해 끝까지 날려고 한다.

제해(齊諧)라는 이 세상의 불가사의를 잘 아는 사람의 말에 의하면 '붕이 남해로 옮기자면 바닷물에 날갯짓을 3천 리, 회오리바람을 타고 오르기 9만 리, 6개월 동안 계속 난 다음 비로소 그 날개를 쉰다고 한다' 라고 씌어 있다.

장자는 이 붕을 빌어 세속의 상식을 초월한 무한히 큰 것, 그 무엇에도 사로잡히지 않는 정신의 자유 세계에 소요하는 위대한 자의 존재를 시사하려고 했으나, 그래도 곤(鯤 ; 사전에는 고기의 알)이란 지미지소(至微至小)한 것을 큰 물고기의 이름으로, 그 곤이 새로 변한 것이 붕이라 하니 아주 기발한 착상이다.

마지막에 장자는 이 9만 리를 나는 대붕(大鵬)에 상식의 세계에 만족하고 얕은 지혜를 농(弄)하며 스스로 족하게 생각하는 비소한 범속배의 천박함을 척안(작은 물새)에 비유하여 이렇게 풍자했다.

"9만 리를 나는 대붕을 보고, 척안은 도리어 그것을 비웃으며 저 것 봐라. 저 붕이란 녀석은 도대체 어디까지 가려고 하는 걸까. 우리들은 힘껏 뛰어올라도 기껏해야 5, 6칸으로 내려와서는 쑥이 무성한 위를 날 뿐이지만, 그래도 충분히 나는 재미는 있거든. 그런데 녀석은 도대체 어디까지 날아갈 작정이지? 하고 빈정댄다. 결국 왜소한 것은 위대한 것의 마음이나 행동을 알 턱이 없다. 이것이 바로 대와 소의 차이점이다."

비방지목 誹謗之木

중얼거릴 비 · 나무랄 방 · 갈 지 · 나무 목

- [出典] 《사기(史記)》
- [文意] 남을 헐뜯어 비방하는 나무.
- [解義] 군왕의 실정을 지적하여 그 잘못을 글로 적어 기둥에 써 붙여 군왕이 보게 하는 나무.

요 임금이 살던 집은 갈대지붕에 세 층의 흙 계단이 딸린 보잘것없는 집이었다. 음식도 현미와 야채를 주식으로 하였다 한다. 겨울철에는 겨우 한 장의 녹피(鹿皮)로 추위를 견뎠고 의복이 너덜너덜 해어지지 않으면 새옷으로 갈아 입지 않았다 한다.

천하에 단 한 사람이라도 기아에 허덕이거나 죄를 범한 사람이 있으면 이것이 모두 자신의 잘못이 있기 때문이라고 요 임금은 생각했다.

《사기》에는 요 임금의 사람됨을,

'그의 인(仁)은 하늘과 같았고, 그의 지혜는 신과 같았다. 백성들은 그를 해처럼 따랐고 구름처럼 바라보았다. 부귀하면서도 교만하지 않고 사람을 깔보지 않았다.'

라고 기록하고 있다.

　이렇듯 요 임금은 총명하고 인정이 깊었으며 하늘의 뜻을 받들고 백성들을 자기 어린 자식처럼 사랑하는 정치를 베풀었기 때문에 백성들은 모두 '격양가'를 부르며 마음껏 태평성대를 즐겼다.

　부유해도 남에게 뽐내지 않고 귀한 신분이라고 남을 깔보지도 않았다. 오로지 올바른 정치만 염두에 두고 있었다.

　요 임금은 정사가 독단에 흐를까 우려해서 '진선지정(進善之旌; 큰 길가에 깃발을 세워두고 누구든지 그 깃발 밑에서 정치에 대한 좋은 의견을 발표하게 함)'을 설치했다.

　또한 '감간지고(敢諫之鼓; 궁문 앞에 커다란 북을 매달아 놓고 누구라도 북을 쳐서 정치의 불합리한 점을 거리낌없이 말하도록 함)'와 '비방지목(誹謗之木; 궁문 다리 앞에 네 개의 나무로 엮은 기둥을 세워놓고 누구라도 정치에 불만이 있으면 그 기둥에 써 붙여서 자기의 희망을 주장하도록 함)'을 세웠다.

　요 임금이 정치에 민의를 반영하도록 힘썼기 때문에 제왕의 전제 정치 시대에 국민에 의한 정치를 했던 것이다.

비육지탄 髀肉之嘆

넓적다리 비 · 고기 육 · 어조사 지 · 탄식할 탄

- 出典 《삼국지(三國志)》
- 文意 넓적다리 살을 탄식하다.
- 解義 마땅히 해야 할 일을 하지 않고 허송세월하는 것을 비유한다.

한실의 부흥을 외치며 관우, 장비와 도원결의를 하여 일어선 유비는 힘이 미약한 까닭에 조조(曹操)에게 쫓겨 기주(冀州), 여남(汝南) 등지로 전전하다가 끝내는 형주(荊州)의 유표(劉表)에게 몸을 의탁하여 신야(新野)라는 작은 성(城) 하나를 맡고 있었다.

어느 날 유표가 술자리를 마련하여 유비를 불렀다. 그의 후계자 문제를 상의하기 위해서였다.

현덕은 폐장입유(廢長立幼; 장자를 후계자로 하지 않고 다른 아들을 후계자로 세우는 것)란 취란지도(取亂之道)라 하여 자신의 의견을 말하였다.

이렇게 술을 마시며 얘기를 하다가 유비는 자리에서 일어나 측간(厠間)으로 갔는데 무심코 넓적다리에 두둑히 오른 살을 보게 되었다. 그러자 자신의 신세가 한스러워 저도 모르게 두 줄기 눈물이 뺨을 타고 흘러내렸다.

그가 다시 자리로 돌아오자 유표가 그의 얼굴을 물끄러미 쳐다보며 물었다.

"얼굴에 눈물 흔적이 있는데 웬일이오?"

현덕은 깊이 탄식하며 대답하였다.

"전에는 하루라도 몸이 말안장을 떠나지 않아 넓적다리에 도무지 살이 없더니 이제는 오랫동안 말을 타지 않으니 살이 올랐습니다. 세월은 덧없이 가건만 이제껏 공업(功業)을 쌓지 못하였으니 이 점이 서러울 뿐입니다."

빈자일등 貧者一燈

가난할 빈 · 사람 자 · 한 일 · 등불 등

出典 《현우경(賢愚經)》
文意 가난한 자가 밝힌 등불.
解義 가난하지만 정성을 다해 불을 밝힘.

석가가 사위국(舍衛國)의 한 정사(精舍)에 머물 때였다. 그 마을의 난타(難陀)라는, 의지할 곳 없이 얻어먹으며 사는 여인이 있었다.

국왕을 비롯해 나라 안의 많은 사람들이 석가에게 공양하는 것을 보고 그녀는 아무것도 없어 공양할 수 없는 자신의 처지를 한탄했다.

"전생에 저지른 죄로 천한 몸으로 태어나 아무것도 공양할 수가 없구나."

이튿날 온종일 다니며 구걸한 끝에 겨우 한 푼을 얻었다. 기름집에 가서 한 푼어치 기름을 달라고 하자 주인이 주지 않으려고 했다.

사정 이야기를 하자 주인은 돈의 몇 갑절이나 되는 기름을 주었다.

그녀는 등을 만들어 석가에게 바쳤다.

점차 시간이 흘렀다. 하나 둘 불이 꺼졌다. 호화롭게 치장한 부자의 등에도 탑스럽게 치장한 사업가의 등에도 불이 꺼졌다.

그러나 꺼지지 않은 등이 있었다. 난타가 켠 등불이었다. 이상하게도 그녀가 바친 등은 다른 등불이 꺼진 뒤에도 홀로 빛나고, 바람에도 꺼지지 않았다.

뒤에 석가는 난타의 정성을 알고 그녀를 비구니(比丘尼)로 받아들였다.

빙탄불상용 氷炭不相容

얼음 빙 · 숯 탄 · 아니 불 · 서로 상 · 얼굴 용

[出典] 《초사(楚辭)》
[文意] 얼음과 불은 용납을 못한다.
[解義] 서로 상반되어 도저히 융화될 수 없음.

한 무제(漢武帝) 때 유별나게 남다른 명신으로서 동방삭(東方朔)이란 사나이가 있었다. 대단한 박식가(博識家)로 무엇을 물어도 모르는 것이 없어 무제의 좋은 말상대였다.

또 그는 어전에서 식사를 하고 나서는 남은 찌꺼기를 싸서 품에 넣고 물러가는가 하면 하사받은 옷을 어깨에 걸치고 퇴궐했다.

그래서 세인은 동방삭을 미친 사람 취급을 했으나, 장본인은 눈 하나 깜짝하지 않았다.

"궁정에서 빈들대고 있는 은자라네."

하고 흰소리를 치면서도 어지러운 세상을 시문으로 풍자하였다.

《초사》에는 칠간(七諫)이 수록되어 있는데 동방삭이 굴원을 추모하여 지은 것으로 여기에 빙탄불상용이란 구가 나온다.

사람의 일의 불행을 슬퍼하면서
수명은 천명에 속한 바 함지에 위임한다.
몸은 병들어 쾌유되지 않은 채 있고
마음은 들끓어서 뜨거운 물과도 같다
얼음과 숯이 서로 같이할 수 없음이여(氷炭不可以相竝兮)
내 처음부터 목숨이 길지 못한 것을 알았노라.
홀로 고생하다 죽어 낙이 없음이여
내 나이를 다하지 못함을 안타까워하노라.

여기서 얼음과 불이 나란히 할 수 없다는 것은, 즉 충성과 아첨이 함께 있을 수 없음을 비유한 것이다.

사면초가 四面楚歌

넉 사 · 쪽 면 · 초나라 초 · 노래 가

[出典] 《사기(史記)》
[文意] 사방에서 초나라의 노랫소리가 들린다.
[解義] 적에게 완전히 포위되어 탈출구가 없음. 사면이 적뿐이고 돕는 자가 없다.

항우(項羽)와 유방(劉邦)은 천하의 패권을 두고 여러 차례 싸움을 하다가 천하를 둘로 나누어 홍구(鴻溝) 서쪽을 한나라의 영토로 하고, 홍구 동쪽을 초나라의 영토로 하기로 약조하였다.

유방이 서쪽으로 돌아가려고 하자 장량(張良)과 진평(陳平)이 이렇게 권했다.

"한나라가 천하의 절반을 거의 차지했고 제후들도 모두 귀의했습니다. 그런데 초나라 군사들은 지치고 군량도 떨어졌으니, 이는 하늘이 초나라를 망하게 하려는 때입니다. 차라리 이 기회를 틈타 탈취하는 것이 좋을 것입니다. 지금 만일 놓아 주고 공격하지 않는다면 이는 호랑이를 길러 스스로 화근을 남겨 두는 것입니다."

그래서 유방은 항우를 양하(陽夏)까지 추격하여 진을 치고는 한신(韓信), 팽월(彭越)과 회합하여 초나라 군대를 공격하기로 약조하였다. 이때 항우를 무찌르면 한신에게는 진현 동쪽에서 해안에 이르는 지역을 주고, 팽월에게는 수양 북쪽에서 곡성(穀城)까지를 주기로 약조하였다. 이들이 이끄는 군대는 모두 해하(垓下)로 모여 항우를 향해서 진격하였다.

항우의 군대는 해하에 방벽을 구축하고 있었는데, 군사는 적고 군량은 다 떨어진 데다 한나라 군대가 사방에서 초나라의 노래를 부르니 항우는 깜짝 놀라서 말했다.

"한나라 군대가 벌써 초나라 땅을 모두 빼앗았단 말인가? 어찌하여 초나라 사람이 이리도 많은가?"

항우는 술잔을 기울이며 비통한 심정을 이렇게 노래 불렀다.

> 힘은 산을 뽑을 수 있고, 기개는 온 세상을 덮을 만하건만
> 시운이 불리하여 추 또한 나아가지 않는구나.
> 추가 나아가지 않으니 어찌해야 하는가?
> 우여, 우여, 그대를 어찌해야 좋을까?

우는 항우의 총애를 받던 여인이고, 추는 항우가 타고 다니던 준마의 이름이다. 항우는 이 노래를 몇 번이고 부르더니 눈물을 떨구었고, 주위에 있던 부하들도 눈시울을 적셨다.

항우는 곧바로 말에 올라 800여 명의 부하들을 이끌고 포위망을 뚫고 남쪽으로 오강(烏江)까지 질주하였다. 오강까지 오는 동안 항우는 한나라군의 추격을 받으면서 부하들에게 이런 말을 했다.

"내가 군사를 일으킨 지 지금 8년이 되었다. 직접 70여 차례의 전투를 벌였는데 내가 맞선 적은 격파시키고 내가 공격한 적은 굴복시켜 일찍이 패배를 몰랐으며, 마침내는 천하의 패권을 차지하게 되었

다. 그러나 지금 이곳에서 곤궁한 지경에 이르렀으니, 이는 하늘이 나를 망하게 하는 것이지, 결코 내가 싸움을 잘 하지 못한 죄가 아니다. 오늘 정녕 죽음을 각오하고 싸워서 세 차례 승리하여, 그대들을 위해서 포위를 뚫고 적장을 죽이고 적군의 깃발을 쓰러뜨려서 하늘이 나를 망하게 하는 것이지 싸움을 잘못한 것이 아님을 알게 하고 싶다."

항우의 이 말은 끝까지 지도자로서의 위상을 지키고자 했던 것이며, 아울러 따르는 병사들의 사기를 진작시키기 위함이었던 것 같다. 항우는 그의 말대로 하고 처음 군사를 일으켰던 강동(江東)으로 가는 오강에 이르렀다. 오강의 정장(亭長)이 배를 대놓고 기다리고 있었지만, 항우는 강동으로 돌아갈 면목이 없다며 다시 한나라 군대 속으로 달려가 수백 명을 죽이고는 자결했다.

이렇듯 '사면초가'라는 말은 누구한테서도 지지나 도움을 받지 못하여 아주 곤궁한 처지에 이르게 된 경우에 쓰이는 말이다.

사이비 似而非

같을 사 · 말이을 이 · 아니 비

出典 《맹자(孟子)》
文意 겉과 속이 다름.
解義 겉으로 보아서는 진짜인 듯하나 근본적으로 속이 다른 가짜를 가리킴.

맹자의 제자 만장(萬章)이 물었다.
 "공자께서 진(陳)으로 가셨을 때 '어찌 돌아가지 않는가, 우리 당(黨)의 사(士)는 광간(狂簡)으로써 진취(進取), 그 처음을 잊지 않는다'고 말씀하셨는데 어째서 노(魯)의 광사 같은 것을 생각하셨을까요?"
 "공자께서는 중도(中道)의 사람을 구하셨으나, 그것을 얻지 못했으므로 그에 버금가는 광견의 사람을 구하셨던 것이다."
 만장은 계속해서 '광(狂)', '견'에 대한 설명을 여쭈었다.
 "광이란 뜻만은 커서 옛사람, 옛사람 하고 입버릇처럼 말하며 덕을 사모하나 행동이 그것을 따르지 못하는 자이고, 중도(中道) 즉 중정(中正)한 행동을 하는 사람에게는 미치지 못하나 그에 버금가는 얻기 어려운 인물이다. 견이란 적극성은 없으나 사악한 행동은 하지 않는 자로서, 이것도 범인으로서는 좀체로 할 수 없는 일로 광자에 버금가는 자이다."

"공자의 말씀에 '우리 문을 지나고 우리 방으로 들어가지 않건만 나는 유감으로 생각지 않는 건 오직 향원(鄕原)뿐일까, 향원은 덕의 적이니라' 라고 했는데 향원이란 어떤 인물인가요?"

만장이 다시 물었다. 향원 즉 일향(一鄕) 속에서 근직한 선비라 불리는 자는 훌륭한 사람같이 여겨지는데 어째서 공자께서 그걸 공격하는지 의문을 가졌던 것이다.

맹자께서 대답했다.

"광자를 악평해서 '행실과 말이 일치도 되지 않는 주제에 옛사람, 옛사람 하고 어째서 그렇게 뽐내느냐'고 하고, 또 '자기 하나만의 행실에만 조심을 하고 남의 일에 대해서는 조금도 상관을 하지 않는가, 이 세상에 태어난 이상 이 세상 일을 하면 좋은데' 하고 견자를 나무라며 속세에 아첨하는 것이 향원이라는 것이다.

특별히 꼬집어서 비난할 점은 없다. 충직 염결한 군자같이 보인다. 그러나 이것은 다만 세속에 아첨해서 남에게 좋은 소리를 듣고 자기도 만족하고 있는 것으로 결코 함께 성인의 길을 행할 인물은 못된다. 그러므로 덕의 적(賊)이라는 말을 듣는다."

공자께서는 이렇게도 말씀하셨다.

"사이비(似而非)한 자를 미워한다. 가라지는 잡초이지만 벼의 모와 비슷해서 한층 방해가 된다. 말을 잘 하는 자를 미워하는 것은 정의를 혼란케 하기 때문이다. 정(鄭)나라 음악을 미워하는 것은 그것이 아악과 비슷해서 올바른 음악을 혼란시키기 때문이다. 똑같이 향원을 미워하는 것은 덕을 어지럽히기 때문이다. 군자란 도덕의 근본 이치를 반복 실천할 따름이다. 세상에 아첨하는 법은 없다. 올바른 길을 행하면 백성들도 따라온다. 그렇게 되면 세상의 사악도 없어질 것이다."

사족 蛇足

뱀 사 · 발 족

- 出典 《전국책(戰國策)》《사기(史記)》
- 文意 뱀의 발.
- 解義 쓸데없는 손질을 함. 공연히 손을 대어 긁어 부스럼을 만듦. 일을 그르칠 때에 비유로 쓰는 말.

초(楚)나라 회왕(懷王) 6년(기원전 323년)의 일이다. 초나라는 영윤(令尹)인 소양(昭陽)에게 군사를 주어 위(魏)나라를 치게 했다.

소양은 위나라를 격파하고 다시 군사를 이동시켜 제(齊)나라를 공격하려고 했다. 제나라의 위왕(威王)은 이것을 우려하여 마침 진(秦)나라의 사신으로서 내조하고 있던 진진(陳軫)에게 어떻게 하면 좋을지 의논을 하였다.

"걱정하실 필요는 없습니다. 제가 가서 초나라로 하여금 싸움을 중지하도록 하겠습니다."

진진은 곧 초나라군(楚軍)으로 달려가 소양을 만나 말했다.

"초나라의 법에 대해 묻겠습니다. 적군을 격파하고 적장을 죽인 자에게는 어떤 은상을 내리십니까?"

"상주국(上洲國)에 임명하고, 또한 상급 작위인 규(珪)를 하사합니다."

"상주국보다 더 위인 고관이 있습니까?"

"영윤(令尹)입니다."

"이미 당신은 영윤입니다. 즉 초의 최고관직에 있습니다. 그런 당신이 제나라를 공격해 보았자 별 수 없지 않습니까? 이런 이야기가 있습니다.

옛날 어떤 사람이 하인들에게 큰 잔 하나 가득히 술을 주었는데,

'여러 사람이 마시면 마음껏 마실 수가 없다. 땅에 뱀을 그려 제일 먼저 그린 자가 혼자서 마시기로 하자.'

하고 하인들이 제각기 말했습니다. 그래서 일제히 그리기 시작했는데, 좀 있다가 한 사람이, '내가 제일 먼저 그렸다' 하고 술잔을 집어 들었습니다. 그리고 '다리까지도 그릴 수 있지.'

하면서 그리기 시작했습니다. 다리를 다 그렸을 때 다음으로 뱀을 그린 자가 그 술잔을 빼앗아 마시면서,

'뱀에게 무슨 다리가 있나, 자넨 지금 다리를 그렸는데 이건 뱀이 아냐.'

하고 말했다고 합니다."

그리고 정색을 하고 말했다.

"이미 당신은 초나라의 대신입니다. 그리하여 위를 공격해서 위나라군을 격파하고 그 장군을 죽였습니다. 그 이상의 공적은 없습니다. 최고관직 위에는 이제 더 가해야 할 관직도 없는 것입니다. 그런데 당신은 또 군사를 이동시켜 제나라를 공격하려고 하십니다. 또 승리를 거두어도 당신의 관직은 현재 이상으로는 오르지 못합니다. 만약 패하면 관직이 박탈됨은 물론 목숨까지 위태롭게 되며, 초나라에게는 이러쿵저러쿵 비난을 받을 것입니다. 이래서는 뱀을 그리고 다

리까지 그리는 것과 같습니다. 싸움을 중지하고 제나라에 은혜를 베푸는 편이 좋을 것입니다. 그렇게 하시는 것이 얻을 수 있는 것을 충분히 얻고, 또 잃는 것이 없는 술책입니다."

이 말을 들은 소양은 마침내 군사를 거두어 그곳을 떠났다.

사지 四知

넉 사 · 알 지

- [出典] 《십팔사략(十八史略)》
- [文意] 하늘과 땅과 너와 내가 안다.
- [解義] 세상에 비밀은 없다는 뜻.

후한(後漢)의 양진(楊震)은 그의 해박한 지식과 청렴결백으로 관서 공자(關西孔子)라는 칭호를 들었다고 한다.

그가 동래(東萊) 태수로 부임할 때의 일이다. 그는 부임 도중 창읍(昌邑)이란 곳에서 묵게 되었다.

이때 창읍 현령인 왕밀(王密)이 그를 찾아왔다. 그는 양진이 형주(荊州) 자사로 있을 때 추천한 사람이었다.

밤이 되자 왕밀은 품 속에서 품고 있던 10금(金)을 양진에게 주었다. 양진이 이를 거절하면서 좋게 타일렀다.

"나는 당신을 정직한 사람으로 믿어 왔는데 겨우 나를 이렇게 대한단 말인가?"

"지금은 밤중이라 아무도 아는 사람이 없습니다."

하고 왕밀은 마치 양진이 소문날까 두려워서 그러는 듯이 말했다.

양진은 그의 말을 이렇게 나무랐다.

"아무도 모르다니, 하늘이 알고 땅이 알고 그대가 알고 내가 아는데 어째서 아는 사람이 없단 말인가?"

이에 왕밀은 아무 소리도 못하고 물러갔다.

그 후 양진은 삼공의 한 사람인 태위(군사 담당)로 승진되었다.

당시 궁중에서는 환관 번풍, 유모 왕성이 권세를 제멋대로 휘두르고 있었는데 그들은 양진에게,

"자신들의 친척과 연고자들을 등용해 달라"
고 자주 부탁하였다.

그러나 강직한 양진은 이를 묵살하고 글을 올렸다.

"번풍·왕성 등은 정치를 문란시키려 하고 있으니 이들을 멀리하시기 바랍니다."
라고 간하였다. 번풍 등은 여기에 불만을 품고 황제를 가까이에서 모시는 환관을 통하여 사실무근한 죄를 날조하여 양진을 모함하였다.

안제는 이들의 모함을 그대로 믿고 양진의 관직을 삭탈하였다.

양진은 깊이 생각 끝에 자살하였는데 그는 자살하기에 앞서 집사람들에게 다음과 같은 말을 남겼다.

"임금의 은혜를 입은 몸이 간신들을 주살하지 못하고 무슨 면목으로 살아 남아 하늘을 우러러보겠는가?"

양진의 장례식에는 천하의 명사들이 모두 참례하여 그를 애도하였다고 전해진다.

살신성인 殺身成仁

죽일 **살** · 몸 **신** · 이룰 **성** · 어질 **인**

- 出典 《논어(論語)》
- 文意 자신의 몸을 희생하여 인(仁)을 이룸.
- 解義 몸을 바쳐 올바른 도리를 이룬다는 의미.

공자(孔子)는 이렇게 말했다.

"뜻있는 선비와 어진 사람은 삶을 구하여 인을 해침이 없고, 몸을 죽여서 인을 이룸이 있다(子曰志士仁人, 無求生以害仁, 有殺身以成仁)."

여기서 뜻있는 선비란 학문에 뜻을 두어 학문이 진전될수록 어진 사람에 가까워지는 사람이다. 어진(仁) 사람은 남과 구별되는 나, 다시 말해서 육신을 바탕으로 파악하는 나로서의 삶을 극복하고, 남과 하나인 나, 즉 본 마음을 중심으로 하는 나로서의 삶을 영위하는 자이다.

따라서 어진 사람은 전체의 삶을 영위하는 입장에서 개체적인 삶을 판단하기 때문에 전체의 삶에 도움이 된다면 자기 몸의 죽음도 기쁘게 받아들일 수 있다.

또 정자(程子)는 여기에 대해 이렇게 말하고 있다.

"실질적인 이치를 마음에 얻어서 스스로 분별하는 것이니 실질적인 이치라는 것은 실제로 옳은 것을 보며 실제로 그른 것을 보는 것이다.

 옛사람이 몸을 버리고 죽은 자가 만일 실제로 얻은 것을 보지 못하면 어찌 능히 이와 같겠는가? 모름지기 실제로 삶이 의보다 중하지 아니한 것을 보면 삶이 죽는 것보다 편안치 못하다. 그러므로 몸을 죽여서 어진 것을 이루는 것은 다만 한 개의 옳은 것을 이룰 뿐이다."

 결론적으로 지사(志士)나 인자(仁者)의 마음은 항상 인(仁)을 위해서 존재하는 것임을 강조한 말이라고 할 수 있겠다.

삼고초려 三顧草廬

석 삼 · 돌아볼 고 · 풀 초 · 풀집 려

出典 《삼국지연의(三國志演義)》
文意 초가집을 세 번 찾아가다.
解義 유비가 제갈량을 세 번 찾아가 그를 군사(軍師)로 초빙함. 머리 숙여 널리 인재를 구할 때에 사용되는 말이다.

제갈량은 자가 공명(孔明)이고, 벼슬에 뜻이 없는 선비로 직접 농사를 지으며 양부음(梁父吟)을 노래하기를 좋아하였다. 그는 항상 자신을 관중(管仲)과 악의(樂毅)에 비유했다.

당시 사람들은 이것을 받아들이는 자가 없었으나, 최주평(崔州平)과 서서(徐庶)는 그와 친교를 맺고 있었다.

그 당시 유비(劉備)는 신야(新野)에 주둔하고 있었는데, 그와 헤어질 때 서서(徐庶)가 이런 말을 했다.

"제갈공명은 와룡(臥龍)입니다. 장군께서 그를 만나 보기 원하십니까?"

"당신은 그를 데리고 왔습니까?"

"이 사람은 가서 볼 수는 있어도 억지로 오게 할 수는 없습니다. 장군께서 몸을 굽혀 찾아가셔야 될 것입니다."

그래서 유비는 제갈량을 찾아갔는데, 세 차례나 찾아간 이후에야 비로소 만날 수 있었다.

유비는 이로부터 제갈량과 나날이 친밀하게 지냈다. 그렇지만 관우(關羽)와 장비(張飛)는 탐탁하게 생각하지 않고 불평을 하였다.

이에 유비는 이렇게 설명했다.

"나에게 공명이 있는 것은 물고기가 물을 만난 것과 같네. 동생들이 다시는 언급하지 않기를 바라네."

제갈량은 유비의 군사(軍師)가 되었고, 적벽대전(赤壁大戰)에서 조조의 백만 대군을 격파하는 등 수많은 전공을 세웠다. 그리고 유비가 죽은 후에는 그의 아들 후주(後主) 유선(劉禪)에게 충성을 다하였다.

유선에게 올린 <출사표(出師表)>에서도 유비의 삼고초려를 다음과 같이 말하고 있다.

"신은 본래 무관의 신분으로 남양(南陽)에서 직접 농사를 짓고 있었습니다. 혼란스런 세상에서 구차하게 생명을 보존하면서 제후에게 가서 명성을 구하려고 하지 않았습니다. 선제께서는 신을 비천하다고 생각하지 않으시고 송구스럽게도 몸소 몸을 굽히고 세 번이나 신의 오두막을 찾으셔서 저에게 당대의 상황을 물으셨습니다. 이 일로부터 감격하여 선제께서 있는 곳으로 달려갈 것을 허락하였습니다."

이 출사표는 제갈공명이 정성을 기울여 그의 충성심을 토로한 장문의 의견서로 우국의 충정에 넘치는 글이다. 이 글을 보고 눈물을 흘리지 않는 사람은 인간이 아니라고 할 정도로 사람들의 폐부를 찌르는 글이다.

　유비가 자신에게 제갈공명이 있는 것은 물고기가 물을 만난 것과 같다고 한 데서 '수어지교(水魚之交; 군주와 신하와 친밀한 관계 혹은 서로 도움이 되는 사이)'라는 고사가 나왔다.

삼십육계 三十六計

석 삼 · 열 십 · 여섯 육 · 셈 계

- 出典 《남제서(南齊書)》《진서(晉書)》
- 文意 서른여섯 가지의 계책.
- 解義 이중에서 최우선으로 치는 것이 '주위상(走爲上)'이다. 형세가 불리할 때는 도망치는 것이 상책이라는 뜻이다.

남조의 제(齊)나라(30년 만에 망함) 2대 명제(明帝) 소란은 갖은 음모와 포악으로 황제위를 강탈했다. 그리고 반란과 보복이 두려워 두 달 동안 형제와 조카 14명을 죽였다.

황제가 된 지 3년 남짓해서 병으로 눕게 되자 시조인 고조(高祖) 소도성의 혈통을 이어받은 10여 명의 왕족들을 후환을 없애기 위해 모두 죽여 버렸다.

명제의 포학한 행위가 계속되자 고조 이후의 옛 신하들 중 불안에 떨지 않은 자가 없었다. 그 중에서도 특히 제나라의 개국 공신으로 대사마(大司馬), 회계 태수(會稽太守)로 있던 왕경칙의 불안은 더했다.

명제 역시 왕경칙을 위시한 고조의 신하들이 항상 마음에 걸렸다. 명제는 궁리 끝에 대부 장괴(張壞)를 평동장군(平東張軍)으로 임명하여 회계군과 인접해 있는 오군(吳郡)으로 파견하였다.

그러자 왕경칙은 명제가 자기를 없애려고 한다는 것을 눈치 채고 먼저 병사 1만 명을 이끌고 진군하여 수도 건강(建康)과 흥성성(興盛城)을 점령했다. 이 과정에서 병력은 10만 명으로 늘어났다. 이것은 백성들의 명제에 대한 불만이 컸음을 뜻한다.

당시 병석에 누워 있는 명제를 대신하여 정사를 살피고 있던 태자 보권(寶卷)은 왕경칙과의 싸움에서 패했다는 보고를 받자 달아날 준비를 했다. 태자의 이 모습은 곧바로 왕경칙에게 보고되었다. 이때 왕경칙은 통쾌하게 웃으며 이렇게 말했다.

"단장군(檀將軍)의 서른여섯 가지 계책 중 달아나는 것이 가장 좋은 계책이라고 하였다. 이제 너희 부자에게는 달아나는 길밖에 없다."

단장군은 송(宋)나라 무제(武帝)의 건국을 도운 단도제(檀道濟)를 말한다. 그는 북위(北魏)와 싸울 때 물러나 달아난 것을 가장 좋은 방법이라고 한 적이 있다.

그 후 왕경칙은 관군에게 포위당하여 목이 잘려 죽게 되었다.

삼인성호 三人成虎

석 삼 · 사람 인 · 이룰 성 · 범 호

[出典] 《전국책(戰國策)》
[文意] 세 사람이 거리에 호랑이가 나타났다고 하면 믿게 된다.
[解義] 뜬소문이 진상을 덮는다.

전국 시대의 위 혜왕(魏惠王) 때의 일이다. 방총이란 자가 위(魏)나라의 태자와 함께 조나라의 한단으로 볼모로 가게 되었을 때 방총이 혜왕에게 말했다.

"여기 한 사람이 있어 시장에 호랑이가 나타났다고 하면 왕께서는 그 말을 믿으시겠습니까?"

"누가 믿겠는가!"

"그럼 두 사람이 똑같이 시장에 호랑이가 나타났다고 하면 어떻게 하시겠습니까?"

"역시 의심스럽지!"

"그럼 세 사람이 똑같이 말하면 왕께서도 믿으시겠지요?"

"그건 믿지!"

"애당초 시장에 호랑이가 나타난다는 것은 있을 수 없는 일입니다. 그러나 세 사람씩이나 같은 말을 하면 시장에 틀림없이 호랑이가 나타난 것이 됩니다(三人言成虎). 저는 지금부터 양(梁)나라를 떠나 한단으로 갑니다만, 한단은 양나라에서 시장보다는 훨씬 멉니다. 더구나 제가 떠난 뒤 제 일에 대하여 이러쿵저러쿵 말을 하는 사람이 아마도 세 사람 정도가 아닐 것입니다. 대왕께서는 부디 귀를 기울이지 마십시오."

"안심하라! 나는 내 자신의 눈밖에 믿지 않으니까."

이렇게 하여 혜왕과 헤어진 방총이 출발하자마자 바로 왕에게 참언하는 자가 나타났다. 그리하여 후일 볼모가 풀려 귀국한 것은 태자뿐이었고, 방총은 혜왕의 의심을 받아 위나라로 돌아오지 못하는 몸이 되고 말았다.

상가지구 喪家之狗

초상 상 · 집 가 · 갈 지 · 개 구

[出典] 《사기(史記)》
[文意] 상갓집 개.
[解義] 초라한 모습으로 먹을 것을 찾아 이쪽 저쪽으로 헤매는 사람.

공자는 그의 나이 55세 때 노(魯)나라 조정의 대사구(大司寇)로서 직무를 대행했지만, 몇 년 후에 실직을 했다.

그 후 공자는 위(衛)나라로 갔다가 다시 노나라로 돌아오기까지 13여 년 동안을 이 나라 저 나라를 편력하는 생활을 계속하지 않을 수 없었다.

공자가 편력을 시작했을 무렵, 위나라에서 조(曹)나라와 송(宋)나라를 거쳐 정(鄭)나라로 갔을 때의 일이다.

공자는 제자들과 서로 길이 어긋나서 홀로 성곽의 동문에 서 있었다.

정나라 사람 누군가가 자공(子貢)에게 말했다.

"동문에 어떤 사람이 서 있는데, 이마는 요(堯) 임금과 닮았고, 목은 고요와 닮았으며, 어깨는 자산(子産)과 닮았습니다. 그렇지만 허리 아래로는 우(禹) 임금보다 세 치나 짧고, 풀죽은 모습은 마치 상갓집의 개(喪家之狗)와 같았습니다."

자공은 이 말을 그대로 공자에게 전했다.

그러자 공자는 웃으며 말했다.

"사람의 모습이 어떠냐 하는 것은 그리 중요한 것이 아니다. 그런데 상갓집의 개와 같다고 하였다는데, 그것은 정말 그랬었지! 그랬었구말구!"

이렇듯 상갓집 개란 실의에 빠진 사람의 모습을 상징적으로 나타낸다.

상사병 相思病

서로 상 · 생각 사 · 병 병

出典 《수신기(搜神記)》
文意 사랑을 이루지 못해 생긴 병.
解義 서로가 애틋하게 생각하는 병.

송(宋)나라는 춘추 시대에는 대국이었다. 그런 송나라가 세월의 무게를 이기지 못해서일까. 전국 시대 말 강왕(康王) 때에 이르러서는 나라의 기틀이 통째로 흔들렸다.

무도하고 황음한 강왕의 행패 때문이었다.

춘추 시대 송(宋)을 망(亡)하게 한 강왕(康王)은 많은 여자와 술로 세월을 보냈다. 포학한 성격으로 간하는 신하는 모조리 죽였다.

한빙(韓憑)은 강왕의 시종으로서 그의 부인 하 씨는 절세 미녀였다. 강왕은 그녀를 후궁으로 삼고 한빙에게 죄를 씌워 변방지기로 보냈는데, 한빙은 그곳에서 자살했다.

하 씨도 성에서 투신자살했는데 다음과 같은 유서를 남겼다.

"임금은 사는 것을 다행으로 여기지만 나는 죽는 것을 다행으로 여깁니다. 바라건대 한빙과 합장해 주십시오."

분노한 강왕은 일부러 무덤을 서로 떨어지게 만들고는,

"죽어서도 사랑하겠다는 거냐? 어디 무덤을 하나로 합쳐보라."
고 했다. 열흘이 못 되어 큰 아름드리 나무가 자라더니, 위로는 가지가 서로 얽히고 아래로는 뿌리가 서로 맞닿았다.

나무 위에는 한 쌍의 원앙새가 앉아 서로 목을 비비고 슬피우니 듣는 사람들이 다 눈물을 흘렸다. 모두들 이 새는 한빙 부부의 넋일 것이라고 했다.

송나라 사람들이 슬피 여겨 그 나무를 상사수(相思樹)라 부르기 시작했다.

상전벽해 桑田碧海

뽕나무 상 · 밭 전 · 푸를 벽 · 바다 해

[出典] 《신선전(神仙傳)》〈태평어람(太平御覽)〉
[文意] 뽕나무밭이 바다로 변하다.
[解義] 세상이 몰라볼 정도로 바뀌다.

유정지(劉廷芝)의 '대비백발옹(代悲白髮翁)'이란 시의 첫 부분에 이 말이 나온다.

　　낙양성 동쪽의 복숭아꽃 오얏꽃이
　　날아오고 날아가며 뉘 집에 지는고.
　　낙양의 계집은 고운 제 얼굴이 스스로도 아까운지
　　낙화를 바라보며 길게 한숨짓는다.
　　올해에 꽃이 지면 얼굴은 더욱 늙으리라.
　　내년에 피는 꽃은 그 누가 보려는가.
　　상전도 벽해된다는 그것 정녕 옳은 말이로다(景聞桑田變成海).

'상전변성해(桑田變成海)'로 쓰고 있지만 같은 뜻으로 보통 상전벽해(桑田碧海)로 쓰인다.

원래 이 말의 출처는 《신선전(神仙傳)》의 마고선녀 이야기에서 유래된 것이다.

마고라는 선녀가 신선 왕방평(王方平)에게 말했다.

"곁에서 모신 이래 저는 동해가 세 번씩이나 뽕나무밭으로 바뀌는 것을 보았습니다. 이번에 봉래(蓬萊)에 갔더니 바다가 다시 얕아져서 이전의 반밖에는 되지 않았습니다. 또 육지가 되려는 것일까요?"

왕방평이 대답했다.

"그러기에 성인들께서 이르시지 않으셨나? 바다의 녀석들이 먼지를 일으키고 있다고."

새옹지마 塞翁之馬

변방 **새** · 늙은이 **옹** · 어조사 **지** · 말 **마**

[出典] 《회남자(淮南子)》
[文意] 변방 늙은이의 말.
[解義] 인생의 길흉화복(吉凶禍福)이 무상하여 예측할 수 없음을 가리키며, 전화위복(轉禍爲福)과 같은 의미다.

중국 북방에 호(胡)라는 오랑캐가 살고 있었다. 변방의 한 말이 오랑캐 땅으로 달아나자 이웃 사람들이 위로했다. 그러나 그 늙은이는 그 일을 마음에 두지 않고 태연히 말했다.

"이 일이 도리어 복이 될지 누가 압니까?"

몇 달이 지난 어느 날, 그 말은 오랑캐의 좋은 말 한 필을 데리고 돌아왔다. 마을 사람들이 와서 축하의 말을 하자, 그 노인은 이번에도 기뻐하는 내색 없이 태연하게 이렇게 말하는 것이었다.

"이것이 화로 변하지 않는다고 누가 말할 수 있겠소?"

얼마 후 그 아들이 말타기를 하다가 떨어져 다리가 부러지고 말았다. 마을 사람들이 또 위로하러 왔다. 그러나 그 노인은 슬퍼하는 기색도 없이 여전히 태연하게 말했다.

"이것이 행복으로 바뀌지 않는다고 그 누가 말할 수 있겠는가?"

이로부터 일 년이 지나 오랑캐가 쳐들어오자 젊은이들은 모두 전쟁터로 나가야만 했다. 전쟁터로 나간 젊은이들은 대부분 살아 돌아오지 못했다.

그러나 그 늙은이의 아들만은 불구였기 때문에 싸움터로 끌려나가지 않아 목숨을 부지하면서 살 수 있었다.

'새옹지마'는 '인간만사 새옹지마(人間萬事塞翁之馬)' 하는 말이며, '새옹마(塞翁馬)', '북옹마(北翁馬)'라고도 한다.

선입견 先入見

먼저 선 · 들 입 · 볼 견

[出典] 《한서(漢書)》
[文意] 먼저 들어온 생각.
[解義] 고정관념으로 인해 다른 의견을 받아들이지 않음.

한(漢)나라 애제(哀帝) 때 식부궁이라는 변사가 "흉노가 침공할 것이니 곧 대군을 변방에 배치해야 한다"고 주장했다. 황제는 승상인 왕가(王嘉)와 상의했다.

왕가가 말했다.

"무릇 정치하는 사람은 아첨하는 말, 부정하고 음험한 말, 너무 아름다운 변설, 심히 각박한 주장 때문에 괴로움을 당합니다. 아첨하는 말은 군왕의 덕을 깨고, 부정하고 음험한 말은 아랫사람들에게 원한을 품게 하며, 아름다운 변설은 간간이 정도(正道)를 파괴하고, 심히 각박한 주장은 군왕의 은혜를 손상시킵니다. 옛날 진(秦)나라 목공(穆公)은 욕심에 눈이 어두워 현신(賢臣)인 백리해(百里奚) 건숙(蹇叔)의 주장을 물리치고 정(鄭)나라를 치려하다가 오히려 진나라군(晉軍)에게 격파되었습니다. 그 후 목공은 남을 그르치기 쉬운 교언(巧言)을 멀리하고 경험 많고 나이 든 신하들을 존중했기에 좋은 군주가 되었습니다. 폐하께서도 먼저 들은 말이 절대 옳다는 생각을 고정시키지 않도록 하십시오."

선즉제인 先則制人

먼저 **선** · 법칙 **즉** · 지을 **제** · 사람 **인**

- 出典: 《사기(史記)》
- 文意: 선수를 치면 제압할 수 있다.
- 解義: 일을 도모하려면 무엇보다 선수를 치는 것이 중요하다.

진(秦)나라의 2세 원년(기원전 209년) 7월 안휘성 대택향(大澤鄕)에서 진나라의 폭정에 반항하여 봉기한 진승(陳勝), 오광(吳廣)의 농민군은 하남성에서 옛 6국(六國)의 귀족 등과 합세하여 파죽지세로 진나라의 수도 함양(咸陽)을 향해 진격하고 있었다.

강동(江東)의 회계군 군수였던 은통(殷通)도 이에 호응하고자, 군도(郡都)인 오중(吳中)에서 유력자인 항량(項梁)을 불러 의논했다. 항량은 진군(秦軍)에게 패사한 초(楚)의 명장 항연(項燕)의 아들이었으나, 사람을 죽이고 조카 항우와 함께 오중으로 피신해 와 있었다. 타고난 재주인 병법을 교묘하게 이용하여 부역 등에서 중인을 구사하여 장사인 항우와 함께 오중에서의 실력자였다.

"이제 강서 지방은 다 반기를 들었는데, 그 형세를 보면 이미 하늘이 진나라를 멸망시킬 시운이 되었다고 본다. 옛말에 선즉제인(先卽制人)이고 후즉제어인(後卽制於人)이 된다는 말이 있다. 그래서 그대와 환초(桓楚)에게 거병의 지휘를 위임하고 싶다."

은통은 시류(時流)에 따라 초나라의 귀족이고 병법에도 능통한 실력자인 항량을 이용하려고 했으나 환초가 도망하여 행방불명이었으므로 뜻이 저지되었다. 그러자 항량은 그 기회를 이용했다.

"환초는 지금 도망하여 어디 있는지 아무도 모릅니다. 오직 조카 항우만이 알고 있습니다."

그렇게 말한 뒤 항량은 방에서 나가 항우와 귀엣말을 하고 나서 다시 방으로 들어와 앉았다.

"항우를 불러 환초를 소환하도록 명령을 내려 주십시오."

"그렇게 하지."

항량은 항우를 불러들였다. 잠시 후 항량은 항우에게 눈짓을 했다.

항우는 갑자기 칼을 뽑아 은통의 목을 잘랐다.

'선수를 치면 곧 남을 제압하고, 후수가 되면 남에게 제압을 당한다'는 것을 실제로 행한 것은 은통이 아니라 항량과 항우였다.

그리하여 항량은 스스로 회계군수가 되어 8천의 정병을 고스란히 손에 넣고 거병하였다.

소규조수 蕭規曹隨

퉁소 소 · 그림쇠 규 · 무리 조 · 따를 수

[出典] 《사기(史記)》
[文意] 소하가 제정한 법령·제도를 조참이 그대로 이어받아 지킨다는 뜻이다.
[解義] 국정을 담당하는 사람은 정치상의 규정이나 제도를 간소화해서 백성을 안심시키지 않으면 국가를 안정시킬 수 없다는 뜻.

한나라 2대 황제인 혜제는 재상 소하의 병세가 위독하다는 말을 듣고 친히 소하의 병상에 나가 문병하였다. 이 자리에서 혜제는,
 "후임 재상으로 누가 가합하다고 생각하시오?"
라고 소하에게 물었다.
 "그 신하의 사람됨을 알아보는 것은 임금만한 사람이 없다 하였습니다. 폐하께서는 누가 좋다고 생각하시옵니까?"
 "조참이 어떻소?"
 "잘 보셨습니다."
소하는 조참을 후임 재상으로 천거하였다.
조참은 소하가 죽었다는 말을 듣고 하인들에게,
 "내가 곧 입궐할 것이니 서둘러 행장을 준비하도록 하라."

하고 말했다. 과연 잠시 후에 대궐에서 사자가 내려와 조참은 입궐하여 소하의 뒤를 이어 재상이 되었다.

조참과 소하는 원래 친한 친구 사이였으나 후에 장상의 지위에 오르면서 정치적 의견이 맞지 않아 멀어지게 되었다. 그러나 소하가 죽음에 임하여 후임 재상으로 추천한 것은 조참이었다.

조참은 재상으로서 국정을 맡게 되자 모든 일을 변경함이 없이 소하가 실시하던 규칙을 그대로 따랐다. 그리고 관리들 가운데 문필과 능력보다는 충의지심이 두텁고 덕이 있는 사람을 측근으로 발탁하고 문필과 능력을 앞세워 명예를 탐하는 자를 추방하였다.

그리고 대신들이 정치적 문제에 대하여 문의해 오는 일이 있으면 조참은 술과 고기를 가져오라 하여 정사를 제쳐놓고 곤드레만드레 취하여 마시고 먹는 것으로 세월을 보냈다.

조참의 이 같은 행동을 본 혜제는 마음이 편치가 않았다. 혜제는 조참의 아들을 불러 그로 하여금 조참에게 다음과 같이 묻도록 하였다.

"아버님께서는 막중한 재상의 자리에 계시면서 국정은 몰라라 하시고 마시고 잡수시는 것으로 일을 삼으시니 이래서야 어떻게 천하를 안정시킬 수 있겠습니까?"

이 말을 들은 조참은 몹시 화를 내면서 옆에 있던 널빤지 조각을 들어 그의 아들을 세차게 때리면서,

"네가 무엇을 안다고 입을 놀리느냐. 국사 같은 일은 네 따위 무리들이 함부로 입에 담을 일이 아니니라."
하고 꾸짖었다.

이 소문을 들은 혜제는 더욱 의아한 생각이 들어 직접 조참에게 그 이유를 물었다. 조참은 당황해하면서,

"폐하께 여쭐 말씀이 있습니다. 폐하께서 스스로 생각하시기에 선제와 폐하를 비교할 때 누가 더 영명하시다고 생각하십니까?"

"짐이 어찌 감히 선제를 따르겠소."

"그러면 폐하께서 신과 소하를 비교할 때 누가 더 어질다고 보십니까?"

"그대가 소하만 못한 것 같소."

조참은 매우 근엄한 표정을 지으면서,

"폐하의 말씀이 옳습니다. 폐하는 선제에 미치지 못하고 신 또한 소하만 못합니다. 선제와 소 재상은 천하를 평정하고 또한 법령과 제도를 제정하셨습니다. 그러므로 신 등은 그 제정된 법령과 제도를 굳게 지켜 계속 밀고 나가는 것이 좋지 않겠습니까?"

라고 말하였다.

혜제는 조참의 의미심장한 말을 알아듣고,

"좋은 생각이시오. 그렇게 하도록 합시다."

하고 조참의 의견에 찬동하였다.

송양지인 宋襄之仁

송나라 송 · 도울 양 · 갈 지 · 어질 인

[出典] 《십팔사략(十八史略)》
[文意] 송양의 어짊.
[解義] 무익한 인정을 뜻함.

춘추 시대(春秋時代) 송(宋)나라의 환공(桓公)이 죽자, 태자 자보(子父)는 어질고 덕망이 있던 서형(庶兄) 목이(目夷)에게 왕위를 사양하였다. 왕위에 오른 목이는 양공(襄公)이라 하고 자보를 재상으로 임명했다.

그로부터 4년 후 송, 제, 초 세 나라의 맹주가 되었다. 이때 목이는 이렇게 말했다.

"작은 나라로서 맹주가 되기를 다투는 것은 재앙의 근본이다. 송나라는 망할는지도 모른다. 잘못하면 패전(敗戰)할 것이다."

그 이듬해 정나라가 초나라에 굴복하자, 양공은 정나라를 쳤다.

초나라는 정나라를 구원하기 위해 대군을 파병했다. 양공은 초나라 군대와 홍수(泓水)를 사이에 두고 대치했다. 이때 송나라 군대는 물을 건너 이미 정렬했으나, 초나라 군대는 아직도 물을 건너지 못했다. 이때 사마가 말했다.

"적들은 수가 많고 우리는 적으니, 초나라 사람들이 모두 건너기 전에 이를 치십시오."

그러나 양공은 한사코 듣지 않았다.

초나라 군대가 모두 물을 건너고 미처 정렬을 끝내지 못했을 때 또 공에게 고했으나 공은 듣지 않고 진(陣)을 이룬 뒤에야 이를 쳤다. 송나라 군대가 크게 패해서 양공이 다리를 다치고 문관(門官; 종)이 모두 죽었다. 나라 사람이 모두 양공을 원망했다. 양공은 이렇게 말했다.

"군자는 이미 상처를 입은 자를 다시 다치지 아니하며, 머리가 반백인 자를 사로잡지 않는다. 옛날의 싸움에서는 지세(地勢)의 험한 것을 이용해서 승리를 구하려 하지 않았다. 과인이 비록 망한 나라(송나라는 상(商)왕조의 후손임)의 후예라 하지만, 아직 정렬도 하지 않은 적을 치려고 북을 울리지는 않는다."

그렇지만 양공은 이때 입은 상처로 그 이듬해 죽었다. 세상에서는 양공이 쓸데없이 인정을 베풀었다며 비웃었다.

수구초심 首丘初心

머리 수 · 언덕 구 · 처음 초 · 마음 심

[出典] 《예기(禮記)》
[文意] 여우가 죽을 때엔 자기가 살던 곳을 향해 머리를 둔다.
[解義] 근본을 잊지 않음.

문왕과 무왕을 도와 은나라를 멸하고, 주(周)나라를 일으킨 여상 태공망(太公望)을 제(齊)나라에 있는 영구(營丘)에 장사지냈다. 그 후 5대에 이르기까지 주의 호경(鎬京)에 반장(反葬:객사한 사람을 고향으로 옮겨 장사지내는 일)했다.

군자가 말했다.

"음악은 자연적으로 발생하는 것을 즐기며, 예(禮)란 그 근본을 잊어서는 안 되는 것이다. 옛사람의 말에, 여우가 죽을 때 머리를 자기가 살던 굴 쪽으로 바르게 향하는 것이 인이라고 했다."

태어난 자리로 돌아가려는 본능은 짐승이나 조류, 어류에도 있다. 인간도 '수구초심'적 행동이 강한 동물이다.

수서양단 首鼠兩端

머리 수 · 쥐 서 · 둘 량 · 끝 단

出典 《사기(史記)》
文意 구멍에서 쥐가 머리만 내밀고 밖으로 나갈까 말까를 망설임.
解義 어떤 일에 대해 결단을 내리지 못함.

전한(前漢) 제4대 경제(景帝)부터 제5대 무제(武帝)에 걸쳐 위기후(魏其侯) 두영과 무안후(武安侯) 전분은 계속 세력다툼을 하고 있었다. 위기후는 제3대 문제(文帝)의 오촌(五寸)이고, 무안후는 경제의 황후 동생으로 한실(漢室)로써는 관계가 깊은 사이였다.

그런데 두영의 배경이던 두 태후(竇太后)가 죽고 전분의 배경인 왕 태후(王太后)가 오르자 위기후는 자연 몰락할 수밖에 없었다. 어느 날 무안후가 새 장가를 들고 축하연을 베풀었다. 그 자리에서 무안후는 위기후 쪽의 사람들에 대해 차별대우를 하였다. 그것을 보다 못해 위기후의 친구인 용장 관부(灌夫)가 술김에 행패를 부리게 되었다.

무안후는 관부를 옥에 가두고 불경죄(不敬罪)를 씌워 사형에 처하고 가족까지 몰살시키려 했다. 그러자 위기후가 관부를 두둔하고 무제(武帝)에게 상소를 올림으로써 이 문제는 조신(朝臣)들의 공론에 부치게 되었다. 이때 어사대부(御史大夫) 한안국(韓安國)이 중립적인 태도로 말했다.

"양쪽 말에 다 일리가 있어 판단하기 곤란합니다. 따라서 폐하의 재단(裁斷)을 바랄 뿐입니다."

또 동석하고 있던 내리(內吏)인 정(鄭)은 처음에 위기후의 편을 들었으나 형세가 불리한 것을 보고 뚜렷한 의견을 말하지 않았다.

그래서 무제는 내리를 나무라며 토론을 중단하고 말았다.

무안후는 조정에서 퇴청하자 어사대부를 불러 야단을 쳤다.

"왜 너는 구멍에서 머리만 내밀고 나갈까 말까 하며 망설이는 쥐처럼 뚜렷이 흑백을 가리지 못하고 주춤거리고 있느냐?"

어사대부는 잠시 생각하고 있다가 말했다.

"명안이 있습니다. 우선 재상 자리에서 물러난 후 이렇게 말씀하십시오. '위기후를 나쁘게 말하고, 고집을 세워 폐하께 심려를 끼친 점 진심으로 죄송스럽게 생각하며 삼가 책망을 기다리고 있습니다. 이런 부질없는 제가 재상 자리에 앉아 있다는 것은 과분한 일입니다. 불명을 부끄럽게 생각하며 처분만을 기다리겠습니다.' 그렇게 하면 제(帝)는 틀림없이 당신의 겸양을 덕으로 보고 결코 파면시키시지는 않을 것입니다. 그러면 위기후는 내심 부끄러움을 못 이겨 자살을 하겠지요. 두 분이 서로 욕하고 험담하는 것은 어른답지 못한 짓이라고 생각되지 않으십니까?"

무안후는 어사대부의 말을 따름으로써 무제의 신임을 얻었다.

이렇게 하여 결국 위기후와 관부는 일족까지 모조리 처형을 당하였다.

수석침류 漱石枕流

이 닦을 수 · 돌 석 · 베개 침 · 흐를 류

- [出典] 《진서(晉書)》
- [文意] 돌로 이를 닦고 물로 베개 삼는다.
- [解義] 자기의 말이 틀렸는데도 끝까지 우김.

진(晉)나라가 한창 혼란 속에 빠져 있을 때, 지식인들 사이에는 청담(淸談)이 한창 유행했다. 청담이란 세속적인 도덕이나 명성과 같은 것을 경시하고 노장(老莊)의 철학적 이치를 중시하며 담론하는 것을 말한다.

이와 같은 청담을 즐겨 한 이로는 죽림칠현(竹林七賢)이 가장 대표적이다.

그 당시 손초(孫楚)라는 젊은이는 벼슬길에 나가지 않고 산림 속에 은거하기로 결심을 하고, 친구 왕제(王濟)에게 자기 생각을 털어놓았다.

이때 그는 이런 말을 했다.

"돌로 양치질하고 흐르는 물을 베개로 삼겠소."

그러자 왕제는 웃으며 말했다.

"돌로 베개 삼아 눕고 흐르는 물로 양치질하는 생활을 한다는 말이겠지."

자신의 실언을 지적당한 손초는 자존심이 상하여 이렇게 말했다.

"흐르는 물로 베개를 삼겠다는 것은 고대 은둔지사였던 허유(許由)처럼 쓸데없는 말을 들었을 경우 귀를 씻기 위해서이고, 돌로 양치질을 한다는 것은 이를 닦기 위해서요."

그러나 손초 또한 자신의 말이 틀렸다는 것을 알고 있었다.

순망치한 脣亡齒寒

입술 순 · 죽일 망 · 이 치 · 찰 한

[出典] 《춘추좌씨전(春秋左氏傳)》
[文意] 입술이 없으면 이가 시리다.
[解義] 이해 관계가 얽히어 있는 사이에서 한 쪽이 망하면 다른 쪽도 잘못 된다는 것.

　춘추 시대 초기, 주 혜왕(周惠王) 22년의 일이다. 진 헌공(晉獻公)은 전부터 괵나라를 치려고 했으나 그러자면 우(虞)나라를 지나야만 했다.

　그래서 많은 뇌물을 보내어 진나라와 우나라의 형제의 우의를 약속하며 길을 통과시켜 줄 것을 청했다. 우공은 많은 뇌물과 감언에 솔깃하여 청을 받아들이려 하였다.

　그러자 궁지기(宮之奇)라는 현신(賢臣)이 이를 말리며 우공에게 간했다.

　"괵은 우나라와 일체이므로 괵이 망하면 우도 망할 것입니다. 속담에도 덧방나무와 수레는 서로가 의지하고 입술이 없으면 이가 시리다고 하는 말이 있습니다. 바로 우와 괵을 두고 한 말입니다. 원수라고도 생각할 수 있는 진(晉)나라 군사들이 우리나라를 통과하게 하다니 그래서는 안 됩니다."

"아냐, 진은 우리의 종국(宗國)이니까 해를 가할 리가 없네."

우공이 태평스런 소리를 하므로 궁지기는 다시 설득했다.

"가계(家系)를 말씀하신다면 괵도 역시 동족입니다. 그런데 어떻게 우하고만 친하겠습니까? 게다가 진나라는 종조형제(從祖兄弟)가 되는 환공(桓公), 장공(莊公)의 일족을 죽이지 않았습니까? 가령 친하다 해도 이처럼 믿을 수가 없는 나라입니다."

그러나 아무리 설득을 해도 뇌물에 눈이 어두워진 우공은 듣지 않았다. 결국 궁지기는 화가 미칠 것이 두려워 일족을 이끌고 우나라를 떠났다. 그때 그는 이렇게 예언하였다.

"진은 괵을 정벌하고 나서 반드시 우를 멸망시킬 것이다."

과연 그해 12월, 진나라는 우나라의 영토에서 공격을 개시해 괵을 정벌하고 돌아오는 도중 우나라에 숙영하고 있다가 기습하여 우나라를 멸망시켰다.

식언 食言

먹을 식 · 말씀 언

- 出典 《서경(西經)》〈탕서(湯書)〉
- 文意 말을 먹음.
- 解義 말을 밥 먹듯이 번복하는 것.

《서경》의 〈탕서〉는 탕 임금이 하조(夏朝)의 걸왕을 방벌(方伐)하기에 앞서 장수들을 모아 놓고 선언한 내용이며, 《춘추좌씨전》에는 노나라 애공이 오오(吾梧)라는 곳에서 축하연을 베풀 때 두 대신을 꼬집어 말한 말이다.

은나라 탕왕이 하나라 걸왕을 정벌할 군대를 일으키며 영지의 백성들에게 말했다.

"그대들은 나 한 사람을 도와 하늘의 벌을 이루도록 하라. 나는 그대들에게 큰 상을 주리라. 나는 거짓말하지 않는다(朕不食言)."

《춘추좌씨전(春秋左氏傳)》에 이런 이야기가 쓰여 있다.

노나라 애공(哀公)이 월나라에서 들어왔을 때(BC 470) 계강자(季康子)와 맹무백(孟武伯)이란 두 대신이 오오(吾吳)까지 마중나와 축하연을 베풀었다.

술좌석에서 맹무백이 애공의 어자(御者)인 곽중(郭重)을 "몸이 꽤

뚱뚱하다"고 놀렸다.

    애공은 맹무백의 말을 받아,

    "이 사람은 말을 많이 먹으니까 살이 찔 수밖에 없지."

하고 농담을 던졌다. 앞서 곽중은 두 대신이 임금을 험담한다고 귀띔해 준 일이 있었다. 애공은 두 대신을 꼬집어서 말한 것이었다.

식자우환 識字憂患

알 식 · 글자 자 · 근심 우 · 근심 환

出典 《삼국지연의(三國志演義)》
文意 글자를 아는 것이 오히려 근심이다.
解義 서투른 지식 때문에 오히려 일을 망치게 되었음을 비유하는 말.

유비가 제갈량을 얻기 전에는 서서(徐庶)가 군사(軍師)로 있으면서 많은 지략을 짜내었다.

조조는 그의 모사 정욱의 말에 의해 서서가 효자라는 것을 알고 그의 어머니를 움직여 그를 불러들이려는 계획을 꾸몄다.

그러나 서서의 어머니인 위부인은 학식이 높고 명필인데다가 의리가 투철한 여장부였기 때문에 아들을 불러들이기는커녕 도리어 자기 걱정은 하지 말고 끝까지 한 군주를 섬기도록 격려하였다.

그래서 하는 수 없이 조조는 정욱의 계책대로 서서에게 보내는 위부인의 답장을 가로채 글씨를 모방해서 조조의 호의로 잘 있으니 위나라로 돌아오라는 내용의 편지를 서서에게 보냈다.

편지를 받고 집으로 돌아온 아들을 보자 위 부인은 영문을 몰라 어리둥절하였다.

아들의 말을 듣고 나서야 비로소 그것이 자신의 글씨를 모방한 거짓 편지 때문이었음을 알게 되었다.

"여자가 글자를 안다는 것부터가 걱정을 낳게 한 근본 원인이다 (女子識字憂患)."

라고 하며 위 부인은 자식의 앞길을 망치게 되었음을 한탄한 뒤 자결해 버렸다.

식지동 食指動

먹을 **식** · 손가락 **지** · 움직일 **동**

[出典] 《춘추좌씨전(春秋左氏傳)》
[文意] 식지가 움직인다.
[解義] 음식이나 사물에 대한 욕심을 품는 것을 말함.

초나라의 어떤 사람이 큰 자라를 정(鄭)나라의 영공(靈公)에게 바쳤다. 그때 마침 공자 송(公子 宋)과 공자 가(公子 家)가 함께 영공을 뵙기 위해 궁으로 들어가는데 공자 송의 식지(食指)가 저절로 움직였다.

공자 송은 그것을 공자 가에게 보이며 말했다.

"지금까지의 경험에 의하면 식지가 움직일 때마다 꼭 맛있는 음식을 먹게 되더군!"

궁에 들어갔더니 아니나 다를까 요리사가 큰 자라를 요리하고 있었으므로 두 사람은 서로 마주보며 웃었다. 영공이 웃는 까닭을 묻자 공자 가가 그 연유를 자세히 설명하였다.

"아무리 식지가 움직여도 과인이 주지 않으면 먹지 못할 것이 아닌가?"

영공은 장난기 어린 말을 던지고 요리사에게 요리를 한 그릇 모자라게 답도록 시켰다.

그리하여 막상 대부(大夫)들과 자라요리를 먹게 되었을 때 공자 송에게만은 요리를 주지 않았다.

화가 난 공자 송은 모욕을 당한 것을 분하게 생각하고 자라를 삶은 솥으로 달려가서 솥 가에 붙은 고기를 건져 먹고 나서,

"이렇게 먹었는데 내 예측이 맞지 않는단 말이오?"

하고는 바로 퇴청하고 말았다.

이러한 태도를 불손하다고 여긴 영공은 공자 송을 죽여 버릴 작정을 했다.

한편 공자 송쪽에서도 자기가 무사하지 못할 것을 알고 있었으므로 선수를 치리라 마음먹고 있었다.

그래서 공자 가에게 상의를 하였으나 공자 가는 고개를 저으면서 말했다.

"오래 된 가축도 죽이려 들면 마음이 아픈 법인데 군주(君主)를 어떻게 그럴 수 있겠는가?"

그러나 공자 송은 포기하지 않고 공자 가를 협박하여 마침내 그해 여름 영공을 죽이고 말았다.

신출귀몰 神出鬼沒

귀신 **신** · 날 **출** · 귀신 **귀** · 숨을 **몰**

[出典] 《회남자(淮南子)》
[文意] 신이 나타나고 귀신이 돌아다닌다.
[解義] 귀신같이 출입이 자유자재여서 예측할 수가 없음.

《회남자》의 〈병략훈〉은 전략(戰略)에 관한 책으로써,
 "겉으로 보아서 아군의 계략, 진 치는 일, 군대의 세력과 병기가 적군이 대책을 세울 수 있는 것이라면 용병에 교묘한 것이 못 된다."
라고 말하고, 이어,
 "교묘한 행동은 신이 나타나고 귀신이 돌아다니는 것처럼 별과 같이 빛나고 하늘과 같이 운행한다. 그 나아가고 물러남, 굽히고 펴는 것은 아무런 전조도 형태도 나타나지 않는다."
라고 말하고 있다. 여기서 '신출귀행(神出鬼行)'이 '신출귀몰'로 나오는 것은 당희장어(唐戲場語)에 나오는 '두 머리 세 얼굴의 귀신이 나타나고 없어진다(兩頭三面 神出鬼沒)'의 구절 때문이다.

실사구시 實事求是

참 실 · 일 사 · 구할 구 · 옳을 시

出典 《한서(漢書)》
文意 참다운 일과 옳은 것을 찾음.
解義 사실을 토대로 진리를 구함.

《하간헌왕덕전》에 '학문을 닦아 옛것을 좋아하며 일을 참되게 해서 옳은 것을 찾는다(修學好古 實事求是)'가 나온다. '실사구시' 운동은 이 뒷부분을 새로운 의미의 학문 자세로 삼은 것이다.

'실사구시' 운동의 중심 인물 대진(戴震)은

"학자는 마땅히 남의 것으로 자신을 가리지 말고 내 것으로 남을 가리지 말아야 한다."

라고 말했다.

실사구시는 청나라의 고증학파가 시작했는데, 공론(空論)만 일삼는 양명학에 대한 반동으로 내세운 표어이다.

정확한 고증(考證)을 존중해서 과학적이고 객관적인 태도로 학문을 연구했다. 여기서 이론보다 실생활을 유익하게 하는 실학을 낳게 했다.

안도 安堵

편안 안 · 담 도

- 出典 《사기(史記)》
- 文意 담장 안에서 편히 쉴 수 있다.
- 解義 아무 걱정 없이 편히 쉴 수 있음을 말함.

전국 시대 후기에 연(燕)나라 소왕(昭王)은 명장 악의(樂毅)가 이끄는 연합군을 거느리고 제(齊)나라를 공략하였다. 장장 5년여 동안 제나라의 성 70여 개를 함락시켰고, 결국 제나라의 민왕을 외국으로 망명시킬 정도로 대대적인 승리를 거두었다.

그러나 어찌된 영문인지 즉묵(卽墨)과 거 두 성만은 함락되지 않았다.

연나라 군사는 제나라 왕이 거에 있다는 말을 듣고는 군대를 모아 공격하였다. 제나라를 구하기 위해서 온 초(楚)나라 장수 요치는 제나라의 민왕을 거에서 살해하고 거를 굳게 지키며 연나라 군사에 대항하여 몇 해 동안이나 항복하지 않았다.

그러자 연나라는 군사를 이끌고 동쪽으로 가서 즉묵을 포위하였고, 즉묵의 대부들은 나가서 싸우다가 패해 대부분이 죽었다.

그러자 성 안의 사람들이 모두 제나라의 전단을 장군으로 추대했다.

얼마 지나자 연나라 소왕이 죽고 혜왕이 즉위하였는데, 혜왕은 악의와 사이가 좋지 못하였다. 전단은 이 사실을 알자 첩자를 연나라에 보내 혜왕과 악의를 이간시키고, 연나라 군대에 거짓 정보를 퍼뜨려 제나라 병사들의 사기를 진작시켰다.

"민왕은 이미 죽고 아직 함락되지 않은 성은 두 성뿐인데 악의는 새로 임금이 된 혜왕과 사이가 나빠 사형을 두려워하여 감히 돌아가지 않고 제나라를 친다는 명분을 내세워 장차 군대를 연결하여 제나라의 왕이 되려고 한다. 그런 까닭에 그는 천천히 즉묵을 공격하면서 때를 기다리고 있다. 제나라 사람들이 두려워하는 것은 오직 다른 장수가 오면 즉묵이 하루 아침에 함락될까 두려워할 뿐이다."

연나라의 혜왕은 벌써부터 악의를 의심하고 있었는데 이 말을 듣자 과연 그럴 것이라 생각하고 기겁(騎劫)으로 악의를 대신하게 하였다.

악의는 연나라를 버리고 조나라로 가 버리니 연나라 군사들이 모두 분개했다.

전단은 병사들이 싸울 수 있게 되었음을 알자, 몸소 판자와 삽을 들고 병졸들과 나누어 일을 하였다.

또한 자기 집 부녀자들까지 군대의 행렬에 편입시키고 음식을 있는 대로 나누어 병사들을 먹였다.

그리고 나서 무장한 병사들은 모두 숨겨 두고 노약자와 부녀자들을 성 위로 올려보낸 후, 사신을 보내 연나라에 항복할 것을 약속하였다.

이 말을 듣자 연나라 군사는 모두 환호했다.

전단은 또 백성들에게 황금을 거두어 연나라 장수에게 보내 주며 말했다.

"즉묵이 만일 항복하게 되거든, 저희 가족들을 포로로 삼지 말고 편안하게 살 수 있도록(安堵) 해 주십시오."

연나라 장수는 크게 기뻐하며 이를 승낙하였고, 군사들은 더욱 방심하게 되었다.

이때 전단은 1,000여 마리의 소에 붉은 옷에 오색으로 용 무늬를 그려 입히고, 쇠뿔에는 칼날을 매고, 꼬리에는 갈대를 매달아 기름을 붓고 불을 붙였다.

그리고는 한밤중에 성벽에 수십 개의 구멍을 뚫어 소를 내보내고는 장사 5,000여 명이 그 뒤를 따르게 하였다.

이렇게 하여 연나라를 공격한 결과 제나라의 70여 개 성을 모두 되찾고, 제나라 민왕의 아들 양왕(襄王)은 임치(臨淄)로 맞아들여 정사를 처리하도록 하였다. 양왕은 전단을 안평군(安平君)으로 임명했다.

암중모색 暗中摸索

어두울 암 · 가운데 중 · 더듬을 모 · 찾을 색

[出典] 《당서(唐書)》
[文意] 어둠 속에서 더듬어 찾는다.
[解義] 확실한 방법을 몰라 어림잡아 찾음.

당나라 3대 고종이 왕씨를 폐하고 무씨(則天武后)를 황후로 맞이하려 했다. 장손무기(長孫無忌) 등의 중신들은 왕씨를 지지했고, 허경종(許敬宗)은 무씨 옹립파의 중심인물이었다.

무씨는 자신이 낳은 공주를 질식사시켜 그 죄를 왕 황후에게 뒤집어씌우는 등 여러 가지 음모를 꾸며 왕 황후의 죄를 날조하였다.

이로 인하여 왕 황후는 고종의 노여움을 사게 되어 차츰 사랑을 잃게 되었다.

이렇게 해서 무씨는 자신이 황후의 자리에 오르는 계단의 장애물들을 하나하나 제거해 나가며 황후가 될 날을 학수고대하고 있었다.

허경종은 무씨파로 뒤에 재상이 되었는데, 문장가로 남조(南朝) 대대로 벼슬한 집안이었다. 그는 성격이 경솔해서 만난 사람의 얼굴을 잊어버리곤 했다.

어떤 사람이 허경종에게 말했다.

"당신은 학문이 깊은 사람으로 사람을 잘 기억하지 못하는데 일부러 모르는 체하는 것은 아니오?"

"평범한 사람의 얼굴은 기억하기 어렵지만 하손, 유효작, 심약, 사조 같은 문단의 대가들은 어둠 속에서 더듬어 찾듯이(暗中摸索) 기억할 수 있소."

하손과 유효작은 문장으로써 하(何), 유(劉)라 불리고, 심약과 사조는 무제의 즉위와 동시에 재상으로 발탁되어 문화 국가 건설에 참여한 교양 있는 문인들이었다.

앙급지어 殃及池魚

재앙 앙 · 미칠 급 · 못 지 · 고기 어

[出典] 《여씨춘추(呂氏春秋)》
[文意] 재난이 못 속의 고기에 미친다.
[解義] 뜻하지 않은 곳에 재난이 미침을 뜻함.

춘추 시대 송나라 때에 사마환(司馬桓)이란 사람이 아주 훌륭한 보주(寶珠)를 가지고 있었는데, 죄를 짓자 재빨리 그 보주를 가지고 도망쳐 버렸다.

그런데 사마환이 보주를 가지고 있다는 말을 들은 왕은 어떻게든 그것을 손에 넣으려고 마음먹었다.

그래서 사람들을 풀어서 사마환을 찾아 보주를 숨긴 곳을 말하게 했다.

사마환은 아주 냉정하게 대답하였다.

"아아, 그 보주 말인가. 그건 내가 도망칠 때 연못 속에 던져 버렸지."

어떤 수단을 써서라도 보주를 손에 넣고 싶었던 왕은 곧 신하들에게 명령해서 연못 속을 찾아보게 했다.

물이 있는 연못을 아무리 더듬어 보아야 숨기지 않은 보주가 나올 리 없었다.

그래서 나중에는 많은 사람들을 동원하여 연못 물을 모두 퍼내게 했으나 끝끝내 찾을 수가 없었다.

결국 연못 물을 잃은 물고기들만 죄 없이 모두 죽게 된 것이다.

앙천대소 仰天大笑

우러러볼 **앙** · 하늘 **천** · 큰 **대** · 웃음 **소**

- 出典 《십팔사략(十八史略)》
- 文意 하늘을 우러러 크게 웃음.
- 解義 당치 않은 생각이나 행동을 보고 어이없이 크게 웃음.

제나라에 초나라 군사가 쳐들어왔다. 조나라에 구원병을 청하려 순우곤을 보내면서 금 백 근과 말 네 필을 예물로 보내려 했다.

그때 순우곤이 앙천대소(仰天大笑)하자 왕이 물었다.

"예물이 적어서 그러십니까?"

그러자 순우곤이 말했다.

"신이 입궐하는 중에 돼지 발굽 하나와 술 한 병을 놓고 비는 자를 보았습니다. '좋지 않은 땅에서 오곡이 잘 되어 곡식이 그릇에 가득하고 수레가 넘쳐 집에 가득하게 해주시오' 하는데, 신께 드리는 것은 별것 없으면서 농부의 소원은 과다했던 생각이 나서 웃었습니다."

왕은 그제야 깨닫고 황금 천 금과 흰 구슬 십 상과 거마 백 사를 예물로 주니 순우곤은 곧 출발했다.

약관 弱冠

약할 약 · 관 관

[出典] 《예기(禮記)》
[文意] 스무 살.
[解義] 아직도 몸이 건장하지 못하기 때문에 붙인 이름이다. 비로소 성인이 되었다는 뜻.

사람이 태어난 지 10년은 어리다고 말할 수 있으니 배워야 한다.

20년이 되면 약(弱)이라고 하고 갓[冠]을 쓴다.

30을 장(壯)이라고 하여 아내를 두어야 한다.

40을 강(强)이라 하여 벼슬을 해야 한다.

50을 애(艾)라고 하여 관복을 입고 정치를 해야 한다.

60을 기(耆)라고 하여 일을 시킨다.

70을 노(老)라고 하여 일을 전한다.

80과 90을 모라고 한다.

7세를 도(悼)라 하는데, 도와 모는 비록 죄가 있으나 형벌을 가하지 않는다.

100세를 기(期)라고 하며 공양을 받아야 한다.

이렇게 보면, 나이 열 살이 되면 공부할 시기이고, 스무 살은 갓을 쓰는 시기이다.

　서른 살이 되면 결혼할 나이가 되었다는 말이며, 사십이 되면 벼슬을 해야 될 시기인 것이다.

　또한 쉰 살이 되면 요직에 나갈 시기가 되었다는 것이다. 예순 살이 되면 노인 대열에 끼게 되어 자기 일을 남들에게 시킬 만한 자격이 된다. 일흔이 되면 집안 일을 자식들에게 맡기는 시기이다.

　이것은 아마도 나이가 아주 어리거나 아주 많으면 사리를 분별하는 능력이 부족하여 그렇게 정한 것이 아닌가 생각된다.

양두구육 羊頭狗肉

양 **양** · 머리 **두** · 개 **구** · 고기 **육**

出典 《안자춘추(晏子春秋)》, 〈광무제(光武帝)의 조서〉
文意 양머리를 걸어놓고 개고기를 판다.
解義 겉에는 좋은 품질을 내놓고 나쁜 물건을 파는 것. 사실과 다른 선전과 판매.

춘추 시대 제(齊)나라 영공(靈公)은 특이한 취미를 갖고 있었다. 그는 궁중에 있는 미인들을 붙잡아 남장을 시키고는 그 모습을 바라보며 즐겼다.

영공의 취미는 제나라 전체에 전해져 백성들 가운데 남장한 미인들이 나날이 늘어갔다. 그러자 영공은 궁중 밖에 있는 여인들은 절대로 남장하지 못하도록 명령을 내렸다. 물론 금지령이 효과를 발휘할 수는 없었다.

영공은 금지령이 지켜지지 않는 이유가 궁금하던 차에 우연히 안자(晏子)를 만나게 되자 물었다.

안자가 대답했다.

"대왕께서는 궁궐 내에서는 남장하도록 하면서 궁중 밖에서는 금하였습니다. 이는 마치 소머리를 문에 내걸어 놓고 안에서는 말고기를 파는 것과 같습니다. 어찌하여 궁중에서 미인에게 남장시키는 것을 금하지 않으십니까? 궁중에서 금하면 밖에서는 아무도 할 수 없을 것입니다."

이 말을 들은 영공은 깨우친 바가 있어 즉시 궁중에서 남장하는 것을 금하였다.

그러자 채 하루도 지나지 않아 제나라 전국에 남장하는 미인이 모두 사라졌다.

양상군자 梁上君子

대들보 **양** · 높은 **상** · 임금 **군** · 남자 **자**

- 出典 《후한서(後漢書)》
- 文意 대들보 위의 군자.
- 解義 도둑놈을 뜻함. 다른 말로는 대들보 위를 달려가는 생쥐를 일컫는다.

후한 말기에 진식(陳寔)이란 사람이 태구현(太丘縣)의 현령으로 부임해왔다. 그는 거만하지 않고, 남의 외로움을 잘 알며, 일을 하는 데 공정했으므로 잘 다스려지고 있었다.

그러던 어느 해 농사가 흉작이 되어 백성들이 괴로움을 겪고 있을 때였다. 진식이 책을 읽고 있자니 한 사나이가 그 방으로 숨어 들어와 살짝 대들보 위에 엎드렸다. 도둑이라고 생각한 진식은 모르는 체하고 있다가, 잠시 후 아들과 손자들을 불러들여 정색을 하고 훈계를 하였다.

"무릇 사람은 스스로 노력하지 않으면 안 된다. 나쁜 사람이라 해도 다 본성이 그런 것은 아니다. 행실이 습관이 되고, 습관이 본성이 되어 나쁜 짓을 하게 된다. 예를 들어 지금 대들보 위에 있는 군자도 그렇다."

진식의 말에 감동되어 도둑은 대들보 위에서 내려와 방바닥에 머리를 조아리고 벌을 받기를 자청했다. 진식은 물끄러미 보고 있다가 말하였다.

"그대의 얼굴이나 모습을 보니 나쁜 사람 같지는 않네. 아마도 가난에 못 이겨 한 짓이겠지."

진식은 도둑에게 비단 두 필을 주어 돌려보냈다.

그 일이 있은 후부터 그의 관할 구역에는 도둑의 그림자가 끊어졌다고 한다.

양약고구 良藥苦口

좋을 양 · 약 약 · 쓸 고 · 입 구

- 出典 《공자가어(孔子家語)》,《사기(史記)》
- 文意 좋은 약은 입에 쓰다.
- 解義 좋은 약은 입에 쓰나 몸에는 이롭다는 뜻. 충신의 말은 귀에 거슬리나 행동에 이롭다는 뜻.

모처럼 힘들여 건설한 진(秦)나라의 통일천하도 시황제의 사망과 환관 조고(趙高)의 실권장악으로 스스로 멸망의 길을 재촉하고 있었다.

기원전 208년 윤9월, 팽성(彭城)에서 명목상의 왕으로 삼는 회왕(懷王)을 모시고 어전회의가 있었다.

이때 진나라를 격멸하기 위한 전략문제가 토의 결정되었는데, 이에 따라 한(漢)의 유방(劉邦)과 초(楚)의 항우(項羽)는 필사적인 경쟁심으로 맹진격을 전개했다.

그로부터 1년 후에 유방은 먼저 진나라의 2세 황제 자영의 항복을 받고 함야에 입성하였다. 그는 궁성 안으로 말을 몰았다.

휘황찬란하고 호화의 극치를 모은 아방궁, 살찐 말들, 찬란한 보석류, 산더미처럼 쌓인 금은보화를 보고 그는 현기증을 느낄 정도였다.

미모의 후궁과 궁녀들만도 수천 명에 이르렀다.

그는 영화와 부귀가 총집결된 이 궁전 안에서 살아보겠다는 유혹에 빠진 나머지 그대로 궁성 안에 머물고자 했다.

이런 기미를 알아차린 용장 번쾌가 옆에서 간했으나 듣지 않았다. 여기서 군사(軍師) 장량(張良)이 이렇게 간했다.

"진나라는 그처럼 비리비도(非理非道)를 저질렀기 때문에 패공(유방을 가리킨다)께서는 이곳까지 오신 게 아닙니까? 앞으로 천하를 평정하기 위해 남아 있는 잔당을 제거하고 천하통일을 하려면 조의소찬(粗衣素饌)의 어려운 생활을 극복해야 합니다.

자고로 '충언은 귀에 거슬리지만 행동에 이롭고, 양약은 입에 쓰지만 병에 좋다'고 했습니다. 그러니 번쾌의 말대로 함양에서 벗어나 다른 곳에 있는 것이 좋겠습니다."

이리하여 유방은 내심 불만이었겠지만 충성스런 참모들의 건의에 따라 군사를 이끌고 함양에서 패상으로 돌아가 거기서 야영생활을 했던 것이다.

이것이 유방의 훌륭한 점이요, 또 한나라를 창건하는 원인이 되었던 것이다.

그런데 아방궁이란 '아방'이라는 이름을 가진 고장에 지은 궁전이라는 뜻이고, 시황제가 붙인 이름이 아니다.

아마 이것이 준공됐다면 훌륭한 이름이 붙여졌겠지만 조성이 끝나기 전에 진나라가 멸망했고, 뒤이어 항우가 불질러 버렸던 것이다.

한편 시황제가 생전에 조성했고 또 그가 묻힌 거대한 여산능(아방궁의 1/10이나 되는 거대한 규모로써 지하궁전과 같고 이집트의 피라미드보다 지하구조가 웅대하다고 한다)은 외형은 황폐화했으나 도굴되지 않고 있다고 한다.

    1974년에 중국에서 현지 농민들이 관개용 우물을 파던 중 지하의 무덤을 발견하여 그 일부를 파 본 과정에서 이 능의 규모 거대함을 재확인했다.

양포지구 楊布之狗

버들 **양** · 베 **포** · 갈 **지** · 개 **구**

[出典] 《한비자(韓非子)》
[文意] 양포의 개.
[解義] 사람의 겉모습만 보고 속까지 변했다고 생각함.

양주(楊朱)의 동생 양포(楊布)가 흰 옷을 입고 나갔다가 비를 만나자 흰 옷을 벗고 검은 옷으로 갈아 입고 돌아왔다. 그의 개가 양포를 알아보지 못해 짖자, 양포는 화가 나서 개를 때리려고 했다.
이때 양주가 말했다.
"개를 때리지 마라. 너 역시 이러할 것이다. 너의 개가 나갈 때는 하얀색이었는데, 검은색이 되어 왔다면, 너는 어찌 이상하게 여기지 않을 수 있겠느냐?"
양주는 전국 시대 중기의 유명한 사상가로서 극단적인 이기주의자로 알려져 있다. 그러나 여기서는 자연과 융합하여 하나가 되는 경지를 이상으로 삼고 있으며, 있는 그대로를 받아들이는 관용을 보여 주고 있다.

어부지리 漁夫之利

고기잡이 어 · 사내 부 · 갈 지 · 이로울 리

出典 《전국책(戰國策)》
文意 어부가 이익을 얻다.
解義 도요새와 조개가 서로 싸우다가 어부에게 둘 다 잡힌다. 서로 이익을 보기 위해 다투는데 제삼자가 이익을 얻는다는 뜻이다.

전국 시대 조나라가 연나라를 공격하려고 하자 연나라에서는 합종책(合縱策)으로 유명한 소진의 동생 소대를 조나라 혜왕(惠王)에게 보내 설득하게 했다.

"제가 조나라로 오는 도중 역수(易水)를 지나다 강변에서 큰 조개가 살을 드러내고 햇볕을 쬐고 있는 것을 보았습니다. 그때 도요새가 나타나 조갯살을 쪼아대자 조개는 껍질을 닫아 도요새의 부리를 꽉 물었습니다. 도요새가 말하기를,

'오늘도 비가 오지 않고 내일도 비가 오지 않는다면 너는 말라 죽고 말 것이다.'
라고 하자 큰 조개도,

'내가 오늘도 놓지 않고 내일도 널 놓지 않으면 너야말로 죽고 말 것이다.'

라고 하며 어느 쪽도 지지 않았습니다 이때 그곳을 지나가던 어부는 얼씨구 횡재다 하고 그들을 간단히 잡아가 버렸습니다.

연나라와 조나라가 헛된 싸움을 하면 저 진나라가 힘들이지 않고 연나라와 조나라를 집어삼킬 것입니다."

조나라 왕은 이 말을 듣고 연나라 공격계획을 취소했다.

엄이도령 掩耳盜鈴

가릴 엄 · 귀 이 · 도적 도 · 방울 령

出典 《여씨춘추(呂氏春秋)》
文意 귀를 막고 방울을 훔친다.
解義 자기만 듣지 않으면 다른 사람도 듣지 않을 줄 안다는 어리석음을 이르는 말.

진(晉)나라 육경(六卿)의 한 사람인 범 씨(范氏)는 다른 네 사람에 의해 중행 씨(中行氏)와 함께 망하게 되었다.

이 범 씨가 망하게 되자 혼란한 틈을 타서 범 씨 집 종(鐘)을 훔친 자가 있었다. 그러나 종을 지고 가기에는 너무 무거웠기 때문에 이를 깨뜨려서 가지고 갈 생각으로 망치로 종을 내리쳤다.

그러자 천지가 진동하는 소리가 났고, 도둑은 혹시 다른 사람이 그 소리를 듣고 와서 자기가 훔친 것을 빼앗아 갈지도 모른다는 두려운 생각이 든 나머지 얼른 손으로 자신의 귀를 막았다는 얘기이다.

《여씨춘추》에는 이 이야기를 한 다음 전국 시대에 명군의 하나였던 위문후(魏文侯)의 이야기를 다음과 같이 들어 바른말 하는 신하를 소중히 여겨야 한다는 비유로 쓰고 있다.

위문후가 신하들과 술을 마시는 자리에서 자신에 대한 견해를 기탄없이 들려 달라고 한 적이 있었다. 그러자 대신들은 한결같이 임금의 좋은 점만 들어 칭찬을 했다.

그러나 임좌(任座)의 차례가 되자 그는 임금의 숨은 약점을 들어 이렇게 말했다.

"임금께서는 중산(中山)을 멸한 뒤에 아우를 그곳에 봉하지 않으시고 태자를 그곳에 봉하셨습니다. 그러므로 어두운 임금인 줄로 아뢰옵니다."

그러자 다음 차례인 적황(翟黃)이 이렇게 말했다.

"우리 임금님은 밝으신 임금입니다. 옛말에 임금이 어질어야 신하가 바른말을 할 수 있다 했습니다. 방금 임좌가 바른말 하는 것을 보니 임금께서 밝으신 것을 알 수 있습니다."

이 말을 들은 문후는 곧 자신의 태도를 반성하고 임좌를 몸소 뜰 아래까지 내려가 그를 맞이한 후 상좌에 앉게 했다 한다.

역린 逆鱗

거스를 역 · 비늘 린

- 出典 《한비자(韓非子)》
- 文意 군주의 노여움.
- 解義 절대자의 치명적인 약점이나 허물을 건드림.

옛날에 미자하는 위나라 임금에게 총애를 받았다.
위나라 법에는 임금의 수레를 몰래 타는 사람은 다리를 잘리는 형벌을 받게 되어 있었다.
미자하의 어머니가 갑자기 병이 나서 위급한 상황이 되자 어떤 사람이 듣고 밤중에 가서 미자하에게 고하였다. 미자하는 임금의 명령이라 속이고 임금의 수레를 타고 나섰다.
그런데 뒤에 이 사실을 듣고 임금이 말하기를,
"효자로다. 어머니를 위한 나머지 다리 잘리는 형벌을 까맣게 잊었도다."
하는 것이었다.
그리고 또 어느 날 임금과 더불어 과수원에서 노닐 때 복숭아를 먹다가 너무 달기에 다 먹지 않고 그 반을 임금에게 바쳤다.
그러자 임금이 말하기를,

"정말로 과인을 사랑하는도다. 자기의 입맛을 잊고서 과인을 먹여 주는구나."

하였다. 그러다가 미자하가 아름다움이 시들고 임금의 사랑이 없어진 후에 임금에게 어떤 죄를 지었다.

그러자 임금이 꾸짖기를,

"너는 언젠가 과인를 속이고 과인의 수레를 탄 일이 있었고, 또 전에 자기가 먹다 남은 복숭아를 나에게 먹인 일이 있었다" 하였다.

미자하의 행동에는 처음과 끝이 변함이 없이 한결같았다. 그런데 전에 어질다고 여겨졌던 것이 뒤에 가서 죄가 된 것은 임금의 사랑과 미움의 변화 때문인 것이다.

따라서 임금의 총애가 있으면 곧 지혜가 합당해져 더욱 친근해지고, 임금의 미움이 있으면 그 지혜도 받아들여지지 않아 죄가 되고 더욱 멀어지는 것이다.

그래서 임금에게 간언을 하거나 변호를 하려는 선비는 임금의 사랑과 미움을 잘 살핀 후에 유세하지 않으면 안 되는 것이다.

대저 용(龍)이란 동물은 성질이 유순하여 잘 길들여지면 타고 다닐 수도 있지만 멱 밑에는 직경이 한 자나 되는 거꾸로 박힌 비늘이 있다.

만약 그것을 건드리는 사람이 있으면 용은 반드시 그 사람을 죽인다.

이처럼 임금도 거꾸로 박힌 비늘이 있으니 유세자가 임금의 거꾸로 박힌 비늘을 건드리지 않는다면 거의 훌륭한 설득이라 할 수 있다.

연목구어 緣木求魚

인연 **연** · 나무 **목** · 구할 **구** · 고기 **어**

[出典] 《맹자(孟子)》
[文意] 나무에서 물고기를 구함.
[解義] 불가능한 일을 억지로 하는 사람. 무리들의 생각이나 행동.

제(齊)나라의 선왕(宣王)이 춘추 시대의 패자였던 제나라의 환공(桓公)과 진(晋)나라의 문공(文公)의 패업을 듣고 싶어하자 맹자가 물었다.

"도대체 왕께서는 전쟁을 일으켜 병사와 신하의 생명을 위태롭게 하고 이웃나라의 제후와 원한을 맺는 것이 좋습니까?"

"아닙니다. 내 어찌 그것을 좋다고 하겠습니까. 장차 내가 크게 하고자 하는 것을 구하려 하는 것이외다."

"왕의 그 대망이란 것이 무엇인지 말씀해 주십시오."

왕이 웃으며 말하지 않자 맹자가 말했다.

"살찐 것과 달콤한 것이 입에 족하지 못하며, 가볍고 따뜻한 옷이 몸에 족하지 못합니까? 아니면 아름다운 색이 눈에 보이는 것이 족하지 못하고, 풍악소리가 귀에 들림이 족하지 못하며, 총애하는 사람을 부리는 데 족하지 못해서입니까? 이런 것들은 모두 충분할 터인데 왕께서는 어찌 이런 것들 때문에 그러하십니까?"

"아닙니다. 내가 그런 것을 구하고자 하는 게 아닙니다."

맹자가 다시 말했다.

"그렇다고 왕께서 크게 하고자 하시는 바를 이미 다 알겠습니다. 영토를 확장하여 진나라나 초나라 같은 대국이 인사를 드리러 오게 하고, 중국 전토를 지배해서 사방의 오랑캐들을 그런 무력적인 방법으로 거느리려고 하시는 것이지요. 하나 그것은 마치 나무에 올라가 물고기를 얻고자 하는 것과 같습니다."

왕이 깜짝 놀라며 물었다.

"그토록 무리란 말입니까?"

"예, 나무에 올라가 물고기를 잡으려는 것보다 더 무리입니다. 나무에서 물고기를 잡으려는 것은 비록 물고기를 잡지 못하더라도 뒤따르는 재난은 없습니다. 그러나 왕과 같은 방법으로 대망을 달성하려고 하시면 심신을 다하되 결국은 백성을 잃고 나라를 파하는 대재난이 닥칠 뿐 좋은 결과는 오지 않습니다."

하고 맹자는 대답하였다.

오리무중 五里霧中

다섯 오 · 마을 리 · 안개 무 · 가운데 중

[出典] **《후한서(後漢書)》**
[文意] 오 리 사방이 안개 속이다.
[解義] 뭐가 뭔지 알 수가 없음. 어디에 있는지 찾을 수 없거나 갈피를 잡을 수 없음.

후한(後漢) 순제(順帝) 때, 장해라는 선비가 있었는데, 학문이 깊기로 명성이 자자했다. 순제는 그를 여러 번 등용하려고 하였지만, 장해는 그때마다 병을 핑계로 응하지 않았다. 그 이유는 환관들이 아귀다툼을 하고 있는 조정으로 들어가 벼슬살이하는 것을 혐오하였기 때문이다.

학문이 깊었던 장해의 문하에는 언제나 100명이 넘는 제자들이 있었으며, 고관대작을 비롯하여 환관들까지도 그와 가까이 하려고 다투었다. 장해는 이를 피해 화음산(花陰山) 기슭에서 은둔생활을 하였다.

그러나 그곳 역시 그를 좇아온 사람들로 붐볐으며, 얼마 후에는 그곳에 장해의 자(字)를 딴 공초(公超)라는 장이 생기기도 하였다.

장해는 학문만 뛰어났던 것이 아니다. 그는 도술(道術)에도 능하여 만나고 싶지 않거나 귀찮은 사람이 찾아오면 사방 5리에 이르는 안개를 일으켜 자신이 있는 곳을 숨기는 일이 있었다.

그 당시 배우(裵優)라는 자 역시 안개를 일으킬 수 있었는데, 그는 한 번에 3리밖에는 하지 못했다. 그래서 배우는 장해를 찾아가 5리까지 안개를 일으킬 수 있는 기술을 배우고자 했으나, 장해가 숨어 버렸기 때문에 뜻을 이루지 못했다.

오십보백보 五十步百步

다섯 오 · 열 십 · 걸음 보 · 일백 백 · 걸음 보

出典 《맹자(孟子)》
文意 오십 보와 백 보.
解義 도망을 치는 데엔 오십 보나 백 보나 본질적으로 같다는 말.

맹자가 위(魏)나라의 왕인 혜왕(惠王)에게 초청을 받았을 때의 이야기이다.

위나라는 당시 서로는 강국인 진(秦)나라에게 압박받고, 또 동으로는 제(齊)나라와의 싸움에서 대패하여 역경 속에서 허덕이고 있었다. 혜왕은 이름있는 현사나 재사를 불러 의견을 듣거나 채용하는 등 국운 만회에 적극 노력하고 있었다.

혜왕이 맹자에게 물었다.

"당신의 백성을 생각하라는 가르침에 변변치 못한 저이오나 마음을 다하고 있다고 생각합니다. 예를 들어 하내 지방에 흉년이 들었을 때는 그 백성을 하동 지방으로 이주시켜 하동의 곡식을 운반해다 먹이고, 그 반대로 하동 지방에 기근이 들었을 때는 하내로 이주시켜 곡식을 하동으로 운반하는 등 애를 쓰고 있습니다만 백성들은 나를 따라 모여들지 않습니다. 이웃나라의 백성은 여전히 줄지 않고 과인

의 백성은 더 많아지지 않음은 어찌된 일입니까?"

이 말을 받아 맹자가 대답했다.

"왕께서는 전쟁을 좋아하시니 거기에 비유해서 말씀드리겠습니다. 전쟁터에서 서로 격전을 벌이고자 개전을 알리는 북소리가 우렁차게 울렸다고 합시다. 백병전이 전개되었습니다. 그때 어떤 병사가 겁을 먹고는 갑옷과 투구를 벗어 던지고 창을 끌면서 정신없이 도망을 쳤습니다. 그리하여 백 보쯤 가서 섰습니다. 그러자 뒤따라서 도망쳤던 자가 50보에서 멈춰서더니 백 보를 도망친 놈에게 겁쟁이라며 비웃었다고 한다면 어떻겠습니까?"

"50보나 백 보나 도망치기는 마찬가지가 아니오?"

"왕께서 그것을 아신다면 인접 국가보다 백성이 많아지기를 바라지 마십시오."

결국 인접국의 정치나 왕의 정치나 맹자의 왕도(王道)에서 보면 아무리 혜왕이 백성을 생각한다 해도 역시 오십 보 백 보의 차이라고 말한 것이다.

오월동주 吳越同舟

나라 오 · 월나라 월 · 한 가지 동 · 배 주

[出典] 《손자병법(孫子兵法)》
[文意] 오나라, 월나라 사람이 한 배를 타다.
[解義] 서로 원수처럼 지내는 사이나 좋지 않은 사람들이 한 자리에 있게 된 것을 의미한다.

《손자(孫子)》라는 책은 중국의 유명한 병법서(兵法書)로서 춘추 시대 오나라의 손무(孫武)가 쓴 것이다. 손무는 오왕(吳王) 합려(闔閭) 때 서쪽으로는 초(楚)나라의 도읍을 공략하고, 북방의 제(齊)나라와 진(晉)나라를 격파한 명장이기도 했다.
《손자》〈구지(九地)〉편에 다음과 같은 글이 있다.

병(兵)을 쓰는 법에는 구지(九地)가 있다. 그 구지 중 최후의 것을 사지(死地)라 한다. 주저없이 일어서서 싸우면 살 길이 있고, 기가 꺾이어 망설이면 패망하고 마는 필사(必死)의 땅이다. 그러므로 사지에 있을 때는 싸워야 활로(活路)가 열린다. 나아갈 수도 물러설 수도 없는 필사의 장(場)에서는 병사들이 한마음, 한 뜻이 되어 필사적으로 싸울 것이기 때문이다.
이때 유능한 장수의 용병술(用兵術)은 상산(常山)에 서식하는 솔연

(率然)이란 큰 뱀의 몸놀림과 같아야 한다. 머리를 치면 꼬리가 날아오고 꼬리를 치면 머리가 덤벼든다.

또 몸통을 치면 머리와 꼬리가 한꺼번에 덤벼든다. 이처럼 세력을 하나로 합치는 것이 중요하다.

옛날부터 서로 적대시해 온 '오나라 사람과 월나라 사람이 같은 배를 타고(吳越同舟)' 강을 건넌다고 하자. 강 한가운데에 이르렀을 때 큰 바람이 불어 배가 뒤집히려 한다면 오나라 사람이나 월나라 사람은 평소의 적개심을 잊고 서로 왼손, 오른손이 되어 필사적으로 도울 것이다.

바로 이것이다. 전차(戰車)의 말(馬)들을 서로 단단히 붙들어 매고 바퀴를 땅에 묻고서 적에게 그 방비를 파괴당하지 않으려 해 봤자 최후에 의지가 되는 것은 그것이 아니다.

의지가 되는 것은 오로지 필사적으로 하나로 뭉친 병사들의 마음이다.

오합지중 烏合之衆

까마귀 오 · 합할 합 · 갈 지 · 무리 중

[出典] 《후한서(後漢書)》
[文意] 까마귀가 떼를 지어 있음.
[解義] 어중이 떠중이가 모여 질서가 없는 무리.

전한(前漢) 말 외척인 왕망(王莽)이 나라를 빼앗아 국호를 신(新)이라 고치고 새로운 정책을 실시하였으나 실패하여 도처에서 도적이 횡행하게 되니 천하는 다시 대혼란에 빠지고 말았다.

이때 유수(劉秀) 등이 군사를 일으켜 왕망을 몰아내고 경제(景帝)의 자손인 유현(劉玄)을 황제로 삼아 다시 한(漢)나라의 세상으로 되돌려 놓았다.

그 중 한단에 웅거한 왕랑이란 자가 스스로 천자라 칭하고 군사를 일으켰는데, 그 기세가 대단했으므로 이듬해 24년 유수는 군대를 이끌고 정벌에 나섰다.

그러던 차에 하북성(河北省)의 상곡(上谷) 태수 경황은 전부터 유수의 인격을 흠모하고 있었으므로 아들 경감을 유수의 휘하로 보내기로 했다.

경감은 이때 나이 21세, 준민하고 사려가 깊은데다가 병법을 좋아했기 때문에 아주 기뻐하며 유수의 휘하로 달려갔다.

길을 떠난 경감은 도중에 왕랑이 한단에서 군사를 일으켜 천자라 칭하고 있다는 소식을 전해 들었다. 그러자 수하인 손창(孫倉)과 위포(衛包)가 왕랑을 두둔하고 나섰다.

"유자여는 성제의 아들로 한나라의 올바른 혈통을 이어받은 분이다. 이런 사람을 놓아두고 도대체 어디로 가려는 것인가?"

경감은 머리끝까지 화가 치밀어 두 사람을 끌어내 칼을 뽑아들고 말했다.

"왕랑이란 본래 이름도 없는 도적인데 유자여라고 황제의 이름을 사칭하여 난을 일으킨 것이다. 내가 오합지중인 왕랑의 군사를 친다면 썩은 나무를 쓰러뜨리는 것과 같아 왕랑을 포로로 잡게 될 것이다. 너희들이 그런 사리도 모르고 적과 한패가 된다면 곧 패망해서 일족이 멸망을 당하리라."

그러나 두 사람은 결국 왕랑에게로 도망쳐 버렸으므로 경감은 억지로 붙잡으려고도 하지 않고 유수에게로 길을 재촉했다.

그리하여 유수를 도와 많은 무공을 세우고 후에 건의대장군(建儀大將軍)에 임명되었다.

옥상옥 屋上屋

집 옥 · 높은 상 · 집 옥

- 出典 《세설신어(世說新語)》
- 文意 지붕 위의 지붕.
- 解義 공연한 일이나 헛수고를 뜻함.

동진(東晉)의 유중초(庾仲初)가 수도 건강(建康)의 아름다움을 묘사한 《양도부(揚都賦)》라는 시를 지었을 때, 그는 먼저 이 글을 친척인 세도 재상 유양(庾亮)에게 보냈다.

그랬더니 유양은 친척간의 정리를 생각해서 과장된 평을 해 주었다.

"그의 양도부는 좌태충(左太沖)이 지은 삼도부(三都賦)와 비교해도 조금도 손색이 없다."

그러자 사람들은 서로 다투어 유중초의 이 시를 베껴서 벽에 붙여 놓고 감상하느라 장안의 종이값이 오를 정도였다.

그러나 이와 같은 경박한 풍조에 대해 태부(太傅)로 있는 사안석(謝安石)은 이렇게 나무랐다.

"뭐야! 저 시는 마치 지붕 밑에 또 지붕을 만든 것 같구나. 똑같은 소리를 반복한 데 지나지 않아. 저런 것을 가지고 잘 되었다고 떠들어 대는 작자들의 심사를 모르겠군."

결국 남의 것을 모방해서 만든 서투른 문장이란 뜻이다.

이로부터 한참 뒤인 남북조 시대에 북제(北齊)의 안지추(顔之推)라는 학자가 자손을 위해 써 둔 《안씨가훈(顔氏家訓)》이란 책의 서문에는 다음과 같이 쓰여 있다.

"위진(魏晉) 이래로 씌어진 모든 책들은 이른바 내용이 중복되고 서로 남의 흉내만을 내고 있어, 그야말로 지붕 밑에 지붕을 만들고 평상 위에 평상을 만든 것과도 같다."

이상과 같이 원전에는 지붕 밑에 지붕을 만든다는 '옥하가옥(屋下架屋)'으로 나와 있으나 오늘날에는 보통 '옥상옥'으로 쓰이고 있다.

옥석혼효 玉石混淆

구슬 **옥** · 돌 **석** · 섞일 **혼** · 어지러울 **효**

[出典] 《포박자(抱朴子)》
[文意] 옥과 돌이 함께 섞이다.
[解義] 좋은 것과 나쁜 것이 섞이면 좋고 나쁨을 구별하지 못한다.

동진(東晉)의 갈홍(葛洪)은 《포박자(抱朴子)》를 지었는데 이 책은 도교가 하나의 사상으로 자리잡을 수 있도록 결정적인 역할을 한 책이다. 이 책의 〈상박(尙博)〉편에서 갈홍은 다음과 같이 말했다.

"《시경(詩經)》이나 《서경(書經)》이 도의(道義)의 큰 바다라고 한다면 제자백가(諸子百家)의 글은 이것을 보충하는 냇물의 흐름이라 할 수 있다. 방법은 달라도 덕을 닦는 데는 변함이 없다. 옛사람들은 재능을 얻기 어려움을 탄식하여 곤륜산의 옥이 아니라 해서 야광주를 버리거나 성인의 글이 아니라 해서 수양에 도움이 되는 말은 버리지 않았다.

또 천박한 시부(詩賦)를 감상하는가 하면, 뜻깊은 제자백가의 책을 하찮게 여기며, 유식한 금언(金言)을 가볍게 생각한다. 그래서 참과 거짓이 전도되고, 옥과 돌이 뒤섞이며(玉石混淆) 아악(雅樂)과 같은 것으로 보고 아름다운 옷도 누더기로 보니 참으로 한탄스럽기 그

지없다."

  이렇듯 갈홍은 세상의 유행에 추종하며 말초신경이나 건드리는 천박한 글에 사람들의 마음이 쏠리는 현실을 애석해했다. 오늘날의 세상을 보면 갈홍은 더욱 크게 한탄하리라.

온고지신 溫故知新

따뜻할 온 · 예 고 · 알 지 · 새로울 신

- [出典] 《논어(論語)》
- [文意] 옛것을 익혀 새것을 앎.
- [解義] 오래 된 것을 배워둔 후 새로운 것을 익히면 가히 다른 사람의 스승이 된다는 뜻.

'옛것을 되새기어 새것을 살필 줄 알면 능히 남의 스승이 됨직하다(溫故而知新 可以爲師矣).'

이 온고이지신의 온(溫)에 대해서는 여러 가지 해석이 이루어지고 있다.

정현(鄭玄)은 심온과 같다고 했는데 여기서 심이란 고기를 뜨거운 물 속에 넣어 따뜻하게 하는 것을 말한다. 즉 옛것을 배워 가슴 속을 따뜻하게 품은 상태를 일컫는 것이다.

주자(朱子)는 심역(尋繹)하는 것이라고 했다. 곧 찾아서 연구한다는 뜻이다.

온고지신(溫故知新)이라는 말은 과거와 동시에 현재를 알아야 한다는 뜻도 되지만, 과거를 알아야 현실을 더 확실히 인식하게 된다는 의미가 보다 강하게 깔려 있다.

와신상담 臥薪嘗膽

누울 와 · 섶 신 · 맛볼 상 · 쓸개 담

[出典] 《사기(史記)》
[文意] 섶에 누워 쓸개를 맛보다.
[解義] 복수를 하기 위해 온갖 어려운 일을 참고 견디다.

월(越)나라는 오나라와 남쪽으로 접경하고 있는 변방 나라로서 지금의 절강성(浙江省)이 이에 해당한다. 지금의 절강성이라고 하면 중국 본토에서도 손꼽을 만한 요지의 하나로 헤아려지겠지만, 주실천하(周室天下) 당시로 말하면 '천하'의 변토(邊土)로 간주되고 있었다.

오나라만 하더라도 자기들과 접경이라고는 하나 그래도 중원에 가까운 위치에 있었고, 또 근자에 이르러서는 오자서나 손무 같은 천하의 준걸들을 얻어 지금까지 강성을 자랑하던 초나라를 무찌르고, 또한 북방문화 중심국의 하나인 제나라와 통합함으로써 천하의 패자(覇者)가 되어 가고 있는 형편이 아닌가.

따라서 월나라가 오나라, 초나라와 같이 천하의 웅국(雄國)으로 그 존재를 드러내려면 자기들과 북쪽으로 접경해 있는 오나라, 초나라를 쳐서 이기는 길밖에 도리가 없었던 것이다. 이에 월왕 윤상

(允常)이 범려, 문종(文鍾) 같은 현신들을 모아 천하에 웅비할 날을 기다렸다.

그는 마침내 그 뜻을 펴지 못한 채 세상을 떠나게 되었다. 그 아들 구천(勾踐)이 윤상의 뜻을 물려받고 왕위에 올랐다.

"윤상의 아들은 구천만이 아니며 이 왕위계승도 순조롭게 행해진 것은 아니다. 지금 월은 동요하고 있다. 공격할 호기다."

오나라 합려는 그렇게 판단하여 군대를 동원했다.

이때 오·월의 전장은 추리라는 곳이었다. 태호(太湖)와 항주만의 중간으로 현재의 절강성 가흥현 부근이라고 전해진다.

양군은 대치하였고 승패는 의외로 월군의 대승리로 끝났다.

월군은 눈사태처럼 오의 본진을 습격하여 왔다. 월의 용장 영고부는 창을 바짝 잡아들고 오왕 합려에게 달려들었다. 간발의 차로 오왕은 몸을 휙 돌려 피했으나 영고부의 창은 오왕의 엄지발가락에 꽂혔다.

오왕은 순간적으로 신발을 벗어 던지고 비틀거리면서 도망쳤다.

그러나 자기 영지 안의 형이라는 곳까지 다다랐을 때의 발가락의 상처가 원인이 되어 오왕 합려는 죽고 말았다.

합려는 아들 부차(夫差)를 머리맡에 불러,

"부차야, 너는 월왕 구천이 너의 아비를 죽인 것을 잊어서는 안 된다."

라고 말하고는 숨이 끊어졌다.

"결코 잊지 않을 것이옵니다."

입술을 깨물고 부차는 비통함을 참으며 간신히 그렇게 대답했다.

새로이 즉위한 부차는 궁전의 정원에 가신을 세워 놓고 자신의 출

입할 때마다,

"부차야! 월왕 구천이 너의 아버지를 죽인 것을 벌써 잊었느냐?"
하고 큰 소리로 외치게 하였다.

새 오나라 왕 부차는 궁전에 출입할 때마다 월나라군에 쫓기었던 때의 치욕을 상기하며,

"아니오. 결코 잊지 않았습니다."
라고 대답하는 것이었다.

《사기》나 《춘추좌전(春秋左傳)》에는 실려 있지 않지만 《십팔사략(十八史略)》에는 부차가 아버지의 원한을 잊지 않기 위해 부드러운 침대에서 자지 않고 딱딱한 장작 위에서 잤다고 기록되어 있다.

이것이 유명한 '와신(臥薪)'이다.

와우각상쟁 蝸牛角上爭

달팽이 **와** · 소 **우** · 뿔 **각** · 높은 **상** · 다툴 **쟁**

[出典] 《장자(莊子)》
[文意] 달팽이 뿔 위에서의 다툼.
[解義] 아주 사소하고 보잘것없는 일로 싸우는 것.

위 혜왕(魏惠王)은 제 위왕(齊威王)이 불가침 약속을 깨뜨리자 노기가 등등하여 당장에 자객을 보내 암살해야 한다고 떠들어 댔다. 이때 그런 방법보다는 정정 당당하게 맞서자는 의견을 공손연(公孫衍)이 내놓았다. 병사를 휘몰아 가서 무력으로써 제나라를 제압해야 한다고 목소리를 높였다. 당연히 반대 의견을 계자(季子)가 내놓았다.

"전쟁을 일으키는 것은 백성을 위태롭게 만드는 일이므로 상책이 아닙니다. 그들이 자기 도취에 빠져 있는데 그들이 하는 짓에 응한다면 같은 잘못을 저지르게 됩니다."

"어떻게 하자는 것인가?"

"도를 닦아야 합니다."

모두들 어이없어 하자, 또 한 사람의 신하 화자(華者)가 왕에게 말했다.

"이들 논자(論者)는 다 같이 나라를 어지럽히는 자로서, 이런 무리를 가리켜 나라를 어지럽히는 시비의 분별에만 사로잡혀 있는 자라고 할 수 있지 않겠습니까? 시비의 분별에서 떠난 도의 입장에서 사물을 생각하셔야 합니다."

그 말을 들은 재상 혜시(惠施)는 기회가 좋다고 보고, 현자로서 이름 높은 대진인(戴晋人)을 혜왕에게 소개시켰다. 대진인은 왕을 향해 말하기 시작했다.

"와우(蝸牛)라는 것이 있습니다만, 알고 계십니까?"

"알고 말고."

"그 달팽이의 왼쪽 촉각에는 촉 씨(觸氏)라는 자가, 오른쪽 촉각에는 만 씨(蠻氏)라는 자가 나라를 세우고 있었는데, 서로 영토를 놓고 싸워 전사자가 수만에 달했고 도망치는 적을 15일 동안이나 추격한 끝에 창을 거두었다고 합니다."

"그런 엉뚱한 거짓말이 어디 있소?"

"그럼 이것을 사실에다 비유해 보겠습니다. 왕께서는 이 우주에 끝이 있다고 생각하십니까?"

"그야 끝이 없지."

"그렇다면 마음을 그 무궁한 세계 속에 놀게 하는 자에게는 사람이 왕래하는 지상의 나라 같은 것이 있는 것 같기도 하고 없는 것 같기도 한 극히 보잘것없는 것이라고 말할 수 있겠지요."

"음 그럴 듯한데."

"그 나라들 중에 위(魏)라는 나라가 있고 위나라 안에 양(梁)이라는 도읍이 있으며 그 양 속에 왕이 계십니다. 우주의 무궁에 비하면 제나라를 칠 것인가 안 칠 것인가 망설이는 왕과 와우각상의 촉 씨,

만 씨와 대체 얼마 만큼의 차이가 있겠습니까?"

혜왕은 쓴웃음을 지으며 말했다.

"글쎄, 같을지도 모르지."

대진인이 나가자 혜왕은 맥이 빠져서 나중에 배알하고자 나온 혜시(惠施)에게 탄식하며 말했다.

"그 사나이는 대단한 인물이오. 설사 성인이라도 미치지 못 할 것이오."

완벽 完璧

온전할 **완** · 구슬 **벽**

[出典] 《사기(史記)》
[文意] 티 없는 구슬.
[解義] 모자라거나 부족함이 없어 흠 잡을 데가 없음.

전국 시대 말. 조(趙)나라 혜문왕(惠文王) 시대에 유현(劉玄)이라는 환관이 있었다. 왕의 총애를 받은 그는 환자령(宦者令: 비서실장)이라는 자리에 올랐는데, 어느 날 다른 나라에서 온 상인에게 5백금이라는 돈을 주고 구슬을 샀다.

장사꾼이 간 뒤 유현은 옥공(玉工)을 불러 감정했는데, 바로 화씨벽(和氏璧)이라는 구슬인데 일종의 야광주였다.

여기에는 다음과 같은 사연이 있다.

초(楚)나라 사람 화 씨(和氏)가 초산(楚山)에서 옥돌을 주워서 여왕에게 바쳤다. 여왕은 옥장이에게 그것을 감정하도록 했는데 옥장이는 한낱 돌이라고 했다.

여왕은 화 씨가 자기를 속였다며 그 왼발을 자르는 형벌을 내렸다. 여왕이 죽고 무왕(武王)이 즉위하자 화 씨는 또 그 옥돌을 무왕에게 바쳤다.

그런데 감정 결과 역시 돌이라고 하는 것이었다. 그래서 무왕은 그의 오른발을 잘랐다.

무왕이 죽고 문왕(文王)이 즉위하자 화 씨는 그 옥돌을 안고 초산 아래에서 통곡을 했다.

사흘 낮, 사흘 밤을 울어 눈물이 마침내 피로 흘렀다.

문왕이 그것을 듣고 사람을 시켜 그 까닭을 묻도록 했다.

"세상에서 다리를 잘린 사람이 많소. 그런데 그대는 어찌하여 그렇게 슬피 울고 있소?"

하자 화 씨는 대답했다.

"저는 다리 잘린 것을 슬퍼하는 것이 아니라 이 보옥을 돌이라 부르고, 곧은 선비를 사기꾼이라 부르니 이것이 제가 슬퍼하는 까닭입니다."

그러자 문왕은 옥장이를 시켜 그 옥돌을 다듬게 하여 보배를 얻게 되었고, 마침내 그것을 '화 씨의 벽'이라 부르게 되었다.

왕후장상 영유종호 王侯將相寧有種乎

임금 **왕** · 제후 **후** · 장수 **장** · 정승 **상** · 어찌 **녕** · 있을 **유** · 씨앗 **종** · 어조사 **호**

[出典] 《사기(史記)》
[文意] 왕, 제후, 장수, 대신이 어찌 씨가 있겠는가라는 말.
[解義] 사람의 신분은 노력 여하에 따라 높게 될 수 있음을 뜻한다.

진 시황제가 죽고 2세 황제 호해(胡亥)가 즉위하였다. 호해는 진 시황제와는 달리 어리석어 환관 조고(趙高)의 손아귀에서 놀아났으며, 백성들의 원성은 증폭되어 갔다.

이때 조정에서는 이문(里門) 왼쪽에 살고 있는 빈민들은 변방 근처의 어양(漁陽) 지역으로 옮겨 가도록 하였는데, 진승(陳勝)과 오광(吳廣)이 이들을 통솔했다. 그런데 이들이 대택향(大澤鄕)까지 갔을 때 큰비가 쏟아져 내려 도로가 불통되어 기한 안에 간다는 것은 거의 불가능했다.

당시 법률에 의하면 기한 안에 도착하지 못하면 참수를 당하게 되어 있었다. 진승과 오광은 지금 달아나도 죽을 것이고 난을 일으켜도 죽을 것이니, 차라리 나라를 위해 죽는 것이 낫다고 생각하여 농민들을 주축으로 하여 반란을 일으켰다.

진승과 오광은 먼저 두 명의 장위(將尉)를 살해하고 부하들을 불러 모아 이렇게 호소했다.

"너희들은 비를 만났으므로 모두 기한을 어기게 되었다. 기한을 어기면 마땅히 모두 죽음을 당해야 한다. 만약 죽지 않는다고 해도 변경을 지키다 죽는 사람이 본래 10명 중에 6, 7명은 된다. 하물며 장수는 죽지 않을 뿐인데, 만약 죽으려면 세상에 커다란 명성을 남겨야 하는 것이다. 왕, 제후, 장수, 재상이 어찌 씨가 있겠는가?"

평소 원망이 쌓였던 사람들은 이 말을 듣고 모두 이들을 따랐다. 이것이 진제국이 멸망하는 불씨가 되었다.

요령부득 要領不得

구할 요 · 옷깃 령 · 아니 부 · 얻을 득

[出典] 《사기(史記)》
[文意] 요령을 얻지 못하다.
[解義] 중요한 것을 얻지 못하고 빈 손으로 돌아오다.

한나라 무제(武帝) 때, 흉노의 침략이 빈번하여 항상 근심을 해야만 하였다. 이때 농서 서북쪽에 위치한 월지(月地)의 왕이 흉노에게 격파되어 그의 두개골이 술 담는 그릇으로 만들어지게 되었다.

이에 월지는 흉노에게 원한을 품고 복수의 칼을 갈고 있었다. 무제는 월지와 힘을 합쳐 흉노를 무찌를 계획을 세웠다. 그런데 월지로 가려면 반드시 흉노의 땅을 지나야만 하였다.

이때 장건(張騫)이 사신으로 가게 되었다.

그러나 장건 일행은 흉노 땅을 지나다가 붙잡혀 10여 년 동안 억류되었다. 그는 이곳에서 결혼하여 자식까지 낳았으나 한나라 사신으로서의 신념만은 잃지 않았다. 이것은 장건의 사람됨이 의지가 굳세고 마음에 여유가 있었기 때문일 것이다.

장건은 감시가 점점 소홀해지자 일행을 데리고 탈출하여 월지로 향하였다. 장건 일행은 우여곡절 끝에 월지에 도착하여 왕을 만나 무제의 뜻을 전하였다.

그러나 월지의 땅은 이미 비옥하고 침략자들도 거의 없어 안락한 나날을 보내고 있었으며, 한나라는 멀리 떨어져 있는 것으로 알고 있었으므로 흉노에게 복수할 생각이 전혀 없었다.

그래서 장건은 대하(大夏)로 가서 월지를 설득하려 했지만 성공하지 못하였다. 그는 처음에는 100명을 데리고 갔으나, 돌아올 때는 단 두 명뿐이었다.

사관(史官)은 이 일에 대해 다음과 같이 기록하고 있다.

"장건은 끝내 사명으로 하는 월지의 허락을 얻지 못하고 머무른 지 1년 만에 돌아왔다."

사실 장건은 귀국길에도 또 흉노에게 붙잡혀 1년간 억류 생활을 해야 했다. 그가 다시 한나라로 돌아온 것은 13년의 시간이 흐른 뒤였다.

용두사미 龍頭蛇尾

용 룡 · 머리 두 · 뱀 사 · 꼬리 미

出典 《벽암집(碧巖集)》
文意 용의 머리에 뱀의 꼬리.
解義 시작은 거창했지만 결국엔 보잘것없음을 뜻한다.

스님 진존자는 짚신을 삼아 각지를 돌아다니며 나그네들에게 무료로 나누어 주었다. 그가 어떤 중을 만나 말을 주고받는데 갑자기 상대가,

"에잇!"

하고 호령을 했다. 그래서,

"허허, 이거 야단 맞았군."

하고 상대를 바라보자 또 한 번,

"에잇!"

하고 꾸중을 하는 것이었다.

그 중의 재치 있는 태도와 말재간은 제법 도를 닦은 도승처럼 보이기도 했다.

그러나 진존자는 마음 속으로 생각했다.

'이 중은 얼핏 보기에는 그럴 듯하지만 참 도를 깨치지는 못한 것

같군. 모르긴 해도 용의 머리에 한갓 뱀의 꼬리이기 쉽겠어.'

그래서 웃으며 말했다.

"그대는 '에잇! 에잇!' 하고 위세가 좋은데 무엇으로 마무리지을 생각인가?"

중은 자기 속셈이 드러난 것을 알고는 뱀꼬리처럼 사라지고 말았다.

우공이산 愚公移山

어리석은 우 · 마을 공 · 옮길 이 · 뫼 산

- 出典 《열자(列子)》
- 文意 우공이 산을 옮기다.
- 解義 남이 보기엔 어리석은 일처럼 보이지만 한 가지 일을 끝까지 밀고 나가면 언젠가는 목적을 달성할 수 있다는 뜻.

태형산(太形山)과 왕옥산(王屋山)은 사방 7백 리, 높이 1만 길이나 되며, 원래는 기주(冀州)의 남쪽, 하양(河陽)의 북쪽에 있었다.

북산(北山)의 우공(愚公)이란 사람은 나이 이미 90에 가까운 노인으로 이 두 산에 이웃하며 살고 있었는데, 산이 북쪽을 막아 왕래가 불편하므로 온 집안 사람을 불러모아 놓고 이렇게 의논을 했다.

"나는 너희들과 있는 힘을 다해서 험한 산을 깎아 평지로 만들고 예주(豫州)의 남쪽까지 한길을 닦으며, 또 한수(漢水)의 남쪽까지 갈 수 있도록 하고 싶은데 어떻게들 생각하느냐?"

일동은 모두 찬성한다는 뜻을 표명했으나 그의 아내만이 의아하게 생각하여 물었다.

"당신의 힘으로는 작은 언덕도 파헤치지 못할 것인데 태행이나 왕옥 같은 큰 산을 어떻게 처리하겠소? 게다가 파낸 흙이나 돌은 어디에다 처리할 생각인가요?"

그러자 다른 사람들은 대단한 기세로 소리를 높여 이구동성으로 대답했다.

"그 흙이나 돌은 발해의 해변이나 은토(隱土)의 끝에라도 내다버리지요."

결국 결정이 되어 우공은 세 아들과 손자를 데리고 돌을 캐고 흙을 파내어 그것을 발해 해변으로 운반하기 시작했다.

우공의 옆집에 사는 경성 씨(京城氏)의 과부댁에도 겨우 여덟 살 정도밖에 안 된 아들이 있었는데, 그 아이도 아주 좋아하며 같이 거들었지만 1년 만에야 겨우 한 번 왕복하는 정도였다.

황허(黃河) 가에 사는 지수라는 사람이 그것을 보고 웃으며 우공에게 충고했다.

"영감님의 어리석음도 대단하군요. 앞날이 얼마 남지 않은 영감님의 그 약한 힘으로는 산의 한 쪽 귀퉁이도 제대로 파내지 못할 텐데 이런 큰 산의 흙이나 돌을 대체 어쩌자는 셈입니까?"

우공은 딱하다는 듯 탄식하며 이렇게 대답했다.

"자네처럼 천박한 생각밖에 못하는 사람에게는 도저히 이해가 가지 않겠지. 자네의 생각은 저 과부댁 아들의 생각만도 못해. 가령 앞날이 얼마 안 남은 내가 죽는다고 해도 아이들은 남고, 아이들은 다시 자손을 낳고, 그 자손도 또 아이를 낳고, 그 아이가 또 아이를 낳고, 손자가 생겨 자자손손 끊이지 않네. 그런데 산은 더 커지지 않거든. 그렇다면 언젠가는 틀림없이 평지가 될 때가 오지 않겠나."

지수는 그 말을 듣고 어안이 벙벙해질 뿐이었다. 그런데 그 말을 듣고 더 놀란 것은 그 두 산의 사신(蛇神)이었다. 산을 파내는 일이 언제까지나 계속되어서는 큰 일이라고 생각하여 천제께 사정을 호소하였다.

 천제는 우공의 진심에 감탄하여 힘센 신(神)인 과아제의 두 아들에게 명하여 태행, 왕옥의 두 산을 등에 짊어지게 한 다음, 하나는 삭동(朔東) 땅으로, 다른 하나는 옹남(雍南) 땅으로 옮겨 놓았다.

 그후부터 익주의 남쪽, 한수의 남쪽으로는 낮은 야산도 보이지 않게 되었다.

원교근공 遠交近攻

멀 원 · 사귈 교 · 가까울 근 · 칠 공

出典 《전국책(戰國策)》《사기(史記)》
文意 먼 곳은 사귀고 가까운 곳은 공격한다.
解義 먼 곳과는 항시 친하게 지내고, 국경을 맞대고 있는 나라는 기회가 있는 대로 공격한다는 뜻.

전국 시대의 진나라 소양왕(昭襄王) 때의 재상 범수는 종횡가의 한 사람이다.

한번은 소양왕이 범수와 회견하기로 약속하였다. 마침 소양왕은 군대를 파병하여 제나라를 공격하려고 했으나, 도무지 확신이 서지 못하던 터였다. 궁궐로 가는데 길에서 소양왕의 행렬과 마주쳤다.

그러나 범수는 소양왕의 행렬에 개의치 않고 그의 길을 재촉하기만 했다. 시중 드는 자들이 그에게 비키라고 하였으나 범수는 이렇게 되물었다.

"진나라에 아직 대왕이 있단 말인가? 진나라에는 오직 태후(太后), 양후(穰侯)만 있지 대왕이 어디에 있단 말인가?"

이 말에 소양왕은 깨우치는 바가 있어 범수를 영접하였다. 그리고는 좌우에 있는 시종들을 물리치고 범수에게 말하였다.

"상국께서 제게 가르침을 주십시오!"

그러나 범수는 한 마디도 하지 않았다. 소양왕이 재차 부탁했으나 범수는 대답하지 않았다. 그가 아무런 반응도 보이지 않자 소양왕이 다시 간곡하게 청하였다.

"상국은 나를 가르칠 만하지 않다고 생각하십니까?"

그러자 범수는 다음과 같은 비유를 들었다.

"옛날에 강태공이 문왕(文王)에게 의견을 내자 문왕은 그의 의견을 받아들여 상(商)나라를 멸망시키고 천하를 얻었습니다. 그러나 비간(比干)은 주왕(紂王)에게 의견을 냈으나 그의 말을 듣지 않고 도리어 죽였습니다. 이것은 무슨 까닭입니까? 한 사람은 믿음으로 받아들였으나, 다른 사람은 그것을 받아들이지 않았기 때문이 아닙니까? 지금 저는 대왕과 깊은 정이 없으나 제가 얘기하고자 하는 내용은 아주 깊습니다. 제가 두려워하는 것은 비간과 같이 스스로 몸을 망치는 화를 부르게 될까 염려할 뿐입니다. 그래서 대왕께서 세 번 물어도 감히 입을 열지 못했습니다."

그의 말에 소양왕이 말하였다.

"나는 상국의 재능을 존경하므로 진심으로 상국의 가르침을 청하는 것입니다."

소양왕의 이 말을 듣고 난 범수는 말하였다.

"제나라와 우리 진나라의 거리는 아주 멀고, 또 중간에 한(韓)나라와 위(魏)나라가 있습니다. 만약 병마를 적게 대결하여 혹시 제에게 패하기라도 하면 각 제후들의 비웃음을 살 것이고, 군대를 많이 보내면 나라가 어지러워질 수 있습니다.

또한 제나라를 순조롭게 제압한다고 해도 중간에 한나라와 위나라가 있으니 대왕은 제나라를 우리 진나라와 병합할 수가 없습니다.

옛날에 위나라는 조나라를 넘어 중산(中山)을 정벌했으나 생각지도 않게 조나라가 중산을 병탄했습니다.

그것은 위나라는 중산으로부터 멀고 조나라는 가깝기 때문입니다. 제가 생각할 때 대왕께서는 먼저 제나라와 초나라가 우호 관계를 맺고 한나라와 위나라를 쳐야 합니다. 먼 나라는 우리와 우호가 있으니 간섭하지 않을 것이고, 가까운 나라의 일 촌, 일 척을 치면 일 척의 영토를 확장할 수 있습니다.

우리가 한나라와 위나라를 친 다음에 제나라와 초나라가 어찌 무사할 수 있겠습니까? 이것을 '원교근공(遠交近攻)'이라고 합니다."

범수의 말을 다 듣고 난 소양왕은 기뻐하며 범수의 견해를 따랐다.

월단평 月旦評

달 **월** · 아침 **단** · 품평 **평**

- 出典 《십팔사략(十八史略)》, 《후한서(後漢書)》
- 文意 매달 초하룻날의 인물평.
- 解義 점쟁이가 초하룻날에 인물평을 보며 운수를 헤아리는 일. 또는 점사(占辭).

후한(後漢) 말기 여남(汝南) 땅에 허소와 그의 4촌형인 허정이라는 두 지방명사가 있었는데, 이들은 매달 초하룻날, 고향사람들의 인물평을 내곤 하였다.

《삼국지(三國志)》에서 유명한 조조(曹操)가 아직 청년일 때, 이 두 사람을 찾아가 아주 저자세로 말했다.

"저의 인물평을 해 주십사고 찾아왔습니다만……."

허소는 조조의 얼굴을 찬찬히 뜯어 본 다음 처음에는 대답하기를 꺼려했다. 그래서 조조가 숨기지 말고 부디 솔직하게 말씀해 달라고 몇 번이나 간곡히 부탁하자 허소는 할 수 없이 본 그대로 이렇게 평했다.

"당신은 치세(治世)의 간신이요, 난세(亂世)의 영웅이 될 사람이오."

이 말을 듣고 조조는 매우 기뻐했다.

월하빙인 月下氷人

달 **월** · 아래 **하** · 얼음 **빙** · 사람 **인**

- [出典] 《진서(晉書)》
- [文意] 월하노인과 빙상인을 합한 말.
- [解義] 중매꾼을 말함.

당(唐)나라 때 위고(韋固)라는 청년이 있었는데, 이곳 저곳 여행을 하며 돌아다니던 중 송성(宋城)이란 곳에 당도했다. 그때의 일이다.

푸르게 흐르는 듯한 달빛이 줄지어 있는 집들의 지붕을 비추고 있었다. 이미 밤도 깊어 거리에는 왕래하는 사람이 드물었다. 그는 무심코 어느 길모퉁이에서 걸음을 멈추었다. 이상한 노인이 있었기 때문이다. 노인은 땅바닥에 앉아 곁에 놓은 보따리에 몸을 기대고 열심히 책을 뒤적이고 있었다. 그 흰 수염에도, 훨훨 넘기는 책장에도 푸른 달빛이 넘쳐 흐르고 있었다. 위고는 곁으로 다가섰다.

"무얼 하고 계십니까?"

노인은 조용히 고개를 들었다.

"나 말인가? 지금 이 세상의 결혼에 대해서 찾아보고 있다네."

"그 보따리에는 무엇이 들어 있습니까?"

"자 보게나, 붉은 끈이 가득 들어 있지. 이것이 부부를 붙잡아 매는 끈이라네. 한번 이 끈으로 잡아매면 두 사람은 아무리 멀리 떨어져 있어도 또 어떤 원수지간이라도 반드시 맺어지게 되지."

위고는 총각이었다.

"제 처는 지금 어디에 있겠습니까? 가르쳐 주십시오."

"자네의 처 말인가? 이 송성에 있네. 이것 봐, 저 북쪽에서 야채를 팔고 있는 진(陳)할머니가 있지, 그가 안고 있는 젖먹이라네."

그 얘기가 그다지 반가운 이야기도 아니었으며 게다가 그런 말을 믿지도 않았기 때문에 위고는 그냥 가 버리고 말았다.

그후 14년이 지나 위고는 상주(相州)에서 관원 노릇을 하고 있다가 군의 태수 딸과 결혼을 하게 되었다. 신부는 16, 7세로 젊고 아름다웠다.

위고는 행복했다.

'그럼, 그 노인의 예언은 역시 거짓말이었단 말인가?'

어느 날 밤 위고는 처에게 그 가족에 대해 물어 보았다. 그러자 처는 이렇게 대답했다.

"사실 저는 태수님의 양녀입니다. 친아버지는 송성에서 관리를 하다가 돌아가셨습니다. 그때 저는 아직 젖먹이였는데 친절한 유모가 채소를 팔며 저를 길러 주셨답니다. 그래서 전 가끔 진할머니의 가게를 생각하곤 합니다. 당신은 송성을 아십니까? 그 거리 북쪽에 있답니다."

위고는 이 말을 듣고 인생의 운명이란 처음부터 정해져서 바꿀 수 없는 것임을 통감하고 아내에게 지난날의 일을 털어놓고 깊이 사죄하는 동시에 부부의 정을 더욱 두텁게 했다.

《진서》에는 이런 이야기가 있다.

진(晉)나라에 색담이라는 용한 점쟁이가 있었다. 어느 날 호책(狐策)이란 사람이 꿈풀이를 하러 왔다.

"나는 얼음 위에 서 있고 얼음 밑에는 누군가가 있었는데 그 사람하고 이야기를 했었다."

색담은 이렇게 대답했다.

"얼음 위는 양(陽)이고 밑은 음(陰)이다. 양과 음이 이야기를 했다는 것은 그대가 누구의 중매를 서서, 그것이 잘 진행될 전조이다. 혼인이 성립되는 것은 얼음이 풀릴 때일 것이다."

그 말대로 얼마 후 호책에게 태수로부터 청탁이 왔다. 자기 아들과 장씨의 딸을 결혼시키고 싶은데 그 중매를 부탁한다는 것이었다. 결국 그 한 쌍은 봄에 결혼을 하게 되었다.

은감불원 殷鑑不遠

은나라 은 · 거울 감 · 아니 불 · 멀 원

[出典] 《시경(詩經)》
[文意] 은나라의 거울은 멀지 않다.
[解義] 이전의 실패를 거울로 삼는다.

은(殷)나라의 마지막 왕인 주왕(紂王)은 포학한 폭군으로 널리 알려져 있다.

그러나 주왕이 처음부터 본성이 악한 사람은 아니었다. 그는 본래 지혜도 있고 용기가 뛰어난 현명한 군주였으나 북방 오랑캐인 유소씨(有蘇氏)를 정벌한 후 공물로 받은 달기를 가까이 하면서부터 음락을 좋아하고 주지육림(酒池肉林) 속에 빠져 살았으며, 점점 포학한 인물로 변모해 갔다.

그러다 보니 백성들의 피를 짜내게 되었고, 올바르게 간언하는 충신들을 처형하기에 이르렀다.

이때 왕의 보좌를 맡고 있던 삼공(三公) 중 구후(九侯)와 악후(鄂侯)는 처형되었다. 서백(西伯)은,

"은왕조의 시조인 탕왕(湯王)에게 주벌당한 하왕조의 걸왕(桀王)을 거울 삼아 멸망에 이르는 전철을 밟지 말라."

고 간언하였다가 유폐되었다. 이 일을 《시경(詩經)》에서는 다음과 같이 노래했다.

> 문왕께서 말씀하셨네. 아아 그대들은 상나라여
> 옛말에 이르기를 넘어지고 뽑히어 뿌리 드러나매
> 가지와 잎새엔 해 없다 해도 뿌리가 실은 먼저 끊긴 거라 하였네
> 은나라의 거울 먼 곳에 있는 것 아니었으니
> 바로 하나라 임금 때를 거울로 삼아야 했을 거네.

나무가 넘어질 때 가지와 잎은 비록 그대로 있다 해도 뿌리는 벌써 끊어지고 없다는 것은, 나라의 형태는 아직 있어도 나라의 뿌리인 조정의 기강은 이미 무너졌음을 말한다.

이 시는 주(周)나라 10대 왕인 여왕의 포학함을 한탄한 소목공(召穆公)이 여왕에게 간할 목적으로 자기가 하고 싶은 말을 문왕이 주왕에게 한 말로 꾸며서 지은 시라고 한다.

읍참마속 泣斬馬謖

울 읍 · 벨 참 · 말 마 · 뛰어날 속

出典 《십팔사략(十八史略)》, 《촉지(蜀志)》
文意 제갈량이 눈물을 흘리며 마속의 목을 베다.
解義 사사로운 정보다는 공정하게 법을 집행하다.

삼국 시대 때 제갈량은 위(魏)나라를 공격하기 위해 대군을 이끌고 성도(成都)를 출발, 한중(漢中)을 점령하고 기산(祁山)으로 진격하여 위나라 군사를 크게 무찔렀다.

그러자 조조(曹操)는 사마의(司馬懿)를 급히 파견하였고, 사마의가 이끄는 20만 대군은 기산 기슭에 부채꼴 모양으로 진영을 구축하고 제갈량의 군대와 대치하였다.

제갈량은 사마의를 무찌를 계획을 이미 세워 놓고 있었지만, 군량 수송로인 가정(街亭)을 수비하는 일이 문제였다.

그때 마속(馬謖)이 그 중책을 맡고 싶다고 자원했다. 마속은 제갈량과 절친한 마량(馬良)의 동생으로 아주 아끼는 장수이기도 했다.

그러나 제갈량은 망설이지 않을 수 없었다. 마속은 어린 데다가 싸워야 할 상대인 사마의는 지략이 뛰어난 장수였기 때문이었다.

마속은 제갈량에게 간청하며 말했다.

"저는 여러 해 동안 군사 전략을 익혀 왔습니다. 어찌 가정 하나 지키지 못하겠습니까? 만일 제가 이 싸움에서 패하면 저뿐만 아니라 저의 일가까지 처형해도 원망하지 않겠습니다."

그래서 제갈량은 마속에게 이 일을 맡겼다. 제갈량은 가정으로 떠나는 마속에게 가정에는 삼면이 절벽인 산이 많으니, 산기슭의 길을 사수하여 위나라 군사가 접근하지 못하도록 하라고 명령했다.

그런데 가정에 도착한 마속은 지형을 살펴본 후, 적군을 유인하여 역공을 하는 것이 훨씬 좋은 방법이라고 생각하고 산 정상에 진을 쳐놓고 적군을 기다렸다.

하지만 위나라 군대는 산기슭을 포위한 채 위로 올라오지 않았다. 시간이 흐르자 마속의 군대는 식수와 식량 보급이 끊겨 곤궁한 처지에 놓이게 되었고, 전 병력으로 포위망을 뚫고 빠져 나오려다가 참패를 당하고 말았다.

이 때문에 제갈량은 전군을 한중으로 후퇴시켰고, 마속에게 중책을 맡긴 것을 크게 후회하였다. 그는 군율을 어긴 마속을 처형하지 않을 수 없었다.

마속을 처형하는 날이 왔다. 이때 장완은 마속 같은 유능한 장수를 잃는 것은 나라의 손실이라며 처벌을 만류했지만 제갈량은 듣지 않았다.

제갈량은 울면서 이렇게 말했다.

"마속은 훌륭한 장수다. 그러나 개인적인 정 때문에 군율을 어긴다면, 마속이 지은 죄보다 더 큰 죄를 짓는 것이다. 아끼는 사람일수록 가차없이 처단하여 대의(大義)를 바로잡아야 한다."

마속이 처형되는 날, 촉군의 상하 모두 목놓아 울었다고 한다. 그러나 그 누구도 제갈량이 무정하다고 탓하는 사람은 없었다고 전해진다.

　그리고 제갈량은 상소를 올려 자신이 사람을 부당하게 써서 이러한 결과를 초래했다며 자신의 직위를 3등급 강등시켜 줄 것을 요청했다.

의심암귀 疑心暗鬼

의심할 **의** · 마음 **심** · 어두울 **암** · 귀신 **귀**

出典 《열자(列子)》
文意 의심이 생기면 있지도 않은 귀신이 나온다.
解義 마음 속에 의심이 생기기 시작하면 갖가지 무서운 망상이 일어나 불안해진다는 뜻이다. 또한 잘못된 선입견으로 판단을 그르치는 것을 비유한다.

어떤 사람이 가지고 있던 도끼를 잃어버렸다. 누군가가 훔쳐간 것이 아닌가 하고 생각하니, 암만해도 옆집 아들이 수상했다. 자기를 만나기만 하면 슬금슬금 도망치려는 듯한 태도인데다 안색이나 말투도 어딘가 겁을 먹고 있는 듯했다.

그래서 이 사람은 도끼를 훔친 것은 틀림없이 그놈이라고 생각하게 되었다. 그런데 어느 날 산에서 땅을 파헤치다 도끼를 찾게 되었다. 자기가 나무를 하러 왔다가 놓아두고는 잊어버렸던 것이다.

도끼를 가지고 집으로 돌아오다 다시 옆집 아들을 만났는데 이제는 일거일동이 전혀 수상해 보이지 않았다.

또 하나 이런 이야기가 있다.
어떤 사람의 뜰에 있는 오동나무가 말라 죽었다. 그러자 옆집 노인이 충고해 주었다.

"말라 죽은 오동나무는 재수가 없다네."

그 사람은 노인의 충고에 따라 오동나무를 잘라 버렸다. 그것을 보고 노인이 땔감으로 쓰게 나무를 달라고 하였다. 그러자 그 사람은 노발대발하며 말했다.

"그럼 영감님은 자기 집 땔감으로 쓰기 위해 나를 속여 나무를 자르게 했구려. 같은 이웃에 살면서 그런 음흉한 짓을 한단 말이오?"

친절한 충고가 상태의 의심암귀에 의해 얼토당토 않은 혐의의 씨가 된 셈이다.

이도살삼사 二桃殺三士

두 이 · 복숭아 도 · 죽일 살 · 석 삼 · 선비 사

出典 《안자춘추(晏子春秋)》
文意 두 개의 복숭아로 세 무사를 죽이다.
解義 교묘한 계략으로 상대를 죽이는 것에 대한 비유.

춘추 시대 제경공의 신변을 호위하는 장사(壯士)가 세 명 있었다. 어느 날 노나라 임금을 초대한 만찬에서 만수금도(萬壽金桃)라는 대접만한 복숭아 여섯 개를 가져다가 두 임금과 두 재상이 하나씩 먹었다.

그리고 노나라 임금이 남은 복숭아 두 개는 자진해서 가장 큰 공로를 말하는 신하에게 주자고 제안했다.

제 경공이 노나라 임금의 제안을 받아들이고 신하들에게 자신의 공을 자랑해 보라고 했다.

그러자 호위병 중 공손접이 호랑이를 맨손으로 죽인 일로, 고야자는 괴물을 10리를 따라가 죽인 일로 복숭아를 받아 먹었다. 남은 호위병 전개강이 말했다.

"나는 서(徐)를 쳐서 장수를 베고 오백 명의 군사를 사로잡았으며, 서군이 뇌물을 바치고 맹약을 맺게 했다. 이 일로 우리 임금이 맹주

가 되었다."

전개강의 말을 듣고 난 고야자와 공손접은,

"우리는 전개강보다 공이 적으면서도 복숭아를 사양하지 않았다."

라고 외치곤 그 자리에서 검을 뽑아 자살했다. 그러자 전개강도 자살하고 말았다.

이심전심 以心傳心

써 이 · 마음 심 · 전할 전 · 마음 심

[出典] 《전등록(傳燈錄)》, 《오등회원(五燈會元)》
[文意] 마음에서 마음으로 전한다.
[解義] 말이나 글을 사용하지 않고 오로지 마음으로 전하는 것을 뜻함.

어느 날 석가(釋迦)가 수많은 제자들을 영산(靈山)으로 모이게 하였다. 석가는 제자들을 보고 아무 말도 없이 손가락으로 연꽃 한 송이를 집어들고는 약간 비틀어 보였다. 제자들은 석가가 무엇을 말하려고 하는 것인지 짐작도 할 수 없었다.

그런데 가섭만은 그 뜻을 깨닫고 빙긋이 웃었다. 가섭을 보고 석가는 이렇게 말했다.

"나에게는 정법안장(正法眼藏; 인간이 본래 갖추고 있는 마음의 매우 뛰어난 덕), 열반묘심(涅槃妙心; 번뇌를 벗어나 진리에 도달한 마음), 실상무상(實相無相; 생멸계를 떠난 불변의 자리), 불립문자 교외별전(不立文字 敎外別傳; 언어나 경전에 의하지 않고 이심전심으로 전하는 오묘한 진리)이 있다. 이것을 너에게 전해 주겠다."

이로부터 선종(禪宗)에서는 언어와 문자의 설명에 의하지 않고,

중생의 자각으로 곧 부처님의 마음으로써 중생의 마음에 전하는 것을 중요시하고 있다.

이 '염화미소'의 이야기는 대장(大藏) 중의 경론(經論)에는 쓰여 있지 않고, 중국에서도 당대(唐代) 중기 이후에야 겨우 문헌에 나타나기 시작했는데, 후세의 많은 사람들에 의해 이 말이 쓰이게 되었다. 그리하여 오늘날에는,

"그거야 당연하지 않나! 나와 그녀와의 사이거든. 입에 담아 똑똑히 말한다는 것은 벌써 그 자체가 촌스런 이야기가 된다네. 그저 이심전심이지."

하는 식으로 사용하기에 이르렀다.

이하부정관 李下不正冠

오얏 리 · 아래 하 · 아닐 부 · 정돈할 정 · 관 관

出典 《열녀전(烈女傳)》
文意 오얏나무 밑에서 갓을 고쳐 쓰면 도둑으로 몰리기 쉽다.
解義 남에게 의심받을 만한 일은 아예 하지 말라는 뜻이다.

전국 시대, 주 열왕(周烈王) 6년(기원전 370년) 제(齊)나라는 위왕(威王)이 왕위에 있었으나 국정은 영신인 주파호가 손아귀에 쥐고 있었다.

주파호는 현사, 유능한 인재를 시기하여 현명한 선비는 비방하고, 오히려 아대부 같은 간신을 칭찬하곤 했다.

위왕의 후궁 중에 우희(虞姬)라는 여자가 있어 주파호의 행동을 보다 못해 왕에게 호소했다.

"주파호는 속이 검은 사람입니다. 등용하시면 안 됩니다. 제나라에는 북곽 선생(北郭先生)이라는 현명하고 덕행이 높은 분이 계십니다. 그런 분을 등용하시는 게 좋을 것입니다."

그런데 이 말이 주파호의 귀에 들어가고 말았다. 주파호는 우희를 눈엣가시처럼 여겨 모함하고자 우희와 북곽 선생의 사이가 수상하다고 떠들어 댔다.

그래서 왕은 9층이나 되는 누각 위에 우희를 감금하고 관원에게 조사를 시켰다. 관원은 주파호에게 매수당해 있었으므로 있는 일 없는 일을 꾸며대어 우희를 모함하려고 했다.

그러나 왕은 그 조사 방법이 수상했음을 알고, 우희를 불러 사실 여부를 물었다.

"저는 10여 년 동안 진심으로 왕을 위해 힘을 다했습니다만 지금 이렇게 간사한 자의 모함에 휘말리고 말았습니다. 제가 결백하다는 것은 명백합니다. 만약 제게 죄가 있다고 하면 그것은 '과전불납리(瓜田不納履)하고 이하부정관(李下不正冠)하라'는 의심받을 일을 피하지 않았던 점과, 9층 탑에 감금되었어도 누구 한 사람 저를 위해 변명해 주는 사람이 없었다는 점뿐입니다. 설사 죽음을 내리신다 해도 저는 이 이상 더 변명할 생각은 없습니다. 그러나 꼭 한 가지만은 들어 주십시오. 지금 군신들은 모두 나쁜 짓을 일삼고 있으며, 그 중에서도 주파호가 가장 심합니다. 왕께서는 국정을 그에게 일임하고 계시나 이래서는 나라의 장래가 극히 위험합니다."

우희가 진심으로 이렇게 충언하자 위왕은 깨닫는 바가 있었다. 그래서 즉묵대부(卽墨大夫)를 만호(萬戶)로 봉하고, 영신인 아대부와 주파호를 팽살(烹殺)시켜 내정을 바로잡았으므로 제나라는 크게 안정이 되었다.

일거양득 一擧兩得

한 **일** · 거동 **거** · 두 **량** · 얻을 **득**

[出典] 《북사(北史)》, 《진서(晉書)》, 《초책(楚策)》
[文意] 한 가지 일로 두 가지 이득을 얻는다.
[解義] 어떤 일을 했을 때에 예기치 않게 부수적으로 따라오는 이익을 뜻한다.

진(秦)나라 혜문왕(惠文王)은 패업(霸業)을 이루기 위한 방법을 강구하고 있었다. 이때 장의(張儀)는 중원(中原)으로의 진출을 주장했는데, 사마조(司馬錯)는 그 의견에 반대하여 다음과 같이 말했다.

"신은 이렇게 들었습니다. 나라가 부유하기를 바라는 군주는 먼저 국토를 넓히는 데 힘써야 하고, 병사들이 강력하기를 바라는 군주는 먼저 백성들의 부유함에 힘써야 하며, 패자(霸者)가 되기를 바라는 군주는 먼저 덕을 쌓는 데 힘써야 한다고 합니다. 이 세 가지가 이루어지면 패업은 자연스럽게 이루어집니다. 그러나 지금 우리 진나라의 국토는 협소하고 백성들은 빈곤합니다. 이 두 가지 문제를 동시에 해결하려면 먼저 막강한 우리 진나라의 군사로 촉(蜀)나라의 오랑캐를 정벌하는 길밖에 없습니다. 이렇게 되면 국토는 넓어지고 백성들의 재물은 쌓이게 될 것입니다. 한 가지 일로써 두 가지 이익을 얻는 것이 아니겠습니까?"

혜문왕은 사마조의 주장에 따라 오랑캐를 정벌하여 국토를 넓혔다.

또, 《진서(晉書)》〈속석전(束晳傳)〉에도 이런 이야기가 보인다.

진(晉)나라 혜제(惠帝) 때, 좌저작랑(佐著作郎)을 지내며 석사《晉史》를 편찬한 속석(束晳)은 농업 정책에 관하여 진언한 일이 있다. 그는 개척지 양평(陽平) 지방으로 들어가 살게 했던 백성들을 다시 서쪽으로 이주시키자고 제의하며, 그 성과는 다음과 같은 것이라고 주장했다.

"백성들은 서주(西州)로 이주시킴으로써 변방 지역을 보충하고, 10년 동안 부세를 면제해 줌으로써 이주시킨 일을 위로한다면 일거양득이 되어 밖으로는 실제적인 이익이 있게 되고, 안으로는 관용을 베푸는 일이 됩니다."

일망타진 一網打盡

한 일 · 그물 망 · 칠 타 · 다할 진

[出典] 《송사(宋史)》, 《십팔사략(十八史略)》
[文意] 한 번 그물질로 모두 잡음.
[解義] 죄 지은 자를 하나도 남김없이 잡음.

송나라 인종(仁宗) 때 청렴결백하고 강직하기로 이름 높은 두연이 재상이 되었다. 두연은 황제가 의논 없이 내리는 은조(恩詔) 관습이 조정의 기강을 어지럽힌다고 하며 황제께 되돌려보냈다.

"짐의 내강을 두연이 무시하고, 은조를 내려 달라는 사람은 많고 짐의 처신이 어렵네."

구양수는 두연을 두둔했다. 무조건 비난하는 자들, 두연 때문에 성지(聖旨)가 무시된 자들은 두연을 원망하고 그를 실각시킬 기회를 노렸다.

그때 두연의 사위인 소순흠이 국고금으로 신에게 제사하고 관청의 손님을 초대하고 기녀를 불러 주연을 베풀었다. 어사 왕공진이 소순흠을 탄핵하여 일당을 모조리 하옥하며 기뻐했다.

"나는 한 그물로 한 사람도 남기지 않고 모두 제거했다(吾一網打盡矣)."

결국 조정의 기강을 세우려던 두연도 겨우 70일의 재상으로 물러나게 되었다.

일모도원 日暮途遠

날 **일** · 저물 **모** · 길 **도** · 멀 **원**

- 出典 《사기(史記)》〈오자서열전(伍子胥列傳)〉
- 文意 날은 저물고 길은 멀다.
- 解義 상황이 너무 늦어 뜻하는 바를 이루기가 힘들다는 뜻.

오자서는 초(楚)나라 사람으로 아버지는 오사이고 형은 오상이다. 그의 선조 오거는 초 장왕(楚莊王)을 섬기면서 직간하는 것으로 명성이 높았으므로 그 후손들은 초나라에서 이름이 알려져 있었다.

그런데 평왕(平王) 때, 오사는 비무기(費無忌)의 참언으로 오상과 함께 죽었고, 오자서는 송(宋)나라로 도망쳤다.

오자서는 이 나라 저 나라를 떠돌다가 오나라 공자 광(匡)에게 의탁하게 되었다. 광은 오왕을 죽이고 왕위에 올랐는데, 그가 바로 오왕 합려(闔廬)이다. 그는 왕위에 오르는 뜻을 이루자 오자서를 불러 행인(行人; 외무대신에 해당하는 관직)으로 임명하고 함께 국사를 논하였다.

오자서는 손무(孫武)와 함께 합려를 도와 여러 차례 초나라로 진격했는데, 마침내 합려왕 9년(기원전 506년) 초나라의 수도인 영을 함락시켰다.

오자서는 초나라의 수도 영에 들어와서 먼저 무엇을 했을까?

10년 전에 죽은 평왕의 묘를 파헤치고 관을 끌어냈던 것이다.

이 시대 왕공의 관은 몇 겹으로 싸서 방습의 물자를 풍부하게 사용했다. 최근에 출토된 2천 년 전의 대후묘에서 발견된 부인이 아직도 그 피부에 탄력이 있었던 기억이 새롭다.

10년 전에 매장된 평왕이 관 속에서 살아 있는 것 같은 모습을 하고 있었던 것은 말할 것도 없다. 관 속에서 끄집어 낸 평왕의 시체가 땅 위에 뒹글었다.

복수의 화신 오자서는 손에 회초리를 거머쥐고 있었다. 그 손이 후들후들 떨렸다.

복수의 때는 온 것이다.

아버지와 형이 살해된 지 17년이 지났다.

철썩! 철썩!

오자서는 혼신의 힘을 손 끝에 모아 회초리를 휘둘러 시체를 매질했다. 치고 또 치고 끝없이 반복했다. 갑자기 공기가 닿은 시체는 탄력을 잃어 피부는 찢겨져 회색 살덩이가 지천에 뿌려졌다.

너무 무자비하여 주위 사람들은 차마 바라볼 수가 없었다.

---회초리로 3백 대를 매질한 후에야 멈추다.

라고 《사기》에 기록하고 있다.

오자서의 친구 신포서(申包胥)는 오군의 침공으로 산 속에 피신해 있었으나 평왕의 시체를 회초리로 매질한 소식을 듣고 사람을 보내어 오자서에게,

"천도(天道)는 일시적으로 사람들의 기세에 지는 수가 있지만 언젠가는 반격을 가하는 것이다. 천도가 안정되었을 때 자네의 이번의

비도(非道)는 반드시 벌을 받을 것이다."
라고 전하게 했다.

    그 사람에게 오자서는 말했다.

    "돌아가서 신포서에게 전하라. 해는 저물고 갈 길은 멀다(日暮途遠)고. 나는 이미 나이를 먹었다. 천도에 따라 침착하게 자중하고 있을 시간이 없다. 하고 싶은 일은 많은데 남아 있는 시간은 짧다. 복수도 이처럼 일격에 하는 수밖에 없다."

    늙음을 자각한 오자서는 자신의 지나치게 과격한 행위를 나이 탓으로 돌리려고 했다.

일의대수 一衣帶水

한 일 · 옷 의 · 찰 대 · 물 수

出典 《수서(隋書)》
文意 한 줄기의 띠와 같은 좁은 냇물이나 강물
解義 육지와 육지 사이에 흐르는 강을 가리킴.

남북조 시대(南北朝時代)는 혼란의 소용돌이 속에 있었다. 북방의 오호십육국(五胡十六國)과 남방의 여러 나라들이 흥망성쇠를 거듭하면서 새로운 정권을 창출하였다. 이 혼란을 마감하기 시작한 것은 수 문제(隋文帝)가 나타나면서부터다.

그는 북방을 통일한 후, 남조(南朝) 최후의 왕조인 진(陳)을 공격하여 천하 통일을 하려고 하였다.

수 문제는 이렇게 선언했다.

"진나라 왕은 무도하여 백성들을 도탄에 빠지게 하였다. 이제 나는 백성의 어버이로서 어찌 한 가닥 옷의 띠처럼 좁은 강물을 겁내여 백성을 구하지 않을 수 있으랴?"

그 당시 진나라의 왕이었던 후주(後主) 진숙보(陳叔寶)는 술과 여자에 빠져 정사를 돌보지 않았으므로 백성들의 고통은 말로 형언할 수 없을 정도였다.

여기서 말하는 좁은 강물은 장강(長江)이다. 장강은 예로부터 천하의 요충지로써, 삼국 시대 오(吳)나라 이후 장강을 낀 해안의 건강(建康)이 역대 남조의 도읍이 있었다.

문제가 이끄는 25만의 대군은 순식간에 장강을 건너 진나라를 멸하고 천하 통일의 과업을 완성했다.

장강을 수비하고 있던 진나라군으로부터 수나라 군사가 공격해 왔다는 보고가 들어오자 진왕조의 중신들은 모두 당황하고 놀랐으나 진숙보는 아무렇지도 않은 듯,

"진왕조가 멸망할 까닭이 없다. 북제가 세 차례, 북주도 두 차례나 공격해왔지만 모두 실패하고 도망치지 않았던가?"
라고 말하는 것이었다.

측근의 한 사람인 공범(孔範)이 맞장구를 쳤다.

"그렇습니다. 장강의 요새를 수나라 군사가 날아 건너 오기라도 할 수 있단 말입니까? 신은 지위가 낮은 것이 한입니다. 만약 수나라 군사가 장강을 건너온다면 신에게는 공을 세울 수 있는 절호의 기회입니다. 맹세코 이 기회는 놓치지 않을 작정입니다."

진숙보 등이 이렇게 꿈에 취해 있을 때, 수나라 군사는 장강을 건너 주작문을 통하여 궁전에 들이닥쳤다. 사태가 이에 이르자 진숙보도 당황하여 두 총희와 함께 우물 안으로 숨었다가 생포되고 말았다.

589년 진숙보는 장안으로 압송되고 남조 최후의 왕조인 진왕조는 그 막을 내렸다.

남조의 수도였던 건강은 역사상 금릉(金陵)이라고 불리며 손권의 오나라, 동진, 송, 제, 양, 진의 여섯 왕조가 이곳에 수도를 두었

기 때문에 육조의 고도라고도 불린다.
 이로써 건강은 진왕조의 멸망과 함께 봉건 왕조의 수도로써의 역사적 발자취를 남겼고, 1세기 반에 걸친 남북조 분열의 격동적 국면도 수왕조의 천하 통일과 함께 종말을 고하게 되었다.

일이관지 一以貫之

한 **일** · 써 **이** · 꿸 **관** · 갈 **지**

出典 《논어(論語)》
文意 하나로 꿰었다.
解義 하나의 이치로써 모든 것을 꿰뚫었다는 뜻.

공자(孔子)가 말했다.
"자공(子貢)아! 나의 도는 하나로써 모든 것을 꿰뚫고 있다."
증자가 재빨리 대답했다.
"예."
공자가 밖으로 나가자 문인들이 자공에게 물었다.
"무슨 말씀이십니까?"
자공이 말했다.
"선생님의 도는 충(忠)과 서(恕)일 뿐이다."
공자는 부모와의 관계에서는 친(親)을 지키고 임금과의 관계에서는 의(義)를 지키며 부부 관계에서는 별(別)을 지키고 노인들과는 서(序)를 지키며 친구들과는 신(信)을 지키는 등 삶의 모든 형태에서 인간으로서의 도리를 다하고 있으므로 모든 것을 다 배워서 실천하는 것으로 생각하기 쉽지만, 실은 그러한 것이 아님을 자공에게 밝힌 것이다.

　그것은 인(仁)을 터득하여 남과 하나가 되는 마음을 실현함으로써 나타나는 현실적 다양함에 불과하므로 공자의 다양한 실천은 모두 남과 하나가 되는 마음으로 일관되고 있는 것이다.

　자공은 공자의 말을 알아듣고 재빨리 대답하였으나 다른 제자들은 알아듣지 못하고 자공에게 물은 것이다.

　〈위영공편(衛靈公篇)〉에는 또 이렇게 기록되어 있다.

　공자께서 말씀하셨다.

　"자공아, 너는 내가 많이 배워서 모든 이치를 다 아는 자라고 생각하느냐?"

　자공이 대답했다.

　"그렇습니다. 그럼 그렇지 않다는 말씀입니까?"

　"아니다. 나는 한 가지 이치로 모든 일을 꿰뚫느니라(非也 予一以貫之)."

일자천금 一字千金

한 **일** · 글자 **자** · 일천 **천** · 쇠 **금**

- 出典 《여씨춘추(呂氏春秋)》
- 文意 글자 한 자에 천금.
- 解義 한 자를 줄이거나 늘이는 사람에게 천금을 준다는 뜻.

전국 시대 말엽, 선비를 예우하여 많은 빈객들을 확보하려고 경쟁하여 위세를 떨치던 사람들 가운데 위(魏)나라의 신릉군(信陵君), 초(楚)나라의 춘신군(春申君), 조(趙)나라의 평원군(平原君), 제(齊)나라의 맹상군(孟嘗君)은 선비를 존대하여 빈객 맞기를 경쟁하였다.

한편 이들과는 달리 신분은 높지 않았지만 천금의 재산을 모은 대상인 여불위 역시 빈객들을 모아들이는 일에 전념을 하였다. 그는 상인 출신으로 당시 가장 세력을 떨치던 진(秦)나라의 재상이 되어 나이 어린 왕 정(政)으로부터 중부(仲父; 아버지의 아우)라고까지 불리며 위세를 떨쳤다.

여불위가 빈객들을 모으게 된 동기는 진나라가 강국이면서도 선비와 재능 있는 자들을 우대하지 않은 데 대한 안타까움에서이다. 그의 밑에 있던 식객의 수는 3천 명에 달하였다.

그 당시, 제후들의 식객 중에는 변사(辯士)가 많았고, 순경(순자의 학풍을 따르는 학자들)의 무리들은 책을 저술하여 천하에 뿌렸다는 기술 역시 《사기》의 〈여불위〉편에 있다.

이 당시의 가장 널리 읽히는 책을 오늘날의 사람들은 《맹자》로 상상하겠지만 《사기》의 이 부분의 기술에는 맹자에 대한 기록은 없고 순자에 대해서만 기록되어 있다.

실제로 천하 통일에 공헌한 인재는 주로 순자의 문하에서 나왔고, 맹자의 문하에서는 출현하지 않았다. 시대의 풍조는 공론을 배제하고 실학을 존중했던 것이다.

여불위도 인재들을 모아 그들의 지식을 글로 남기게 했다. 그는 식객들에게 제각기 견문을 기록하게 하고 그것을 편집해서 《여씨춘추(呂氏春秋)》를 만들었다. 모든 것을 총망라한 백과전서였다.

"이 세상의 중요한 일들은 이 속에 모두 기술되어 있다. 이 이상 문자를 늘릴 수도 없고 줄일 수도 없다."

여불위에게는 이 저술이 자랑거리였다.

20여만 자의 저술이라고 하니 4백자 원고지로 5백 매 정도에 지나지 않는다. 하지만 현대와 당시의 한자에 있어 기술상의 차이를 생각하면 내용은 3배 정도의 것이라고 보아도 좋을 것이다.

종이가 없었던 시대였기 때문에 이것들은 죽간에 씌여졌고, 양으로 보아서는 지극히 많은 것이다. 여불위는 그것을 수도 함양(咸陽)의 시장 입구에 죽 진열해 놓고,

"한 자라도 증·감할 자가 있다면 천금의 상을 주리라."
하고 여러 나라의 유세자들에게 외쳤던 것이다.

그는 자부심도 있었지만 이와 같은 행위로 여러 나라에 자기 이름을 널리 알리려고 했던 것이다.

일패도지 —敗塗地

한 **일** · 패할 **패** · 진흙 **도** · 땅 **지**

[出典] 《사기(史記)》
[文意] 한 번 패하여 다시 일어설 수 없게 됨.
[解義] 싸움에 패하여 간과 뇌가 땅에 떨어져 더럽힌다는 뜻.

진(秦)나라 2세 황제(二世皇帝) 원년 가을, 진승(陳勝) 등이 기현에서 봉기하더니, 진현에 이르러 왕위에 올라서 국호를 장초(張楚)라고 하였다. 여러 군현에서는 모두 그 지방 장관을 죽이고 진승에게 호응하였다. 패현(沛縣)의 현령도 두려워하며 백성들을 이끌고 진승에게 호응하고자 하였다.

이때 주리(主吏)인 소하(蕭何)와 옥리(獄吏) 조참(曹參)은 현령에게 이렇게 말하였다.

"진나라의 관리인 당신이 지금 마을의 젊은이들을 거느리고 진나라를 배반하려 하시는데, 젊은이들이 나라의 뜻에 복종하지 않을까 걱정됩니다. 차라리 예전에 진나라의 가혹한 정치와 과중한 부역 때문에 고향을 떠나서 다른 곳으로 도망친 패현 사람들을 모두 부르십시오. 그러면 수백 명을 모을 수 있을 것이니, 그들을 이용하여 마을 젊은이들을 위협하면 모두들 복종할 것입니다."

그러자 현령은 번쾌에게 유방(劉邦)을 불러오도록 하였다. 그때 유방은 이미 100명에 가까운 무리들을 거느리고 있었다.

번쾌가 유방을 데려왔으나, 현령은 이를 후회하며 그들이 모반할까 두려워하였다. 그래서 성문을 걸어 잠그고 성을 수비하면서 소하와 조참을 죽이려고 하였다. 겁이 난 이들은 성벽을 넘어서 유방에게 투항하였다.

유방은 비단에 글을 써서 화살에 꽂아 성 안으로 쏘았다. 그는 마을의 부로(父老)들에게 다음과 같은 서신을 올렸다.

"천하 백성들이 오랫동안 진나라로 인해서 고통을 받아 왔습니다. 지금 부로들께서는 현령을 위하여 성을 수비하고 있으나, 전국의 제후들이 모두 봉기하였으니 이제 곧 패현을 공략해 올 것입니다. 그러니 마을 사람들이 함께 현령을 처형하고 우두머리로 세울 만한 젊은이를 골라서 우두머리로 세우고 제후들과 호응한다면 가족과 재산을 보전할 수 있을 것입니다. 그렇지 않으면 아버지와 아들이 함께 아무 의미 없이 죽임을 당하게 될 것입니다."

그러자 부로들이 젊은이들을 거느리고 가서 현령을 죽이고는 성문을 열고 유방을 맞이하여 패현 현령으로 삼으려고 하였다. 그러자 유방은 이렇게 말하였다.

"천하가 한창 시끄러워 제후들이 사방에서 일어나고 있는데 지금 장수를 한 번 잘못 두게 되면 일패도지하고 만다(今置 將不善 一敗塗地)."

그러나 소하와 조참이 유방을 극구 추대하여 마침내 유방은 현령이 되어 패공(沛公)이라 일컬어졌으며 한(漢)나라 건국의 기초를 쌓게 되었다.

자업자득 自業自得

스스로 자 · 일 업 · 스스로 자 · 얻을 득

- [出典] 《십팔사략(十八史略)》
- [文意] 스스로 일을 벌여 얻는다.
- [解義] 일의 결과는 자신이 책임을 진다는 뜻이다.

양나라의 무제는 남조 유일의 명군으로서 찬란한 문화의 꽃을 피웠다. 역사를 읽다가 양나라의 무제 때에 이르면 숨이 트이고 안도의 한숨이 쉬어진다. 이것이 인간의 할 짓인가 하고 회의를 느낄 정도로 잔학 행위가 이어지다가 이 시대에 이르러서는 눈이 훤해지는 역사로 전개된다.

역사가들도 양 무제에게 많은 찬사를 보내고 있다. 우선 양 무제는 정무에 열중하여 아무리 추운 겨울이라도 사경(四更; 새벽 2시)에 일어나 등잔불의 심지를 돋우며 서류를 결재하고 공무를 처리하느라 손발이 터졌다고 한다.

무제는 노년기에 이르러 불심이 깊어져 황제보살이라 부르고 어쩌다 범인을 처형하게 되면 며칠 동안을 불쾌한 기분으로 지냈다고 한다. 그 후 노년이 되면서 무제는 마음이 변하여 백성들의 원성을 사는 폭정을 하게 됐다.

황제보살의 정치는 그의 노년의 막바지에 이르러 548년에는 후경(侯景)의 반란이 일어났다.

후경군은 대성을 포위한 지 130일 만에 마침내 대성을 함락시켰다.

후경은 대성에 입성하여 무제를 만났다. 이때 무제는 86세의 노령이었으나 역시 황제로서의 관록이 있었다. 후경은 땀을 줄줄 흘리며 감히 무제를 바라보지도 못했다.

"경은 어느 고을 사람이기에 감히 여기까지 왔는가? 그대의 처자는 아직도 북쪽에 있을 테지?"

무제가 이렇게 물었건만 후경은 감히 대답을 못하였다. 임약(任約)이라는 자가 후경의 곁에 있다가 대신 대답하였다.

"신 후경의 처자는 모두 고씨에게 죽임을 당하였고, 신 혼자만이 폐하에게 돌아왔습니다."

문답은 또 이어졌다.

"처음 강을 건널 땐 몇 명이었나?"

"1천 명 정도였습니다."

후경은 이때서야 비로소 자신의 말로 대답할 수 있었다.

"대성을 포위한 건 몇 명이었나?"

"10만 명이었습니다."

"지금은 몇 명이나 되는가?"

"온 나라 안의 백성 모두입니다."

후경의 대답이 이에 미치자 양 무제는 힘없이 고개를 떨어뜨리고 입을 다물어 버렸다.

그후 양 무제는 유폐당하여 음식마저 제대로 공급받지 못하고 울분한 나머지 병이 들었다. 그는 입맛이 써 견디지 못하여 꿀물을 요

구하였으나 이것마저 거절당하자 두 차례나 "괘씸한 놈"이라고 볼멘 소리를 하다가 얼마 후 죽었다.

양 무제는 죽음을 앞두고 자신을 조소라도 하듯,

"자업자득이로군, 이제 새삼스럽게 무슨 할 말이 있단 말인가!"
하고 혼잣말로 뇌까렸다.

황제는 '무슨 할 말이 있겠는가' 하고 죽어 갔지만 이 싸움은 강남 백성들에게 크나큰 재난을 안겨 주었다.

자포자기 自暴自棄

스스로 자 · 사나울 포 · 스스로 자 · 버릴 기

出典 《맹자(孟子)》
文意 스스로 포기하고 스스로 내팽개치는 것.
解義 실망하거나 좌절하여 말이나 행동을 제멋대로 하는 것을 뜻한다.

맹자가 말했다.

"스스로를 해치는 자는 함께 진리를 말하는 것이 있을 수 없고, 스스로를 버리는 자는 함께 진리를 행하는 것이 있을 수 없다. 말로써 예의를 비방하는 것을 스스로를 해치는 것(自暴)이라 하고, 내 몸은 인(仁)에 있거나 의(義)를 말미암을 수 없다고 하는 것을 스스로를 버리는 것(自棄)이라 한다. 인은 사람의 편안한 집이고, 의는 사람의 바른 길이다. 편안한 집을 비워 두고 거처하지 않으며, 바른 길을 버려 두고 행하려 하지 아니하니 슬프도다."

위 글을 좀 더 풀어 보면, '자포(自暴)'란 것은 예의를 헐뜯기만 하는 무리들이고, '자기(自棄)'란 인의에 따라 행동하지 못하는 것이다. 따라서 이들과는 어떤 말도 할 수 없고 행동도 같이할 수 없다는 것이다.

이 두 가지 부류의 사람들을 맹자는 가장 경멸했음을 알 수 있다.

본래 이 말은 맹자(孟子)가 인의(仁義)를 설명하기 위해 사용한 것으로써 철학적 성격을 띠고 있으므로 오늘날 우리가 흔히 사용하는 것과는 달랐다.

맹자의 말씀대로 하면 말을 함부로 하는 것이 자포이며 행동을 되는 대로 하는 것이 자기이다. 곧 말을 함부로 하는 것은 어질고 바른 것을 멀리하는 적극적인 태도이고, 행동을 되는 대로 하는 것은 희망을 잃은 소극적인 태도라고 볼 수 있다.

전문거호 후문진랑 前門据虎後門進狼

앞 전 · 문 문 · 기거할 거 · 범 호 · 뒤 후 · 문 문 · 나아갈 진 · 이리 랑

- 出典 《조설항평사(趙雪航評史)》
- 文意 앞문의 호랑이를 막으니 뒷문의 이리가 나온다.
- 解義 하나의 재난을 피하자 또 다른 재난이 이어 나타나는 것을 비유함.

후한(後漢)의 장제(章帝)가 죽자 열 살의 어린 나이로 화제(和帝)가 제위에 올랐다.

나이 어린 임금이 자리에 오르게 되면 외척이나 환관들이 득세하는 경우가 적지 않은데, 이 당시 또한 예외는 아니었다. 장제의 황후였던 두 태후(竇太后)와 그녀의 오빠 두헌(竇玄)이 정권을 잡게 되자, 화제는 명목상의 임금에 불과하게 되었다.

얼마 후, 권력의 맛을 알게 된 두헌은 한 걸음 나아가 화제를 시해하고 자신이 직접 제위에 오르기 위해 음모를 꾸미기 시작했다. 그러나 이 사실은 화제에 의해 발각되었고, 화제는 당시 실력을 갖고 있던 환관 정중(鄭衆)을 시켜 두 씨 일족을 제거하도록 했다. 뜻을 이루지 못한 두헌은 체포 직전에 자살했다.

두 씨 일족의 횡포가 사라졌다고 해서 화제의 지위가 공고해진 것은 아니었다. 이번에는 두 씨 일족을 대신하여 정중이 권력을 쥐고 정

사에 관여하기 시작한 것이다. 이로 인해 후한은 결국 자멸하게 된다.

명(明)나라 때 조설항(趙雪航)이라는 이가 이 당시의 상황을 다음과 같이 비유적으로 설명하고 있다.

"두 씨가 제거되자 환관의 세력이 일어나게 되었다. '앞문의 호랑이를 막으니 뒷문의 이리가 나온다(前門据虎後門進狼)'는 속담은 바로 이것을 두고 한 말인 것 같다."

전무후무 제갈무후 前無後無諸葛武侯

앞 전 · 없을 무 · 뒤 후 · 없을 무 · 모든 제 · 칡 갈 · 굳셀 무 · 벼슬 후

[出典] 《명사(明史)》
[文意] 제갈공명은 오직 한 사람뿐이다.
[解義] 제갈공명의 뛰어난 재주는 그 누구든 따라갈 수가 없다는 뜻.

제갈공명에 대하여는 다음과 같은 이야기가 전한다.

명(明)나라 태조 주원장(朱元璋)을 도와 명나라를 세우고 개국 공신으로서 성의백(誠意伯)에 봉해진 유기(劉基)가 천하를 두루 구경하던 중 옛 촉한의 땅이었던 촉땅에 들어섰다. 역사의 고적과 풍물들을 두루 구경하면서 날이 저물어 어떤 절에서 하룻밤을 쉬게 되었다.

새벽 첫닭이 울 무렵이 되어 잠이 깨었는데 어디선가 닭이 우는 소리가 들려 왔다. 유기는 혼잣말로 중얼거렸다.

"인가가 워낙 멀리 떨어져 있어 닭의 울음소리가 들리지 않을 터인데 웬 닭의 울음소리일까?"

아침에 일어난 그는 궁금하여 주지에게 물었다.

"절에서 닭의 울음소리가 들리니 웬일이오?" (당시 절은 사람, 짐승의 소리가 들리지 않는 곳에 있는 것이 보통이었다)

주지는 웃음 띤 얼굴로 대답하였다.

"이 절에는 예부터 전해 내려오는 보물이 있사온대 그것이 바로 흙으로 빚어 만든 닭이옵니다. 그 닭은 옛 촉한 시절의 제갈공명이 이 절에서 하루 저녁을 지내고 가시다가 기념으로 빚어 놓은 닭이라 하옵는데 공교롭게도 새벽 닭 우는 시간이 되면 영락없이 울어 시간을 알려 주곤 합니다."

공명이 빚은 흙닭이 오랜 세월이 지난 지금에까지 시간을 맞추어 운다니 새삼 놀랄 일이 아닐 수 없었다.

'도대체 흙닭 속에 무엇을 넣었기에 그토록 신통하게 시간을 맞추어 우는 것일까?'

그는 그 속에 무엇이 있는가를 확인해 보고 싶은 충동을 느꼈다. 그는 그 흙닭을 가져오라 하여 팽겨쳐 깨뜨려 버렸다.

그 안에서는 아무런 신기한 것을 발견할 수 없었고 오직 글발이 적힌 조그마한 종이 두루마리가 있을 뿐이었다. 그 두루마리에는 '유기는 내가 만든 흙닭을 깨뜨릴 것이다(劉基破土鷄)'라는 5자가 쓰여 있을 뿐이었다.

유기는 고개를 갸우뚱거리며 자신도 흙닭을 하나 빚어 시험해 보았다. 그러나 유기가 빚은 흙닭은 울기는 울되 도대체 일정한 시간 없이 밤낮으로 울어 대는 것이었다.

이 일이 있은 후 유기는 제갈공명에 대한 평가를 다시 하게 되었으나 여전히 자신을 우위에 놓고 있었다.

다음날 유기는 제갈공명의 사당이 있는 지역으로 들어섰다. 제왕이나 위인들의 사당에 참배하려면 신분이 높고 낮은 사람을 막론하고 사당에 이르기 일정한 거리에서 모두 말에서 내리기로 되어 있는 하마비(下馬碑)가 세워져 있었다.
그러나 유기는 이 하마비에서 내리지 않고 그대로 말을 타고 통과하려 하였다.
제갈공명을 대수롭지 않은 인물로 보았기 때문이다.
그러나 그 하마비를 통과하려는 순간 말발굽이 땅에 달라붙어 말이 꼼짝달싹도 못하였다. 할 수 없이 유기는 말에서 내려 종자로 하여금 말발굽 밑을 파 보도록 하였다.
그곳에서도 유기를 훈계하는 듯한 내용의 글발이 나왔다.
'때를 만나면 천지도 함께 힘을 도와 주어 일이 순조롭게 이루어지지만, 운수가 없으면 영웅의 계략도 들어맞지 않는 법이니라(時來天地皆同力 運去英雄不在謨).'
유기는 머리를 한 대 되게 얻어맞은 듯 정신이 퍼뜩 들었다.
공명의 사당 참배를 마친 유기는 공명의 묘소로 발길을 옮겼다. 공명의 묘소가 시야에 들어오자 유기는 고개를 갸우뚱거렸다.
공명의 묘소 뒤쪽에는 제왕지지(帝王之地; 제왕이 묻힐 만한 묏자리)가 될 만한 큰 명당 자리가 있는 데도 공명은 그것을 모르고 보잘것없는 묏자리에 자신을 장사 지내게 하였으니 과연 공명은 유기 자신이 평소 생각한 대로 그렇게 훌륭한 인물이 아니라는 생각이 들었다.
유기는 공명의 묘소에 올라 참배를 마치고 일어서려는데 이상하게도 무릎이 땅바닥에서 떨어지지 않았다. 일어서려고 힘을 쓰면 쓸수록 더욱 굳게 달라붙는 것이었다.
종자를 시켜 그곳을 파 보니,
'충신은 죽어서도 제왕의 곁을 떠나지 않는 법이니라(忠臣不離君王側).'

라는 글이 나왔다.

'내가 어찌 지리를 모르겠는가? 죽어서도 제왕을 모시기 위하여 이곳에 묻혔음을 알라.'

유기의 귀에는 제갈공명의 말이 들려 오는 것 같았다. 유기는 감탄한 나머지 한숨을 몰아쉬며 다음과 같이 힘주어 말했다.

"유사 이래 현세에 이르기까지 공명만한 사람 없고, 역사가 이어지는 영원한 앞날에서도 공명만한 사람은 없을 것이다(前無後無諸葛武侯)."

유기는 마침내 제갈공명에게 머리를 숙이고 지난날의 그릇되었던 자신을 부끄럽게 여겼다고 한다.

전전긍긍 戰戰兢兢

두려워할 전 · 두려워할 전 · 조심할 긍 · 조심할 긍

[出典] 《시경(詩經)》의 〈소아편(小雅篇)〉, 《논어(論語)》의 〈태백편(泰伯篇)〉
[文意] '전전'은 겁이 나서 떨고 있는 모습, '긍긍'은 몸을 삼가는 모양을
[解義] 뜻한다.
어떤 위기감에 의하여 몹시 두려워하는 모습을 뜻한다.

《시》경에 나오는 시는 서주(西周) 말엽에 모신(謀臣)에 의해 고법(古法)을 무시한 정치가 자행됨을 한탄한 것이다.

  맨손으로 호랑이를 잡을 수 없고
  걸어서는 황허를 건널 수 없네
  사람들이 그 한 가지는 알고 있으나
  다른 건 아무것도 모르고 있네
  생각하면 언제나 벌벌 떨면서
  깊고 깊은 못 가에 임하는 심정
  엷디 엷은 살얼음 위를 걷는 듯하네.

주자(朱子)는 왕이 간사한 계교에 속아서 단호하게 선(善)을 행하

지 못했기 때문에 대부(大夫)가 이런 시를 지었다고 하였다.

이 시로부터 '전전긍긍'이란 말이 나왔고 포호빙하(咆虎馮河), 여림심연(如臨深淵), 여리박빙(如履薄氷)이란 말도 자주 쓰이게 되었다.

또 이 대목은 《논어》의 〈태백편(泰伯篇)〉에도 나와 있다.

증자가 임종시에 제자들을 불러놓고 이렇게 말했다.

"나의 발을 펴고 내 손을 펴 보아라. 《시경》에 이르기를 '두려워하고 근심함이 깊은 못 가에 임하여 있는 듯하고 살얼음을 밟는 듯하다' 하였거늘 지금에서야 나는 마음을 놓겠구나."

증자는 공자의 제자 중에서도 가장 효성이 지극한 사람이었다. 효경(孝經)의 첫머리에 '몸뚱이와 털과 피부는 부모에게서 받은 것이므로 감히 상하지 않게 하는 것이 효도의 첫걸음이요, 몸을 세우고 도를 행하여 이름을 후세에 빛나게 함으로써 부모를 나타나게 하는 것이 효도의 마지막이다' 라고 하였던 바, 효성이 지극한 증자로서는 몸을 훼손하지 않기 위해 그동안 두려워하고 근심함이 살얼음판을 밟은 듯 전전긍긍하였는데 이제 죽게 되니 그런 굴레에서 벗어나게 되었다고 말한 것이다.

정저지와 井底之蛙

샘 정 · 낮을 저 · 갈 지 · 개구리 와

出典 《후한서(後漢書)》, 《장자(莊子)》
文意 우물 안 개구리.
解義 소견이 좁은 사람을 말함. 또는 견문이 좁은 경우에도 비유.

후한(後漢) 때 마원(馬援)이라는 인재가 있었는데, 가슴 속에 큰 뜻을 품고 조상의 무덤을 지키며 하루하루를 보내고 있었다. 그러던 어느 날, 농서의 제후 외효가 마원의 인물됨을 알아보고 장군으로 임명하였다.

그 당시 공손술(公孫述)은 촉(蜀)나라에서 제(帝)라고 일컫고 있었다. 외효는 그가 어떤 인물인지 몹시 궁금하였으므로 마원을 시켜 만나 보고 오도록 했다.

마원은 공손술과는 고향 친구였으므로 기쁜 마음으로 촉나라로 갔다. 그렇지만 공손술은 무장한 병사들을 계단 아래에 세워 거만한 태도로 마원을 맞이하고는 옛날의 친분을 생각하여 장군으로 임명하겠다고 했다.

마원은 공손술의 오만불손한 태도로 보아 큰 일을 할 수 있는 자가 아니라고 판단하고 서둘러 돌아와서 외효에게 말했다.

"그는 우물 안 개구리입니다(井底之蛙). 조그만 촉나라에서 뽐내는 것밖에 모릅니다 상대하지 마십시오."

외효는 마원의 말을 듣고 공손술을 멀리했다.

또 《장자(莊子)》에도 이런 말이 실려 있다.

"북해의 해신(海神)이 우물 안 개구리(井底之蛙)가 바다를 이야기할 수 없다'고 한 것은 자기가 살고 있는 곳만 알기 때문이며, '여름 벌레는 얼음을 말하지 못한다'라고 한 것은 여름밖에 모르기 때문이다."

정충보국 精忠報國

정성 정 · 충성할 충 · 대답할 보 · 나라 국

出典 《송사(宋史)》
文意 정성과 충성을 다해 나라에 보답한다.
解義 오직 한마음으로 국가에 충성한다는 뜻.

악비는 상주 탕음(하남성 탑음현)의 가난한 농가에서 태어났다. 교묘한 전술과 용감성으로 전공을 세워 30여 세의 젊은 나이에 남송군의 유력한 장군이 되었다. 그는 오직 '중원 복귀, 송조 부흥'이라는 투지에 불타고 있었다.

악비군의 선전으로 패전을 거듭한 금나라 조정의 명령은 이제 연경(북경) 이남 지역에서는 거의 미치지 않게 되었으며 금군의 사기는 점점 떨어져 금군의 장군 가운데서도 비밀리에 악비와 내통하는 자까지 생겼다.

이 같은 움직임과 날이 갈수록 불리해 가는 정세를 예견한 금나라의 올출(兀朮)은 우선 종군하고 있는 장병들의 가족을 황허를 넘어 북쪽으로 철수하라는 명령을 내렸다.

악비군의 연전연승은 중원 천지를 크게 고무시켰다. 악비군이 이르는 곳마다 백성들은 크게 환영을 하였으며 중원 각지의 의거 부대는 '악(岳)' 글자를 깃발에 새겨 넣어 악비와 연합하여 금나라 군사 토벌을 약속하였다.

형세가 점점 불리하다고 판단한 금나라 통수 올줄은 개봉을 버리고 북쪽으로 철수하려고 말에 오르자 한 문관이 급히 달려와 말고삐를 잡으며 말하였다.

"철병을 잠깐 보류하는 것이 상책이라 생각합니다. 머지 않아 악비는 군사를 물리게 될 것입니다."

올줄은 의아스러운 표정으로 물었다.

"아니, 철병을 보류하라니 그게 무슨 말이인가?"

문관은 침착한 어조로 대답하였다.

"역사책을 펼쳐 볼 것 같으면 조정 안에 권력을 휘두르는 신하가 있을 때 밖에서 장군이 공을 세웠다는 기록은 볼 수가 없습니다. 제가 보는 바로는 악비 자신의 지위가 위험한 상태에 빠져 있다고 판단됩니다. 그런데 악비가 어떻게 개봉에 입성할 수 있겠습니까?"

올줄은 이 문관의 말에도 일리가 있다고 판단하고 말에서 내려 그대로 개봉에 머물러 있었다.

강화파의 우두머리 진회는 남송의 각 부대가 항전을 거듭하여 각지에서 금나라 군사를 격파하는 것이 큰 골칫거리였다. 아군의 승리를 고민하는 것은 이상한 일이었지만 적어도 진회의 심정은 그러했다.

진회는 어떻게 해서든 강화 교섭의 장애가 되는 일선의 장군들을 무슨 구실을 붙여서든 소환해야 하겠다고 생각했다.

진회는 일선의 장군들에게 논공 행상을 행한다는 구실을 붙여 소환하였다. 올줄의 철병을 반대했던 문관의 말이 제대로 적중한 셈이었다.

　어리석은 황제 고종은 악비에게도 긴급 철수 명령을 내리기에 이르렀다. 그들은 하루에 12회에 걸쳐 악비에게 잇달아 전달되는 조정의 철수 명령에 비분의 눈물을 삼키며,

"10년 고생이 하루 아침에 물거품이 되는구나!"

하고 탄식하였다.

　일선에서 돌아온 악비에게 기다리고 있는 것은 감옥이었다. 고종과 진회는 이런 방법으로 악비의 손에서 병권을 빼앗고 말았다.

　진회는 갖가지 수단을 동원하여 악비에게 모반죄를 자백하도록 강요하였으나, 악비는 침묵을 지킨 채 대답을 하지 않고 조용히 그의 웃옷을 벗어 그의 등을 보였다.

　악비의 등에는 '정충보국(精忠報國)'의 네 글자가 살 속 깊이 문신되어 있었다.

　정충보국의 애국지사가 모반을 꾀할 수 있단 말인가? 악비의 모반죄를 믿을 사람은 아무도 없었다.

　그러나 고종과 진회는 터무니없는 모반죄를 뒤집어씌워 악비를 옥중에서 극비리에 죽여 버렸다. 그때 악비의 나이 39세였다.

　중국 역사상 제일의 충신으로서 이름을 남긴 악비는 민족에 대해서도 충성을 다했고 남송의 임금에 대해서도 충성을 다했다. 그는 민족의 부르짖음에 보답하여 끝까지 금나라와 싸울 것을 주장하는 한편 금나라와의 강화를 위하여 철수를 명하는 어리석은 황제 고종의 명령도 배반할 수가 없었다.

　여기에 악비의 비극이 있었던 것이다. 옥리 외순과 같이 백성들이 악비에게 기울이는 경모의 정은 고종이나 진회 등과는 전혀 대조적

인 악비의 민족혼 --- 이민족의 침입에 대항하여 몸을 버려서라도 싸우려는 기백에 의한 것이었다.

그렇기 때문에 악비는 지금도 민족의 영웅으로서 중국 백성들로부터 추앙받고 있다.

한편 악비를 죽인 진회와 만사설은 그들의 생전에는 가까스로 징벌을 면할 수 있었으나, 후세 사람들은 이러한 무리들의 철상(鐵像)을 만들어 악비의 무덤 앞에 무릎을 꿇림으로써 민족 반역자에 대한 분노를 터뜨렸다. 그리고 지금도 그 철상에는 참배객들이 오줌을 갈기는 바람에 당국에서는 단속하느라고 바쁘다고 한다.

제세안민 濟世安民

건질 제 · 인간 세 · 안정할 안 · 백성 민

[出典] 《십팔사략(十八史略)》
[文意] 세상을 구제하고 백성을 편안히 함.
[解義] 당 태종의 이름 '세민(世民)'이 이 말에서 유래되었다고 한다.

당 태종이 나라를 다스리는 도로써 첫번째로 들 수 있는 것은 백성들의 생활에 관심을 기울여 부역을 가볍게 하는 일이었다. 정관 연간의 초기 관중·관동(하남성 함곡관 이동의 땅) 지방은 3년 동안이나 흉년이 들어 백성들은 기아에 허덕이고 딸과 아들을 파는 자가 많았다.

이 같은 백성들의 생활을 불쌍히 여긴 태종은 자연 재해로 인한 백성들의 불안이 곧 사회의 혼란을 야기시킨다고 판단하여 국고에 보관 중인 식량을 백성들에게 나누어 주라는 조서를 내렸다.

역사적 기록에 의하면 일부 주현(州縣)에서는 이재민 가가호호에 기근이 지난 후에도 식량이 남을 수 있도록 충분히 급여하였다는 것이다.

또 태종은 황실 금고의 금은보화를 이재민들이 어쩔 수 없이 판 딸이나 아들을 돌려받는 비용에 충당하고 그 딸이나 아들들을 그

집에까지 데려다 주어 한 집안이 단란하게 생활할 수 있도록 배려하였다 한다.

이 밖에도 새로운 부역 제도로써 조·용·조(租庸調)법을 시행하였다. 조(租)는 구분전(口分田)에 과하는 세금, 용(庸)은 사람에 대하여 과하는 노역 의무, 조(調)는 집에 관한 현물세이다.

물론 이러한 새 법령이 농민을 봉건 왕조의 착취나 억압으로부터 완전 해방시키는 것이 아니었지만 수 양제의 극심했던 착취나 억압에 비하면 훨씬 부담이 가벼운 것이었다.

수나라 말기 많은 사람들이 고향을 떠났다가 정관 연간에 다시 고향으로 돌아온 사실도 특기할 만한 일이다. 정관 3년(629) 호부(戶部)의 보고에 의하면 근자에 이르러 인구가 급격히 증가하여 변경 지대에서 돌아온 자와 새로 귀순해 온 자의 수가 1백 20만 명에 이르렀다고 기록되어 있다.

정관 연간의 정치적 성과는 이 밖에도 여러 방면에 미치고 있어 여기서 일일이 설명할 수 없지만 법으로써 백성을 다스리고, 법의 집행은 공정을 으뜸으로 하며, 잔혹한 체형을 금지시켰다는 사실을 빼놓을 수 없다.

또 정관 연간에는 절약과 검소를 으뜸으로 하고 사치스런 생활을 삼가하여 황실에서도 매나 개의 사육을 금하고 피서용 별궁의 수축을 중지하며 궁녀 3천 명을 귀가시키거나 혹은 결혼시키는 조치를 취하였다.

정관 연간의 사회는 과거에 문란했던 도덕·풍기도 안정을 되찾았으므로 이때의 정치를 역사상 '정관의 치'라 일컬어 높이 평가하고 있다. 물론 이 같은 선정의 뒷면에는 방현령(房玄齡)·두여회(杜如

晦)와 같은 어진 재상과 중신들의 보좌가 있었기 때문이었다.
　태종은 생일을 맞이하여 장손무기에게 말하기를,
　"생일이 되면 모든 사람들이 다 즐거워하지만, 짐에게 있어서는 도리어 가슴 아픈 날이오. 짐이 비록 천자가 되었지만 부모님이 돌아가셔 모시지 못하니 어찌 한이 되지 않겠소. 옛 글에 이르기를,
　'슬프고 슬프다 부모님이시여, 나를 낳으시기에 노고가 많으셨다' 하였으니 어찌 부모님이 노고하신 날에 잔치를 벌여 즐길 수 있단 말씀이오."
하고 잔치를 금하라고 하였다.
　또 어느 해인가 황충(메뚜기)의 피해가 심하자 태종은 친히 상림원에 나아가 황충 몇 마리를 나뭇잎에 싸들고 축수하기를,
　"백성들이 곡식으로써 목숨을 보전하거늘 너희들이 먹으니 차라리 짐의 폐와 창자를 갉아먹어라"
하고 그 황충을 삼키려 하였다. 좌우 신하들이 깜짝 놀라
　"황충은 악물입니다. 혹시 병이 될까 두렵습니다."
라고 간하였으나 태종은 듣지 않고 꿀꺽 삼켜 버렸다. 그러자 그 후로 황충의 재해가 사라졌다 한다.

조강지처 糟糠之妻

지게미 **조** · 겨 **강** · 어조사 **지** · 아내 **처**

出典　《후한서(後漢書)》
文意　지게미와 쌀겨를 먹고 고생한 아내.
解義　어려울 때에 함께 고생을 한 아내를 말함.

후한 광무제(光武帝)의 누이인 호양공주(湖陽公主)가 과부가 되었다. 광무제는 누이를 마땅한 사람에게 다시 혼인시킬 생각으로 그녀의 의향을 물어 보았다.
"송홍(宋弘) 같은 사람이라면 남편으로 우러러보고 살 수 있겠지만 그 외에는 별로 생각이 없습니다."
그녀는 송홍이 아니면 시집가지 않겠다는 뜻을 밝혔다.
송홍은 중후하고 정직하기로 널리 알려진 사람으로 무제가 즉위한 이듬해에 대사공(大司空)이란 대신의 지위에 올랐다.
"누님의 의사는 잘 알겠습니다. 그럼 어디 한번 힘써 보지요."
하고 약속을 한 광무제는 송홍이 마침 공무로 편전에 들어오자 공주를 병풍 뒤에 숨겨두고 송홍과 자신의 대화를 엿듣게 했다.
이런 저런 얘기를 하다가 광무제는 송홍에게 넌지시 다음과 같은 말을 건넸다.

"속담에 이르길 지위가 높아지면 친구를 바꾸고 집이 부유해지면 아내를 바꾼다고 하는데 그럴 수 있는 일인지요?"

그러자 송홍은 서슴지 않고 대답했다.

"신은 가난하고 천했을 때의 친구는 잊어서는 안 되고, 지게미와 쌀겨를 먹으며 고생을 함께 한 아내는 집에서 내보내지 않는다고 들었습니다(臣聞 貧賤之交不可忘 糟糠之妻 不下堂)."

이 말을 듣고 광무제는 송홍이 물러가자 조용히 누님이 있는 쪽을 돌아보며 말했다.

"일이 틀린 것 같습니다."

조령모개 朝令暮改

아침 조 · 법 령 · 저녁 모 · 고칠 개

[出典] 《사기(史記)》
[文意] 아침에 내린 영이 저녁에 바뀜.
[解義] 영이 일관성 없게 왔다 갔다 함.

전한의 어사대부(御史大夫; 부총리)를 지낸 조조의 헌책(獻策)에 이런 글이 있다.

"흉노족이 자주 북쪽 변방을 침략하여 약탈을 자행하기 때문에 둔수(屯戍; 경작하면서 수비함)하는 사람이 많아져서 변방의 먹지 못하는 자들에게 공급할 식량이 부족해졌습니다. 이리하여 백성들로부터 곡식을 헌납받는 사람들과 그 곡식을 변방에 수송해 갈 사람들을 모집해서 벼슬을 주기로 했습니다. 지금 가족 다섯 명의 농가에서는 부역이 너무 무겁기 때문에 여기에 매어 사는 사람이 둘 이상에 이르고, 관청을 수리하고 부역에 불려나가는 등 사시사철 쉴 날이 없습니다. ……조세와 부역은 일정한 시기도 없이 아침에 명령이 내려오면 저녁에는 또 다른 명령이 고쳐 내려옵니다(朝令而暮改). 전답 잡힐 것이 있는 사람은 반값에 팔아 없애고 그것도 없는 사람은 돈을 빌려 원금과 같은 이자를 물게 됩니다. 이리하여 논밭과 집을 팔고 자식과 손자를 팔아 빚을 갚는 사람이 생겨나게 됩니다."

즉, 법령을 지나치게 자주 바꿔서는 안 된다는 것이다. 그러나 조조의 이러한 노력은 결국 귀족들의 시기를 사서 죽임을 당하고 말았다.

조삼모사 朝三暮四

아침 조 · 석 삼 · 저물 모 · 넉 사

- [出典] 《열자(列子)》의 〈황제편(黃帝篇)〉, 《장자(莊子)》의 〈제물편(齊物篇)〉
- [文意] 아침에는 셋, 저녁에는 넷을 주다.
- [解義] 농락당하는 속에 끼여 있으면서도 그것을 알지 못한다. 이를테면 애써 일을 이루었으나 그것이 같은 것임을 알지 못한다는 의미.

송(宋)나라에 저공(狙公)이란 사람이 살았는데 원숭이를 좋아하여 원숭이를 기르고 있었다. 저공은 원숭이의 마음을 잘 알고 원숭이 또한 저공의 마음을 잘 이해했다. 그러나 많은 원숭이를 길렀으므로 그 식량을 무시할 수가 없었다. 저공은 점차 곤란해져서 원숭이의 사료를 제한할 수밖에 없었다. 그러나 그것 때문에 모처럼 자기를 따르고 있는 원숭이의 기분을 상하게 해서는 안 된다고 생각하여 원숭이들에게 물었다.

"너희들에게 줄 도토리를 앞으로는 아침에 세 개, 저녁에 네 개씩 주려고 하는데 어떠냐?"

그러자 원숭이들은 화를 냈다. 아침에 세 개라면 배가 고파 못 견디겠다는 원숭이의 마음을 저공은 알아차렸다. 저공은 내심 잘 되었다고 생각하면서 다시 말했다.

"그럼 아침에 네 개, 저녁에 세 개로 하면 어떠냐? 그렇게 하면 좋겠지?"

그제서야 원숭이들은 좋아서 손뼉을 쳤다.

이 우화는 《열자》의 〈황제편〉과 《장자》의 〈제물론(齊物論)〉에 나온다. 그러나 그 뜻은 다소 다르다.

열자의 경우는 다음과 같이 결론짓고 있다.

"지자(智者)가 우자(愚者)를 농락하고, 성인이 중인을 농락하는 것도 저공이 지(智)로써 원숭이들을 농락하는 것과 같다."

《장자》의 경우는 농락당하는 자의 편에 서서 "신명(神明; 마음)을 다하여 일을 이루면서도 그 같음을 모른다. 이것을 조삼(朝三)이라고 한다"라고 말하고 있다.

조장 助長

도울 조 · 길이 장

[出典] 《맹자(孟子)》〈공손축편(公孫丑篇)〉
[文意] 자라도록 도와줌.
[解義] 억지로 힘을 무리하게 쓰는 것은 일을 그르치게 한다. 그러므로 그 사물이나 사람에 맞게 도와 성장시킨다.

이 단락은 '호연지기(浩然之氣)' 항목을 참고하는 것이 좋다. 자신에게는 부동심(不動心)이 있는데 바로 말귀를 잘 알아듣는 것과 호연지기를 기르는 것이라 했다.

호연지기에 대해 맹자는 다음과 같이 설명한다.

"호연지기라는 것을 기르기 위해서는 무엇보다도 도의(道義)에 맞아야 한다. 기(氣)만을 목적으로 길러서도 안 되며 그렇다고 기를 기르는 것을 잃어버리는 것도 좋지 않다는 것이다. 송나라 사람처럼 억지로 안절부절못하여 조장(助長)하는 것은 좋지 않기 때문이다."

그리고 다음과 같은 비유를 들었다.

옛날에 한 농부가 살고 있었다. 볏모를 심었으나, 겉으로 보기에 잘 자라지 않았다.

초조한 마음에 어떻게 해서든 볏모를 빨리 자라게 해서 수확할 수 있게 될 방법을 찾고 있었다. 물론 볏모는 눈에 띄지 않게 자라고 있었으나 농부는 다급했던 것이다.

어느 날 농부는 논으로 달려가 볏모를 조금씩 위로 뽑아 올리고서는 집에 돌아와 말했다.

"아, 오늘은 피곤하다. 모가 자라도록 조장(助長)하였다."

이 말을 들은 가족들이 놀란 것은 당연했다. 이튿날 그의 아들이 논에 가 보니 벼는 모두 말라 죽어 있었다.

좌단 左袒

왼쪽 **좌** · 옷 벗어 던질 **단**

- 出典 《사기(史記)》〈여후본기(呂后本紀)〉
- 文意 왼쪽 어깨를 벗어붙인다.
- 解義 무리가 모였을 때나 혹은 어느 개인이 한쪽 편을 들어 동의하는 것을 이름.

한 고조 유방(劉邦)이 죽은 후, 황후였던 여 태후(呂太后)가 천하의 권력을 쥐면서 여씨 일족의 천하가 되었다. 이런 상황을 유씨 일족이나 고조의 유신들인 주발(周勃), 진평(陳平), 관영들은 좋지 않게 생각하고 있었으나 어떻게 손을 댈 수가 없었다.

그런데 기원전 180년 3월, 여 태후는 병이 들어 7월에는 자리에서 일어날 수도 없을 만큼 중태에 빠졌다. 그녀는 병석에서도 일족의 장래를 걱정하여 조왕(趙王)인 여록(呂祿), 여왕인 여산(呂産)을 상장군에 임명하고 북군은 여록에게, 남군은 여산에게 장악시켰다.

그리고 두 사람을 머리맡으로 불렀다.

"고조가 천하를 정하셨을 때 그 중신들과 더불어 유씨가 아닌 자가 왕이 되거든 함께 이를 치라고 맹약하셨다. 그런데 지금 그대들이 그러하듯 여씨는 각기 왕후에 봉해져 있다. 유씨 일족이나 고조의 유신들은 이것이 불만이다. 내가 죽으면 그들은 아마도 군사를 일으킬 것이다. 그러니 그대들은 반드시 병권을 장악하고 궁중을 지키는 데 전념하라. 그러기 위해서는 내 장례식에도 참석할 필요가 없다."

이렇게 일러놓고 여태후는 죽었다. 그러자 그때까지 주색에 빠져 있는 듯 보이던 우승상 진평은 곧 본래의 모습으로 돌아가 태위인 주발과 손을 잡고 여씨 타도의 모의를 꾀했다.

마침 곡주후(曲周侯) 역상의 아들인 역기가 여록과 친했는데 이것을 이용, 두 사람은 역기를 앞세워 여록을 설득시켰다.

"여 태후는 돌아가시고 황제는 아직 어립니다. 이때 제왕(諸王)은 각기 봉지(封地)를 단단히 통치하는 것이 급선무입니다. 물론, 현명한 당신은 조(趙)로 돌아가야겠다고 생각하시면서도 북군의 상장군으로서의 임무를 아울러 생각해서 주저하시고 계실 것입니다. 황제께서는 태위 주발에게 북군을 맡기시고 당신이 조로 돌아가실 것을 희망하고 계십니다. 그러니 안심하시고 귀국하시는 것이 어떻습니까?"

여록은 어리석게도 이 말을 듣고 상장군의 인수(印綬)를 반납하여 북군을 주발에게 넘겨 버렸다. 주발은 북군 병사들을 모아놓고 외쳤다.

"한실(漢室)은 원래 유씨를 종(宗)으로 하고 있다. 그런데 감히 여씨는 유씨를 누르고 실권을 잡고 있다. 이것은 한실의 불행이며 또한 천하가 통분하는 일이다. 이제 상장군은 유씨에게 충성을 바쳐 성상에게 천하를 돌리려고 생각한다. 이제 여씨를 섬기려고 하는 자는 우단(右袒)하라. 상장군과 같이 유씨에게 충성을 다하려는 자는 좌단(左袒)하라."

이 말을 듣자 전군은 한 사람 남기지 않고 다 좌단하여 유씨에게 충성을 바칠 것을 맹세했다.

군사들이 여씨를 두려워했던 것은 여씨가 군권을 장악하고 있었기 때문이었다. 북군의 지휘권이 유씨 지지 세력의 중심 인물인 주발에게 돌아왔으니 승패는 이미 결정된 것이나 다름없었다.

또 여산이 장악하고 있는 남군에는 여씨 일파가 가장 두려워하는 유장이 쳐들어갔다. 난데없이 큰 바람이 불어닥쳐 여산이 달아나자 남군은 싸우지도 않고 모두 달아났다.

여씨 일족의 남녀 노소는 모두 참살당했다. 북군의 지휘권을 넘겨준 여록도 조나라로 돌아가지 못한 채 칼에 맞아 죽었다.

주지육림 酒池肉林

술 주 · 못 지 · 고기 육 · 수풀 림

- 出典: 《사기(史記)》
- 文意: 술로 연못을 만들고 고기로 숲을 만든다.
- 解義: 음란하고 호화스러운 탕아들의 행위를 비유하는 말. 역대 군왕들의 타락된 일면을 나타내는 대명사이다.

폭군이라 말할 때엔 그 대명사를 걸·주(桀紂)라 대답한다. 하왕조의 19대 제왕 사이계를 걸제(桀帝), 상왕조 31대 제왕 자수신(子受辛)을 주제(紂帝)라 부른다.

훗날의 사가들에 의해 붙여진 시호는 한결같이 충신을 골라 죽이는 폭군이란 꼬리표였다. 특히 '주지육림'이라는 고사가 만들어진 데에는 사이계의 탐욕이 앞섰지만, 훗날의 자수신 역시 환락과 패망의 전철을 그대로 이어받은 것으로 평가된다.

하(夏)의 마지막 왕 걸(桀)은 탐욕스럽고 포학했다. 미녀 말희(末喜)에게 빠져 보석과 상아로 꾸민 호화스런 궁전을 만드느라 백성들의 재물을 고갈시켰다.

고기는 산처럼 쌓이고(肉山), 포는 숲처럼 걸려 있었으며(脯林), 술로 만든 못에는 배를 띄울 수 있었고 술지게미가 쌓여 된 둑은 십 리까지 뻗어 있었다.

한 번 북을 울리면 소가 물 마시듯 술못에서 술을 마시는 사람이 3천 명이나 되었다.

은의 마지막 임금 주(紂)는 구변이 좋고 손으로 맹수를 쳐 죽이는 장사였다. 술과 여자를 좋아했는데 특히 달기라는 여자의 말은 모두 다 들어 주었다.

유원지에 큰 별궁을 지어 두고 많은 들짐승과 새들을 놓아 길렀으며, 술로 못을 만들고 고기를 갈아 숲을 만든 다음 남녀가 벌거벗고 그 사이를 뛰어다니며 밤낮 없이 술을 마시고 즐겼다.

이와 같은 광연(狂宴)이 20일이나 주야를 불문하고 계속되니 이것을 '장야의 음(長夜之飮)' 이라 부르게 되었다고 한다.

이렇게 광태는 이미 상궤(常軌)를 벗어났는데도 뜻있는 사람들의 간언은 듣지 않고, 도리어 제왕의 행동을 비방한다는 죄를 씌워 잔인한 '포락지형'을 과했다.

포락의 형이란 구리 기둥에 기름을 바르고 그 아래 숯불을 피워놓고 구리 기둥 위로 죄인들을 걸어가게 하는 형벌이었다.

천하의 모범이 되어야 할 천자로서 하는 짓이 포학하고, 백성의 재물을 무거운 세금으로 걷어다가 사치와 환락에 탕진하니 백성들의 고통은 말할 수 없었고 불평 불만이 높아갔다. 포락의 형은 이런 불평 불만을 억누르기 위한 공포정치의 한 가지였다.

"무사히 그 기둥을 끝까지 걸어가는 자에게는 그 상으로서 죄를 면해 주리라."

불바다 위에 한 개의 구리 기둥이 걸쳐졌다. 미끄러지기 쉽게 기름을 칠해 놓았다. 너무나 미끄럽게 칠하거나 불 가까이 놓으면 뜨겁고 미끄러워 한 발자국이나 두 발자국에서 쉽게 떨어지고 만다.

그러면 흥미가 없기 때문에 일부러 적당히 거리를 띄워 놓지 않으면 안 된다.

불 속에 떨어져 죽느냐, 기름 기둥을 무사히 건너서 사느냐 하는 절박한 갈림길에서 한 가닥 희망을 안고 엉금엉금 구리 기둥 위를 기어가는 죄수들의 모습은 인간으로서는 차마 볼 수 없는 잔인무도함의 극치였다.

실낱만큼의 한 가닥 희망을 안고 한 발 두 발 걸어가다가 앞으로 두세 발만 걸으면 죄를 용서받고 살 수 있는 목숨을 건 찰나에서 기진맥진 불 위에 떨어져 비명을 지르고 뿌지직 살이 타는 소리를 들은 뒤에야 쾌감을 느끼는 달기의 환심을 사기 위해 이 같은 잔인한 형벌을 서슴지 않았던 것이다.

이렇게 하여 폭군음주(暴君淫主)로 이름을 떨친 주왕도 걸왕의 전례대로 주 무왕의 혁명 앞에 힘없이 굴복하는 운명의 길을 걸었다.

죽마지우 竹馬之友

대나무 죽 · 말 마 · 갈 지 · 벗 우

[出典] 《후한서(後漢書)》
[文意] 어릴 때에 대나무로 만든 말을 타고 놀던 친구.
[解義] 어려서 함께 자란 친구. 고향 친구.

진(晉)나라의 환온(桓溫)이 권세를 휘두를 무렵의 일이다.
간문제(簡文帝)는 은호(殷浩)를 조정에 불러들이기 위하여 그를 건무(建武) 장군 양주직사(楊州勅使)라는 높은 벼슬을 주자 비로소 불러들일 수 있었다.
은호는 일찍이 뛰어난 재능으로 세상사람들로부터 칭찬을 받았고, 또 평판이 아주 좋았던 것이다. 그래서 조정에서는 몇 번이고 그를 불렀지만 그때마다 거절했으므로 사람들은 은호를 마치 옛날의 관중(管仲)이나 제갈공명(諸葛孔明)으로 비유했었다.
이와 같은 현인이었지만 일단 군사지휘권을 위임받고 전쟁터에 나가서는 연전 연패하는 무능성을 드러냈다. 두고 보던 환온은 이것을 이유로 은호를 평민의 신분으로 격하시켜 멀리 변방으로 유형(流刑)케 함으로써 정적을 조정에서 내쫓았다.
후일 어떤 사람의 주선으로 환온은 옛정을 생각하여 그를 용서하고 유형을 풀고 다시 관직에 등용하겠다는 편지를 그에게 보냈다. 이 서신을 받아 본 은호는 대단히 기뻐하여 사례하는 회답을 써서 봉투에 넣었다.

그러나 혹시 잘못된 점이 있지나 않을까 염려하여 봉투에서 편지를 꺼내어 다시 쓰기를 몇 번이고 반복하였다. 이렇게 해서 완벽한 편지를 썼지만, 그만 가장 긴요한 편지는 넣지 않고 봉투만 그대로 봉하여 환온에게 보냈다.

알맹이 없는 빈 봉투만 받아본 환온은 자기를 조롱한 것으로 생각하여 화가 나서 유배지에서 돌아오지 못하게 했다. 결국 은호는 관직에 다시 오르지 못했거니와 그만 유배지에서 죽고 말았다.

그가 죽고 나자 환온은 은호를 이렇게 평했다.

"나는 어릴 때 은호와 함께 자라면서 죽마를 타고 놀았다. 내가 타던 죽마를 버리면, 그는 언제나 내가 버린 그 대막대를 주워서 제 것으로 하여 타곤 했다. 그러니 그가 나의 밑에 있는 것은 당연하지."

중구난방 衆口難防

무리 중 · 입 구 · 어려울 난 · 막을 방

[出典] 《십팔사략(十八史略)》
[文意] 많은 사람들의 입을 막기는 어렵다.
[解義] 많은 사람들이 떠들어 대면 막기 어렵다는 뜻.

주 여왕은 약해져 가는 주왕실의 세력을 만회하기에 힘썼다. 목왕 이후의 선왕들은 너무 소극적이었기 때문에 그는 주공이 정치이상으로 삼았던 '순리를 따라 무리하지 않는다'는 원칙을 무시하고 적극적인 정책을 취했다.

그는 주왕실을 회복시키기 위해서는 우선 수입을 증대시켜야 한다고 생각하고 이재(理財)에 밝은 이공(夷公)을 등용하였다. 이공은 원래 영국(榮國)의 공작(公爵)이었는데 그의 수입 증대 방안은 노골적인 착취수단이었기 때문에 영국의 영민들로부터 불만을 많이 사고 있는 인물이었다.

현명한 대부 예양부는,

"만약 이공(夷公)이 영국에서 착취하던 방법으로 주왕실을 재건하려고 한다면 위험 천만한 일이라 생각되옵니다."

하고 간하였으나 여왕은 듣지 않았다.

이공의 착취는 극도에 달해 가고 있었다. 착취의 대상은 귀족·제후·일반인을 가리지 않았다. 일반 서민의 불만은 말할 것도 없고 왕실과 제후와의 관계도 점점 험악한 상태에 이르고 있었다. 건국의 으뜸 공신이며 주왕실에 대한 충성도가 가장 높은 가계를 자랑하는 소공(召公)은 가만히 보고만 있을 수 없었다.

"이러한 정치를 하다간 머지않아 백성들은 어떠한 명령도 따르지 않을 것이며 제후들도 주왕실을 종주국으로 받들지 않을 것입니다." 하고 간하자 여왕은 크게 노했다.

"주나라를 부흥시킬 사람은 나밖에 없소. 이 나라를 부강케 하려면 비상 수단을 쓰는 것도 부득이한 일이오."

그는 자기를 비방하는 자가 많음을 알고 이를 막기 위해 공포 정치를 구상해냈다.

여왕은 위(衛)나라에서 무당을 불러오게 하였다. 위나라는 옛 은나라의 도읍지로 그곳의 무당은 은나라 건국 이래 신령시되어 오던 존재였다.

그 무당은 모든 일을 신령처럼 꿰뚫어보는 것으로 여겨 왔던 것이다. 그 무당은 이른바 절대자격인 특무장관으로서 그가 고발하는 사람은 그것으로 끝장이었다.

이로써 비방하는 사람은 줄어들었으나 제후들은 입조하기를 꺼려했고 백성들은 입을 다물었다. 아무리 친한 사람을 만나도 말을 못 하고 눈짓으로 한없는 원망을 주고받는 형편이었다. 여왕은 만족해 했다.

"어떻소? 내 정치 하는 솜씨가. 나를 비방하는 자가 사라졌으니."

소공은 기가 막혔다.

소공(召公)이 주 여왕의 언론 탄압 정책을 간하여 이렇게 말하였다.

"백성들의 입을 막는 것은 냇물을 막는 것보다 더한 것입니다. 강물이 막혔다가 터지면 많은 사람들이 상하게 됩니다. 백성들도 역시 마찬가지입니다. 그러므로 강을 다스리는 사람은 물이 흘러가도록 하고, 백성을 다스리는 사람은 백성들이 생각하는 바를 말로 할 수 있게 해야 합니다."

그러나 여왕은 소공의 말을 듣지 않고 함구령을 계속 밀고 나갔다. 그로 인해 여왕은 폭동을 만나 달아난 곳에서 평생을 갇혀 사는 결과를 초래했다.

이 말을 인용하여 쓴 이는 춘추 시대 송나라 사마(司馬) 화원(華元)이다. 그가 성을 쌓는 일을 독려하기 위해 나와 있을 때 군중들은 그가 적국의 포로가 되었다가 돌아온 것을 비웃으며 노래를 불렀다.

그러나 마음이 너그러운 그는 군중들을 꾸짖는 일이 없이,

"무릇 사람들의 입은 막기 어렵다(衆口難防)."

라고 하며 나타나지 않았다.

그의 그러한 태도가 사람들에게 좋은 반응을 일으켜 그후부터 백성들의 존경을 받게 되었다고 한다.

지록위마 指鹿爲馬

가리킬 **지** · 사슴 **록** · 할 **위** · 말 **마**

[出典] 《사기(史記)》
[文意] 사슴을 가리켜 말이라 한다.
[解義] 어떤 일을 위압적으로 속이려 드는 일을 말한다.

권세와 영화를 모두 누린 진 시황이 죽자 환관인 조고(趙高)의 책략으로 유언을 어기고 나이 어린 막내아들 호해(胡亥)가 2세 황제에 올랐다.

아직 철들지 않은 2세 황제는 자기 아버지를 닮았던지 천하의 쾌락이란 쾌락은 모든 것을 누리면서 생애를 마치고 싶다는 그런 위인이었다.

조고는 커다란 야심을 품었던지라 이처럼 어리석은 황제를 교묘히 조종하여 방해물로 생각되는 중신과 장수들을 모조리 죽였을 뿐만 아니라 재상이던 이사(李斯)마저 내쫓고 스스로 재상자리에 앉는 한편, 차후에 2세 황제까지 내치고 스스로 황제가 되려는 야심을 키우고 있었다.

그는 신하들 중에서 자기 편이 몇 명이나 될는지 시험해 보기로 하고는 방법을 궁리했다.

어느 날 2세 황제에게 사슴 한 마리를 바치면서 말했다.

"말(馬)을 바치옵니다."

그러자 황제는 웃으면서 말했다.

"승상은 괴이한 소리를 하는군. 사슴을 말이라고 하다니? 이게 대체 사슴이오, 말이오?"

그리고는 신하들을 둘러보았다. 조고의 위세를 두려워하고 있던 신하들은 잠자코 있는가 하면, 말이라고 대답하기도 했다. 물론 말이 아니라고 직언하는 자도 있었다.

조고는 사슴이라고 말한 자들의 얼굴을 똑똑히 기억하고 있다가 죄를 뒤집어씌워 죽여 버렸다. 그 이후로 조고의 말에 이의를 제기하는 사람은 찾아볼 수 없었다.

조고는 그 당시 반란군이 들끓기 시작한 혼란의 와중에서 결국 2세 황제를 죽이고 부소(扶蘇)의 아들 자영을 황제로 삼았다.

자영은 두 아들과 대책을 의논했다.

"조고는 2세 황제를 죽이고 군신들이 들고 일어나 자기를 죽일 것이 두려워 거짓으로 의를 내세워 나를 황제로 옹립하고 목욕재계한 후 종묘에서 옥새를 전한다 하니 내가 병이 났다 하고 그 종묘에 나가지 않으면 조고는 반드시 나를 데리러 올 것이다. 그때 조고를 없애는 것이 좋겠다.

조고는 위압적으로 남을 속이려드니 믿을 수 없는 인물이다. 지금까지 그가 자행해 온 정치적 만행은 용서할 수 없다. 내가 황제가 된다 해도 조고가 살아 있는 한 나도 2세 황제의 꼴이 될 것이 틀림없다. 종묘·사직을 보존하고 내가 살기 위해서는 조고를 먼저 죽일 수밖에 없다."

이것이 자영이 생각한 결론이었다. 자영은 한담(韓談)을 시켜 조고가 오거든 그를 찔러 죽이라고 사전에 모든 준비를 시켰다.

목욕재계를 끝낸 자영은 병이라 핑계하고 종묘에 나가지 아니했다. 자영이 나오지 않는다면 조고는 군신들로부터 의혹의 눈총을 받을 것이 두려웠다.

내관들을 보내어 종묘에 납시라고 여러 번 재촉하였으나 자영은 나오지 아니했다.

"승상께서 직접 맞이하신다면 공자께서도 차마 나오시지 않을 수 없을 것입니다."

내관들의 권유였다.

조고는 마음에 내키지 않았으나 할 수 없이 자영이 있는 곳으로 가 그를 맞아 오기로 하였다. 조고는 자영과 마주앉으며,

"편찮으시다는 말씀은 들었아오나 종묘에서 옥새를 받자옵는 일은 막중한 의식이오니 납시옵소서."

라고 아뢰었다.

그때 한담이 살기를 띤 얼굴로 나타났다. 그의 손에는 단검이 쥐어져 있었다. 조고는 반사적으로 소리를 질렀으나 한담은 재빨리 조고에게 달려들어 단검을 조고의 심장에 꽂았다.

선혈을 뿜으며 죽어 가는 조고에게 자영은 내뱉었다.

"네 죄를 네가 알렷다!"

자영은 조고의 삼족을 멸하고 그의 목을 함양의 저잣거리에 효수하였다.

창업이수성난 創業易守城難

비롯할 **창** · 업 **업** · 쉬울 **이** · 지킬 **수** · 재 **성** · 어려울 **난**

[出典] 《정관정요(貞觀政要)》
[文意] '창업'이란 일을 시작하여 일으킨다는 뜻이고, '수성'이란 이룩한 사업을 잘 지켜 보존한다는 뜻.
[解義] 일을 일으키기는 쉽고 그것을 보존하는 것은 어렵다는 말.

초당(初唐)의 성세(盛世)를 형용하여 곧잘 당초 삼대지치(唐初三代之治)라고 한다. 정관의 치(貞觀之治; 태종의 627~649년), 영휘의 치(永徽之治; 고종의 650~655년), 개원의 치(開元之治; 현종의 치 713~734년)를 말한다. 이들 시대에는 황제가 사치를 경계하고 현신을 잘 써서 천하가 잘 다스려졌기 때문이다.

특히 태종의 정관의 치는 후세의 거울이 되었는데 백성은 길에 떨어진 물건을 주워 갖지를 않고, 도둑이 없으므로 상려(商旅)들은 안심하고 야숙(野宿)을 할 정도로 태평한 세상이었다.

태종이 군신들과 함께 정사를 논한 말을 모은 《정관정요(貞觀政要)》는 우리나라에서도 정치하는 데 참고로 삼았다.

정관의 치가 이룩된 원인의 하나는 전술한 바와 같이 사치를 경계하고 많은 현신을 얻었기 때문이다. 정관(貞觀) 치, 결단력이 뚜렷한 두여회(杜如晦), 계획을 짜는 데 천재적인 재능이 있는 방현령(房玄

齡)이 좌우의 복야(僕射)를, 강직한 위징(魏徵)이 비서감장(秘書監長)을, 청렴한 왕규(王珪)가 시중(侍中)을 맡아 태종의 정치를 잘 보필했기 때문이다.

어느 때 태종이 신하들에게 이렇게 하문한 적이 있었다.

"창업과 수성은 어느 편이 어려운가?"

방현령이 먼저 대답했다.

"창업 초기에는 천하가 난마처럼 혼란하여 각지에 군웅이 할거합니다. 천하 통일의 대업을 성취하면 이런 군웅들과의 쟁패전에서 이겨내야 합니다. 이런 일들을 생각하면 창업이 어렵다고 생각합니다."

위징이 이에 반론을 펴면서 이렇게 대답했다.

"새 제왕이 천자의 자리에 오르기 위해서는 전 왕조의 뒤를 이어받아 무뢰한을 반드시 평토해야만 합니다. 백성은 새 임금님을 기쁨으로 맞이하여 모두가 한결같이 그분의 명령에 복종합니다. 대저 천자의 자리란 하늘이 내리시고 백성들로부터 주어지는 것이므로 이것을 얻기란 그다지 힘들지 않습니다. 그렇다면 일단 천하를 수중에 넣고 나면 기분이 해이해져 자기의 욕망을 억제하지 못하는 법입니다. 백성들은 평온한 생활을 바라지만 부역은 그칠 날이 없어집니다. 백성들이 먹는 둥 마는 둥 극빈한 생활에 허덕이지만 제왕은 자기의 사치와 권세를 위하여 백성들에게 많은 세금을 부과합니다. 한나라가 쇠망의 길을 걷게 되는 것도 언제나 이것이 원인이 되어 왔습니다. 이런 이유로 해서 소신은 수성이야말로 더 어려운 일이라고 생각합니다."

이 두 사람의 주장을 가만히 듣고 있던 태종이 이렇게 결론을 내렸다.

"방현령은 짐을 따라 천하를 평정하면서 모든 간난신고를 몸소 체험했고, 구사일생을 얻어 오늘날에 이르렀소. 그대의 입장에서 창업이야말로 가장 어려운 일이라고 생각하는 것도 백 번 당연한 일일 것이오. 한편 위징은 짐과 더불어 천하의 안정을 도모한 사람으로서 이제 여기서 조금이라도 방심하면 반드시 멸망의 길을 달릴지도 모른다고 그것을 걱정하고 있소. 그래서 수성이야말로 창업보다 어려운 일이라고 생각하는 것이 분명하오. 돌이켜 보건대 창업의 곤란성은 이미 과거지사가 되었소이다. 앞으로는 경들과 더불어 명심하고 수성의 곤란성을 뚫고 나가고 싶소이다."

여기서부터 창업과 수성, '창업은 용이하나 수성은 어렵다'는 말이 나왔고 또 이 수성을 잘한 데서 '정관(貞觀)의 치적'을 남긴 당 태종은 명군으로 역사에 기록된 것이다.

태종이 나라를 다스리는 도로써 첫째로 꼽히는 것은 널리 의견을 들어 충성된 말에 귀를 기울이는 일이었다. 충성된 말을 하는 것을 간언(諫言)이라 하는데, 신하가 임금에게 제안을 하거나 비판을 하는 것을 진간(進諫)이라 하고, 임금이 이것을 받아들이는 것을 납간(納諫)이라고 한다.

창해일속 滄海一粟

큰바다 **창** · 바다 **해** · 한 **일** · 조 **속**

- 出典 《소식(蘇軾)》의 〈적벽부(赤壁賦)〉
- 文意 망망한 바다 속의 좁쌀 한 알.
- 解義 지극히 미약하여 보잘것이 없음.

북송(北宋)의 소동파(蘇東坡)는 당송 8대가의 한 사람으로서 산문과 시에 뛰어난 역량을 보였던 문학가이다. 그가 지은 〈적벽부(赤壁賦)〉는 천하의 명문으로 정평이 나 있다.

이 부는 전후(前後) 두 편으로 나뉘어지며, 소동파가 황주(黃州)로 귀양갔을 때 지은 것으로 인간 세상의 일에 마음을 두지 않으려고 했다.

이 때문에 모두 신선(神仙)에 기탁하여 말하고 있는데, 전편은 바람과 달이 있어 즐거우므로 신선을 부러워하지 않는다고 말했으나, 후편에서는 강산의 갑작스런 변화에 놀라 또 다시 신선을 부러워한다.

〈전적벽부〉의 배경은 이렇다.

소식이 어느 날 벗과 함께 적벽으로 가서 유람을 하고 있었다. 음력 칠월 중순이라 날씨도 쾌청하고 물결도 잔잔하게 일었다. 때마침 하늘에는 달이 떠 있어 그 달빛이 일렁거리는 물결에 비치는 모습은 마치 선경(仙境)과 다를 바 없었다.

여기에 술상을 차려놓고 잔을 주고받으며 시를 읊조렸다. 문득 소식은 조조와 주유가 한판 승부를 벌였던 '적벽대전(赤壁大戰)'이 떠올랐다. 그래서 이렇게 읊조렸다.

"달이 밝고 별이 드문데 까막까치가 남쪽으로 날아간다는 것은 조맹덕(曹操)의 시가 아닌가? 서쪽으로 하구(夏口)를 바라보고 동쪽으로 무창(武昌)을 바라보니, 산천이 서로 엉켜 울창한데 이는 조맹덕이 주유(周瑜)에게 곤경을 처해졌던 곳이 아닌가? 그가 형주(荊州)를 격파하고 강릉(江陵)으로 내려와 물결을 따라 동쪽으로 진출할 때, 전함은 천 리에 뻗쳐 있고 깃발이 공중을 가리웠다. 창을 비껴 들고 시를 읊으니, 진실로 한 세상의 영웅이었는데 지금은 어디에 있는가? 하물며 나와 그대는 강가 사이에서 고기 잡고 나무 하면서 물고기와 새우들과 짝하고 고라니와 사슴들과 벗하고 있다.

작은 배를 타고서 술바가지와 술동이를 들어 서로 권하니, 우리의 인생은 천지간에 기생하는 하루살이처럼 짧고, 우리의 몸은 푸른 바닷속에 있는 좁쌀 한 톨(滄海一粟)과 같구나. 우리의 삶은 정말로 짧구나! 어찌 장강처럼 다함이 없는가?"

이 〈전적벽부〉 중에서 '창해일속'이란 말이 나왔다. 여기서 '일속(一粟)'은 동파 자신의 학식이나 덕망이 다른 사람들에게 미치지 못한다는 겸손도 깔려 있다. 어쨌든 이 말은 인생의 무상함을 그 이면에 짙게 깔고 있다.

채미가 采薇歌

캘 채 · 고사리 미 · 노래 가

- 出典 《사기(史記)》
- 文意 고사리를 캐는 노래.
- 解義 백이숙제가 수양산에 들어가 고사리를 캐 먹는 노래.

백이(伯夷)와 숙제(叔齊)는 은(殷)나라의 속국인 고죽국(孤竹國) 군주의 아들들이었다.

두 형제는 주나라의 문왕이 노인들을 소중히 여긴다는 평판을 듣고 찾아갔으나, 문왕은 이미 죽고 무왕(武王)이 천자국인 은나라 주왕(紂王)을 징벌하기 위해 출진(出陣)하려는 참이었다.

백이와 숙제는 그의 말고삐를 잡고 간했다.

"아버지의 장례도 지내기 전에 전쟁을 시작하는 것이 효도라고 할 수 있습니까? 신하의 몸으로 주군(主君)을 죽이는 것이 인(仁)이라고 할 수 있습니까?"

무왕의 측근자가 두 사람을 죽이려 하자 태공망(太公望)이,

"이야말로 의인(義人)들이다."

하고 소리치며 무왕의 측근자들을 쫓아 버렸다.

하지만 끝내 주나라는 은나라를 치고 천하의 주인이 되었다. 형제

는 수양산(首陽山)으로 들어가 고사리를 캐 먹으며 목숨을 유지하다 그 고사리 또한 주나라 땅에서 난 것이라 하여 먹지 않고 굶어 죽었다. 굶어 죽게 되었을 때 다음과 같은 노래를 지었다 한다.

> 저 서산에 올라가
> 고사리를 캐네
> 무왕은 포악한 방법으로 주왕의 포악함에 대신하였건만
> 슬프다 그 잘못을 알지 못하네
> 신농(神農)·요순(堯舜)·하우(夏禹)의 도가
> 홀연 사라졌으니
> 내 어디로 가서 몸을 의지할 것인가
> 아, 이대로 죽을 수밖에 없구나

이 노래로 볼 때 백이와 숙제는 이 세상 되어 가는 것을 원망하였다고 할 것인가, 그렇지 않다고 할 것인가?

사마천은 《사기》에서 이렇게 적고 있다.

어떤 이가 말하기를,

"하늘의 도는 공평 무사하여 친하고 소원함이 없이 항상 선인(善人)의 편에 있다"고 했다.

천고마비 天高馬肥

하늘 천 · 높을 고 · 말 마 · 살찔 비

- [出典] 《한서(漢書)》
- [文意] 하늘이 높고 말이 살찌다.
- [解義] 변방에 근무하는 친구에게 보내는 변방의 사정을 뜻함.

옛날 중국은 가끔 흉노라는 북방 민족이 변경을 침범하고 혹은 본토까지 침략해왔으므로 역대 왕조가 이를 막기에 항상 골치를 썩히고 있었다.

이 흉노는 주(周)에서 진(秦), 한(漢), 육조(六朝)에 걸쳐 약 2천 년 동안 중국의 고뇌의 씨가 된 흉포한 민족이었다.

흉노는 언제나 집단을 이루어 바람과 같이 나타나 인마를 살상하고 재물을 노략질해 갔다.

흉노의 주거는 중국 본토의 북쪽에 펼쳐지는 광대한 초원으로 방목과 수렵이 생업이었다.

봄부터 여름까지 푸른 초원에서 풀을 먹은 말은 가을에는 토실토실하게 살찐다. 이윽고 풀이 마르고 초원에는 매서운 한기를 수반한 겨울이 찾아든다.

그러면 겨울의 식량을 찾아 흉노들은 삭풍의 바람을 뚫고 따뜻한

남쪽 본토로 밀려 내려왔다. 그리고는 살찐 말을 타고 몰려와 노략질을 해 갔다.

그러므로 가을이 되면 북방에 사는 사람들은 겁을 먹었다.

"또 저 흉노가 습격해 온다. 싸울 준비는 됐는가?"

변경을 경계하는 병사들은 성새로 들어가 활줄을 갈아 매고, 활촉과 칼을 갈고, 경계를 한층 강화시켰다. 말발굽 소리가 밀물같이 들이닥칠 날이 머지않았기 때문이다.

두보(杜甫)의 조부인 두심언(杜審言)은 흉노족을 막기 위해 변방으로 떠나는 친구 소미도(蘇味道)에게 한 편의 오언배율(五偃排律)을 보냈다.

> 눈이 고요히 별지듯 흩날리는데
> 가을 하늘이 드높으니 변방의 말은 살이 찌누나
> 우리 장군이 안장에 걸터앉아 칼을 휘두르는 곳
> 그대는 승전보나 격문을 쓰기 위해 붓대를 놀릴 것이다.

천금매소 千金買笑

일천 **천** · 금 **금** · 살 **매** · 웃음 **소**

出典 《사기(史記)》
文意 천금을 주고 미소를 사다.
解義 비싼 대가를 치르고 사랑하는 여인에게서 미소를 짓게 하는 것.

포사는 웃음이 없는 여자였다. 태어났을 때부터 이제까지 웃어 본 일이 없다.

유왕(幽王)의 총애를 받고 그녀는 아이를 낳았다. 그 아이가 백복(伯服)이다.

유왕은 포사를 기쁘게 해 주고 싶은 일념에서 백복을 태자로 삼았다. 그래도 포사는 기뻐하지 않았다. 아니 기뻐하고 있는지 어떤지는 알 수 없지만 하여간 웃지 않았다.

유왕에게 있어서 최대의 삶의 보람은 포사를 웃게 하는 것이었다.

천하의 음악가들의 훌륭한 연주를 들어도 그녀는 기뻐하지 않았다.

그런데 어느 날 어떤 실수로 봉화대에 봉화가 올랐다.

당시에는 외적이나 반란군의 침공이 있을 때 봉화를 차례차례 연이어 올려서 원근의 제후에게 알리도록 되어 있었다.

봉화를 보고 제후들은,

"이거 큰일이다!"

하고 군사를 이끌고 수도로 급히 달려왔다. 그런데 아무 일도 없었다.

훈련 중의 실수였다고 한다.

"뭐 실수라고?"

"이거야 원……."

제후들은 맥이 빠져 있었고 무장한 병사들은 투구를 벗어 땅에 집어 던지며 분개하기도 했다. 또 기운 없이 땅바닥에 주저앉는 자도 있었다.

이런 모습을 보고 포사는 살짝 웃었던 것이다.

꿈에 본 포사의 웃는 얼굴이다. 아니 그 모습은 꿈에서보다 더 아름다웠다.

그 다음부터 유왕은 끊임없이 봉화를 올리게 했다. 처음에는 제후들도 달려왔지만 그러는 사이에 그들은 다른 생각이 들기 시작했다.

앞으론 봉화가 올라도 제후들은 가만히 있기로 했다. 누구나 쓸데없는 고생은 하고 싶지 않기 때문이었다.

이때 신후의 딸은 정후의 자리에서 쫓겨나고 포사가 그녀의 자리에 앉았다.

이 원한은 깊었다.

신후의 일족은 은밀하게 군사를 모았다. 서쪽의 오랑캐나 견융과 같은 새외(塞外)의 유목 민족들도 모여들었다.

신후의 기병은 유왕 즉위 11년의 일이다. 유왕은 봉화를 올려 제후들에게 위급함을 알렸지만 제후들 쪽에서는,

"또 그 여자를 웃기고 싶은 모양이로구나?"

하고 상대를 하지 않았다.

한 사람의 원병도 오지 않았다.

유왕은 여산 아래에서 견융족의 병사에게 죽고 말았다. 포사는 포로가 되었지만 그 후 어떻게 되었는지 《사기》도 거기까지는 쓰지 않았다.

천도시비 天道是非

하늘 천 · 길 도 · 옳을 시 · 아닐 비

[出典] 《사기(史記)》
[文意] 천도는 맞는 것인가 틀린 것인가라는 뜻.
[解義] 인간의 얄궂은 운명에 대해 한탄하는 말이다.

한(漢)나라 무제(武帝)때의 태사령(太史令)이며 대문장가인 사마천(司馬遷)은 기원전 99년에 지금의 감숙성에서 6배나 되는 강적의 흉노군과 용전분투했으나 역부족으로 포로가 된 명장 이릉을 극구 변호했기 때문에 무제의 노여움을 산 나머지 궁형(거세하여 내시로 만드는 형벌)을 받았다.

당시 이릉 장군은 약 5천의 보병부대를 이끌고 3만의 흉노군과 10여 일이나 싸우면서 서서히 만리장성 쪽으로 후퇴하던 중 갑자기 8만의 새로운 흉노군이 나타나자 화살도 떨어지고 칼도 부러져 하는 수 없이 항복했던 것이다.

그런데도 무제는 노하여 이릉의 노모와 아내를 잡아다 주살했는데, 이때 사마천이 무제의 이런 보복행위에 반대하면서 이 장군의 충성심과 용맹성을 찬양했던 것이다.

사마천은 옥에 갇혀 있으면서 자신의 정당함을 주장하여 형벌을 받게 되자, 그 누구에게도 도움을 받지 못하자 자기 자신의 손으로 인간의 정당한 역사를 써서 후세에 남기고자 결심하였다.

　이리하여 모든 치욕을 참고 견뎌내면서 끝까지 살아남아 열심히 쓴 것이 《사기(史記)》이다. 무려 130권이나 되는 이 방대한 역사책은 기원전 97년에 탈고되었는 바, 기전체(紀傳體)로써 오늘날 정사(正史)의 효시로 평가되고 있다.

　열전(列傳)의 첫머리에 있는 〈백이전(伯夷傳)〉은 바로 사마천 자신의 이념을 단적으로 표현한 것이다. 거기에는 인을 쌓고 행동이 결백한 백이, 숙제 두 사람이 굶어 죽은 반면, 도척과 같은 천하의 대도적은 천수를 누렸는가 하면, 공자의 첫째가는 제자 안연이 극빈 속에 요절한 일 따위는 이 세상에 얼마든지 많다. 이제 이런 것을 통관(通觀)해 보니 커다란 의문을 가지지 않을 수 없다. 도대체 천도(天道)는 정당한 것인가. 정당하지 않은 것인가(天道是耶非耶)하고 통절한 말을 썼던 것이다.

천려일실 千慮一失

일천 **천** · 생각할 **려** · 한 **일** · 잃을 **실**

出典 《사기(史記)》
文意 천 번의 생각에 한 번의 실수.
解義 많이 생각하다 보면 실수할 수도 있다는 뜻.

한신(韓信)이 조나라를 치게 되었을 때, 광무군(廣武君) 이좌거(李左車)는 성안군(城安君)에게 3만의 군대를 자기에게 보내 주면 한신이 오게 될 좁은 길목을 끊겠다고 요구했다.

그러나 성안군은 이좌거의 말을 듣지 않고 한신의 군대가 오기만을 기다리고 있다가 크게 패하여 죽고 말았다.

이좌거의 말대로 했으면 한신은 감히 조나라를 칠 엄두조차 낼 수 없었을 것이나, 한신은 미리 첩자를 보내 이좌거의 계획이 뜻대로 이루어지지 않은 것을 알자 비로소 안심하고 군대를 전진시켰던 것이다.

한신은 조나라를 쳐서 이기자 장병들에게 영을 내려 광무군 이좌거를 죽이지 말고 산 채로 잡아 오는 사람에게는 천금의 상을 줄 것을 약속했다.

그리하여 이좌거가 묶여 한신 앞으로 끌려오자, 한신은 손수 그를 풀어 상좌에 앉게 하고는 스승으로 받들었다.

이때 한신이 그가 사양하는 것도 불구하고 굳이 앞으로 어떻게 하면 좋겠는가 자문을 구했다.

"들자 하니 지혜로운 사람이 천 번 생각하면 반드시 한 번은 잃는 일이 있고 어리석은 사람이 천 번 생각하면 반드시 한 번은 얻는 것이 있다고 했습니다(知者千慮 必有一失 愚者千慮 必有一得). 미친 사람의 말도 성인이 택한다고 했습니다. 생각컨대 내 꾀가 반드시 쓸 수 있는 것이 못 되겠지만 다만 어리석은 충성을 다할 뿐입니다."

이좌거는 한신으로 하여금 연나라와 제나라를 칠 생각을 하지 말고 장병들을 쉬게 하라고 권했다. 결국 한신은 이좌거의 도움으로 나중에 크게 성공을 하게 되었다.

천리안 千里眼

일천 천 · 마을 리 · 눈 안

出典 《위서(魏書)》
文意 천리를 내다보는 눈.
解義 먼 곳에서 일어나는 일을 잘 알아냄.

남북조 시대의 북위(北魏) 장제(莊帝) 때의 일이다. 광주자사가 된 양일(楊逸)을 사람들은 천리안(千里眼)이라 하였다.

그는 여느 관리들이 해왔던, 사치스런 향락과 축하연을 물리치고 오로지 백성들의 살림이 지금 어떠한지에만 관심이 있었다. 어느 누가 가르쳐 주지도 않았는데도 직접 본 것처럼 일을 처리했다. 더구나 뇌물도 없었다. 당연히 백성들이 이상히 여길 것이 뻔했다.

"양 장관은 천 리를 내다보는 힘이 있다네. 어느 누구도 그를 속이지는 못해."

양일의 입장에서 본다면 백성들이야말로 나라의 근본이 된다고 일찍부터 생각해왔었다. 그렇기에 백성들을 닦달하는 게 아니라, 그들의 어려운 곳을 찾아내 시원하게 뒷감당해 주는 것이 지방장관이라 생각한 것이다.

당시 흉년이 계속되어 굶어 죽는 사람이 많게 되자 국고를 열어

배급하려 하는데 담당관리가 상부의 허가부터 받자고 했다.

양일은 엄숙하게 말했다.

"나라의 기본은 백성이다. 백성들이 굶주려 죽으면 어떻게 나라가 있겠는가? 위에서 죄를 내리면 내가 받겠다."

그리고는 독단으로 창고를 열어 백성들에게 나누어 준 후 나라에 보고했다.

그는 수완이 좋은 관리나 군인들까지 감시 감독하여, 사소한 부조리 행위도 결코 보아넘기거나 용서하지 않았기 때문에 관리나 군인들은 호랑이처럼 무서운 존재로 경원시하였지만, 일반 백성들은 어버이나 형님처럼 그를 흠모하였다.

사실 그전까지는 관리가 지방시찰이나 출장나왔을 때, 지방 백성들이 향연이다 선물이다 하여 이래저래 여러 가지로 뜯기는 것이 많았고, 따라서 부담이 적지 않았다. 그런데 양일이 부임한 이후는 출장나가는 사람은 도시락을 지참하게 되면서부터 그런 민폐가 거의 근절된 것이다.

어떤 사람이 양일의 수하직원에게 그 이유를 물었더니 이렇게 대답하는 것이었다.

"양어르신은 천리안이시죠. 무엇이든 모든 것을 꿰뚫어보신다오(楊使君有千里眼)."

양일이 관내의 관리와 군인들의 행동, 특히 부정행위에 대하여 알았다는 것은 기실 그가 많은 정보원들을 사용하여 일일이 보고케 했던 때문이다.

이것이 '천리안'의 비밀이었다.

천의무봉 天衣無縫

하늘 천 · 옷 의 · 없을 무 · 꿰맬 봉

- 出典 《영괴록(靈怪錄)》
- 文意 선녀의 옷은 바느질 자국이 없다.
- 解義 시문 등이 지극히 아름답고 매끄러워 손질할 필요가 없다는 뜻.

더위가 한창 기승을 부리는 한여름, 곽한(郭翰)이란 사나이가 더위를 피해 뜰로 나와서 서늘한 바람을 쐬이며 낮잠을 자고 있는데 하늘 한 모퉁이에서 무엇인가가 훨훨 내려왔다.

"아니, 도대체 무엇일까?"

점점 가까이 오는 것을 보니 아름다운 여자였다. 곽한은 넋을 잃고 바라보다가 물었다.

"당신은 대체 누구요?"

여자가 대답하였다.

"저는 하늘에서 내려온 직녀(織女)입니다."

곽한이 곁으로 다가가 보니 아주 가볍고 부드러운 직녀의 옷에는 어디를 보아도 꿰맨 바느질 자국이 없었다. 옷을 만드는데 가위질도 하지 않고 바느질도 하지 않았다면 천을 짤 때 그 천이 옷 모양 그대로 짜지 않으면 안 된다.

곽한은 고개를 갸웃거리며 옷에 바느질 자국이 없는 까닭을 물었다.

직녀는 당연하다는 듯 이렇게 대답했다.

"저희들이 입는 천의(天衣)란 원래 바늘이나 실을 쓰지 않습니다."

천재일우 千載一遇

일천 **천** · 실을 **재** · 한 **일** · 만날 **우**

[出典] 《삼국명신서찬(三國名臣序贊)》
[文意] 천 년 동안에 한 번 만난다.
[解義] 좀처럼 만나기 어려운 좋은 기회를 일컫는다.

동진(東晉)에 원굉(袁宏)이라는 사람이 있었다. 그는 문학적 재능이 남달랐지만 아버지를 일찍 여의어 생활이 궁핍하였기 때문에 상납미(上納米)를 수송하는 배의 인부 노릇을 하였다.

그 당시 사상(謝尙)이라는 귀족이 있었는데, 어느 가을날 밤에 강물에 배를 띄우고 달구경을 하고 있었다. 문득 어디선가 아름다운 시구를 읊는 영롱한 목소리가 수면을 따라 들려 오는 것이었다.

그는 그 소리가 끝나기를 기다렸다가 하인을 보내 소리 하는 자를 찾아오게 하였는데, 그가 바로 원굉이었다.

이 인연으로 하여 원굉은 사상의 참군(參軍)이 되었고, 후에 동양군(東陽郡)의 태수가 되었다.

그는 수많은 시문을 지었으며, 특히 《삼국명신서찬(三國名臣序贊)》은 유명하다. 이 책은 진수(陳壽)의 《삼국지(三國志)》에 등장하는 위(魏), 촉(蜀), 오(吳) 세 나라를 세운 명신 20여 명을 칭찬하여 찬(贊)

을 지은 것이다.

원굉은 어진 신하가 현명한 군주를 만나는 것의 어려움을 알고 이렇게 말했다.

"만 년 만에 한 번 있는 기회는 이 세상의 통하는 길이며, 천 년에 한 번 기회를 만나는 것은 현명한 사람과 지혜로운 사람의 아름다운 만남이다. 이와 같은 기회를 만나면 기뻐하지 않을 수 없으며, 기회를 잃으면 어찌 개탄하지 않을 수 있겠는가?"

철면피 鐵面皮

쇠 **철** · 얼굴 **면** · 가죽 **피**

[出典] 《북몽쇄언》
[文意] 얼굴이 쇠가죽 같다.
[解義] 표정 하나 변하지 않고 누구에게나 아첨을 일삼음.

왕광원(王光遠)이란 자는 학문과 재능이 남달리 뛰어나 진사 시험에도 합격했으나 출세를 하기 위해 갖은 수단과 방법을 가리지 않고 권문세가들에게 접근하여 아첨을 일삼는 지독한 출세주의자였다.

"아니! 이건 정말 대단합니다. 이렇게 훌륭한 시는 저 같은 건 열 번 죽었다가 깨어나도 어림도 없겠습니다. 아주 후하신 인품이 엿보여 이백도 진정 따르지 못할 것입니다."

곁에 있는 사람이 어떻게 생각하는지는 조금도 아랑곳없이 이렇듯 낯간지러운 소리를 천연덕스럽게 지껄여 댔다.

상대가 술에 취해서 아무리 무례한 짓을 해도 화를 내기는커녕 너털웃음을 웃었다.

언젠가 술에 취한 상대가 취중(醉中)에 채찍을 집어들고 물었다.

"그대를 때리고 싶은데 때려도 좋은가?"

"선생의 채찍이라면 기꺼이 맞겠습니다."

왕광원은 그 즉시 등을 돌려 댔다.

"좋아, 그럼!"

술취한 이는 정말로 왕광원을 때렸는데도 화를 내기는커녕 여전히 그 사람에게 달라붙어 기분을 맞추었다.

그래서 그 꼴을 보다 못해 동석하고 있던 친구가 물었다.

"자넨 부끄러운 줄도 모르는가? 만좌 중에서 그런 꼴을 당하고도 잠자코 있다니!"

광원은 조금도 개의치 않고 대답했다.

"하지만 그 사람의 마음에 들면 나쁘지는 않거든."

그때부터 사람들은 그런 그를 가리켜 '광원의 얼굴의 두께는 열 겹의 철갑 같다(光遠顔厚如十重鐵甲)'고 하였다.

이것은 철갑(鐵甲)이 부끄러운 줄 모르는 파렴치란 뜻으로 쓰인 경우다. 그러나 철갑(鐵甲)이 아닌 철면(鐵面)의 경우는 정정당당하고 굳센 태도를 칭찬하는 뜻으로 쓰인 예가 많다.

"송나라의 조선의는 숭안현(崇安縣)의 지사가 되어 현의 정치를 하는 데 법률을 하도 엄격하게 지켰기 때문에 사람들을 그를 조철면(趙鐵面)이라고 불렀다"고 한 이야기는 인정사정이 없었다는 뜻을 철면이 쓰인 예이다.

또 《송사(宋史)》의 〈조변전〉에 보면 '조변이 전중시어사(殿中侍御史)가 되자 지위 고하를 막론하고 가차없이 적발했기 때문에 그를 철면어사(鐵面御使)라고 불렀다'고 기록되어 있다.

이것은 철면이란 말이 권력에 굴하지 않는 강직한 뜻으로 쓰인 좋은 예라 볼 수 있다.

철부지급 轍鮒之急

수레바퀴자국 **철** · 붕어 **부** · 어조사 **지** · 급할 **급**

[出典] 《장자(莊子)》
[文意] 수레바퀴 자국 속에 있는 붕어의 위급함이라는 뜻.
[解義] 곤궁한 처지나 다급한 위기를 비유한다.

장자는 집안이 매우 가난하여 어느 날 먹을 쌀을 꾸러 감하후(監河侯)에게 갔다.

그러나 감하후는 장자가 쌀을 빌려가 언제 가져올지 몰라 거절하고자 마음을 정하고는 방법을 찾기 시작했다.

"빌려 주지요. 며칠 후에 영지에서 세금이 걷히면 당신에게 3백금을 빌려 주겠소."

이 말을 들은 장자는 화를 벌컥 내며 이런 비유를 들었다.

"내가 어제 오는데 나를 애타게 부르는 소리가 들려 바라보니, 수레바퀴가 지나간 자국 속에 붕어가 있었소. 내가 붕어에게 무슨 일이냐고 묻자, 붕어는 다급한 목소리로 자신은 동해의 신하라고 하면서 몇 잔의 물로 자신을 살려 달라고 했소. 그래서 나는 말하기를,

'나는 지금 오(吳)나라와 월(越)나라 왕에게 유세하러 가는 중이니, 서강(西江)의 물을 여기까지 길어다가 그대를 살려 주도록 하겠소.'

라고 했소. 그러자 붕어가 이렇게 말했지요.
 '나에게 필요한 것은 겨우 몇 잔의 물이거늘 당신은 이렇게 말하는군요. 그렇다면 나를 건어물 파는 곳에서 찾는 것이 나을 것입니다.'"
 장자의 이런 비유를 듣고 감하후는 아무 변명도 하지 못했다.

철주 掣肘

당길 **철** · 팔 주

- 出典 《공자가어(孔子家語)》
- 文意 팔을 잡아당긴다.
- 解義 남이 하는 일을 제대로 못하도록 훼방을 놓음.

복자천은 노나라 애공(哀公) 때에 스무 살 남짓하여 단보(亶父) 지방의 장관이 되었다. 그는 임지에 도착한 즉시, 신임 장관에게 하례 인사를 온 빈객들의 이름을 적게 하였다. 그런데 데리고 온 두 관원이 이름을 적고 있으면 복자천이 옆에 와서 관원들의 팔을 잡아당겼다.

"어찌 그러십니까, 글을 쓸 수가 없잖습니까!"

"그대들의 글씨는 형편없네. 이래서는 쓸모가 없으니 가고 싶거든 어서들 돌아가게."

단보를 떠나 돌아온 두 사람은 그 길로 노공을 찾아 뵙고 이렇게 보고했다.

"복 장관 밑에서는 일을 못하겠습니다."

노공이 이상히 생각하고 그 까닭을 물었다.

"복 장관께서는 갑자기 저희들에게 글씨 쓸 것을 명령했습니다만 곁에서 팔꿈치를 누르기도 하고 툭툭 치기도 해서 글씨를 마음대로 쓸 수가 없었습니다. 그러면서도 너희들의 글씨는 엉망이라 어쩔 수가 없다고 마구 야단을 치시니, 같이 있던 관리들도 다들 웃고 있었습니다. 이런 꼴로서야 어찌 같이 일을 하겠습니까? 그래서 돌아왔습니다."

이 말을 들은 노공은 탄식을 하며 말했다.

"그것은 나의 불명을 복자천이 간하려고 한 행동일 것이다. 아마도 나는 복자천의 정치 방법을 어지럽게 하여, 뜻대로 시정을 시키지 않았던 적이 누차 있었던 모양이다. 이걸 몰랐다면 큰 잘못을 저지를 뻔했다."

이리하여 노공은 자기가 신뢰하는 측근을 단보로 보내어 복자천에게 이렇게 전하게 했다.

"지금부터 단보의 땅은 과인의 소유가 아니라 경의 소유로다. 단보에서의 일은 그대의 뜻대로 해보라. 5년 후에 그 보고를 받겠다."

복자천은 그제서야 자기 생각대로 시정에 노력할 수가 있었다. 그 결과 단보의 백성들이 살기 좋게 되었다는 소문이 공자의 귀에도 들려 왔다.

그후 3년이 지나 공자는 무마기(巫馬旗)라는 제자에게 누더기로 변장을 시키고 단보로 가서 얼마나 덕화(德化)가 되었는가를 살피게 했다.

무마기가 단보에 도착해 보니 밤에 고기를 잡는 자가 있었다. 그런데 애써 잡은 고기를 다시 강에 놓아 주고 있는 것이었다. 이상하게 생각한 무마기는 그 어부에게 물었다.

"고기잡이를 하면서 애써 잡은 고기를 왜 다시 놓아 주는 겁니까?"

어부는 태연하게 대답했다.

"복 장관께서 작은 고기를 잡아 버리면 모두를 위해 좋지 않다고 하셨기 때문에 작은 것이 걸리면 놓아 준답니다."

무마기는 더 이상 볼 것이 없다고 생각하고 그 길로 돌아와 공자에게 다음과 같이 보고했다.

"자천의 덕은 단보의 구석구석까지 다 미치고 있었습니다. 백성들은 아무도 보는 사람이 없는 어둠 속에서도 마치 무서운 법령이 옆에서 지켜보는 것처럼 행동을 조심하고 있었습니다."

공자가 길이 찬탄했다.

"정말 군자로다. 노나라에 군자가 없다는 말이 있는데 그는 대체 어느 군자를 거울로 하여 이 정도가 되었단 말인가?"

청담 清談

맑을 청 · 말씀 담

[出典] 《십팔사략(十八史略)》
[文意] 명예와 이권을 떠난 얘기.
[解義] 세상 명리에 초연한 노장 철학을 연구하던 거사들의 얘기.

삼국 시대 위나라 말기 사마 씨 일파들이 국정을 장악하여 황제의 자리를 넘보자 이에 불만을 품은 혜강, 완적, 산도, 향수(向秀), 완함(阮咸), 왕융(王戎), 유영(劉伶) 등이 당대 명사들과 함께 죽림에서 청담(淸談)을 나누며 소요하였기 때문에 사람들은 이를 '죽림 칠현'이라 불렀다.

위진(魏晋) 시대의 청담은 노자, 장자의 철학론이 중심을 이루었고, 때로는 허무주의적 색채를 띠기도 하였다. 이것은 정치 권력으로부터 멀어지려는 색채가 농후하였다.

이들 죽림 칠현은 나중에 사마 씨의 회유책에 의해 해산되었으나 혜강과 같은 고집쟁이는 의연히 사마 씨의 세력에 굴복하지 않았다.

혜강도 죽림 칠현의 한 사람이었기 때문에 서로 마음이 통했던 것이다.

혜강의 자는 숙야(叔夜)이고 초군(안휘성 숙현) 출신으로 위나라 말기 명사의 한 사람으로 꼽히는 인물이었다. 문학을 잘 하고 회화에 능하였으며 특히 거문고를 좋아했다.

당시 조정의 권력을 제멋대로 휘두르던 사마 씨는 완적과 혜강을 자파의 세력으로 끌어들이기 위하여 갖가지 회유책을 썼다. 완적은 술과 익살스런 말로 그때 그때의 위기를 무난히 모면하였으나, 혜강은 끝까지 사마 씨 일파와 직설적으로 대결하였기 때문에 마침내 희생되고 말았다.

사마 씨 일파들은 혜강의 죄를 날조하여 그를 형장으로 끌고 갔다.

혜강은 형장에서 한나라의 간신을 척살한 섭정의 행동에 깊은 감동을 느낌과 동시에 간신을 제거하지 못하고 도리어 그들의 술책에 빠져든 자신의 무력함에 회한과 통한의 분노를 삼켰다.

혜강은 그 자리에서 거문고를 빌어 '광릉산' 한 곡조를 탄주하였다.

자신이 가장 소중히 여기던 거문고, 그것은 혜강의 분신이나 다름이 없었다. 자신의 온 생애를 바쳐 갈고 닦아온 그 곡조를 그 거문고에 실어 이승과의 마지막 작별을 고하는 그의 비장한 곡이 흡사 장송곡처럼 온 형장 안을 뒤덮어 울려 퍼지자 주위 사람들은 모두 눈물을 흘렸다.

혜강은 거문고를 손에서 내려놓고 하늘을 우러러 길이 탄식하였다.

"내가 죽는 것은 하나도 억울하지 않다. 그러나 광릉산아, 너는 이후부터 세상에서 사라지게 되었으니 오직 그것이 원통할 뿐이로다!"

이렇게 해서 혜강은 죽으니 그때 그의 나이 40세이었다.

그러나 다행히도 '광릉산'은 사라지지 않았다. 그 곡조는 금사(琴師)들 사이에서 계속 탄주되었으며, 9백여 년 후 뜻있는 음악가에 의해 《신기비보(神奇秘譜)》 안에 수록되어 현재까지 전해지고 있다.

곡은 전하고 있지만, 혜강처럼 온 생애의 정열을 담은 신기에 가까운 '광릉산'을 탈 줄 아는 사람은 그 후 아무도 없는 것이 아쉬울 뿐이다.

청운지지 青雲之志

푸를 **청** · 구름 **운** · 갈 **지** · 뜻 **지**

- 出典 장구령(張九齡)의 《조경견백발(朝鏡見白髮)》
- 文意 큰 뜻을 세움.
- 解義 큰 포부. 예전에는 신선이나 천자가 될 사람들이 있는 곳엔 상서로운 구름이나 기운이 어려 있다고 함.

장구령은 현종(玄宗) 때의 어진 재상으로 간신 이임보(李林甫)의 모략으로 인해 벼슬길에서 파직되어 초야에서 여생을 보냈다. 다음은 그가 재상의 자리에서 물러났을 때의 감회를 읊은 시다.

옛날 청운의 뜻을 품고 벼슬길로 나아갔는데
다 늙은 지금에 와서 차질을 빚게 되었구나
누가 알리요 밝은 거울 속의 그림자와
그것을 보고 있는 내가 서로 측은히 여기고 있는 것을.

옛날에는 위의 '청운'이란 말이 꼭 출세의 뜻으로만 쓰이지는 않았던 모양이다.

《사기(史記)》의 〈백이열전(伯夷列傳)〉에서 태사공(太史公)은 이렇게 말하고 있다.

"평민들이 행실을 닦아 이름을 후세에 남기려 해도 청운의 선비(青雲之士)의 힘을 빌리지 않고서야 어찌 그것이 가능하겠는가?"

즉, 백이 숙제 같은 사람도 공자와 같은 성인이 그를 위대하게 평해 주지 않았으면 그 이름이 세상에 전해질 수 있었겠느냐는 말로, 여기서는 공자가 바로 청운지사(青雲之士)로 지칭되었다.

청천백일 青天白日

맑을 **청** · 하늘 **천** · 흰 **백** · 날 **일**

[出典] 한유의 《여최군서(與崔群書)》
[文意] 맑은 하늘에서 비추는 햇빛.
[解義] 무죄를 의미함.

한유는 친구 최군과 친하게 지냈는데, 그가 다른 임지에 부임하게 되자 자신이 있는 곳으로 돌아와 달라는 편지를 보냈다.

"---그대는 빼어난 인품으로 어떤 경우에서도 즐거워하고 어떤 일에도 근심하지 않소. 그렇지만 강남이라는 곳과 지금 맡고 있는 관직은 당신에게 어울리지 않소.

당신은 수많은 나의 친구들 가운데 가장 마음이 순수하고 맑아 반짝이는 해와 같소. 당신과 나의 우정은 말할 수 없을 만큼 깊소. 그런데 당신을 의심하는 자들은 이렇게 말하고 있소.

'훌륭한 사람이라고 생각은 하지만 의심스럽다. 군자라도 좋은 감정과 나쁜 감정이 있는 법인데, 모든 사람들이 마음으로 복종한다고 하니, 그렇게 훌륭한 사람이 있을 수 있는가?'

이에 나는 사람들에게 이렇게 말했소.

'봉황새와 지초(芝草)는 현명함과 어리석음으로써 아름답고 상스럽다고 한다. 푸른 하늘의 밝은 태양(靑天白日)은 노비조차도 맑음과 밝음을 안다. 이것을 음식에 비유하여 말하면, 먼 곳의 진미는 즐기는 자도 있고 즐기지 않는 자도 있지만, 쌀, 수수, 회, 적을 싫어하는 사람이 있겠는가?"

한유의 이 편지에서 '푸른 하늘의 밝은 해'란 세상에서 아무런 부끄럼도 없는 최군의 인품을 말한 것이다.

청천벽력 靑天霹靂

푸를 **청** · 하늘 **천** · 벼락 **벽** · 벼락 **력**

- [出典] 육유(陸游)의 〈오언고시(五言古詩)〉
- [文意] 맑은 하늘에서 치는 벼락.
- [解義] 뜻밖의 재난이나 변고를 뜻함.

남송(南宋)의 시인 육유(陸游)는 금(金)나라가 남침했을 때 살았던 시인이다. 그는 중원을 함락시킨 이민족에 대항하여 싸울 것을 제창하고 그 스스로 선구자로 자처했으나 그의 의도가 받아들여지지 않자 실의 속에서 국토가 회복되기만을 기원하며 살아갔던 애국시인이다.

'청천벽력'이라는 말은 육유의 오언고시(五言古詩) 〈9월 4일에 닭이 울지 않았는데 일어나 짓다(九月四日鷄未鳴起作)〉라는 시에 나온다.

병상에 누워 있던 늙은이가 가을이 지나려 하매
홀연히 일어나 취한 듯 붓을 놀린다
정말로 오랫동안 웅크린 용과 같이
푸른 하늘에서 벼락이 날리는 듯하다(靑天飛霹靂)

비록 이 글이 좀 괴이하고 기이하나
불쌍히 여겨 보아 준다면 볼 만도 하리라
갑자기 이 늙은이가 죽기라도 하면
천금을 주고도 구하지는 못하리라.

여기서 방옹(放翁)이란 육유가 만년에 즐겨 쓰던 호이며, 이 시의 제목을 참조할 때 닭도 안 우는 늦가을의 어느 새벽에 병상을 박차고 일어나 앉은 시인이 흥이 나는 대로 붓을 놀려 썼으리라.

청출어람 靑出於藍

푸른 청 · 날 출 · 어조사 어 · 쪽 람

出典 《순자(荀子)》의 〈권학편(勸學篇)〉
文意 쪽풀에서 나온 푸른색이 쪽보다 더 푸르다.
解義 제자가 스승보다 뛰어남. 뛰어난 제자를 평할 때 쓰는 말.

'남(藍)'이란 염색 재료로써 이것을 찧어 독에 물을 넣고 풀어 저으면 거품이 오르는데 이것을 남수(藍水)라고 한다.

여기에다 실이나 헝겊을 담그면 초록빛으로 물이 드는데 아주 선명하고 또렷하게 염색이 된다. '남(藍)'은 청색 계통의 빛깔이며, 다소 검은 빛깔이 난다.

푸른 물감은 원래 쪽풀에서 뽑아낸 것이지만 오히려 원래색인 남빛보다 더 푸르고, 또 물에서 생긴 얼음은 원재료인 물보다 오히려 더 차가운 것처럼, 제자도 힘껏 면학(勉學)하면 스승보다 뛰어나게 된다는 비유이다. 이로부터 스승보다 제자가 더 뛰어난 사람을 형용하게 되었다.

전국 시대(戰國時代)의 유명한 사상가였던 순자(荀子)는 이렇게 말했다.

"군자가 말하기를, '배움이란 그만둘 수 없는 것이다. 청색은 그것을 쪽빛에서 취하였지만 쪽빛보다도 푸르고, 얼음은 물이 그렇게 된 것이지만 물보다 차다(君子曰, 學不可以己. 靑取之於藍, 而靑於藍, 氷水爲之, 而寒於水)."

여기서 순자가 강조하는 것은 학문에 뜻을 둔 사람은 항상 노력해야 하며 중도에 그만두어서는 안 된다는 말이다. 그렇게 해야만 학문이 더욱 원숙해져서 인격 완성에 도움이 된다는 뜻이다.

초미지급 焦眉之急

델 초 · 눈썹 미 · 갈 지 · 급할 급

出典 《오등회원(五燈會元)》
文意 눈썹에 액이 떨어진 상태.
解義 눈썹에 불이 붙은 상태. 아주 화급한 상태.

눈과 눈썹은 인체에서 가장 민감한 곳이다. 눈에는 조그만 이물질이 들어와도 사물을 바로 보지 못한다. 그러한 눈을 보호하는 눈썹에 불이 붙었다면 이야말로 가장 화급한 지경이라는 것이다.

금릉(金陵, 南京) 장산(莊山)의 법천불해선사(法泉佛亥禪師)는 만년에 어명으로 '대상국지해선사(大相國智海禪寺)'의 주지로 임명되자 다른 중들에게 물었다.

"주지로 가는 것이 옳겠는가, 이곳 장산에 그냥 있는 것이 옳겠는가?"

도를 닦아야 하는가, 출세해야 하는가의 물음에 아무도 대답하지 않았다.

선사는 붓을 들어 명리(名利)를 초탈한 경지를 게(偈)로 쓴 다음 좌화(座化; 앉은 채 세상을 떠남)했다.

선사가 살아 있을 때 여러 질문을 받고 대답한 말 가운데 이런 내용이 있다.

"어느 것이 가장 급박한 글귀입니까(如何是急切一句)?"

"불이 눈썹을 태우는 것이다(火燒眉毛)."

이 '화소미모'가 '소미지급(燒眉之急)'이 되고, 또 변하여 '초미지급(焦眉之急)'이 되었다고 한다.

촌철살인 寸鐵殺人

마디 **촌** · 쇠 **철** · 죽일 **살** · 사람 **인**

[出典] 《학림옥로(鶴林玉露)》

[文意] 촌(寸)이란 보통 성인 남자의 손가락 한 개 폭을 말하며, 철(鐵)은 쇠로 만든 무기를 뜻한다.

[解義] 촌철이란 한 치도 못 되는 무기를 의미한다. 상대방의 허를 찌르는 한 마디 말이 수천 마디의 말을 능가한다는

남송(南宋) 시대, 나대경(羅大經)은 손님들과 주고받은 청담(淸談)을 시동에게 기록하게 했다. 그 중 종고선사가 선(禪)에 대해 말한 기록이 있다.

"사람이 수레에 무기를 가득 싣고 와서 이것 저것 꺼내 써 본다 해도 올바른 살인수단이 되지 못한다. 내게는 오직 촌철이 있을 뿐이나 그것으로 당장 사람을 죽일 수 있다(我則只有寸鐵 便可殺人)."

여기서 말한 살인이란 사람의 마음 속을 점령하고 있는 속된 생각을 완전히 쫓아 없애는 것을 말한다. 속된 생각을 성급하게 없애려고 이런 저런 방법을 쓰는 것은 모두 서투른 짓이다.

오직 한 가지만을 깊이 생각하여 번쩍 하고 깨우치는 순간 모든 잡념이 달아나게 된다는 뜻이다.

추고 推敲

가릴 추 · 가릴 고

出典 《상소잡기(湘素雜記)》
文意 문장의 마지막 손질.
解義 추고의 고(敲)를 고(稿)로도 사용한다. 읽을 때엔 '퇴고'라고도 한다.

당나라의 시인 가도(賈島)가 어느 날 나귀를 타고 가던 도중에 '제이응지유거(題李凝之幽居)'라는 시제의 시를 구상하고 있었다.
최초의 3구까지는 술술 풀려서 잘 되었지만, 마지막 구에서 이것을 '僧敲月下門'(승(僧)이 월하(月下)의 문(門)을 두드렸다)로 할까, 아니면 '僧推月下門'(승(僧)이 월하(月下)의 문(門)을 밀었다)로 하는 것이 좋을지에 대해 생각이 막혔다.
여기에만 정신을 집중하여 골똘히 생각하고 나귀를 제어하지 않고 있던 중, 제멋대로 가던 나귀가 그만 당시의 고관이며 문호인 한유의 행차 대열에 뛰어들었다.
경호원에 붙들린 가도는 한유 앞에 끌려 나왔으나 변명의 여지가 없었다.
그래서 깊이 사죄하고 솔직히 경위를 설명하였다. 이 말을 듣고 한참 동안 생각에 잠겼던 한유가 말했다.

"여보게, 그건 '敲'(두드릴고)라고 하는 것이 좋겠네."

이리하여 문장을 다듬는 것을 '추고(推敲)'라고 말하게 되었는데, 이것이 계기가 되어 한유와 가도는 이후 둘도 없는 시우(詩友)가 되었다고 한다.

추선 秋扇

가을 추 · 부채 선

[出典] 《원가행(怨歌行)》
[文意] 가을 부채를 말한다.
[解義] 사랑을 잃은 처지를 비유한다.

한(漢)의 성제(成帝)의 후궁이요 한때 황제의 절대적인 총애를 받던 반첩여는 허(許) 황후와 공모하여 후궁으로서 황제의 총애를 받는 여인들을 저주하였고, 또 황제를 몹시 헐뜯었다는 혐의를 받고 감찰관에게 끌려갔다.

그것은 새로 황제의 총애를 받게 된 조비연(趙飛燕)의 참소에 의한 것이었지만, 결국 무죄임이 밝혀져 석방되었다.

그녀는 궁녀들의 질투심이 무서운 것을 통감하고 이런 질투심이 소용돌이치는 후궁에서 도피하기 위해, 그전에 자기의 겸손함을 칭찬해 주었고, 또 기회 있을 때마다 인자한 말씀을 해주던 장신궁(長信宮)의 황태후 왕씨(王氏)에게 요청하여, 황태후 곁에 거두어 주기를 요청하여 그렇게 하도록 허락을 받았다.

이후 반첩여는 장신궁에서 나날을 평화롭게 지냈으나, 그래도 때로는 그 전날 황제의 총애를 받던 때의 추억과 호화로운 생활이 생각

나곤 했다.

　이런 기분과 추억을 담아서 지은 것이 그녀의 유명한 《원가행(怨歌行)》이다.

> 새로 끊어낸 제나라 하얀 비단은
> 희고 조촐하기가 서리와 눈 같구나
> 말아서 합환선(合歡扇)을 만드니
> 둥글고 둥글기가 명월인 듯하여라
> 님의 소매 속을 나며 들며
> 흔들려 움직여서 미풍을 일구네
> 항상 두려운 것은 가을이 와서
> 선들바람이 더위를 앗아갈까 함이러니
> 채롱 속에 버려져서
> 은정이 중도에 끊어지고 말았구나.

　이것은 성제의 총애를 조비연에게 빼앗긴 자기의 신세를, 여름이 지나고 가을이 되어 이미 쓸모가 없어지자 채롱 속에 간수된 부채에 비유하여 읊은 것이다. 이 시에서 그 뜻을 따 '추선(秋扇)'이라는 말이 만들어졌다.

치인설몽 痴人說夢

어리석을 치 · 사람 인 · 말씀 설 · 꿈 몽

[出典] 《냉제야화(冷齊夜話)》
[文意] 어리석은 사람이 꿈 얘기를 한다.
[解義] 앞뒤 분별 없이 아무렇게나 지껄이는 것.

당나라 때 서역(西域)의 고승이었던 승가(僧伽)가 지금의 안휘성 근처를 여행하고 있을 때였다.

그가 하는 행동에 남다른 점이 많았기 때문에 어떤 사람이 물었다.

"당신은 성이 무엇(何姓)이오?"

"내 성은 무엇(姓何)이오."

"어느 나라 사람(何國人)이오?"

"어느 나라 사람입니다(何國人)."

그래서 그곳 사람들은 승가의 성이 하씨이며, 하국에서 온 것이라 믿었다.

뒷날 당나라의 문인(文人) 이옹(李邕)이 승가를 위해 비문을 썼을 때, 그는 승가가 농담으로 받아 넘긴 대답인 줄도 모르고 비문에 쓰기를 '대사의 성은 하(何)씨고 하국 사람(何國人)이었다(大師姓何 何國人)'라고 했다 한다.

이상과 같은 이야기를 쓴 다음 혜홍은 이옹에 대하여 다음과 같은 평을 내리고 있다.

"이것이 바로 이른바 어리석은 사람에게 꿈을 이야기한다는 것이다. 결국 이옹은 꿈을 참인 줄로 믿고 말았으니 정말로 어리석은 자가 아닐 수 없다(比正所謂對痴人說夢耳 李邕遂以夢爲眞 眞痴絶也)."

타산지석 他山之石

다를 타 · 뫼 산 · 갈 지 · 돌 석

出典 《시경(詩經)》
文意 다른 산에서 나온 거친 돌로도 옥을 간다.
解義 여기서는 돌을 소인(小人)으로 옥을 군자로 대체하여 설명하고 있다. 군자도 소인으로 인하여 수양하면 학문과 덕을 이룰 수 있다는 뜻이다.

다른 산에서 나온 돌을 가지고 옥으로 만들 수 있다는 뜻으로, 돌을 소인(小人), 옥을 군자(君子)에 비유하여 군자도 소인의 행동을 보고 수양과 학덕을 쌓을 수 있다는 수양을 위한 명언이다.

학이 깊은 산 못에서 울어
그 소리는 멀리 들에까지 들린다
물고기는 연못 깊이 숨어 산다지만
때로는 연못 가에 나와 놀기도 한다
즐거운 저기 저 동산 위에는
의지하고 쉴 한 그루의 향목은 있어도
나무 밑엔 낙엽만 흩어져서 그리 안 되고

타산지석(他山之石)

다른 산의 조약돌이라지만(他山之石)
숫돌로 쓴다면 제법이다.

학이 깊은 산 못에서 울어도
그 소리는 하늘까지 울려퍼진다
물가에 나와 노는 물고기라도
때로는 연못 깊이 숨기도 한다
즐거운 저기 저 동산 위에는
의지하고 쉴 한 그루의 향목은 있어도
그 밑에 나쁜 나무만 있어 그렇게 않된다
다른 산의 몹쓸 돌이라지만(他山之石)
구슬은 그것을 갈아서 빛이 난다.

타인한수 他人鼾睡

남 타 · 사람 인 · 코골 한 · 잘 수

出典 《송사(宋史)》
文意 다른 사람의 코 고는 소리.
解義 다른 세력 옆에 있는 것은 참을 수 없다는 것.

송(宋)나라의 태조(太祖) 조광윤이 양쯔강 이북 지역을 거의 통일하고 황제가 되었을 때의 일이다.

당시까지 양쯔강 남쪽에는 아직 이욱(李煜)이라는 사람이 금릉(金陵, 현재의 남경)을 도읍으로 하나의 독립왕국을 이루고 있었다.

그래서 천하 통일을 꿈꾸는 조광윤에게는 눈에 거슬리는 존재가 아닐 수 없었다.

침략의 위협을 느낀 이욱(李煜)은 서현(徐鉉)이라는 사람을 송 태조에게 파견하여 송나라 속국으로써 신종(臣從)할 것을 조건으로 "강남(江南)은 죄가 없습니다. 송(宋)을 해치는 아무런 나쁜 일도 한 일이 없으니 제발 토벌군을 보내지 않기를 바랍니다" 하고 간청하였다.

그런데 사신으로 간 서현은 매우 집요한 성격의 사나이로서 태조의 명확한 언질을 받지 못하자 어전에서 몇 번이고 '강남무죄(江南無罪)'를 떠들어 댔던 것이다.

　처음에는 온화하게 대하던 송 태조도 본성을 드러내어 화를 냈다.

　"강남무죄(江南無罪)는 이제 알았노라, 다만 천하는 한 집안이어야 한다. 그리고 같은 침상에 누운 몇 사람의 코 고는 소리는 참을 수 없는 일이느니라"
라고 호통쳤다.

　이리하여 금릉(金陵)은 미구에 송나라의 대군에 짓밟혀 이욱의 왕조도 멸망하고 말았다.

태공망 太公望

클 태 · 마을 공 · 바랄 망

[出典] 《사기(史記)》
[文意] ① 무위(無爲)한 나날을 보낸다.
② 낚시질을 즐기는 낚시꾼을 일컫는다.
[解義] 여상(呂尙)이 임금으로부터 받은 칭호이다. 즉 부왕(父王) 태공(太公)이 바라던 '망(望)' 인물이라는 뜻을 그대로 표현하여 '태공망(太公望)'이라는 칭호를 준 데서 나왔다.

은(殷)나라 말기에 폭군인 주왕(紂王)의 가렴주구(苛斂誅求)에 심히 고통받던 백성들은 역성혁명(易姓革命)이 일어나기를 학수고대하고 있었다.

어느 날 주(周)나라의 여상(呂尙)이라는 노인이 위수(渭水)에서 낚시질을 하고 있었다. 때마침 거기에 제후(諸侯)의 한 사람인 서백(西伯), 즉 주(周)나라의 문왕(文王)이 사냥을 나왔다가 이 낚시질하는 여상(呂尙)을 보았다.

용모가 범상하지 않을 뿐더러 낚시질로 고기를 낚는 것도 아니요, 그렇다고 낮잠을 자는 것도 아니어서 말을 걸어본 즉, 상당한 병략가(兵略家)로서 학문도 깊고 덕망 있는 인물임을 알았다. 서백(西伯)인 문왕은 아버지 부왕(父王)께서,

"미구에 훌륭한 인물이 나타나 그분의 힘으로 이 나라는 부국강병해질 것이다."
하시면서 그런 인물이 나타나기를 기다리셨는데, 그 사람이 바로 이 여상이라고 생각했다 해서 그를 데리고 궁궐로 돌아가 자기의 스승으로 삼고 '태공망(太公望)'이라고 불러 극진히 모시고 존경했다.

태공망 여상은 젊었을 때 몹시 가난하게 살았다. 끼니를 걸러야 할 정도로 찢어지게 가난했다. 그래도 그는 밭에 나가서 일하려 하지 않고 오로지 방에 틀어박혀 글만 읽었다.

그러니 부인의 고생이 이만저만이 아니었다. 참다 못한 부인 마(馬) 씨는 끝내 정나미가 떨어져 남편을 버리고 친정에 돌아가 버렸다.

그로부터 오랜 세월이 흘렀다. 문왕의 부름을 받아 크게 입신양명하게 된 여상에게 어느 날 느닷없이 마 씨가 찾아와 전비(前非)를 사과하면서 복연(復緣)시켜 달라고 간청하였다.

이 말을 들은 여상은 잠자코 세숫대야에 물을 가득 떠다가 그것을 마당에 엎지른 다음,

"이 물을 대야에 퍼담아 보시오."
라고 말했다. 그러나 물은 땅에 스며들고 마 씨는 약간의 흙탕물을 세숫대야에 퍼담았을 뿐이다. 이것을 본 여상은 엄숙히 이렇게 말했다.

"엎지른 물은 퍼담을 수 없소. 마찬가지로 일단 헤어진 사람은 재결합이 될 수 없소."

태두 泰斗

클 태 · 말 두

[出典] 《당서(唐書)》
[文意] 태산과 북두칠성.
[解義] 어떤 분야에서 빼어나 사람들이 우러러보는 존재. 어떤 분야의 권위자를 뜻함.

당송 팔대가(唐宋八大家)로 손꼽히는 한유(韓愈)는 중국 제일의 문장가이며 고문운동(古文運動)의 지도자이기도 하다. 한유는 벼슬이 이부시랑(吏部侍郎)에까지 올라 관계(官界)에도 발을 깊숙이 들여놓았다.

그의 시는 웅혼하다는 것이 일반적인 평가인데, 그가 철저한 유가 옹호론자였다는 데서 그의 작품이 탄생되었다고 보여진다. 현존하는 시들은 대부분 전쟁이나 정치 문제를 다루었고, 또 자신의 처지를 비감 어린 필치로 묘사하거나 산수 자연을 아름답게 형상화한 것이 주류를 이룬다.

《당서(唐書)》〈한유전(韓愈傳)〉에서는 한유를 다음과 같이 평가하고 있다.

"당나라가 일어난 이후로 한유는 육경(六經)의 문장으로 모든 학자를 가르치고 인도하는 스승이 되었다. 한유가 죽은 후에는 그의 학문과 문장이 더욱 흥성하여 사람들은 그를 태산북두(泰山北斗)처럼 우러러 존경했다."

태산은 글자상으로 큰 산이라는 의미이지만 중국 오악(五嶽)의 하나로써 명산으로 우러러보는 산이다. 북두는 북극성으로 모든 별의 중심이 된다. 따라서 북두라는 말 자체도 뛰어난 인물을 비유할 때 사용한다.

요즘 태두라고 할 때, 특히 학술적 업적이 뛰어난 학자를 가리킨다.

토사구팽 兎死狗烹

토끼 **토** · 죽을 **사** · 개 **구** · 삶을 **팽**

[出典] 《십팔사략(十八史略)》
[文意] 토끼가 죽으니 사냥개가 삶아진다.
[解義] 목적하는 바 뜻을 이루고 나서 측근을 처벌할 때에 비유로 쓰이는 말이다.

유방(劉邦)이 항우(項羽)와 싸워 천하를 차지할 때, 공신은 다름아닌 한신(韓信)이었다. 한신은 처음 평민이었을 때 가난하고 품행이 단정하지 않았다. 추천을 받아 관리가 되지도 못하였고 장사로 생계를 꾸릴 수도 없어 늘 남에게 빌붙어 살았기 때문에 사람들이 그를 싫어했다.

이러한 한신이 한나라 창업에 공을 세워 초왕(楚王)에 봉해졌다.

항우의 용장 종리매(鍾離昧)가 항우가 죽자 한신에게로 와서 몸을 의탁했다. 유방은 종리매에게 고전한 일로 원한을 품고 있었기 때문에 그가 초나라에 와 있다는 것을 알고 체포 명령을 내렸다.

그러나 한신은 명령에 따르지 않고 종리매를 숨겨 주었다. 한신은 당시 초나라에 처음 왔기 때문에 현읍을 순행할 때마다 군대를 사열시켰다. 그런데 어떤 자가 이 모습을 보고 한신이 역모를 꾀한다고 보고했다.

　유방이 한신을 체포하려는 생각을 모사 진평(陳平)에게 말하자, 진평은 천자가 순수(巡狩)한다고 하면서 제후들을 초나라 서쪽 경계 지역인 진(陳)나라로 집합시켜 그때 한신이 나오면 체포하도록 권유했다.

　유방의 의도를 짐작하고 한신은 어떻게 할까 궁리하고 있었는데, 어떤 사람이 한신을 달래며 말했다.

　"종리매의 목을 베고 황제를 뵙는다면 반드시 기뻐하실 것입니다. 그러면 걱정할 것이 없습니다."

　한신이 이 일을 종리매에게 말하자, 종리매는 말했다.

　"한나라가 초나라를 공격하여 빼앗지 못하는 까닭은 내가 당신 밑에 있기 때문이오. 만일 당신이 나를 체포하여 한나라에 잘 보이고 싶다면 나는 오늘이라도 죽겠소. 그러나 그 다음에는 당신도 망할 것이오."

　그리고는 졸장부라고 욕하고 자살했다.

　한신이 그의 목을 가지고 유방을 만나자, 유방은 무사를 시켜 한신을 결박하게 하고 뒷수레에 실었다.

　그러자 한신은 길게 탄식했다.

　"교활한 토끼가 죽으면 좋은 개도 삶아지고, 높이 나는 새가 다 잡히면 좋은 활도 감춰지며, 적국을 무너뜨리면 지모가 있는 신하를 죽인다. 천하가 이미 평정되었으니, 내가 삶아 죽는 것은 당연하다."

　유방은 낙양에 도착한 뒤에야 한신의 죄를 용서하고 회음후(淮陰侯)로 좌천시켰다. 그러나 얼마 못 가 한신은 사형당하고 말았다.

파경 破鏡

깨뜨릴 **파** · 거울 **경**

[出典] 《태평광기(太平廣記)》
[文意] 깨진 거울.
[解義] 부부간에 금실이 좋지 않아 이별을 하거나 이혼하는 것을 비유하는 말.

남북조(南北朝) 시대 남조의 마지막 왕조인 진(陳)이 망하게 되었을 때, 태자사인(太子舍人)이었던 서덕언(徐德言)은 수(隋)나라 대군이 양쯔강 북쪽 기슭에 도착하자 만일의 경우를 생각해서 아내를 불러 이렇게 말했다.

"사태는 예측을 불허하오. 이 나라가 망하게 되면 그대는 얼굴과 제주가 남달리 뛰어나므로 반드시 적의 수중으로 끌려가 어느 귀한 집으로 들어가게 될 거요. 그렇게 되면 우린 다시 다시 만날 수 없겠지. 그러나 혹시 다시 만날 기회가 있을지 누가 알겠소? 그럴 경우를 위해……."

그는 곁에 있던 거울을 둘로 딱 쪼개어 한 쪽을 아내에게 주며 다시 이렇게 말했다.

"이것을 소중히 간직하고 있다가 정월 보름날 시장에서 유심히 살피시오. 만일 내가 살아 있다면 그날 서울로 찾아갈 테니."

두 사람은 깨어진 거울 반 쪽씩을 각각 품속 깊숙이 간직하고 헤어졌다.

얼마 안 있어 수나라 대군이 강을 건너자 진나라는 곧 망하고 서덕언의 아내는 적에게 붙잡혀 수나라 서울로 가게 되었다. 그녀는 진나라 마지막 황제였던 후주(後主)의 누이동생으로 낙창공주(樂昌公主)에 봉해졌다.

그리하여 그녀는 수 문제(隋文帝)의 오른팔로 건국 제일공신인 월국공(越國公) 양소(楊素)의 집으로 들어가게 되었다.

한편 서덕언은 난리 속에 겨우 몸만 살아남아 밥을 얻어 먹으며 1년이 걸려 서울 장안으로 올라왔다.

약속한 정월 보름날 시장으로 가 보니, 깨진 반쪽 거울을 들고 소리 높이 외치는 사나이가 있었다.

"자아, 거울을 사시오. 단돈 10금(十金)이오. 누구 살 사람 없소?"

거저 주어도 싫다고 할 깨진 반족 거울을 10금이나 주고 살 사람이 어디 있겠는가? 지나가는 사람들은 미친놈이라면서 비웃기만 했다.

그런데 한 사나이가 다가와서 말했다.

"내가 사겠소."

서덕언은 사나이를 자기 숙소로 데리고 가서 거울에 얽힌 사연을 죽 이야기한 다음 품속에 간직하고 있던 거울을 꺼내어 사나이가 가지고 있는 다른 한 쪽과 맞붙여 보았다.

거울은 둥글게 하나로 맞추었다. 서덕언은 다시 하나로 합쳐진 거울 뒤에 다음과 같은 시를 한 수 적었다.

거울은 사람과 더불어 함께 가더니(鏡與人俱去)
거울만 돌아오고 사람은 돌아오지 않는구나(鏡歸人不歸)
다시 항아의 그림자는 없이(無復姮娥影)
헛되이 밝은 달빛만 멈추누나(空留明月輝).

심부름 갔던 사나이가 가지고 돌아온 거울을 본 서덕언의 아내는 그 뒤로 침식을 폐하고 울기만 할 뿐이었다.
이 사실을 알게 된 양소는 두 사람의 굳은 사랑에 감동되어 즉시 서덕언을 불러 그녀와 함께 고향으로 돌아가게 해주었다고 한다.

파로대 罷露臺

파할 파 · 이슬 로 · 대 대

出典 《사기(史記)》
文意 지붕 없는 정자 만들기를 그만두다.
解義 정자 하나를 만드는 예산이 열 집의 재산과 같으므로 그만두었다는 것이다.

효문 황제는 고조의 여덟 아들 가운데 넷째다. 이른바 중자(中子)다. 고조가 11년 봄에 진희의 군사를 대파하면서 산서성을 평정해 대왕(代王)으로 봉하였다.

당시는 유혈극이 심심찮게 벌어졌으므로 한시도 안심할 수 없었다. 여씨(呂氏)들의 득세로 천하가 전전긍긍하는 가운데 대왕은 어느 날 앞으로 어찌 할 것인가에 골몰했다.

그러나 결론을 내리지 못하고 망설였다. 그래서 귀갑(龜甲)을 태워 점을 쳤는데 '대횡(大橫)'이라는 괘사를 얻은 것이다.

"대횡이라는 점괘가 나타났으니 이는 머지않아 대왕이 천자가 될 징조입니다. 하왕조의 우왕을 계승하여 제위(帝位)에 오른 계(啓)처럼 부업(父業)을 빛낼 것입니다."

과연 그의 말대로 대왕은 천자의 자리에 올랐다.

파로대(罷露臺)

　전한 제4대 효문 황제는 황제가 호사스러우면 백성의 부담이 커진다면서 검소하게 살았다. 검은 비단옷을 입어 검소함을 솔선했고, 부인도 옷을 땅에 끌지 못하게 했다. 황제가 군문을 찾았을 때 장군이 말했다.

　"군중에서는 수레를 달릴 수 없습니다."

　황제는 스스로 말을 끌고 들어가며 오히려 장군을 칭찬하고 상을 주었다. 부드러운 마음과 덕으로 백성을 교화해서 공경대부도 풍류를 자제했다.

　남의 과실은 말하기를 부끄러워하고 상하가 예의에 맞는 풍속을 이루어 국가가 평안했다.

　황제가 지붕 없는 정자를 만들고자 설계를 시켰더니 예산을 백 냥이나 책정했다. 열 집의 재산과 맞먹는 돈이었다.

　황제는 자신을 위해서 그렇게 많은 돈을 쓸 수 없다고 토대를 짓는 것을 중지시켰다.

　그래서 민정(民政)에 마음을 쓰는 것을 가리켜 '파로대(罷露臺)'라 하게 되었다.

파죽지세 破竹之勢

깨뜨릴 파 · 대나무 죽 · 갈 지 · 기세 세

出典 《진서(晉書)》
文意 대나무를 쪼개는 기세.
解義 칼로 대나무를 쪼개면 마디에 이르러도 강한 기세로 인해 쭉 밀려 대나무는 잘라진다. 그렇듯 거침없이 밀고 들어가는 형세를 뜻한다.

삼국 정립의 시대는 촉(蜀)나라가 위(魏)나라에 의해 멸망함으로써 서서히 막을 내리고 위나라와 오(吳)나라의 대결 구도로 갔다. 그런데 위나라의 사마염(司馬炎)이 원제(元帝)를 폐하고 스스로 무제(武帝)라 칭하고 국호를 진(晉)으로 고쳤다.

무제는 그 당시 북방 이민족의 동태에 유의해야 한다는 왕혼(王渾)의 주장에 귀를 귀울이지 않고 오직 오나라 공격에만 전력을 쏟았다.

그리고 우선 자신과 의견이 같은 두예(杜預)를 진남대장군(進南大將軍)으로 임명하고 출병을 명했다.

그 이듬해 두예는 무창(武昌)을 점령한 뒤, 장수들을 모아놓고 오나라를 일격에 공략할 회의를 열었다.

이때 한 장수가 이렇게 건의했다.

"지금 당장 오나라를 공격하는 것은 무리가 따릅니다. 이제 곧 우기가 닥쳐 강물은 범람할 것이고, 전염병이 언제 발생할지 모릅니다. 일단 철군했다가 다시 공격하는 것이 어떻겠습니까?"

두예는 고개를 단호하게 내저으며 말했다.

"지금 우리 군사들의 사기는 대나무를 깨드리는 기세(破竹之勢)요. 대나무는 처음 두세 마디만 쪼개면 칼날이 닿기만 해도 저절로 쪼개지는 법이니 어떻게 이런 기회를 놓칠 수 있겠소?"

두예는 오나라의 도읍 건업(建業)을 단숨에 함락시켰다.

파천황 破天荒

깨뜨릴 **파** · 하늘 **천** · 거칠 **황**

- 出典 《북몽쇄언》
- 文意 거칠은 하늘을 깨뜨림.
- 解義 형주 사람들이 과거에 급제하지 못했는데, 그것을 깨뜨렸다는 뜻이다.

중국에서의 과거제도는 수(隋)나라 때에 시작하여 청나라 말에 폐지되었다. 1천3백여 년간 시행된 셈이다. 과거제도는 외척 등의 문벌 집단이 조정을 좌지우지하는 것을 막고, 독단과 전횡으로 일관된 정치를 타파하기 위해 시행된 획기적인 제도다.

중국의 역사상 과거제도를 둘러싼 희비극은 《유림외사》에 적나라하게 나타나 있다.

본래 당나라의 형주는 의관이 많이 모이는 곳이다.

그러므로 해가 바뀌면 인재를 뽑아 해(解)라는 곳으로 보냈다. 그런데 형주 출신만큼은 과거에 급제하는 사람이 없어 그곳으로 보내지 못했다.

그 무렵에 유세라는 사나이가 있었다. 그는 지방 장관이 관장하는 시험에 합격하여 나중에는 중앙에서 시행된 시험에까지 통과하였다.

이것은 그 당시에는 대단한 전대미문의 쇼킹한 사건이었다. 당시 형남군 절도사인 최현(崔鉉)은 파천황전(破天荒錢)이라는 성금 70만 전을 유세에게 보냈다. 당시의 선발 시험, 즉 '파천황해(破天荒解)'에 대한 장원이 얼마나 대단했다는 것을 상징하는 예로 볼 수 있겠다.

패군지장 敗軍之將

패할 **패** · 군사 **군** · 갈 **지** · 장수 **장**

[出典] 《사기(史記)》
[文意] 싸움에 진 장수.
[解義] 이 말은 '패군지장 불어병(敗軍之將 不語兵)'의 준말이다. 싸움에 진 장수는 병법을 논하지 않는다는 뜻으로, 일단 전투에 실패했다면 구구한 변명을 하지 않는다는 의미다.

한신(韓信)이 배수의 진(背水之陣)을 치고 조군(趙軍)을 대파했을 때(기원전 204년)의 일이다.

위(魏)에서 조(趙)로 향한 한신의 걱정거리는 정경의 협도(狹道)였었다. 무슨 일이 있더라도 뚫고 지나가야 할 통로이기는 했으나 너무나도 좁아서 대부대의 행진에는 불편했다. 대열이 길어져 병력이 분산되었을 때, 조군에게 공격을 당하면 한신의 지략을 가지고서도 막을 도리가 없었던 것이다.

더구나 조에는 광무군 이좌거(李左車)라는 우수한 전략가가 있었는데 그가 이 협도에 착안하지 않을 리가 없었다. 사실 광무군은 한신의 부대가 이 협도에 들어섰을 때, 일거에 격멸하도록 성안군 진여(陳余)에게 진언했다.

그런데 유학을 즐겨 정의의 싸움을 외치고 있던 성안군은 광무군의 진언을 듣지 않았다.

그리하여 무사히 정경의 협도를 돌파한 한신은 아주 쉽게 조군을 격파시킬 수가 있었으나, 이 싸움에서 한신은 광무군의 지략을 높이 평가하여 광무군을 죽이지 말고 생포하라는 명령을 전군에 내렸다.

싸움이 끝나고 광무군이 한신 앞에 끌려나왔을 때, 한신은 그를 정중히 예우하면서 말했다.

"앞으로 북쪽 연(燕)나라를 치고 다시 동쪽의 제나라를 치고자 생각하는데, 어떻게 하면 성공할 수가 있겠습니까?"

"패군지장(敗軍之將)은 용(勇)을 말하지 말 것이며, 망국지대부(亡國之大夫)는 존(存:나라를 보존하는 길)을 꾀하지 말라는 말을 들은 바 있습니다. 지금 나는 싸움에 패해 당신의 포로가 되어 있는 몸입니다. 어찌 대사를 꾀할 자격이 있겠습니까?"

광무군은 이렇게 말하며 사양하였다.

평지풍파 平地風波

평할 **평** · 땅 **지** · 바람 **풍** · 물결 **파**

[出典] 《죽지사(竹枝詞)》
[文意] 고요한 땅에 바람과 물결을 일으킨다.
[解義] 공연한 일을 만들어 사태를 시끄럽게 만듦.

중당(中唐)의 대표적 시인 유우석(劉禹錫)은 《죽지사(竹枝詞)》에서 이렇게 읊고 있다.

　　구당은 시끄럽게 열두 여울인데
　　사람들은 말하기를 길이 예로부터 힘들다고 한다
　　사람들이 마음이 물과 같지 않음을 길게 한탄하여
　　한가이 평지에서 파란을 일으킨다(等閒平地起波瀾).

이 절구는 시인이 그 당시의 민가를 바탕으로 하여 흥겹게 지은 시이다.

구당이란 곳은 배가 지나가기 어려운 곳이다. 아마도 이 시는 그 뱃길을 따라 오르내리는 사람들 사이에서 불러지던 민요를 유우석이 참조했을 것이다.

포류지자 蒲柳之姿

저포 **포** · 버들 **류** · 어조사 **지** · 맵시 **자**

- [出典] 《세설신어(世說新語)》
- [文意] 강버들의 맵시라는 말.
- [解義] 몸이 허약한 것을 뜻한다.

동진(東晉)의 고열지는 간문제(簡文帝)와 동갑이었으나, 머리가 하얗게 세었으므로 간문제가 물었다.

"경의 머리는 왜 그렇게 하얗게 세었소?"

"포류(蒲柳)의 모습을 한 자는 가을을 앞에 두고 잎이 떨어지오나, 송백지질은 서리를 겪고도 더욱 잎이 무성한 법입니다(蒲柳之姿 望秋而落 松柏之質 經霜彌茂)."

'저는 몸이 허약해서 폐하의 건강하심을 따를 수 없습니다' 라는 뜻의 말로 《논어》〈자한편(子罕篇)〉의 "날씨가 추워진 다음에야 비로소 송백(松柏)이 다른 잎과 달리 시들지 않음을 알 수 있다(歲寒然後 知松柏之後彫也)"는 말을 인용하여 황제의 건강한 모습에 비유하고, 자기는 갯버들과도 같기에 먼저 진다고 하였으니 군신의 예절까지 갖춘 멋진 비유임에 틀림없다.

고열지는 몸은 허약해서 일찍부터 머리가 세었는지 모르지만 마음은 송백같이 곧아 권세에 아부하는 일이 없었다. 그래서 그의 벼슬은 그의 능력에 비해 낮은 상서우승(尙書右丞)이란 벼슬에 그치고 말았다.

그는 문인화(文人畵)의 시조로 유명한 고개지(顧愷之)의 아버지이기도 하다.

포호빙하 暴虎馮河

맨손으로칠 **포** · 범 **호** · 도섭할 **빙** · 물 **하**

- 出典 《논어(論語)》
- 文意 맨손으로 범을 잡고, 걸어서 강을 건넌다.
- 解義 만용을 믿고 되는 대로 행동하는 것을 뜻함.

공자가 생각하는 군자는 마음에 어떤 집착도 갖고 있지 않다. 자기를 알아 주는 자에게 등용되면 정치적 역량을 발휘하고, 등용되지 못하면 자신의 자취를 감출 뿐이다.

공자는 이처럼 집착됨이 없이 무심히 살 수 있는 사람은 자신과 안연(顔淵)뿐이라고 생각하였다. 하루는 안연에게 말했다.

"권력 있는 자가 써 주면 행하고, 써 주지 않으면 마음 속에 감추는 일은 오직 나와 너만이 이러한 능력을 가지고 있구나."

자로(子路)는 자신을 제쳐두고 훨씬 후배인 안연을 인정하는 스승의 말씀을 듣고 마음이 편하지 못했다. 자신도 인정받고 싶다는 욕심에 이렇게 말했다.

"선생님은 삼군(三軍)을 통솔한다면 누구와 함께 하시겠습니까?"

이에 공자는 자로의 기대와는 달리 다음과 같이 말했다.

"나는 맨손으로 범을 잡으려 하고 맨몸으로 황허를 건너려다가 죽어도 후회함이 없는 자와 함께 하지 않을 것이니, 반드시 일에 임하여 두려워하고 계책 세우기를 좋아하여 성공하는 자와 함께 할 것이다."

이렇듯 공자는 모든 일은 용기만으로 되는 것이 아니고, 용기 이전에 신중한 검토와 그에 대한 대책이 앞서야 한다는 것을 자로에게 타일렀다.

그러나 자로는 결국 그 '포호빙하'하는 성질을 이기지 못하여 뒷날 난(亂)에 휩쓸리어 목숨을 잃고 말았다.

풍성학려 風聲鶴唳

바람 **풍** · 소리 **성** · 학 **학** · 울 **려**

出典 《진서(晉書)》
文意 바람소리와 학의 울음소리.
解義 아무것도 아닌데 공연히 놀라 겁을 집어먹는 것.

동진(東晉) 효무제(孝武帝)의 태원(太元) 8년 진제(秦帝) 부견(符堅)은 스스로 병사 60만, 기마 27만의 대군을 이끌고 장안을 떠나 밀물같이 진(晉)으로 육박해 들어갔다.

진(秦)은 왕맹(王猛)을 기용함으로써 급속히 발전하여 제일의 강국으로 부상하였다. 그 왕맹이 죽으면서,

"진(晉)만은 거드리지 말아 달라."

는 유언을 남겼는데, 부견이 진나라를 공격한 것은 그후 8년이 지나서였다.

진(晉)은 재상 사안(謝安)의 동생 사석(謝石)을 정토대도독(征討大都督)으로 삼고, 조카인 사현(詞玄)을 선봉도독으로 삼아 8만의 군세로써 진(秦)의 대군을 맞이했다.

먼저 현(玄)의 참모 유뇌지(劉牢之)는 정병 5천을 이끌고 낙간(洛澗)에서 진(秦)의 선봉을 격파하고 장수의 목을 베었다. 그러자 사현

등도 더욱 용감하게 전진했다.

　부견(符堅)이 수양(壽陽)의 성에 올라 진군(晉軍)을 바라보니 진영이 질서정연했다. 무심코 팔공산(八公山) 쪽으로 눈을 돌리니 산은 진군으로 가득 차 있었다. 깜짝 놀라서 다시 보니 그것은 풀과 나무였다. 순간 그는 불안을 느꼈다.

　진군(秦軍)이 비수 언덕에 진을 치고 있어 진군(晉軍)은 건널 수가 없었다. 사현은 군사를 보내 진(秦)의 진지를 조금 후방으로 퇴각시켜 진군(晉軍)을 건너게 한 뒤 승부를 결정하자고 정중히 청했다.

　부견은 '우리 군을 약간 뒤로 물러서게 했다가 적이 반쯤 건넜을 때 격멸해 버리리라'고 생각하고 그 제의를 수락했다.

　그런데 진(秦)의 군세는 뒤로 물러서라는 신호를 받자 계속 퇴각하여 이제 정지시킬 수도 없게 되어 버렸다.

　그러자 서현의 군대가 강을 건너 추격해 들어와 진군(秦軍)을 궤란 상태에 빠뜨리고 말았다. 진나라 군사들은 앞선 자를 밀어젖히고 자기가 먼저 도망치고자 아우성치면서 자기편끼리 밟고 밟혀 죽는 자가 부지기수였다.

　잔뜩 겁을 먹은 진(秦)의 병사들은 바람소리와 학의 울음소리를 듣기만 해도 진군(晉軍)이 추격해 오는 것으로 잘못 알고 그저 도망갈 뿐이었다.

　전연의 장수였던 모용수는 이 기회를 이용하여 군사를 모아 다시 연(燕)나라를 일으키고 수도를 중산(中山)에 두었다. 역사상 이 나라를 후연(後燕)이라 부르며 비수의 대전이 끝난 2년(385) 후의 일이었다.

필부지용 匹夫之勇

한 마리 **필** · 사내 **부** · 갈 **지** · 날랠 **용**

[出典] 《맹자(孟子)》
[文意] 마구 날뛰는 행동.
[解義] 좁은 소견을 갖고 함부로 날뛰는 행동을 함.

제 선왕(齊宣王)이 맹자에게 물었다.
"이웃나라를 사귀는 데 방법이 있습니까?"
맹자가 대답했다.
"있습니다. 오직 인자(仁者)만이 대국의 입장에서 소국을 섬길 수 있습니다. 그러므로 탕(湯)이 갈(葛)나라를 섬겼고, 문왕(文王)이 곤이(昆夷)를 섬긴 것입니다. 오직 지자(智者)만이 소국의 입장에서 대국을 섬길 수 있습니다. 그러므로 대왕이 훈육을 섬겼고, 구천(勾踐)이 오(吳)나라를 섬긴 것입니다. 대국의 입장에서 소국을 섬기는 자는 하늘을 즐거워하는 자이고, 소국의 입장에서 대국을 섬기는 자는 하늘을 두려워하는 자이니, 하늘을 즐거워하는 자는 천하를 보전하고 하늘을 두려워하는 자는 자기 나라를 보전합니다. 《시경(詩經)》에 이르기를, '하늘의 위엄을 두려워하여 이에 보전한다'고 하였습니다."

제 선왕이 말했다.

"과연 크도다. 그 말씀이여! 그러나 과인이 병통이 있으니, 무엇보다 용기를 좋아합니다."

제 선왕은 작은 나라를 받들기보다는 작은 나라를 합병하여 나라를 키워가고 싶고, 큰 나라와 싸워 이김으로써 제후의 맹주가 되고 싶었기 때문에 맹자의 가르침을 따르지 않고 이렇게 말한 것이다.

이에 맹자는 엄숙하게 말했다.

"왕께서는 청컨대 작은 용기를 좋아하지 마십시오. 칼을 어루만지고 상대방을 노려보며 말하기를, '저것이 어찌 감히 나를 당하겠는가' 하는 것은 필부의 용기로 한 사람을 대적하는 것입니다. 왕은 청컨대 용기를 크게 가지십시오."

맹자는 용기를 좋아하는 왕의 마음을 근거로 하여 왕도정치(王道政治)를 실행하는 방법을 제시한 것이다.

한단지몽 邯鄲之夢

조나라 한 · 조나라 단 · 갈 지 · 꿈 몽

出典 《침중기(枕中記)》
文意 한단에서 꾼 꿈.
解義 인생의 부귀영화가 뜬구름처럼 덧없음을 이르는 말.

당나라 현종(玄宗) 때의 일이다. 여옹(呂翁)이란 도사가 한단(邯鄲)이라는 곳의 객사(客舍)에서 쉬고 있을 때, 초라한 옷차림의 한 노생(盧生)이라는 젊은이가 다가와서 고생을 면치 못하는 자신의 처지에 대해 하소연을 늘어놓았다.

그러다가 노생은 졸음이 와 여옹으로부터 베개를 빌려서 잤는데, 그 베개는 도자기로 만든 것으로 양끝에 구멍이 뚫려 있었다. 잠들고 있는 동안에 그 구멍이 점점 커졌으므로 노생이 들어가 보니 그곳에는 대궐 같은 집이 있었다.

그 집에서 노생은 청하 최씨의 딸과 결혼을 하고, 진사시험에 합격하여 관리가 되었으며, 계속 출세하여 마침내 경조윤(서울시장)이 되었고 또 오랑캐를 토벌하여 어사대부(御史大夫) 겸 이부시랑(吏部侍郎)이 되었다.

그런데 그때의 재상에게 원한을 산 나머지 단주자사(端州刺史)로 좌천되기도 하였으나 그곳에 머무른 지 3년 만에 다시 소환되어 호부상서(戶部尚書)가 된 노생은 그 후 얼마 되지 않아 재상이 되고, 그 후 10년 동안 천자를 잘 보살피고 선정을 베풀어 어질고 현명한 재상이라고 명성이 자자하게 되었다.

이렇듯 그의 지위가 극을 누리고 있을 때 그가 변방의 장수와 결탁하여 모반을 꾀하고 있다는 터무니없는 참소가 들어와 포박을 당하자 그는 장탄식을 하며 처자에게 말했다.

"내 고향 산동(山東)의 집에는 약간의 전답이 있었다. 농사만 짓고 살았다면 그것으로 추위와 굶주림은 면할 수 있었을 터인데 무엇 때문에 애써서 녹(祿)을 구했단 말인가? 그것 때문에 지금 이 꼴이 되어 버렸으니 그 옛날 누더기를 입고 한단의 길을 걷던 일이 생각난다. 그때가 그리우나 이젠 어떻게 할 수도 없는 처지이니……."

노생은 칼을 들어 자결하려 했으나 아내가 말리는 바람에 뜻을 이루지 못하고 기주(驥州)로 귀양을 가게 되었다.

수 년 후, 천자는 노생이 누명을 쓰고 있음을 알고 서울로 불러 중서령(中書令)에 임명했으며, 연국공(燕國公)에 봉하여 그 은총과 믿음이 대단하였다. 그의 다섯 아들은 모두 고관이 되었고, 천하의 이름 있는 집안과 결혼하여 십여 명의 손자를 두었으며, 만년에 그는 무척 행복한 생활을 영위하였다.

그러나 점차 건강이 쇠약해져 마침내 죽고 말았다.

이윽고 노생은 크게 하품을 하며 잠에서 깨어났다. 그 모든 것은 한낱 꿈이었다.

여옹은 그런 그에게 웃음을 띠며 말했다.

"인생은 다 그런 거라네."

노생은 잠시 묵묵히 있다가 이어 여옹에게 감사하며 말했다.
"영욕(榮辱)과 빈부(貧富)도 죽음도 모두 경험했습니다. 이것은 선생께서 제 욕심을 막아 주신 것이라 생각되는군요. 잘 알았습니다."
여옹에게 공손히 절을 하고 노생은 길을 떠났다.

한단지보 邯鄲之步

조나라 **한** · 조나라 **단** · 어조사 **지** · 걸음 **보**

出典 《장자(莊子)》
文意 한단의 걸음걸이.
解義 자기 분수를 모르고 남을 흉내내는 것을 빗대어 하는 말.

조(趙)나라의 공손룡(公孫龍)은 자칭 자신의 학문과 변론이 천하의 제일이라고 뽐내고 있었다. 그러던 차에 장자(莊子)에 관한 이야기를 듣고는 자신의 변론과 지혜가 그에게 미치지 못하는지, 아니면 그보다 나은지 알 수가 없었다.

그래서 위(魏)나라의 공자 위모(魏牟)에게 장자의 도(道)를 알고 싶다고 했다. 위모는 안석(安席)에 기댄 채 한숨을 쉬고는 하늘을 우러러 웃으면서, "우물 안의 개구리가 밖의 세상을 볼 수 없고, 가느다란 대롱 구멍으로 하늘을 보고 송곳을 땅에 꽂아 그 깊이를 재는 꼴"이라며 비웃었다.

그리고는 이어서 이렇게 말했다.

"자네는 저 수릉(水陵)의 젊은이가 조나라의 서울인 한단(邯鄲)에 가서 그곳의 걸음걸이를 배웠다는 이야기를 듣지 못했는가? 그는 그 나라의 걸음걸이를 채 배우기도 전에 옛걸음걸이마저 잊어버렸으므로 기어서 돌아올 수밖에 없었다는 걸세. 지금 자네도 장자에 이끌려 여기를 떠나지 않고 있다가는 그것을 배우지 못할 뿐만 아니라 자네 본래의 지혜를 잊어버리고 자네의 일마저 잃게 될 걸세."

공손룡은 부끄러운 나머지 그곳에서 도망치듯 달아났다.

한발 旱魃

가물 한 · 가물귀신 발

[出典] 《삼황오제(三皇五帝)》
[文意] 가뭄.
[解義] 가뭄을 몰고 오는 신화 속의 여신.

신화 시대의 황제(黃帝)가 치우(蚩尤)와의 전쟁에 딸인 발(魃)을 끌어들인 데 대해서는 다음과 같은 이유가 있었다.

그녀는 여신이지만 추악한 얼굴에다가 머리는 완전히 벗겨진 대머리였다. 그러나 그녀의 몸 안에는 많은 열기가 축적되어, 마치 용광로처럼 열기가 들끓어 그녀가 토하는 열기는 어떠한 비바람이나 안개도 모두 소산시켰던 것이다.

황제는 이것을 이용하여 치우가 조종하는 풍우농무를 소산시키고자 그녀를 불러온 것이다.

이리하여 딸의 도움으로 황제는 결국 치우의 항복을 받았던 것이다.

그러나 싸움이 끝나자 발도 어지간이 그녀의 열기를 써버리고 지쳤으므로 이미 하늘로 되돌아갈 기력을 잃었다. 그래서 지상에 그대로 남아 있지 않으면 안 되었다.

이 때문에 그녀가 머물러 있는 지방에서는 그녀의 열기로 어김없이 가뭄이 계속되어 한 방울의 비도 내리지 않았으니 사람들은 농사를 짓지 못했다.

그래서 백성들이 그녀를 한발(旱魃)이라 불러 크게 원망하였다. 여기서 황제는 그녀를 적수(赤水:지금의 섬서성) 북쪽으로 추방하고, 전신(田神)인 숙균(叔均)에게 명령하여 그녀의 행동을 감시시켰으나, 그래도 그녀는 감시의 눈을 피해 가끔 도망치곤 했다.

그녀가 도망친 곳에서는 으레 가뭄이 들었다. 그래서 사람들은 가뭄만 들었다 하면 먼저 밭의 방죽과 도랑을 깨끗이 청소하곤 "신이여 제발 북쪽으로 가 주소서" 하고 빌었다. 가뭄의 원인인 발을 적수(赤水) 북쪽땅으로 되쫓아 버리기만 하면 비가 내린다고 생각해서였다.

합종연횡 合縱連衡

합할 **합** · 따를 종 · 이을 연 · 저울대 **횡**

出典 《사기(史記)》

文意 약한 나라끼리 규합하여 강대국을 대항하는 것이 합종이다. 연횡은 약한 나라가 강대국과 동맹을 맺고 평안을 구하는 것을 말한다.

解義 전국 시대를 살아가는 열국들이 나라의 안전을 도모하기 위해 펼치는 계책을 뜻한다. '연합하여 싸울 것이냐, 동맹하여 화평할 것이냐'가 관건이다.

소진(蘇秦)과 장의(張儀)는 기원전 4세기 후반인 전국 시대 중엽에 중국 전토를 자기의 변설과 발로 휘둘렀던 2대 책략사(策略士)이다.

이 두 사람은 귀곡(鬼谷)이라는 수수께끼 인물을 스승으로 한 동문(同門)이었다.

소진이 연왕(燕王)에 진언한 것이 합종(合縱)정책이다. 이것은 세로(從=縱)로 맞춘다는 뜻으로써 연(燕)·조(趙)·제(齊)·위(魏)·한(韓)·초(楚)의 6개국이 세로, 즉 남북으로 서로 합심하여 최대강국인 진(秦)나라에 대항하자는 정책이다.

소진은 이들 6개국의 진나라에 대한 공포심을 교묘히 조종하여 이 공동방위책을 설득하여 6개국을 차례로 돌아다녔다.

이리하여 6개국의 왕들로부터 모두 찬성을 받아 6개국의 재상(宰相)을 겸하게 되었다.

한편 소진은 자기의 동문이며 역시 능변가인 장의를 설득하여 진나라에 보내어 진왕의 신임을 얻어 벼슬길에 오르면, 자기의 합종정책에 반대하는 진나라 조정 중신들 입을 봉쇄시키려고 시도했다. 이것은 첩자를 진(秦)나라 조정에 박아 놓는 것과 비한 것이다.

그러나 결과는 정반대가 되었다. 즉, 진(秦)나라에 침투한 장의는 과연 그의 학문과 재능이 인정되어 재상에 오르자 소진을 배반하고 연형책(連衡策)을 쓴 것이다. 연형(連衡)의 형(衡)은 횡(橫:가로)의 뜻으로서 7개국의 지형을 가로 길게 묶어서 하나로 통합하되 6개국을 개별적으로 고립시켜 각개 격파로 진나라에 대해 신종(臣從)의 예(禮)를 취하게 하고, 끝내는 병탄 합병하려는 책략인 것이다.

이 연형책은 선배인 소진의 합종책을 완전히 붕괴시켜 끝내는 6개국이 진나라를 종주국으로 섬기게 했다.

해로동혈 偕老同穴

같이 해 · 늙을 로 · 한 가지 동 · 굴 혈

[出典] 《시경(詩經)》
[文意] 살아서는 같이 늙고 죽어서는 한 곳에 묻힌다.
[解義] 생사를 같이하는 부부의 사랑과 맹세를 뜻하는 말.

'해로'란 말은 패풍의 <격고(擊鼓)>와 용풍의 <군자해로(君子偕老)>와 위풍(衛風)의 <맹(氓)>에서 볼 수 있고, 동혈이란 말은 왕풍(王風)의 <대거(大車)>에 나온다.

위풍의 <맹>에 있는 해로를 소개하면 다음과 같다.

<맹>이란 시는 행상을 온 남자를 따라가 그의 아내가 되었으나 온갖 고생 끝에 결국은 버림을 받은 여자의 한탄으로 이루어진 시다. 여섯 장으로 된 마지막 장에서 이렇게 읊고 있다.

　　그대와 함께 늙고자 했더니(及爾偕老)
　　늙어서는 나를 원망하게 만드누나
　　강에도 언덕이 있고
　　못에도 둔덕이 있는데
　　총각 시절의 즐거움은

말과 웃음이 평화로웠네
마음놓고 믿고 맹세하여
이렇게 뒤집힐 줄은 생각지 못했네
뒤집히리라 생각지 않았으면
역시 하는 수 없네.

왕풍의 〈대거〉란 시는 이루기 어려운 사랑 속에서 여자가 진심을 맹세하는 노래로 보아도 좋은 시이다. 3장으로 된 마지막 장에 '동혈'이란 말이 나온다.

살아서는 방을 달리해도
죽으면 무덤을 같이하리라(死則同穴)
나를 참되지 않다지만
저 해를 두고 맹세하리.

해어화 解語花

풀릴 해 · 말씀 어 · 꽃 화

[出典] 《개원천보유사(開元天寶遺事)》
[文意] 말하는 꽃.
[解義] 용모가 절색인 미인을 가리킬 때에 쓰는 말.

당(唐)나라 현종(玄宗)은 처음 제위에 올랐을 때는 정사에 충실하여 훌륭한 치적을 많이 쌓았다. 그러나 후반에 이르러서는 양귀비(楊貴妃)라는 여인에게 푹 빠져 사랑놀이를 하다가 결국 안녹산(安祿山)의 반란을 유발시켰다.

이 난리 속에서 평소 백성들의 원성의 대상이었던 양귀비는 강제로 자결하게 되고, 현종은 양귀비를 그리워하며 하루하루를 보내게 되었다.

양귀비는 촉주(蜀州) 사호(司戶)로 있던 양현염의 딸로서 어렸을 때는 옥환(玉環)이라고 불렸다. 그녀는 일찍이 부모와 사별하고 숙부에 의해 길러졌다.

처음 양귀비는 현종의 열여덟 번째 아들인 수왕(壽王)의 아내로 맞아들여진 여자이다. 그런데 호색가인 현종이 양귀비의 미모를 보자마자 반하여 자신의 후궁으로 들였다.

양귀비가 수왕과 인연을 끊고 태진(太眞)이 되었을 당시 그녀의 나이는 22세였고, 현종은 56세였다.

현종과 양귀비가 한창 사랑에 빠진 어느 초여름날의 일이다. 현종은 양귀비를 비롯하여 여러 후궁들을 거느리고 태액지(太液池)로 산책을 나갔다. 그 당시 태액지라는 연못에는 연꽃이 막 피어 아름다운 자태를 뽐내고 연못 가득 향기를 뿜어대고 있었다.

이곳에 모인 사람들은 연꽃의 아름다움에 정신을 잃을 지경이었다. 현종 역시 즐거운 마음으로 연꽃을 한참 동안 바라보더니 이렇게 말했다.

"연꽃의 아름다움도 말을 헤아리는 이 꽃[解語花]에는 미치지 못하지 않느냐?"

이것은 양귀비의 아름다움이 연꽃에 비할 수 없을 만큼 빼어남을 말한 것이며, 현종의 양귀비에 대한 사랑의 정도를 나타내는 것이기도 하다.

형설지공 螢雪之功

반딧불 **형** · 눈 **설** · 갈 **지** · 공 **공**

[出典] 《진서(晉書)》
[文意] 반딧불과 눈빛으로 이룬 공.
[解義] 역경 속에서도 굴하지 않고 학문을 닦아 대성함.

진(晉)나라 효무제(孝武帝) 때, 어렵게 공부하여 크게 된 인물 가운데 차윤(車胤)과 손강(孫康)이 특히 유명하다.

차윤은 어려서부터 성실하고 생각이 깊으며 학문에 뜻을 두고 있었다. 그러나 그의 집안은 몹시 가난하여 그의 학문적 야망을 뒷바침해 줄 형편이 되지 못했다.

차윤은 집안에 조금이나마 보탬이 되기 위해서 낮에는 밖으로 나가 일을 하지 않을 수 없었다. 밤이 되어 하고 싶은 공부를 하려고 했지만, 등불을 밝힐 기름이 없어 그것 또한 여의치 못했다.

그는 무슨 수가 없을까 고민하다가 이렇게 하기로 했다. 엷은 명주 주머니를 하나 만들어 반딧불이를 잡아 그 속에 넣고는, 그 빛으로 책을 읽는 것이었다.

차윤은 이렇게 어려운 환경 속에서도 굴하지 않고 끈기 있게 공부하여 이부상서(吏部尙書)의 벼슬까지 오르게 되었다.

618 ▮ 형설지공(螢雪之功)

 또한 손강도 차윤과 마찬가지로 집이 너무 가난하여 밤을 밝힐 만한 기름이 없었다. 그는 겨울이 되면 창가에 앉아 밖에 쌓인 눈빛에 책을 비춰 가며 공부를 했다.
 그도 노력한 보람이 있어 벼슬이 어사대부(御史大夫)까지 올라갔다.

호가호위 狐假虎威

여우 호 · 빌리 가 · 호랑이 호 · 위엄 위

[出典] 《전국책(戰國策)》
[文意] 여우가 호랑이의 위엄을 빌어 제 위엄으로 삼는다.
[解義] 남의 권세를 빌어 위세를 부림.

위(魏)나라 출신인 강을(江乙)이란 변사가 초 선왕(楚宣王) 밑에서 벼슬을 하게 되었다. 그런데 초나라에는 삼려(三閭)라고 불리는 세 세도가가 실권을 잡고 있었다.

이 시기는 그 중 하나인 소해휼(昭奚恤)이란 사람이 정권과 군권을 모두 쥐고 있었는데, 강을은 소해휼을 넘어뜨리기 위해 기회만 있으면 그를 모함했다.

하루는 초 선왕이 여러 신하들이 있는 자리에서 이렇게 물었다.

"초나라 북쪽에 있는 모든 나라들이 소해휼을 무척 두려워하고 있다는데 그 말이 사실인가?"

"호랑이는 모든 짐승을 잡아먹습니다. 한번은 여우를 붙잡았는데 여우가 호랑이를 보고 이렇게 말했습니다.

'그대는 감히 나를 잡아먹지 못하리라. 옥황상제께서는 나를 백수(百獸)의 왕으로 만들었다. 만일 그대가 나를 잡아먹으면 이것은 하늘의 뜻을 거역하는 것이 된다. 만일 내 말이 믿어지지 않거든 내가 그대를 위해 앞장서서 갈 테니 그대는 내 뒤를 따라오며 보라. 나를 보고 감히 달아나지 않는 짐승은 한 마리도 없을 것이다.'

그러자 호랑이는 과연 그렇겠다 싶어 여우를 앞세우고 같이 가게 되었습니다. 그런데 정말 모든 짐승들은 그들을 보기가 무섭게 달아났습니다. 호랑이는 여우가 무서워서 달아나는 줄로만 알았습니다만 사실은 여우 뒤에 있는 호랑이가 무서워 도망쳤던 것입니다. 만사는 다 비슷합니다.

북쪽 나라들이 어찌 소해휼 따위를 두려워하겠습니까? 지금 대왕께서는 천 리나 되는 땅과 완전무장을 한 군대를 소해휼 한 사람에게만 모두 맡겨두고 계십니다. 그러므로 사실은 대왕의 무장한 군대를 무서워하고 있는 것입니다. 마치 모든 짐승들이 여우 뒤에 있는 호랑이를 무서워하듯 말입니다."

호사유피 인사유명 虎死留皮人死留名

범 호 · 죽을 사 · 남길 유 · 가죽 피 · 사람 인 · 죽을 사 · 남길 유 · 이름 명

[出典] 《오대사(五代史)》
[文意] 호랑이는 죽어 가죽을 남기고, 사람은 죽어 이름을 남긴다.
[解義] 사람에게는 재물보다도 명예가 소중함을 비유한 것이다.

당(唐)나라가 멸망한 뒤, 오대(五代)가 교체되던 시기의 양(梁)나라에 왕언장(王彦章)이라는 장수가 있었다. 그는 우직하고 솔직한 성격으로 싸울 때마다 항상 쇠창을 들었으므로 왕철창(王鐵槍)이라고 불렀다.

산서(山西)에 위치한 진(晉)나라가 국호를 다시 후당(後唐)으로 고치고 양나라로 공격해 들어왔다. 이때 왕언장은 출전하였다가 크게 패하여 파면되었다.

그 후 당나라 군사가 다시 침입하였을때, 또다시 기용되었지만 포로가 되고 말았다. 당나라 임금이 왕언장의 용맹성을 아까워하여 귀순할 것을 종용하자, 그는 이렇게 말했다.

"아침에는 양나라를 섬기고 저녁에는 진나라를 섬기는 일은 할 수 없소."

결국 사형을 당했다. 왕언장은 평소 속담을 통해 자신의 생각을

말하기를 좋아했다. 그가 항상 입버릇처럼 하던 말은 이러했다.

"호랑이는 죽어서 가죽을 남기고, 사람은 죽어 이름을 남긴다."

왕언장은 비록 학문을 하지는 않았지만 한 나라의 장수로서 지켜야 할 명예만은 소중히 여기고 있음을 알 수 있다. 그렇기에 당나라의 제의를 거절하고 죽음을 택할 수 있었을 것이다.

호연지기 浩然之氣

넓고 클 **호** · 그렇다할 **연** · 의 **지** · 생기 **기**

- 出典 《맹자(孟子)》
- 文意 하늘과 땅 사이에 가득 찬 바른 원기.
- 解義 공명정대하여 한 점의 부끄러움이 없는 도덕적 용기를 말함.

맹자는 제자 공손축(公孫丑)과 함께 진정한 용기와 부동심(不動心)에 대해 문답하게 되었는데, 그 대화가 거의 끝날 무렵 공손축은 이렇게 물었다.

"감히 묻겠습니다. 선생님께서는 어디에 장점이 있으십니까?"

"나는 말을 알며 나의 호연지기(浩然之氣)를 잘 기른다."

"감히 묻겠습니다. 무엇을 호연지기라고 합니까?"

"말하기 어렵다. 그 기(氣)의 양상은 지극히 크고 굳세니, 곧게 하는 것으로써 길러서 해침이 없으면 하늘과 땅 사이에 꽉 차게 된다.

그 기의 양상은 의(義)와 도(道)에 짝이 되는 것이니, 이것이 없으면 쭈그러든다. 이는 거듭되는 의가 만들어 내는 것이니, 하나의 의가 엄습하여 취하는 것은 아니다. 행한 것이 마음에 만족스럽지 아니함이 있으면 쭈그러든다.

나는 그러므로 '고자(告子)는 애당초 의를 알지 못한다'고 말한 것이니. 그 의를 바깥에 있는 것으로 여기기 때문이다. 반드시 호연지기를 기르는 것을 일삼으면서 효과를 미리 기대하지 말고, 마음에 잊지도 말며, 조장하지도 말아서, 송(宋)나라 사람처럼 하지 말아야 한다.

　송나라 사람 가운데 벼의 싹이 자라지 못함을 안타깝게 여겨 뽑아놓은 자가 있었는데 비실거리며 돌아와 자기 집 사람들에게 말하기를, '오늘은 피곤하다. 나는 벼의 싹을 도와서 자라게 했다'고 하자, 그 아들이 달려가서 보니 벼의 싹은 말라 있었다.

　천하에는 벼의 싹을 도와서 자라게 하지 아니하는 자가 적다. 유익함이 없다고 생각해서 내버려두는 자는 벼의 싹에 김을 매지 아니하는 자이고, 도와서 자라게 하는 자는 벼의 싹을 뽑는 자이니, 다만 유익함이 없을 뿐만 아니라 또한 해치는 것이다."

홍일점 紅一點

붉은 홍 · 한 일 · 점 점

- 出典 《만록총중(萬綠叢中)》, 《만록지두(萬綠枝頭)》
- 文意 여러 남자 가운데 한 여자가 끼여 있음.
- 解義 여럿 중에서 특별히 눈에 띄는 한 가지를 가리킬 때 쓰는 말이다.

송대(宋代)의 유명한 정치가이자 문학가였던 왕안석의 <석류시(石榴詩)>에 다음과 같은 구절이 있다.

모두가 푸른빛 일색인 가운데 단 하나의 붉은 빛
(萬綠叢中紅一點)
사람들의 마음에 봄의 정취를 일으키는 데는 꼭 그것이 많이 필요는 없으리라
(動人春色不須多).

가득한 녹색 속에 홀로 붉게 핀 한 송이 석류꽃의 아름다움이 봄철에 제일이라고 칭찬하고 있다.
당송 팔대가(唐宋八大家) 중 한 사람인 왕안석(王安石)은 어려서부

터 시문(詩文)에 탁월한 재능을 보였고, 같은 고향 출신인 증공(曾鞏)의 소개로 구양수(歐陽脩)에게 작품을 보여 진사에 급제했다.

그는 초기에는 지방관을 두루 역임하다가 모친상을 당하자 복상(服喪)을 이유로 하여 수 년 동안 강녕에서 지냈다. 그 후 신종(神宗)이 즉위하면서 그의 식견에 감탄한 나머지 불러다가 요직에 앉혔다.

화룡점정 畵龍點睛

그릴 화 · 용 룡 · 점찍을 점 · 눈알 정

出典 《수형기(水衡記)》
文意 용을 그리고 눈동자를 찍다.
解義 어떤 일의 가장 핵심이 되는 일을 마무리하거나, 그 부분을 완성시키는 것을 뜻한다.

남조(南朝) 양(梁)나라의 장승요(張僧繇)라는 명화가가 살고 있었다. 그는 산수와 불화(佛畵)는 물론이고 온갖 것을 마치 살아 있는 것처럼 그려내는 탁월한 재능이 있었다.

하루는 금릉(金陵)에 있는 안락사(安樂寺)의 주지로부터 그 사찰의 벽면에 용을 그려 달라는 부탁을 받았다.

그는 먹구름을 뚫고 하늘로 올라가려는 한 쌍의 용의 모습을 비늘 하나까지 생명력이 넘쳐 흐르게 그렸다.

그런데 이상하게도 용의 눈은 눈동자를 그리지 않아 퀭한 모습을 하고 있었다. 사람들은 아무리 생각해도 그 이유를 알 수 없었다. 궁금증을 참다 못한 어떤 사람이 그 이유를 집요하게 묻자 장승요가 대답했다.

"만일 눈동자를 그려 넣는다면 용이 하늘로 올라갈 것이기 때문이오."

 그러나 사람들은 그의 말을 믿으려 하지 않고, 용의 눈동자를 그려 넣도록 졸랐다. 이에 장승요는 붓에 먹을 찍어 용 한 마리에만 눈동자를 그려 넣었다.

 그 순간 갑자기 우레소리가 들리고 번개가 치더니, 그 용이 벽을 부수고 뛰쳐나와 구름을 타고 하늘로 올라가는 것이었다.

 잠시 후 사람들이 놀란 마음을 진정시키고 벽을 살펴보니, 눈동자를 그려 넣지 않은 용만이 벽에 남아 있었다.

화서지몽 華胥之夢

빛날 화 · 나비 서 · 갈 지 · 꿈 몽

- 出典 《열자(列子)》
- 文意 화서에서의 꿈.
- 解義 길몽을 이룸.

황제(黃帝)는 즉위한 지 15년이 지난 뒤에 천하 백성들이 다 자기에게 복종하는 것을 보고 만족해했다. 그래서 자기 몸을 보양하고자 하는 생각으로 이목구비(耳目口鼻)를 즐겁게 하기에만 힘썼다.

그러나 몸은 보양되지 않고 오히려 살결은 검고 여위었으며 감정은 조화를 상실했다.

다음 15년 동안 황제는 천하가 잘 다스려지지 않는 것에 신경을 써서 전력을 기울여 백성을 잘 다스리고자 노력했다. 그랬더니 심신은 더욱 쇠약해졌다.

그래서 무엇인가 잘못이 있음을 깨달은 황제는 정치에서 떠나 석 달 동안 오로지 심신수양에만 힘썼다.

그러던 어느 날 황제는 낮잠을 자다가 화서씨의 나라에서 노니는 꿈을 꾸었다.

그 화서씨의 나라에는 군주니 수령이니 하는 지배자도 없고 백성들은 욕심이 없어서 자연 그대로 살아가고 있었다. 사람들은 생을 즐길 줄도 죽음을 두려워할 줄도 모르므로 젊어서 죽는 법이 없고, 물에 빠져도 익사하지 않으며 불에 뛰어들어도 타죽지 않고, 칼로 찌르고 채찍으로 때려도 상하지 않으며, 꼬집고 할퀴어도 아픈지 가려운지 몰랐다.

아무것도 없는 곳에서도 물건 위를 밟듯이 걷고, 허공에서 잠을 자도 침대와 같이 편하며, 구름이나 안개도 그 시각을 가로막지 않고 뇌성벽력도 그 청각을 어지럽게 하지 않았다. 물건의 미추(美醜)도 그 마음을 동요시키지 않고 험준한 산골도 그 보행을 어렵게 하지 않아 형체를 초월한 정신적인 자유에 충만되어 있었다.

황제는 잠시 후 꿈에서 깨어나 문득 깨닫는 바가 있었다. 그래서 세 사람의 신하를 곁으로 불러서 꿈이야기를 하고 결론적으로 말했다.

"나는 지난 3개월 동안 방 안에 틀어박혀 오로지 심신수양에만 힘을 써서 내 몸을 기르고 물(物)을 다스리는 방법을 공부했으나 끝내 좋은 생각이 떠오르지 않았소. 그런데 피곤해서 잠이 들었을 때 꾼 꿈이 이것으로, 비로소 나는 그 꿈속에서 그 도(道)란 것을 터득한 듯 하구려."

그 후 무심결에 도의 극치를 터득한 황제는 천하를 잘 다스리니, 마치 꿈에서 본 화서씨의 나라와 같이 잘 되었다고 한다.

환골탈태 換骨奪胎

바꿀 **환** · 뼈 **골** · 빼앗을 **탈** · 태아 **태**

出典 《냉제야화(冷濟野話)》
文意 뼈를 바꾸고 태를 빨리 한다.
解義 용모가 몰라보게 달라지거나, 문장이 남의 손을 거쳐 전혀 새로움을 갖게 되는 것.

황정견(黃庭堅)은 소식(蘇軾)과 함께 북송(北宋)의 대표적인 시인이다. 그는 이런 말을 한 적이 있다.

"시의 뜻은 그 끝이 없지만 사람은 재주는 한계가 있다. 한계가 있는 재주로 무궁한 뜻을 추구하려든다면, 도연명(陶淵明)이나 두보(杜甫)라 할지라도 그 교묘함을 잘 얻지는 못할 것이다.

그 뜻을 바꾸지 않고 자기 말을 만드는 것을 환골법이라 하며, 그 뜻을 잡아가지고 그것을 형용하는 것을 탈태법이라고 한다.'

환골이란 도가에서 영단(靈丹)을 먹어 보통 사람들의 뼈를 선골(仙骨)로 만드는 것을 말하며, 탈태는 시인의 시상(詩想)이 어머니의 태내에 아기가 있는 것 같아서 그 태를 자기 것으로 삼아 시적(詩的) 경지로 변화시키는 것을 뜻한다.

그러므로 환골탈태란 이전 시인들이 지은 시구를 자기의 시로 그대로 끌어 쓰는 방법을 의미한다고 할 수 있다."

효시 嚆矢

울 효 · 화살 시

[出典] 《장자(莊子)》
[文意] 우는 화살.
[解義] 휘파람 소리를 내는 신호용 화살. 어떤 일에 대한 '시작'이라는 의미가 있다.

소리가 나는 화살이란 뜻인데, 옛날 중국에서는 이 우는 화살을 적진에 쏘아 보내는 방법으로써 개전(開戰) 신호를 삼았다. 그래서 모든 사물의 시초나 선례를 가리키는 말로 쓰이게 되었다.

장자는 다음과 같이 말하고 있다.

"지금 세상은 사형을 당한 자가 서로 팔을 베고 누웠고, 항쇄족쇄를 찬 자는 서로 밀며, 죽음을 당하는 자들은 서로 바라만 본다. 그런데도 유학자나 묵자학파들은 그 질곡 사이에서 다리를 벌려 서로 팔을 휘두르니 아, 심하도다, 그 부끄러움이 없고 염치를 모름이 이토록 심하구나! 나는 성인의 지혜야말로 항쇄, 족쇄가 되고 인의(仁義)가 질곡의 구멍과 쐐기가 되지 않는다는 것을 모르겠으니 어찌 효도로 유명한 증삼이나 강직하기로 유명한 사유가 폭군인 걸이나 가장 큰 도둑인 도척의 효시(嚆矢)가 되지 않는다고 감히 말할 수 있겠는가?
　그러므로 성인을 추방하고 지혜를 포기해야 천하는 크고 밝게 다스려질 수가 있는 것이다."

후예사일 后羿射日

임금 후 · 활쏘승 예 · 쏠 사 · 날 일

- 出典 《사기(史記)》
- 文意 후예가 태양을 쏘다.
- 解義 활로 태양을 쏘아 떨어뜨렸다는 뜻이다.

요 임금 때의 일이다. 천제(天帝) 준(俊)은 10개의 태양을 낳았다.

그가 매일 교대로 한 태양만이 천상에 올라 지상에 따뜻한 햇빛을 보내게 했을 때는 지상의 만물도 아주 살기가 좋았으므로 사람들은 천제를 찬양했다. 어느 날 이 10개의 태양이 서로 의논한 결과, 반 장난끼로 10개 모두가 한꺼번에 천상에 올라가 지상을 내리쬐기로 합의하고 다음날부터 곧 실행에 옮겼다.

이 때문에 지상에서는 갑자기 모든 것이 타죽을 듯한 염천지옥이 출현됐고, 따라서 곡식은 타죽고 초목은 시들었으며 하천의 물은 모두 말라 버렸다.

여기에는 덕망이 높다는 요 임금도 어쩔 수가 없었다. 이런 뜻하지 않던 천재의 대응책에 궁해진 요 임금은 하는 수 없이 천제인 준(俊)에게 호소하여 종전대로 태양 하나만이 떠오르게 해 달라고 간청하였다.

이런 호소를 받고서야 태양들의 장난을 알게 된 천제는 활의 명수인 후예를 불러서 모쪼록 조용히 사태를 수습하라고 이르면서 태양들에게 보냈다.

그러나 워낙 활쏘기에 자신만만한 후예는 태양들을 설득하여 원상복귀를 시키는 대신, 거기에는 가지도 않고 나지막한 언덕 위에 올라가 쇠라도 녹일 듯이 따갑게 내리쬐는 태양을 향해 활줄을 힘껏 당겨서 쏘았다.

과연 명궁인지라 쏘았을 때마다 태양에 명중하여 빛을 잃는 것이다.

그는 화살 9대로 9개의 태양을 이렇게 쏘아 떨어뜨리고 하나만을 남겼다.

후예의 덕택으로 지상의 사람들은 또 다시 온화한 햇볕 속에서 농사를 짓고 또 생활을 즐기게 되었다.

그러나 천제만은 몹시 노했다. 후예가 사랑하는 아들들인 태양을 아홉씩이나 쏘아 죽였기 때문이다. 이와 같은 난폭한 조치를 취했다 하여 천제는 후예를 벌주어 지상으로 추방해 버렸다.

|특|별|부|록|

고사성어 중에 주옥같은 고사

사자성어

四字成語

ㄱ

가가대소【呵呵大笑】: 크게 소리를 내어 마음놓고 웃는 웃음.

가급인족【家給人足】: 어느 집 사람이나 모두 살림이 넉넉하고 먹고 입는데 부족함 없이 풍족함.《漢書》.

가담항설【街談巷說】: 길거리나 항간에 떠도는 소문이나 거리의 풍문.《漢書》.

가렴주구【苛斂誅求】: 가혹하게 세금을 징수하여 무리하게 개인의 재물을 빼앗는다는 말.《呂氏春秋》.

가롱성진【假弄成眞】: 농담으로 실없이 한 말이 나중에 사실이 된다는 말.

각곡유목【刻鵠類鶩】: 괘를 그리려고 시작했으나 집오리와 비슷하게 되었다는 뜻.《後漢書》.

각골난망【刻骨難忘】: 남에게 입은 은혜를 뼈에 깊이 새기어 잊지 않는다는 말.

각자무치【角者無齒】: 뿔이 있는 자는 이가 없다는 뜻으로 한 사람이 모든 것을 고루 갖추지는 못한다는 말.

간성난색【姦聲亂色】: 간사한 소리는 귀를 어지럽히고 옳지 못한 색(色)은 눈을 어지럽게 함.《禮記》.

간성지재【干城之材】: 방패와 성 같은 구실을 하는 두루 뛰어난 인재.

간운보월【看雲步月】: 달밤에 멀리 구름을 바라보며 거닐 듯 객지에 나와 집생각을 함.

갈이천정【渴而穿井】: 목이 말라서야 뒤늦게 우물을 판다는 뜻(일을 미리 준비하여 두지 않고 하면 이미 때가 늦어서 되지 않는다는 뜻).《說苑》.

감언이설【甘言利說】: 듣는 사람의 비위에 맞도록 달콤하게 꾸민 말과 이로운 조건을 내세워 남을 꾀는 말.

감정선갈【甘井先竭】: 물맛이 좋은 우물은 길어 가는 사람이 많으므로 빨리 마른다는 뜻으로 재능있는 사람은 일찍 쇠해진다는 말.《莊子》.

감정지와【坎井之蛙】: 우물 안의 개구리처럼 식견이 좁은 사람을 비유한 말.

감탄고토【甘呑苦吐】: 달면 삼키고 쓰면 뱉는다는 뜻으로 사리의 옳고 그름을 돌보지 않고 자기 비위에 맞으면 좋아하고 맞지 않으면 싫어한다는 뜻.

강약부동【强弱不同】: 한쪽은 강하고 한쪽은 약하여 도무지 상대가 되지 않음.

개과불린【改過不吝】: 잘못이 있으면 조금도 주저하지 말고 즉시 고치라는 뜻.《書經》.

개관사정【蓋棺事定】: 관 뚜껑을 덮고 난 뒤에야 안다는 뜻으로, 사람은 죽고 난 뒤에야 그 사람의 사람됨을 평가할 수 있다는 말.《杜甫》.

개세지재【蓋世之才】: 세상을 뒤덮을 만한 뛰어난 재주를 말함.

객반위주【客反爲主】: 손님이 도리어 주인 노릇을 함. 주객전도.

거두절미【去頭截尾】: 머리와 꼬리는 잘라 버린다는 말.

거일반삼【擧一反三】: 한 가지 일을 미루어 모든 일을 헤아린다는 뜻.《論語》.

거자일소【去者日疎】: 죽은 사람은 날이 갈수록 점점 잊어버리게 된다는 말로, 서로 멀리 떨어져 있으면 점점 사이가 멀어짐을 이름.《文選》.

거중조정【居中調停】: 다툼질이나 시비판의 사이에 들어서 말리거나 화해를 시킴.

거총사위【居寵思危】: 득의시(得意時)에는 실의할 때가 있을 것을 생각하여 조심하라는 말.《書經》.

건목수생【乾木水生】: 마른 나무에서 물이 난다는 뜻으로 어려운 사람에게 없는 것을 무리하게 강요함의 비유.

걸불병행【乞不竝行】: 구걸하는 사람과 같이 가지 않음이니 무엇을 요구하거나 청을 할 때는 혼자서 가는 것이 이롭다는 말.

걸인연천【乞人憐天】: 거지가 하늘을 불쌍히 여긴다는 뜻으로 불행한 처지에 놓여 있는 사람이 부질없이 행복한 사람을 동정함을 이르는 말.

게부입연【揭斧入淵】: 도끼를 들고 물에 들어감이니 물건을 사용하되 전혀 쓸데없고 상관없는 것을 가지고 왔다는 말.《淮南子》.

격세즉망【隔世卽忘】: 사람이 이 세상에 새로 태어날 때에는 전세(前世)의 일을 모두 잊는다는 말.

격세지감【隔世之感】: 그리 오래 되지 않은 동안에 전보다 변화가 심하여 딴 세대(世代)처럼 몹시 달라진 느낌.

격화소양【隔靴搔癢】: 신을 신고 발바닥을 긁는다 함이니 마음으로는 애써 하려 하나 아무리 해도 실제 효과는 얻지 못한다는 뜻.

견강부회【牽强附會】: 견강(牽强)은 억지로 끌어감을 말하며, 따라서 가당하지도 않은 말을 억지로 끌어다 붙여 조건이나 이치에 맞추려고 함.

견리사의【見利思義】: 눈앞에 이익이 보일 때 마음을 비우고 의리를 생각함.《論語》.

견마지로【犬馬之勞】: 개나 말이 주인에게 충성스러움과 같이 온 정성을 다하여 일을 하며 받든다는 뜻.

견마지양【犬馬之養】: 개나 말을 기를 때에도 먹이기는 함이니, 부모를 모시되 먹는 것으로 돌보고 모시는 것은 그와 같으므로 부모를 소홀히 대접하고 공경치 않음을 두고 하는 말.《論語》.

견문발검【見蚊拔劍】: 모기를 보고 칼 빼기로, 어떤 일에 합리적으로 대응하지 못함을 이름.

견원지간【犬猿之間】: 개와 원숭이의 사이처럼 몹시 사이가 나쁜 관계.

견인불발【堅忍不拔】: 굳게 참고 버티어 마음이 흔들리거나 마음을 빼앗기지 아니함.

견토방구【見兎放狗】: 토끼를 발견한 후에 사냥개를 놓아서 잡게 하여도 늦지 않음. 일이 일어남을 기다린 후에 응하여도 좋다는 뜻.《新序》.

결자해지【結者解之】: 맺은 사람이 그것을 푼다는 뜻으로 처음 시작한 사람이 그 일을 끝맺는다는 말.《旬五志》.

경국지재【經國之才】: 나라 일을 경륜할 만한 재주, 또는 그런 재주를 가진 사람.《漢書》.

경거망동【輕擧妄動】: 경솔하고 망령되게 행동함.

경당문노【耕當問奴】: 농사짓는 일은 머슴에게 물어야 한다는 뜻으로 모르는 일은 잘 아는 사람에게 물어 보는 것이 좋다는 말.

경륜지사【經綸之士】: 정치적이거나 조직적인 일에 수완이 좋은 사람.
경세제민【經世濟民】: 세상을 다스리고 백성의 고생을 덜어 구제함.
경위지사【傾危之士】: 궤변을 농(弄)하여 국가를 위태한 지경으로 몰아넣게 하는 인물《史記》.
경의비마【輕衣肥馬】: 가벼운 비단옷과 살찐 말이라는 뜻으로 호사스러운 차림새를 이름.
경이원지【敬而遠之】: 겉으로는 공경하는 체하나 속마음으로는 싫어하여 멀리함.
경적필패【輕敵必敗】: 적을 업신여기면 반드시 실패함. 곧 적에 대하여 스스로 높이고 스스로 큰 체하지 말고 충분한 준비와 각성이 있어야 된다는 뜻.
경전하사【鯨戰蝦死】: 고래 싸움에 새우등 터진다는 뜻.
경천동지【驚天動地】: 하늘을 놀라게 하거나 땅을 뒤흔든다는 뜻으로 세상이 몹시 놀라거나 기적 같은 것이 일어남을 이르는 말.
경화수월【鏡花水月】: 거울에 비친 꽃, 물 위에 비친 달로서, 볼 수만 있고 가질 수는 없는 비유《詩家直說》.
경황망조【驚惶罔措】: 놀라고 두려워 어리둥절하며 허둥지둥 어찌할 바를 모름.
계견상문【鷄犬相聞】: 닭이 울고 개가 짖는 소리가 여기저기에서 들림.
고신척영【孤身隻影】: 외로운 몸과 하나의 그림자뿐이라 발 붙일 곳 없이 떠도는 외로운 신세라는 뜻.
고양생제【枯楊生稊】: 늙은 여자가 장년의 남편을 얻음을 이르는 말.《周易》.

고육지계【苦肉之計】: 궁한 처지에 몰려 상대편을 속이기 위하여 자기 몸을 괴롭혀 가면서까지 꾸미는 계책.

고자과학【孤雌寡鶴】: 짝을 잃은 새. 곧 남편이나 아내를 잃은 사람의 비유.

고장난명【孤掌難鳴】: 손바닥 하나로는 소리를 내지 못한다는 말로 혼자서는 일을 하지 못함을 이름.《傳燈錄》.

고주일배【苦酒一杯】: 대접하는 술이 변변치 못하다 하여 겸손하게 이르는 말.

고중작락【苦中作樂】: 괴로움 속에도 즐거움이 있다는 뜻. 《大寶積經》.

고진감래【苦盡甘來】: 쓴 것이 다하면 단 것이 온다는 말로서, 고생한 끝에는 그 보람으로 즐거움이 있게 된다.

고추부서【孤雛腐鼠】: 하나의 작은 새 새끼와 썩은 쥐라는 말로 아무 가치 없는 물건의 비유.《後漢書》.

고침단명【高枕短命】: 베개를 높이 베고 잠을 자면 명(命)이 짧다는 말.

고침이와【高枕而臥】: 베개를 높이 베고 잔다 함이니 마음을 편안히 하고 잠잘 수 있다는 말.《史記》.

고태의연【古態依然】: 예전 모양, 모습이 조금도 변함없이 그대로 있음. 구태의연.

고화자전【膏火自煎】: 기름 등불이 스스로 저를 태워 없애는 것과 같이 재주 있는 사람이 그 재주로 해서 화(禍)를 입는 것을 비유하는 말.《莊子》.

곡돌사신【曲突徙薪】: 실화(失火)의 예방을 위하여 연통을 구부리고 나무를 딴 곳으로 옮기는 것. 화난(禍難)을 미연에 방지함을 비유하는 말.《淮南子》.

공옥이석【攻玉以石】: 옥(玉)을 가는데 돌로써 함은 천(賤)한 물건으로 귀(貴)한 물건을 수리(修理)하는 데 사용한다는 뜻.《後漢書》.

공자천주【孔子穿珠】: 공자(孔子)가 아홉 고비를 구부러진 구슬 구멍에 실을 꿰려다 이루지 못하고, 하찮은 촌부(村婦)에게 개미 허리에다 실을 매어 꿰는 비결을 배웠다는 일.

과공비례【過恭非禮】: 지나치게 공손함은 도리어 예가 아니라는 말.

과목불망【過目不忘】: 한 번 본 것은 잊어버리지 않음.《晉書》.

과목성송【過目成誦】: 어떤 책이든지 한 번 읽으면 곧 외운다는 뜻으로 기억력이 썩 좋음의 비유.

관형찰색【觀形察色】: 남의 마음을 떠보기 위하여 얼굴빛을 자세히 살펴봄. 잘 모르는 사물을 자세히 관찰함.

관홍뢰락【寬弘磊落】: 마음이 너그럽고 크며 선선하여 사소한 일에 거리끼지 아니함.

괄구마광【刮垢磨光】: 때를 벗기고 닦아 빛을 낸다는 뜻으로 사람의 결점을 고치고 장점을 개발하여 인재를 기름.

광담패설【狂談悖說】: 이치에 맞지 않고 허황되며 도의에 어긋나는 말.

광음여류【光陰如流】: 세월이 물의 흐름과 같이 한 번 지나면 되돌아오지 않음의 비유.

교천언심【交淺言深】: 교제한 지는 얼마 안 되지만 서로 마음을 털어놓고 이야기함.

교칠지교【膠漆之交】: 아교와 칠의 사귐이라 함이니 퍽 사이가 친하고 두터움을 이름.《古詩》.
구각춘풍【口角春風】: 남을 수다스럽게 칭찬하여 즐겁게 해준다는 뜻으로 남을 칭찬하는 말.
구경부정【究竟不淨】: 사람이 죽어서 파묻히면 흙이 되고 벌레가 먹으면 똥이 되고 불에 타면 재가 되므로 신체의 마지막은 깨끗하지 못하다는 뜻.
구곡간장【九曲肝腸】: 굽이굽이 서린 창자라는 뜻으로 시름이 쌓이고 쌓인 마음 속을 비유.
구과불섬【救過不贍】: 자신의 과실을 구하는 것도 쉬운 일이 아님.《史記》.
구무완인【口無完人】: 누구에게나 좋게 말하지 않고 흠점만을 꼬집어 들추어 내는 버릇이 있는 사람을 욕으로 이르는 말.
구주필벌【口誅筆伐】: 말이나 글로 남의 잘못을 폭로함.
구중궁궐【九重宮闕】: 누구나 함부로 드나들 수 없도록 문을 겹겹이 달아 막은 깊은 대궐.
구태의연【舊態依然】: 예나 이제나 조금도 변함없이 여전함. 진보, 발전이 없는 것.
구한감우【久旱甘雨】: 오랫동안 가뭄이 계속되다가 내리는 단비를 이름.
국록지신【國祿之臣】: 나라의 녹봉(祿俸)을 받는 신하.
국태민안【國泰民安】: 나라가 태평하고 살기가 평안함.
군경절축【群輕折軸】: 아무리 가벼운 것이라도 뭉치면 차축(車軸)이라도 꺾을 수 있다는 뜻으로 아무리 적은 힘이라도 한 덩어리가 되면 강적에 대항할 수 있음을 비유하여 이르는 말.
군주신수【君舟臣水】: 도와 주는 사람도 때로는 해가 되는 수가 있다는 뜻에 비유한 말.
굴지득금【掘地得金】: 땅을 파다가 금을 얻었다는 뜻으로 뜻밖에 재물을 얻음의 비유.
궁구막추【窮寇莫追】: 도둑이 막다른 처지에 있게 되면 어떤 짓을 할지 몰라 염려되므로 뒤쫓지 말라는 뜻.《孟子》.
공사무척【孔蛇無尺】: 구멍에 든 뱀의 길이가 긴지 짧은지 알 수 없다는 뜻으로 사람의 마음이나 재주는 세상에 드러나지 않기 때문에 헤아리기가 어렵다는 뜻.
궁여지책【窮餘之策】: 막다른 골목에서 그 국면을 타개하려고 생각다 못해 짜낸 한 가지 꾀.
궁적상적【弓的相適】: 활과 과녁이 서로 맞았다는 뜻으로, 기회가 서로 부합한다는 뜻.
궁조입회【窮鳥入懷】: 쫓긴 새가 품안에 날아든다는 뜻으로 곤궁한 사람이 와서 의지함을 비유.《顔氏家訓》.
권모술수【權謀術數】: 목적의 달성을 위해서는 수단·방법을 가리지 않고 때와 형편에 따라 능갈치게 둘러맞추는 모략이나 술책. 권모와 술수. 온갖 꾀.
권불십년【權不十年】: 권세가 십 년을 가지 못한다는 말이니, 이 세상은 무상하여 늘 변한다는 뜻. 아무리 높고 센 권세라도 그렇게 오래 가지는 못한다는 말.
권선징악【勸善懲惡】: 착하고 선한 일을 권장하고, 못되고 악한 일을 징계함.《左傳》.
권재족하【權在足下】: 일을 척결하는 모든 권리가 다 한 사람에게 달렸다는 말.
권토중래【捲土重來】: 한 번 실패한 사람이 그 실패에 굴하지 않고 다시 분기하여 쳐들어옴.《杜牧의 詩》.
귀곡천계【貴鵠賤鷄】: 고니를 귀하게 여기고 닭을 천히 여긴다 함이니, 세상 사람의 마음이 가까운 데 것을 천하게 여기고 먼 데 것을 귀하게 여긴다는 말.
귀신피지【鬼神避之】: 스스로 단행하면 귀신도 이를 피하여 해하지 못함을 이름.
규중처녀【閨中處女】: 집 안에 들어앉아서 자라난 처녀.
규천호지【叫天呼地】: 몹시 슬프거나 분하거나 할 때, 하늘과 땅을 향해 울부짖는 일.
규환지옥【叫喚地獄】: 살생·도둑질·음행·술 마시는 죄를 저지른 사람이 들어가는 지옥으로, 가마솥에서 삶기거나, 뜨거운 불 속에 들어가 고통을 견디지 못하여 울부짖는다는 곳.
극구광음【隙駒光陰】: 흘러가는 세월의 빠름은 달려가는 말을 문틈으로 보는 것과 같다함이니 인생의 덧없고 짧음을 이르는 말.
극벌원욕【克伐怨慾】: 이기고자 하며, 제 자랑하기를 좋아하며, 원망하고 화를 내며, 탐욕하는 네 가지 나쁜 행위.
극성즉패【極盛則敗】: 왕성함이 너무 지나치면 얼마 가지 못해서 패망함.
근묵자흑【近墨者黑】: 먹을 가까이 하면 검은 빛이 된다 함이니 사람은 가까이 하는 사람에 따라 그 영향을 받아서 변하는 것이니 조심하라는 말.
금강견고【金剛堅固】: 금강과 같이 견고하여 무엇이든지 깨뜨리고 어떤 물건한테도 깨지지 않음을 가리키는 말.
금고종신【禁錮終身】: 죄과나 혹은 신분에 허물이 있음으로 말미암아 일생 동안 벼슬길에 오르지 않는 일.

금란지계【金蘭之契】: 견고한 벗 사이의 우정을 이름. 금(金)은 지극히 견고하지만, 두 사람의 마음을 합하면 그 견고함이 금(金)도 능히 절단할 수 있으며, 두 사람의 진정(眞情)의 말을 향기로운 난초에 비유하여 금란이라 함.

금린옥척【錦鱗玉尺】: 아름답게 보이고 맛도 좋으며 크기가 한 자 가량 되는 물고기를 이르는 말.

금성옥진【金聲玉振】: 작은 업적을 모아 크게 집대성함을 이르는 말.《孟子》.

금성천리【金城千里】: 성을 튼튼하게 만든 위에 천 리의 넓이가 있다는 뜻으로도 중국의 진 시황이 그 나라의 견고함을 자랑한 말.

금수어충【禽獸魚蟲】: 새와 짐승과 고기와 벌레. 즉 사람이 아닌 모든 동물의 뜻.

금수지장【錦繡之腸】: 비단결같이 고운 마음씨를 이름.

금슬부조【琴瑟不調】: 부부가 서로 화목(和睦)하지 못한 것.

금시발복【今時發福】: 어떤 일을 한 뒤에 이내 좋은 수가 트이어 부귀를 누리게 됨을 이르는 말.

금시작비【今是昨非】: 오늘은 옳고 어제는 그름. 곧 과거의 잘못을 비로소 깨닫는다는 뜻.

금시초문【今時初聞】: 이제야 비로소 처음 들음. 듣느니 처음.

금슬지락【琴瑟之樂】: 부부 사이의 다정하고 화목한 즐거움.

금의옥식【錦衣玉食】: 좋은 옷과 좋은 음식을 말함이니 사치스러운 생활을 이름.《宋史》.

금의환향【錦衣還鄕】: 딴 고장에 가서 성공하여 높은 신분이 되어서 고향으로 돌아온다는 말.

금지옥엽【金枝玉葉】: 아름다운 구름을 고운 초목에 비유한 말. 귀여운 자손을 이르는 말.

급어성화【急於星火】: 급하기가 마치 운성(隕星)의 빛과 같다 함이니, 매우 급하고 빠르다는 뜻.

급전직하【急轉直下】: 어떤 일이나 형세가 갑자기 바뀌어 걷잡을 수 없이 막 내리밀림.

기고만장【氣高萬丈】: 기운이 만 장이나 뻗치었다 함이니, 펄펄 뛸 만큼 크게 성이 남을 이름. 일이 뜻대로 되어 나가 씩씩한 기운이 대단하게 뻗침을 이름.

기괴망측【奇怪罔測】: 기괴하고 망측함. 이상 야릇함이 이루 말할 수 없음.

기불택식【飢不擇食】: 굶주린 사람은 먹을 것을 가리지 않는다는 뜻으로 빈곤한 사람은 대수롭지 않은 은혜에도 감격함의 비유.

기왕불구【既往不咎】: 이미 지난 일은 어찌할 도리가 없고 오직 장래사(將來事)나 삼가야 함을 이름. 불구(不咎)는 불가구(不可咎)의 약어.《論語》.

ㄴ

나부지몽【羅浮之夢】: 수(隋)나라 조사웅(趙師雄)이 나부산(羅浮山)의 매화촌(梅花村)에서 꿈속에 예쁘고 맑게 차려 입은 미인과 놀다가 깨어 보니 차가운 달빛만 교교히 비칠 뿐 미인은 온데간데가 없었다는 옛얘기가 있음.《龍城錄》.

나유금해【羅襦襟解】: 비단 속 옷깃이 보이게 풀어져 있는 것.

낙락목목【落落穆穆】: 뜻이 크고 웅대하며 마음이 청렴함을 이름.《晉書》.

낙락난합【落落難合】: 뜻이 웅대(雄大)하여 사회와 화합되지 않음을 말함.《後漢書》.

낙락장송【落落長松】: 가지가 축축 늘어진 키 큰 소나무.

낙낙신성【諾諾晨星】: 큰 인물이 차차 죽어가 적게 남음을 비유함.

낙생어우【樂生於憂】: 쾌락은 평소 고생하는 데에서 나온다는 말.《明心寶鑑》.

낙역부절【絡繹不絶】: 왕래가 잦아 끊이지 아니하다는 뜻.

낙정하석【落穽下石】: 사람이 함정에 빠진 것을 보고도 그 위에서 돌을 던진다는 말로서 타인이 환난(患難)을 당한 때에 더욱 가해함을 비유.

낙천도모【落天圖謀】: 다른 사람이 잘 된 것은 자기가 힘써 그렇게 된 것이라 하여 그에 대한 사례로 금품을 요구하는 행동을 이름.

낙화유수【落花流水】: 낙화에 정이 있으면 유수 또한 정이 있으며 유수 또한 정이 있어 그것을 띄워서 흐를 것이란 뜻으로, 남녀에는 서로 그리워하는 정이 있음의 비유.《白居易의 詩》.
난공불락【難攻不落】: 공격하기 어려워 쉽사리 함락되지 아니함.
난원계친【蘭怨桂親】: 사람이 세상에 나타나고 숨는 데 따라 형세가 다른 것을 비유하는 말《晉書》.
난중지난【難中之難】: 어려운 가운데 더욱 어려움이 있다는 말이니 몹시 어렵다는 뜻.《天量壽經》.
난화지맹【難化之氓】: 집권층의 처지에서 볼 때 지배에 따르는 약한 백성들을 교화를 시키기 어려운 백성이라는 뜻으로 이르는 말.
남루지회【南樓之會】: 달 밝은 가을 밤에 연회를 베푸는 것을 이름.《晉書》.
남중일색【男中一色】: 남자로서 얼굴이 아름답고 잘 생긴 사람을 이름.
납전삼백【臘前三白】: 납일. 즉, 동지(冬至) 지난 셋째 술일(戌日) 전에 눈이 하얗게 세 번 옴이니, 이로써 그해 농사의 풍년 들 징조라 함.
남부여대【男負女戴】: 남자는 등에 짐을 지고 여자는 머리에 인다는 뜻이니 가난한 사람들이 집을 떠나 떠돌아다니는 형상을 이름.
낭다육소【狼多肉小】: 이리는 많은데 먹을 고기는 적다 함이니 금액은 적은데 분배를 원하는 사람은 많음을 이름.
낭랑세어【朗朗細語】: 낭랑한 목소리로 소곤거리며 말함.
낭자야심【狼子野心】: 이리의 새끼는 아무리 길을 들이려고 해도 야수의 성질을 버리지 못한다.《左傳》.
내소외친【內疏外親】: 속으로는 소홀히 하고 겉으로는 친하게 지내는 것을 뜻함.

내윤외랑【內潤外朗】: 옥(玉)의 광택이 안에 함축된 것을 내윤, 밖으로 나타난 것을 외랑이라 함. 인물의 재덕을 형용하는 말.《世說》.

내인거맥【來人去脈】: 오는 사람, 가는 사람. 자주 오가는 많은 사람들.

내자가추【來者可追】: 과거의 일은 어찌할 수 없지만 미래의 일은 잘 할 수 있다는 뜻.

내전보살【內殿菩薩】: 알고도 모른 체하고 무심하게 가만히 있는 사람의 비유.

내정돌입【內庭突入】: 남의 집에 주인의 허락 없이 마음대로 쑥 들어간다는 뜻.

냉어침인【冷語侵人】: 매정한 말로 남의 마음을 찌름.

노갑이을【怒甲移乙】: 갑(甲)에 대하여 노한 것을 을(乙)에게 옮긴다 함이니 어떤 일로 인하여 노한 것을 엉뚱한 데까지 옮겨 화낸다는 뜻.

노류장화【路柳墻花】: 길가의 버들과 담 밑의 꽃은 누구든지 쉽게 만지고 꺾을 수 있다는 뜻으로, 기생을 말함.

노마십가【駑馬十駕】: 둔한 말이 열 수레를 끈다 함이니 재주가 없는 사람이라도 열심히 하면 훌륭한 사람에 미칠 수 있음을 비유한 말《荀子》.

노말지세【弩末之勢】: 큰 활 끝의 세(勢)라 함이니 걷잡을 수 없이 퉁겨 나오는 세력을 이름.

노발상충【怒髮上衝】: 대단히 성을 내어 머리털이 곤두서는 것을 이름.

노불습유【路不拾遺】: 길에 떨어져 있는 남의 물건을 주워서 자기가 가지려는 따위의 짓은 하지 않는다는 뜻에서 나라가 잘 다스려져 모든 백성이 매우 정직한 모양을 이르는 말.

노승발검【怒蠅拔劍】: 작은 일을 가지고 수선스럽게 노(怒)함을 이름.

노심초사【勞心焦思】: 마음으로 애를 쓰며 속을 태움.

노안비슬【奴顔婢膝】: 얼굴은 사내종과 같이 비굴하게 갖고 몸은 계집종과 같이 놀린다함이니, 남에게 알랑거리는 더러운 태도를 이름.

노이무공【勞而無功】: 온갖 애를 썼으나 아무런 보람이 없음. 애를 썼으나 효과가 없음.

노전분하【爐田分下】: 그 당시 현장에 있는 사람에게만 나누어 줌.

노주지분【奴主之分】: 종과 상전의 나뉨이라 함은 매우 거리가 멀어 바꿔 설 수 없는 대인관계를 이름.

노지남자【魯之男子】: 사람의 행위(行爲)를 배우는 데는 그 외형(外形)을 배우지 말고 심의(心意)를 배워야 함을 이름.《詩經》.

노파심절【老婆心切】: 남을 위하여 지나치게 걱정을 함.

녹림호걸【綠林豪傑】: 불한당이나 화적을 달리 이르는 말.

녹음방초【綠陰芳草】: 나뭇잎이 푸르게 우거진 그늘과 아름답게 우거진 풀이라는 뜻으로, 주로 여름의 자연 경치를 이름.

논공행상【論功行賞】: 공로를 따져 상을 줌. 세운 공을 평가하고 의논하여 표창을 하거나 상을 줌.

농가성진【弄假成眞】: 장난 삼아 한 것이 진심으로 한 것같이 되었다는 뜻.

농교성졸【弄巧成拙】: 지나치게 솜씨를 부리다가 도리어 서툴게

됨.《傳燈錄》.

농불실시【農不失時】: 농사짓는 일은 제 때를 놓치지 않아야 한다는 뜻.

뇌려풍비【雷勵風飛】: 벼락같이 빨리 일을 해치운다는 뜻.

뇌봉전별【雷逢電別】: 우뢰같이 만났다가 번개같이 헤어진다는 뜻으로 잠깐 만났다가 곧 헤어짐을 이르는 말.

누진취영【鏤塵吹影】: 먼지에 새기고 그림자를 입으로 분다 함이니, 쓸데없는 헛수고를 이름.《關尹子》.

눌언민행【訥言敏行】: 사람은 말하기는 쉬워도 행하기는 어려우므로, 군자는 언어는 둔하여도 행동은 민첩해야 함을 이름.《論語》.

능견난사【能見難思】: 능히 보고도 생각하기 어려움이니 눈으로 잘 볼 수는 있으나 이치는 생각하기 어려운 일이란 뜻.

능곡지변【陵谷之變】: 높은 언덕이 변하여 깊은 골짜기가 되고 골짜기는 변하여 언덕이 된다 함이니 세상일의 극심한 변천을 이름.《晉書》.

능대능소【能大能小】: 모든 일을 임기응변으로 잘 처리함을 이름.

ㄷ

다문박식【多聞博識】: 보고 들은 것이 많고 학식이 넓음.
다사다난【多事多難】: 여러 가지 일도 많은 데다가 여러 가지 어려움도 많음.
다사지추【多事之秋】: 일이 가장 많고 가장 바쁠 때. 흔히 국가적·사회적으로 일이 가장 많이 벌어졌던 때.
다언수궁【多言數窮】: 말이 많다 보면 그로 인해 자주 곤경에 빠지는 일이 생긴다는 말.
다언혹중【多言或中】: 말이 많으면 더러 맞는 말이 있음.
다재다병【多才多病】: 재주가 많은 사람은 흔히 약하고 잔병이 많다는 말.
다전선고【多錢善賈】: 밑천이 많으면 앉아서 돈을 번다. 즉 돈이 돈을 번다는 말.
다정다감【多情多感】: 애틋한 정과 느끼는 생각도 많음.
다취다화【多嘴多話】: 사람의 입이 많으면 말도 많다는 뜻.
단갈불완【短褐不完】: 가난한 사람의 제대로 차리지 못한 옷차림.
단기지계【斷機之戒】: 학업을 중도에 그만두는 것은 짜던 피륙의 날을 끊는 것과 같다는 뜻으로 학업을 중도에 중단해서는 안 된다는 것을 경계하는 말.《烈女傳》.
단기치빙【單騎馳騁】: 홀로 말을 타고 싸움터를 부산하게 다님.
단도직입【單刀直入】: 혼자서 칼을 휘두르고 거침없이 적진으로 쳐들어감. 또 문장이나 언론의 서두를 빼고 바로 그 요점으로 풀이하여 들어감.

단문고증【單文孤證】: 오직 하나뿐인 증거라는 뜻으로 극히 박약함을 이름.

단불용대【斷不容貸】: 단연코 용서하지 아니함.

단식두갱【簞食豆羹】: 대그릇에 담긴 밥과 작은 나무 그릇에 담긴 국이라 함이니 매우 검소하고 소박한 음식이라는 뜻.

단식표음【簞食瓢飮】: 대그릇과 밥과 표주박의 물이라는 말로 가난한 생활을 뜻함.

단엄침중【端嚴沈重】: 단정하고 엄숙하고 침착하여 무게가 있음.

단장보단【斷長補短】: 긴(長) 곳을 잘라 짧은 곳을 메워서 들쭉날쭉한 것을 곧게 함.

담대심소【膽大心小】: 사람은 담대(膽大)하면서도 치밀한 주의력을 가져야 함을 이름.

담소자약【談笑自若】: 근심되는 일이나 놀라운 일을 당했을 때에도 이야기하고 웃고 하는 것이 평소의 태도와 조금도 다름이 없음.《三國吳志》.

담언미중【談言微中】: 완곡하게 상대방의 급소를 찌르는 말을 이름.《史記》.

당구지락【堂構之樂】: 아들이 아버지의 사업을 계승하여 이루는 낙.

당국자미【當局者迷】: 직접 그 일을 맡고 있는 사람이 오히려 그 실지 사정에 어둡다는 뜻.

당금무배【當今無輩】: 이 세상(世上)에서는 어깨를 겨눌 사람이 없다는 말.《三國吳志》.

당대발복【當代發福】: 부모를 좋은 묏자리에 장사하여 그 아들이 곧 부귀를 누리게 됨을 이름.

당동벌이【黨同伐異】: 도리와는 관계 없이 자기와 같은 패의 사람은 돕고 자기와 다른 패의 사람은 물리침을 이름.

당랑재후【螳螂在後】: 다만 이로움을 보고 해로움을 살피지 않으면 재화를 받는다는 것을 이름.《說苑》.

당양지지【當陽之地】: 햇볕이 잘 드는 땅. 양지바른 땅.

대간사충【大姦似忠】: 간사한 사람은 매우 교묘해서 언뜻 보기에는 충성을 다하는 것 같다는 뜻.《宋史》.

대공망일【大空亡日】: 아무 소망도 이루지 못하는 날.

대교약졸【大巧若拙】: 아주 능한 사람은 꾀도 쓰지 않고 자랑도 하지 않으므로 도리어 못난 것처럼 보인다는 뜻.

대동소이【大同小異】: 모든 것이 같은데 약간 다름.《莊子》.

대동지론【大同之論】: 모든 사람의 공통된 공론.

대변여눌【大辯如訥】: 말을 썩 잘 하는 것은 도리어 말이 서툴어 보인다는 뜻.

대분망천【戴盆望天】: 동이를 머리에 이면 하늘을 바라볼 수 없고, 하늘을 바라보려면 동이를 일 수 없다는 뜻으로, 두 가지 일을 동시에 할 수 없다는 비유.

대불핍인【代不乏人】: 시대마다 그때에 합당한 인물이 나서는 법이라는 말.

대상입덕【大上立德】: 사람의 가장 훌륭한 행실(行實)은 덕(德)을 쌓아 세상(世上)을 다스리어 사람을 구제(救濟)하는 데 있음을 이름.《左傳》.

대성이왕【戴星而往】: 별을 이고 간다는 뜻으로 날이 새기 전에 일찍 일어나 간다는 말.

대성지행【戴星之行】: 타향에서 아버지의 부음(訃音)을 받고, 밤낮으로 돌아가는 길.

대안지화【對岸之火】: 강 건너 불이라는 뜻으로 어떤 일이 자기에게는 아무 관계도 없다는 듯이 관심이 없음을 이르는 말.

대언불참【大言不慙】: 실천 못할 일을 말로만 떠들어 대고 부끄러운 생각조차 없는 것.《論語》.

대우탄금【對牛彈琴】: 소를 대하여 거문고를 뜯는다 함이니 어리석은 사람을 향하여 도리를 일러도 알아듣지 못함을 비유한 말《莊子》.

대의멸친【大義滅親】: 나라를 위하여서는 부모조차 저버린다 함이니 정의를 위하여서는 사사로운 일에 구애되지 않는다는 말《左傳》.

대지여우【大智如愚】: 지혜가 많은 사람은 견해나 이론 따위가 아주 깊고 오묘하여, 겉보기에 어리석은 사람과 같다는 뜻.《蘇軾의 詩》.

대한불갈【大旱不渴】: 아무리 오래 가물어도 마르지 않을 만큼 샘이나 물이 많음을 이름.

대화유사【大化有四】: 사람이 이 세상에 태어나서 죽을 때까지 영아의 때, 소장의 때, 노모의 때와 사망의 때의 네 번 변화함을 이름.《列子》.

도로무공【徒勞無功】: 헛되게 애만 쓰고 아무 보람이 없음.

도룡지기【屠龍之技】: 용을 잡는 재주가 있다는 뜻. 쓸데없는 재주를 이름.《莊子》.

도모시용【道謀是用】: 길 옆에 집을 짓는데, 길가는 사람과 어떻게 짓는 것이 좋은가 상의하면 그들의 생각이 구구하여 일치되지 않아 집을 지을 수 없어 타인의 말만 좇아서는 성사할 수 없음을 비유한 말《詩經》.

도문질타【到門叱咤】: 남의 집 문 앞에 이르러서 꾸짖고 책망함.
도방고리【道傍苦李】: 사람들에게 시달림을 받으며 길가에 서 있는 오얏나무를 뜻함. 사람에게 버림받는다는 데에 비유함. 《世說》.
도불습유【道不拾遺】: 길에 떨어진 물건을 주워 가지지 않는다는 말로 나라가 잘 다스려지고 풍속이 아름답게 되었다는 뜻. 《史記》.
도비순설【徒費脣舌】: 헛되이 입술과 혀만 수고롭게 한다 함이니 부질없이 말만 하고 보람이 없음을 이름.
도삼촌설【徒三寸舌】: 세 치의 혀를 흔든다는 뜻으로 웅변을 토함을 이름. 《史記》.
도소지양【屠所之羊】: 도살장으로 끌려가는 양이라 함이니, 다 죽게 된 불행한 처지에 있는 사람을 비유한 말.
도절시진【刀折矢盡】: 칼이 부러지고 화살이 다했다는 뜻으로 기진맥진하여 싸울 기력이 없음.
도중예미【途中曳尾】: 거북은 죽어서 귀히 되기보다는 진흙이나 갯벌에 꼬리를 끌며 지낼지라도 오래 사는 것이 마음이 편안하고 즐겁다는 데서 나온 말.
도증주인【盜憎主人】: 도둑은 단지 자기를 해치려는 자를 싫어한다는 뜻 《左傳》.
독불장군【獨不將軍】: 혼자서는 장군이 못 된다함이니 저 혼자 잘난 체하며 뽐내다가 남에게 핀잔을 받고 고립된 처지에 있는 자.
독서망양【讀書亡羊】: 독서에 정신이 쏠려 기르는 양을 잃었다는 말로 마음이 딴 데 쏠려 길을 잃는 비유. 《莊子》.

독서삼도【讀書三到】: 독서하는 데는 눈으로 보고, 입으로 읽고, 마음으로 이해해야 되다는 뜻.

독서삼매【讀書三昧】: 딴 생각은 않고 오직 책 읽기에만 골몰하는 일.

독서상우【讀書尙友】: 책을 읽으면 옛사람과도 벗이 되어 함께 놀 수 있다는 말《孟子》.

독수공방【獨守空房】: 결혼한 여자가 남편 없이 혼자 밤을 지내는 일.

독장난명【獨掌難鳴】: 손바닥은 혼자는 소리를 내지 못한다는 뜻으로 맞장구가 없으면 저 혼자 그러다 만다는 뜻.

독책지술【督責之術】: 조정에서 백성을 구박하여 심하게 부리는 술책.《史記》.

독청독성【獨淸獨醒】: 어지러운 세상. 술취한 무리 속에서 홀로 깨끗하고 정신이 맑음을 이름.《屈原의 漁父辭》.

독학고루【獨學孤陋】: 독학자(獨學者)는 견문이 좁고 학문의 정도에 들기 힘들다는 말.《禮記》.

돈단무심【頓斷無心】: 사물에 대하여 도무지 탐탁하게 여기는 마음이 없음.

돈수재배【頓首再拜】: 머리를 땅에 닿도록 조아려 절을 두 번 함. 편지의 첫머리나 끝에 경의를 표함이라는 뜻으로 쓰는 말.

돈제우주【豚蹄盂酒】: 돼지 발톱과 술 한 잔이라는 뜻으로 변변치 못한 음식 또는 물건을 이름.《史記》.

동고동락【同苦同樂】: 괴로움도 즐거움도 함께 더불어 함.

동공이곡【同工異曲】: 같은 기술과 재주를 가졌더라도 만들어 내는 물건은 각각 사람에 따라 다르다는 뜻.

동구하갈【冬駒夏葛】: 겨울에는 털가죽을 입고 여름에는 칡으로 짠 베옷을 입음이 당연한 일이라는 말.

동기일신【同氣一身】: 형제 자매는 한 몸이나 다름없음.
동도서말【東塗西抹】: 이러저리 간신히 꾸며 대어 맞춤.
동량지재【棟樑之材】: 집의 대들보가 될 나무라 함이니, 사회나 나라의 중심 인물이 될 사람이라는 뜻.
동명상조【同明相照】: 대개 서로 비슷한 무리들이 한데 어울린다는 뜻.《史記》.
동방화촉【洞房華燭】: 부인의 방에 촛불이 아름답게 비침. 혼례《婚禮》의 뜻.
동분서주【東奔西走】: 이러저리 분주히 돌아다니고 여가가 없다는 뜻.
동상이몽【同床異夢】: 잠자리를 같이하면 다른 꿈을 꾼다함이니 같은 자리에 있으면서도 생각이 아주 다르다는 뜻.
동섬서홀【東閃西忽】: 동에 번쩍 서에 번쩍 사방을 분주히 돌아다는 것을 이르는 말.
동성상응【同聲相應】: 같은 소리를 서로 응대한다는 뜻으로 비슷한 부류의 사람들끼리 어울림을 이르는 말.《易經》.
동성이속【同性異俗】: 사람의 천성은 본래 한 가지인데 습관에 따라서 여러 가지로 변한다는 말.《荀子》.
동심인성【動心忍性】: 마음을 단단히 먹고 품성을 강인하게 한다는 뜻으로 사람이 사업을 성취하려면 이러한 공부가 필요함을 이르는 말.《孟子》.
동악상조【同惡相助】: 나쁜 사람이라도 그들의 목적을 달성하기 위하여서는 서로 돕고 힘을 합한다는 뜻.《史記》.
동업상구【同業相仇】: 같은 업(業)을 경영하는 사람은 서로 배척함을 이르는 말.《晉書》.

동온하정【冬溫夏情】: 겨울에는 따뜻하게 여름에는 서늘하게 한다는 말이니 부모를 섬기는 도리를 이름.《禮記》.

동이불화【同而不和】: 겉으로는 동의를 표시하면서 내심으로 그렇지 않음.《論語》.

동족방뇨【凍足放尿】: 언 발에 오줌을 누어서 녹인다 함이니 일시 구급(救急)은 되나 곧 효력(效力)이 없어질 뿐 아니라 더 악화됨을 이름.《旬五志》.

동주상구【同舟相救】: 서로 아는 사이거나 모르는 사이거나 또는 미워하는 사이거나 아니거나 위급한 경우를 만났을 때는 서로 도와 주게 됨을 비유한 말.《孫子》.

동주제강【同舟濟江】: 원수끼리도 한 가지 일을 위해서는 같은 배를 타고 서로 구한다는 오월동주(吳越同舟)의 고사.《孔叢子》.

동첩견패【童輒見敗】: 일을 하려고 움직이기만 하면 꼭 실패를 본다는 말.

동행서주【東行西走】: 되는 일도 없으면서 여러 곳으로 바삐 돌아다님을 이르는 말.

두문불출【杜門不出】: 문을 닫고 밖에 나아가지 않음을 이름.《戰國秦策》.

득부실부【得斧失斧】: 얻은 도끼가 제가 잃은 도끼나 같다 함이니 좀 손해는 보았으되 그만큼 또 이익도 있어 별로 손해라고는 할 수 없다는 말.

득불보실【得不補失】: 얻은 것으로는 그 잃은 것을 메워 채우지 못한다는 뜻으로 손해가 됨의 뜻.

득실상반【得失相半】: 얻은 것과 잃은 것이 서로 반반이어서 별로 이득도 없고 손해도 없다는 말.

득의지추【得意之秋】: 바라던 일이 뜻대로 이루어져 통쾌한 때를 이름.

득친순친【得親順親】: 부모의 뜻에 들고 부모의 뜻에 순종함.《孟子》.

등고자비【登高自卑】: 높은 곳에 올라가려면 낮은 곳에서부터 오른다는 말로 일을 하는 데는 반드시 그 차례를 밟아야 한다는 말.《中庸》.

등고필부【登高必賦】: 군자는 높은 산에 오르려면 반드시 시를 읊어서 그의 심중에 쌓인 생각을 풀음.

마고소양【麻姑搔痒】: 마고가 긴 손톱으로 가려운 데를 긁는다는 뜻으로, 원하는 일이 뜻대로 시원스럽게 잘 되어 감을 이르는 말.

마권찰장【摩拳擦掌】: 단단히 벼르고 기운을 모아 기회를 기다린다는 뜻.

마맥분리【磨麥分梨】: 보리를 갈아 가루로 만든 꿈을 꾸고 잃었던 남편을 찾았으며, 배를 쪼갠 꿈을 꾸니 잃었던 아들이 돌아왔다는 고사.
마정방종【摩頂放踵】: 이마를 부딪쳐 발뒤꿈치까지 다침.
마중지봉【麻中之蓬】: 구부러진 쑥도 꼿꼿한 삼밭에 나면 자연 꼿꼿하게 자란다는 뜻으로 환경에 따라 악도 선으로 고쳐진다는 뜻.
마천철연【磨穿鐵硯】: 학문에 열중하여 딴데 마음을 두지 않음을 이름.《五代史》.
마피모장【馬疲毛長】: 피로한 말은 몸이 말라 털만이 길게 자람을 이름.
막감수하【莫敢誰何】: 상대편을 누구도 감히 건드리지 못함.
막상막하【莫上莫下】: 어느 것이 위고 어느 것이 아래인지 차별을 두고 구별할 수 없음을 이르는 말.
막역지간【莫逆之間】: 벗으로서 아주 허물없이 친한 사이.
막지동서【莫知東西】: 동서를 분간하지 못한다 함이니, 사리를 모르고 어리석다는 말.
막천석지【幕天席地】: 하늘을 장막으로 삼고 땅을 자리로 삼는다는 말로 천지를 자기의 거처로 하는 마음이 웅대함을 이른말.《劉伶의 酒德頌》.
막현호은【莫見乎隱】: 어두운 곳은 도리어 드러난다는 것을 이름.《中庸》.
만구일담【萬口一談】: 여러 사람의 말이 일치한다는 말.
만구칭송【萬口稱頌】: 여러 사람이 모두 한결같이 칭송함.
만년지택【萬年之宅】: 오래 견디도록 기초를 아주 튼튼하게 잘 지은 집.
만단설화【萬端說話】: 가슴 속에 서리고 서린 모든 이야기.

만단수심【萬端愁心】: 여러 가지로 마음에 일어나는 수심. 온갖 시름.

만리동풍【萬里同風】: 하늘과 땅 사이 이르는 곳마다 같은 바람이 분다는 뜻이니, 천하가 통일되어 태평한 것의 비유. 《漢書》.

만맥지방【蠻貊之邦】: 만맥이 살던 나라라는 뜻으로, 문화가 아주 뒤떨어진 나라를 이르는 말.

만면수색【滿面愁色】: 얼굴 가득히 나타난 근심의 빛.

만불실일【萬不失一】: 조금도 틀림이 없음. 실수가 한 번도 없음. 《史記》.

만사무석【萬死無惜】: 죄가 너무 무거워서 만 번을 죽는다 하여도 아까울 것이 없음을 이르는 말.

만사무심【萬事無心】: 모든 일에 관심이 없음. 또는 어떤 근심이 있어 만사가 시들하여 마음을 쓰는 일이 없음.

만세불역【萬世不易】: 영원토록 변하지 않는다는 뜻. 《荀子》.

만수무강【萬壽無疆】: 손위 사람이나 존경하는 분의 건강을 빌 때에 쓰임. 한없이 오래 삶.

만시지탄【晚時之歎】: 기회를 놓쳐 뒤늦었음을 안타까워하는 탄식. 때 늦은 한탄.

만식당육【晚食當肉】: 때늦게 먹으면 고기맛 같다는 뜻. 즉 배가 고플 때에는 아무거나 먹어도 고기를 먹는 것과 같다는 말.

만실우환【滿室憂患】: 한 집안에 앓는 사람이 많음을 이르는 말.

만절필동【萬折必東】: 흐르는 황허(黃河)의 물이 이리저리 만 번을 굽이 돌아도 반드시 동으로 흐르고야 만다 함이니 한 번 굳게 마음 먹은 절개는 아무리 꺾으려 해도 꺾이지 아니하고 그 본뜻대로 나아간다는 뜻으로 하는 말.

만패불청【萬覇不聽】: 바둑 둘 때 아무리 큰 패(覇)가 생기더라도 이에 응하지 않는다 함이니 아무리 집적거려도 응하지 않고 고집을 부린다는 말.

말대필절【末代必折】: 가지가 크면 줄기가 부러진다는 말로서 지족(支族)이 강대하면 종가가 쓰러진다는 비유.

망년지우【忘年之友】: 연장자가 나이에 거리끼지 않고 허물없이 대하여 사귄 친구.

망매해갈【望梅解渴】: 목이 마른 병졸이 신 매실 얘기를 듣고 입에 침이 고여 목마름을 풀었다는 고사.《世說》.

망양지탄【亡羊之歎】: 양을 잃었는데 길이 많고 복잡하여 어디로 갔는지 모름을 한탄한다는 뜻으로, 어떤 일에 방법을 찾지 못함을 한탄하는 말.《莊子》.

망자존대【妄自尊大】: 망령되이 자기만 잘났다고 뽐내어 자신을 높이고 남을 업신여김.《後漢書》.

망중유한【忙中有閑】: 바쁜 중에도 또한 한가한 짬이 있음.

망지불사【望之不似】: 남이 보기에 꼴이 온당치 아니함.

망지일목【網之一目】: 새는 그물(網)의 한 코에 걸려 잡히지만, 새 그물을 한 코만 만들어 치면 잡히지 않는다는 뜻.《淮南子》.

망풍이미【望風而靡】: 소문에 미리 겁을 먹고 맞서려고도 하지 않고 뿔뿔이 흩어져 도망감을 이르는 말.

매검매우【賣劍買牛】: 칼을 팔아 소를 산다 함이니 도둑의 무리가 없어져서 평화롭게 농사짓게 되었음을 이르는 말.《漢書》.

매문매필【賣文賣筆】: 돈을 벌려고 실속 없는 글을 짓거나 또는 글씨를 써서 판매함.

매사마골【買死馬骨】: 죽은 말의 뼈다귀를 산다 함이니 소용 없는 것을 산 후에 쓸모있는 자가 오는 것을 기다린다는 뜻.《戰國策》.

매염봉우【賣鹽逢雨】: 소금을 팔다가 비를 맞는다 함이니 일에 마(魔)가 끼어서 잘 안 된다는 뜻.《松南雜識》.

매처학자【梅妻鶴子】: 매화를 처로 삼고 학을 아들 삼는다 함이니 속세(俗世)를 멀리하여 산간에 숨어 사는 선비를 일컫는 말.

맥수양기【麥穗兩岐】: 보리 한 줄기에 두 가지씩 이삭이 맺혔다 함이니 풍년이 되었음을 뜻하는 말.《漢書》.

맹귀부목【盲龜浮木】: 눈먼 거북이가 떠내려 오는 나무를 만나 그 구멍으로 들어간다 함이니, 만나기 매우 힘든 요행을 얻음을 이름.

맹모단기【孟母斷機】: 학문을 중도에 폐함을 훈계하는 말. 맹자의 어머니가 짜던 베를 칼로 끊으면서 그의 아들에게 학문을 크게 이루라고 타이른 옛일.

맹완단청【盲玩丹靑】: 소경 단청 구경하듯이란 말로 알지도 못한 위인이 아는 체한다는 뜻.

맹자실장【盲者失杖】: 장님이 지팡이를 잃은 것처럼 믿고 의지할 곳이 없어진 것을 뜻함.《陳同甫集》.

맹자정문【盲者正門】: 소경이 정문을 바로 찾아 들어간다는 뜻으로 어리석은 사람이 어쩌다 이치에 들어맞는 바른일을 하는 것을 비유.

맹호위서【猛虎爲鼠】: 동물의 왕자인 범도 위엄을 잃게 되면 쥐와 같다는 뜻으로 군주도 권위를 잃게 되면 신하에게 제압을 당한다는 비유.

면력박재【綿力薄材】: 힘이 없어 솜처럼 약하고 재능조차 없음을 이름.《漢書》.

면리장침【綿裏藏針】: 솜 속에 바늘을 감추어 꽂는다는 뜻으로, 겉으로는 부드러운 듯하나 속으로는 아주 흉악함을 이름.

면색여토【面色如土】: 낯빛이 흙과 같다 함은 놀람과 근심됨이 심해 얼굴빛이 달라짐을 이름.

멸문지화【滅門之禍】: 온 가문이 멸문을 당하는 큰 재앙. 멸문의 화근.

명경불피【明鏡不疲】: 맑은 거울은 몇 번이나 사람의 얼굴을 비추어도 피로하지 않음을 이름.《世紀》.

명과기실【名過其實】: 널리 알려진 사실이나 이름이 실지의 내용보다 지나침.

명기누골【銘肌鏤骨】: 살갗에 표시하고 뼈에 새긴다 함이니 깊이 마음에 새기어 잊지 않음을 이르는 말.

명명지지【冥冥之志】: 마음 속에 깊이 간직하고 외부에 드러내지 않음을 뜻함.

명모호치【明眸皓齒】: 눈동자가 맑고 이가 희다는 뜻이니, 미인을 일컫는 말.

명목장담【明目張膽】: 눈을 밝게 뜨고 쓸개를 크게 펼친다는 뜻으로 용기를 내어 말한다는 뜻.

명불허득【名不虛得】: 명성이나 명예란 헛되어 얻을 수 있는 것이 아니라는 말.

명불허전【名不虛傳】: 이름은 헛되이 전하여지지 않는다 함은 명예로운 이름은 마땅히 들을 만한 실적이 있어야 퍼진다는 말.
명세지재【命世之才】: 세상을 구할 만한 뛰어난 인재.
명수죽백【名垂竹帛】: 이름이 역사에 길이 빛남.
명심누골【銘心鏤骨】: 마음에 간직하고 뼈에 새긴다는 뜻으로 은덕(隱德)을 입은 것을 잊지 않는다는 말.
명심불망【銘心不忘】: 마음 속 깊이 새겨 오래 잊지 아니함.
명약관화【明若觀火】: 불을 보는 듯이 더 말할 것 없이 명백함, 뻔함.
명월위촉【明月爲燭】: 방에 비치는 밝은 달빛을 촛불로 삼음《唐書》.
명월청풍【明月淸風】: 밝은 달과 맑은 바람. 밝은 달밤에 부는 시원한 바람.
명재경각【命在頃刻】: 거의 죽게 되어 숨이 곧 끊어질 지경에 이름.
명존실무【名存實無】: 이름만 있고 실상은 없는 것, 즉 공연히 유명하기만 하였지 아무 실속이 없음을 이름.
모수자천【毛遂自薦】: 자기 스스로 자신을 추천한다는 뜻.
모야무지【某也無知】: 어두운 밤중에 하는 일이라서 보고 듣는 사람이 없음. 알 사람이 없음.
목본수원【木本水源】: 자식되는 사람은 자신의 근본을 생각하여야 한다는 말. 양친은 나무의 근본이며, 물의 근원과 같다는 뜻《左傳》.
목불인견【目不忍見】: 딱하고 가엾어 눈으로 차마 볼 수 없음.
목전지계【目前之計】: 앞날을 내다보지 못하고 눈앞에 보이는 한때만 생각하는 꾀.
몽망착어【蒙網捉魚】: 그물을 머리에 쓰고 고기를 잡는다는 뜻으로, 우연히 운이 좋았음의 비유.
몽중몽몽【夢中夢夢】: 꿈속에서 또 꿈을 꾼다 함이니 인간 세상이 지극히 덧없고 허무함을 이르는 말《莊子》.

몽중상심【夢中相尋】: 몹시 그리워 꿈속에서까지 찾는다는 말로 친밀함을 이름.

몽중설몽【夢中說夢】: 꿈속에서 꿈 이야기하듯 한다함은 요령을 잡을 수 없는 말이란 뜻.

묘두현령【猫頭懸鈴】: 고양이 목에 방울 달기. 곧 실행하기 어려운 공론(空論)을 뜻함.

무계지언【無稽之言】: 근거 없는 소문을 생각지 않고 함부로 하는 말.

무고지민【無故之民】: 어버이가 없는 어린이나 아내나 남편이 없는 노인처럼 의지할 데가 없는 백성.

무괴어심【無愧於心】: 언행이 곧아 마음에 조금도 부끄러울 것이 없음.

무념무생【無念無生】: 아무 잡념이 없고 생명을 아끼지도 않고 일심이 되는 것《白居易의 詩》.

무도몰륜【無道沒倫】: 사람이 마땅히 지켜야 할 도리도 없고 인륜도 없음.

무릉도원【武陵桃源】: 이 세상을 떠난 별천지. 이상향을 비유하여 이르는 말. 아득한 옛날, 신선이 살았다는 전설적인 중국의 명승지. 중국의 호남성 동정호(洞庭湖)의 서남쪽 무릉산(武陵山) 기슭.《陶淵明集》.

무부무군【無父無君】: 어버이도 모르고 임금도 모르는 난신적자(亂臣賊子)를 이름이니, 그 행동이 매우 어지러운 사람을 보고 하는 말. 행동이 옳고 그름을 가리지 못하고 우왕좌왕 행동하는 사람을 이름.

무불간섭【無不干涉】: 자기에게 관계가 있건 없건 무슨 일이고 함부로 나서서 아무 데나 참견함.
무불통지【無不通知】: 모르는 것 없이 다 안다는 뜻.
무사가답【無辭可答】: 사리가 옳은 까닭에 무어라고 대답할 말이 없음.
무사자통【無師自通】: 가르쳐 주는 스승이 없이 스스로 연구·공부하여 깨쳐 알아냄.
무상무벌【無賞無罰】: 벌받을 것이 없으면 상받을 것도 없다는 말.
무언거사【無言居士】: 수양을 쌓아 수다스럽지 않은 사람을 좋게 이르는 말. 언변이 없어서 의사 표시를 못하는 사람을 빈정거리는 말.
무위도식【無爲徒食】: 아무 하는 일 없이 한갓 먹기만 함. 놀고 먹음.
무위이치【無爲而治】: 성인(聖人)의 덕이 커서 백성이 감화를 입어 나라가 저절로 다스려짐을 이름.
무의무탁【無依無托】: 의지하고 의탁할 곳이 전혀 없음. 의지가 없음.
무이무삼【無二無三】: 유일(唯一)하여 비할 것이 없음. 곧 매우 열중하는 모양의 비유.
무일불성【無一不成】: 하나도 이루지 못할 일이 없음. 안 되는 일이 없음.
무장공자【無腸公子】: 담력이나 기개가 없는 사람을 비웃어 이르는 말.
무장지졸【無將之卒】: 장수 없는 병졸이라 함이니 지도자가 없는 단체를 이름.
무재아귀【無財餓鬼】: 극히 가난하여 음식을 목으로 넘길 수 없는 아귀.

무주공산【無主空山】: 인가도 인기척도 없는 쓸쓸한 산.

무중생유【無中生有】: 아무 일도 없는 데서 억지로 말썽거리를 만들어 낸다는 말.

무축단헌【無祝單獻】: 제사 지낼 때에 축문(祝文)도 없이 술을 한 잔만 올리는 일.

무하저처【無下箸處】: 젓가락을 댈 곳이 없다는 뜻으로 먹을 만한 음식이 없음을 이름.《晉書 何曾傳》.

문과수비【文過遂非】: 잘못된 허물을 어물어물 숨기고 뉘우치지 않음.

문수지복【紋繡之服】: 무늬가 돋고 아름다운 수를 놓은 비단으로 지은 옷.

문안시선【問安視膳】: 안부를 묻고 반찬의 맛을 살핀다는 뜻으로, 어른을 잘 모시고 받드는 모양.

문전성시【門前成市】: 어떤 집 앞이 방문객이 많아 시장을 이루다 시피한다는 말.《漢書》.

문전옥답【門前沃畓】: 집 문 앞에 있는 기름진 전답. 멀리 가지 않고도 소득이 좋아 매우 다행하다는 뜻으로도 씀.

물구즉신【物久則神】: 물건이 오래 묵으면 반드시 변화가 생긴다는 말. 잉어가 오래 묵으면 용이 된다든지, 개를 오래 먹이면 좋지 않다고 하는 등의 사상은 이에서 온 것임.

미관말직【微官末職】: 지위가 아주 낮고 변변치 않은 벼슬, 또는 그런 벼슬아치.

미달일간【未達一間】: 모든 것에 다 밝고 익숙하여도 어느 한 가지 일에만은 서툴다는 말.

미대난도【尾大難掉】: 꼬리가 커서 흔들기가 어렵다는 뜻으로, 일의 끝에 이르러 크게 벌어져서 처리하기가 어려움을 이르는 말.

미대부도【尾大不掉】: 꼬리가 크면 흔들리지 않는다는 말로서 윗사람이 약하고 아랫사람이 강하면 통제해 나가기가 힘들다는 말.

미봉만환【彌縫漫患】: 꿰매고 기운 것이 흩어지고 엉키었다 함이니, 그때그때 겨우 발라 맞춰 나가던 일이 어떻게 할 수 없을 만큼 얽히고 설킨 것을 이름.

미사여구【美辭麗句】: 아름답게 표현된 말과 문구.

민고민지【民膏民脂】: 백성의 피와 땀. 곧 백성에게서 조세로 거둔 돈이나 곡식을 이르는 말.

ㅂ

박고지금【博古知今】: 널리 옛날 일을 알면 오늘날의 일도 알게 된다는 것.

박리다매【薄利多賣】: 이익을 적게 보고 물건을 많이 팔아 전체의 이익을 올림.

박부득이【迫不得已】: 일이 너무 급하여 어찌할 수가 없음.

박이부정【博而不精】: 넓게 알고 있으나 자세하지 못함.

박지약행【薄志弱行】: 뜻과 행실이 약하여 어려움을 견디지 못함.

반계곡경【盤溪曲徑】: 일을 순리대로 하지 않고 옳지 않은 방법을 써서 억지로 함을 이르는 말.

반도이폐【半途而廢】: 일을 하다가 중도에서 그만두는 것.

반면지분【半面之分】: 극히 얕은 교분. 일면지분(一面之分)도 못되는 교분(交分)을 일컬음.《後漢書》.

반면지식【半面之識】: 서로 겨우 알기만 하는 사이.《後漢書》.

반목질시【反目嫉視】: 서로 미워하고 질투하는 눈으로 봄.

반박지탄【斑駁之嘆】: 편파적이고 불공정함에 대한 개탄.

반복무상【反覆無常】: 배반하였다 복종하였다 하여 그 태도가 늘 한결같지 않음을 일컬음.

반복소인【反覆小人】: 언행이 늘 이랬다 저랬다 하여 그 마음을 헤아릴 수 없는 옹졸한 사람.

반생반사【半生半死】: 거의 죽게 되어서 죽을는지 살는지 알수 없는 지경에 이름.

반생불숙【半生不熟】: 반쯤은 설고 반쯤은 익었다는 말.

반승반속【半僧半俗】: 반은 중이요 반은 속인임. 즉, 무어라고 뚜렷한 명목을 붙이기 어려운 것을 비유.

반수반성【半睡半醒】: 자는 둥 마는 둥 하는 아주 얕은 잠.

반수발사【半首拔舍】: 머리는 헝클어지고 옷은 해어진 초라한 모습을 하고 밖에서 잠.

반신반의【半信半疑】: 진실과 거짓을 판단하기 어려워 어느 정도 믿으면서 한편으로는 의심하는 일.

반의지희【斑衣之戲】: 늙은 어버이의 마음을 위로해 드리기 위하여 색동저고리를 입고 기어가 보인다 함이니, 늙어서까지 끊임없이 부모에게 효도함을 이르는 말.

반자지명【半子之名】: 사위를 거의 아들과 같이 여긴다는 뜻으로 이르는 말.

발란반정【撥亂反正】: 어지러운 세상을 다스려 평안하게 하고 나쁜 임금을 폐하고 새 임금이 들어섬.

발분망식【發憤忘食】: 발분하여 끼니까지 잊고 노력한다는 뜻으로, 한 가지 일을 성취하기 위하여 바삐 돌아다님을 이르는 말.《論語》.

방기곡경【旁岐曲徑】: 꾸불꾸불한 길이라는 뜻이니 공명(公明)하고 정당한 방법을 떠나서 옳지 못한 길로 들어 일을 한다는 말.

방언고론【放言高論】: 마음먹은 대로 생각이 없이 아무 거리낌없이 하는 소리.

방저원개【方底圓蓋】: 네모진 밑바닥에 둥근 뚜껑을 덮는 것 같이 서로 맞지 않음을 비유하는 말.《顔氏家訓》.

방휼지세【蚌鷸之勢】: 둘이 서로 안 먹히겠다느니 먹히겠다느니 하여 다투다가 오래 가지 않아 결국은 제삼자에게 이익을 주게 되는 형세를 이르는 말.

배사간금【排沙簡金】: 문장의 좋은 곳을 평할 때 쓰는 말. 모래를 헤치면 햇빛을 받아 금빛이 빛나는 것과 같음을 이름.《世說》.

배산임수【背山臨水】: 땅의 형세가 산을 등지고 물에 면하고 있음.

백계무책【百計無策】: 어려운 일을 당하여 아무리 좋은 계책을 다써 봐도 아무 소용이 없음.

백골난망【白骨難忘】: 죽어 백골이 될 때까지 잊을 수 없겠다 함이니, 남에게 큰 은혜를 입었을 때 잊지 않겠다고 이르는 말.

백구과극【白駒過隙】: 인생이 야속하게도 덧없이 짧음을 일컬음. 흰 망아지가 빨리 달리는 것을 문틈으로 보는 것과 같이 눈 깜짝할 사이라는 뜻.

백년지객【百年之客】: 한평생을 두고 늘 어려운 손으로 맞아 준다 함이니 처갓집에서 사위를 두고 하는 말.

백령백리【百怜百利】: 모든 일에 매우 민첩하다는 말.

백리지재【百里之才】: 백 리쯤 되는 땅, 곧 한 고을만 맡아 다스릴 만한 수완이나 도량이 있는 사람.

백만교태【百萬嬌態】: 사람의 마음을 끌려고 부리는 매우 아양스러운 태도.

백무일취【百無一取】: 많은 말과 행실 중에 하나도 쓸 만한 것이 없음.

백수북면【白首北面】: 재덕이 없는 사람은 늙어서도 아직 북쪽을 향하여 스승의 가르침을 빈다는 말.《文中子》.

백수풍신【白首風神】: 늘그막에 겪는 세상의 어지러움.

백운고비【白雲孤飛】: 멀리 떠나는 자식이 어버이를 그리워함. 《唐書》.

백의종군【白衣從軍】: 벼슬이 없는 사람으로 군대를 따라 전장으로 감.

백전노장【百戰老將】: 수많은 싸움을 치른 노련한 장수의 뜻. 세상의 온갖 풍파를 다 겪은 사람.

백중지간【伯仲之間】: 우열이 없는 것을 일컫는 말.

백해무익【百害無益】: 온갖 해로움만 있을 뿐 이로움은 조금도 없음.

병가상사【兵家常事】: 전쟁에서 이기고 지는 것은 보통 있는 일. 실패는 흔히 있는 일이니 낙심할 것이 없다는 뜻

복고여산【腹高如山】: 부자의 교만스러움을 형용하는 말. 배가 산같이 높다는 뜻으로 아이 밴 여자의 부른 배를 형용하는 말.

복명복창【復命復唱】: 상관에게서 명령과 임무를 받고 곧 되풀이하여 그 일을 수행하겠음을 따라서 말함.

복수불수【覆水不收】: 엎지른 물은 다시 그릇에 담을 수 없다는 말. 《拾遺記》.

봉린지란【鳳麟芝蘭】: 봉황, 기린과 같이 잘난 남자와 지초, 난초와 같이 어여쁜 여자라는 뜻으로 젊은 남녀의 아름다움을 표현하는 말.

봉의군신【蜂蟻君臣】: 하찮은 개미나 벌에게도 임금과 신하의 구별이 엄연히 있다는 말.

부귀재천【富貴在天】: 사람의 부귀는 하늘에 매어 있어 인력으로는 어찌할 수 없다는 뜻.

부유장설【婦有長舌】: 여자가 말이 많음은 화의 발단이 된다는 뜻. 《詩經》.

부자자효【父慈子孝】: 아비된 자는 자애를 주로 하며 자식된 자는 효행을 주로 한다는 말. 《禮記》.

부창부수【夫唱婦隨】: 남편 주장에 아내가 따르는 것을 이르는 말로 부부화합의 도를 이름. 《關尹子》.

부화뇌동【附和雷同】: 일정한 견식없이 의견을 그대로 좇아 따르거

나 같이 행동함을 이르는 말.《楚辭》.

분골쇄신【粉骨碎身】: 뼈가 가루가 되고 몸이 깨어지도록 죽을 힘을 다하여 애쓴다는 뜻임.《禪林類纂》.

불가구약【不可救藥】: 일이 실패하여 수습할 길이 없음.《詩經》.

불감생심【不敢生心】: 힘에 겨워서 마음은 있는데 감히 할 생각도 내지 못함.

불령지도【不逞之徒】: 나라에 대하여 원한이나 불평·불만을 품고 구속을 받지 않으려는 불온한 무리.

불면불휴【不眠不休】: 자지도 아니하고 쉬지도 아니함. 곧 잠시도 쉴새없이 열심히 함을 이르는 말.

불문가지【不問可知】: 묻지 아니하여도 알 수 있음. 물을 것도 없이 뻔함.

불문곡직【不問曲直】: 옳은가 그른가를 묻지 않고 함부로 처사(處事)한다는 말.

불생불사【不生不死】: 죽지도 않고 살지도 아니하고 겨우 목숨만 붙어 있음.

불요불굴【不撓不屈】: 한 번 품은 뜻이나 결심 등이 어려운 고비에서도 흔들리거나 굽히지 않고 굳셈. 끄떡없음.

불원천리【不遠千里】: 천 리를 멀다고 하지 않는다 함은 먼 곳임에도 불구하고 찾아올 때 이르는 말.

불위복선【不爲福先】: 행복을 욕심이 앞서 남보다 먼저 차지하면 남한테 미움을 받으므로 남에 앞서서 차지하려 하지 않음.《莊子》.

불의하복【不疑何卜】: 점을 치는 것은 의심을 풀기 위한 것이므로 의심이 없을 때에는 점을 칠 필요가 없다는 말.《左傳》.

불치하문【不恥下問】: 지위나 학식이 자기보다 못한 사람에게 자신이 모르는 것을 묻는 일을 꺼리거나 부끄러워하지 않음. 《論語》.

불학무식【不學無識】: 배우지 못하여 아는 것이 없음.

비견수종【比肩隨踵】: 어깨를 잇대고 발꿈치에 붙어서 있다는 말로 조금도 사이를 떼지 않는다는 뜻 《戰國策》.

비몽사몽【非夢似夢】: 꿈인지 생시인지 어렴풋한 상태.

비분강개【悲憤慷慨】: 슬프고 분하여 마음이 몹시 격동됨.

비불외곡【臂不外曲】: 팔이 밖으로 내굽지 않는다는 뜻으로 사람의 마음이나 생각은 어쩔 수 없이 자기 중심적이라는 뜻.《旬五志》.

비이장목【飛耳長目】: 먼 곳에 있는 것을 듣고 볼수 있다 함이니 세상 일에 능통하고 미래를 관망할 수 있는 사람을 일컫는 말.《管子》.

비조즉석【非朝卽夕】: 아침이 아니면 저녁이라는 뜻으로 시기가 몹시 임박함을 이르는 말.

빈계사신【牝鷄司晨】: 암닭이 울어 때를 알린다는 뜻으로 음양의 이치가 바뀌어 집안이 망할 징조라 함. 곧 아내가 남편의 권리를 빼앗음을 비유한 말.《書經》.

ㅅ

사고무친【四顧無親】: 의지할 데가 도무지 없다는 말.

사근취원【捨近取遠】: 가까운 것을 버리고 먼 데 것을 가짐이니 일의 차례나 순서를 뒤바꿔 할 때 이름.

사기종인【舍己從人】: 자기의 그 전 행위를 버리고 타인의 선행을 본떠 행함.《書經》.

사면춘풍【四面春風】: 언제 어떠한 경우에도 좋은 낯으로만 사람을 대한다는 뜻.

사발통문【沙鉢通文】: 호소문·격문 등에서 주모자(主謀者)가 누구임을 나타내지 않기 위하여, 관계자의 성명을 사발 모양으로 둥글게 삥 돌려 적은 통문(通文).

사비위빈【仕非爲貧】: 관리는 생활이 가난하여 녹을 타먹기 위해 일함이 아니라는 뜻으로 곧 관리된 사람은 덕(德)을 천하에 시행함에 있다는 것을 이름.《孟子》.

사생동고【死生同苦】: 죽고 사는 어려운 고생을 함께 함이라는 뜻으로, 어떤 어려운 고생도 같이함을 이르는 말.

사어지천【射魚指天】: 고기는 물에서 구해야 하는데 하늘에서 구하면 얻을 도리가 없다는 말.

사위주호【死危酒壺】: 죽어서 술병이 되리라는 말로써, 술을 너무나 좋아한다는 뜻《世說》.

사이후이【死而後已】: 사람이 태어나 일을 하되, 죽음에 이르러 비로소 그친다는 말. 의지가 굳다는 뜻《論語》.

사제삼세【師弟三世】: 스승과 제자와의 인연은 전세(前世)·현세

(現世)·내세(來世)에까지 계속된다는 말로, 그 관계는 매우 깊고 밀접하다는 뜻.

사통오달【四通五達】: 여러 곳으로 길이 열려 있어 매우 편리하게 된 곳. 여러 방면의 지식이 풍부하여 무엇이든지 척척 대답하는 사람.《漢書》.

사필귀정【事必歸正】: 처음에는 잘못된 것을 가리지 못하여 그릇되더라도 모든 일을 결국에 가서는 반드시 정리(正理)로 돌아감.

산고수장【山高水長】: 군자의 덕(德)이 높고 끝없음을 산의 우뚝 솟음과 큰 냇물의 흐름에 비유한 말.《范希文》.

산고월소【山高月小】: 높은 산 위에 솟아오른 달을 그 밑에서 쳐다볼 때의 경치.《蘇軾의 詩》.

산전수전【山戰水戰】: 세상에 대하여 많은 경험을 겪고 고생을 했음을 이르는 말.

산중재상【山中宰相】: 산중에 숨어 있으나 나라의 중요한 일이 있으면 나와서 일을 보는 현사.《南史》.

산진수궁【山盡水窮】: 산골짜기가 더 나아갈 수 없이 다 되고 물이 막혔다 함이니, 아주 막다른 경우에 부딪쳐 나갈 길이 막혔다는 뜻.

삼년불비【三年不飛】: 새가 3년간을 날지 않고 있다는 것으로, 무슨 일을 하기 위하여 침착하게 때를 기다리며 기회를 찾는다는 비유.

삼두육비【三頭六臂】: 머리가 셋이요, 팔이 여섯이라 함이니, 괴상할 정도로 힘이 센 사람을 이르는 말.

삼라만상【森羅萬象】: 하늘과 땅 사이에 존재하는 모든 현상.《法

句經》.

삼종지도【三從之道】: 봉건 시대에 여자가 지켜야 할 세 가지의 예의 도덕. 여자는 어려서 아버이에게 순종하고 시집가서는 남편에게 순종하고 남편이 죽은 후에는 아들에게 순종하여야 한다는 뜻《孔子家語》.

삼현육각【三絃六角】: 거문고, 가야금, 향비파의 현악기와 북, 장구, 해금, 피리, 대평소 한 쌍을 통틀어 일컫는 말.

상덕부덕【上德不德】: 높은 덕을 가진 자는 덕을 베풀더라도 이것을 덕이라고 자랑하지 아니함.

상산구어【上山求魚】: 산 위에서 물고기를 구한다는 말로 당치 않은 데 가서 되지도 않을 것을 원한다는 말.

상혼낙담【喪魂落膽】: 너무 실망이 커서 그만 얼이 빠짐.

생불여사【生不如死】: 극도로 어려운 지경에 빠져 사는 것이 죽느니만 못하다는 뜻.

생생세세【生生世世】: 불교의 윤회설에서 나온 말로 죽어도 다른 생을 받아 거듭 영원히 산다는 말.

생이지지【生而知之】: 배우지 아니하여도 스스로 통해 안다는 뜻.

생자필멸【生者必滅】: 생명이 있는 것은 빠름과 늦음의 차는 있어도 반드시 죽는다는 말.

서산낙일【西山落日】: 서산에 지는 해라는 말로 형세가 기울어져 어쩔 수 없이 멸망하게 된 판국을 이르는 말.

석고대죄【席藁待罪】: 거적을 깔고 엎드려 처벌을 기다림.

석과불식【碩果不食】: 큰 과실은 다 먹지 않고 남긴다는 말로 자기만의 욕심을 버리고 자손에게 복을 끼쳐 준다는 뜻. 《易經》.

선공무덕【善供無德】: 부처에게 공양하여도 아무 공덕이 없다는 말로 남을 위하여 힘을 써도 별로 얻는 것이 없음을 이르는 말.

신성후실【身聲後實】: 처음에 헛소문을 퍼뜨리고 다음에 실력을 행사한다는 뜻을 일컫는 말.

선인탈인【仙人奪人】: 적을 앞지르려면 우선 적의 정신을 어리둥절하게 하여 아무것도 못하게 함을 이름.《左傳》.

선자옥질【仙姿玉質】: 신선의 자태에 옥의 바탕이라는 뜻으로 매우 아름다운 사람을 일컫는 말.《古今詩話》.

선풍도골【仙風道骨】: 신선의 풍채와 도인의 골격. 곧, 외모가 고아(高雅)한 기품임을 가리킴.《李白의 詩》.

설중송백【雪中松柏】: 송백은 눈 속에서도 그 색이 변치 않는다 하여 사람의 절조(節操)가 굳은 데 비유함.

성유단수【性猶湍水】: 사람의 심성은 세차게 흐르는 여울의 물이 동쪽으로 또는 서쪽으로 흐를 수 있듯이 착하게도 되고 악하게도 됨을 이름.《孟子》.

성하지맹【城下之盟】: 적군이 성 밑까지 쳐들어와서 항복하고 체결하는 맹약, 대단히 굴욕적인 강화.《左傳》.

소불간친【疏不間親】: 친분이 먼 사람이 친분이 가까운 사람의 사이를 이간하지 못함.

소심익익【小心翼翼】: 조그만 일에까지 대단히 조심하고 생각하는 모양.

소진장의【蘇秦張儀】: 매우 언변이 좋은 사람을 이르는 말. 소진은 중국 전국시대 사람, 장의는 같은 전국시대 위나라 외교가로 둘이 다 말 잘 하기로 유명함.

소탐대실【小貪大失】: 작은 이익을 탐하다가 큰 손실을 봄.
속수무책【束手無策】: 어찌할 방책이 없어 손을 묶은 듯이 꼼짝 못함.
쇄문도주【鎖門逃走】: 문을 걸어 잠그고 남몰래 도망함.
수고불망【壽考不忘】: 늙은 뒤에도 잊지 않는다는 뜻으로 덕이 큼을 일컫는 말.《詩經》.
수도거성【水到渠成】: 물이 흐르면 자연 도랑이 생긴다는 뜻으로 학문을 깊이 닦으면 자연히 도가 이루어진다는 말.《朱子文集》.
수미상위【首尾相衛】: 상산의 뱀에 머리가 둘 있어 그 하나에 닿으면 또 하나의 머리가 따라오고 중간에 대면 양쪽 머리와 꼬리가 따라온다는 뜻으로 전후 좌우가 서로 응함을 이름.《晋書》.
수복강녕【壽福康寧】: 오래 살고 행복하고 건강하고 마음이 평안함.
수불위취【手不爲炊】: 불우하여 영락(零落)하였으므로 형수까지 경멸하여 밥을 지어 주지 않음.《戰國秦策》.
수신제가【修身齊家】: 자기의 심신(心身)을 닦고 집안을 다스리는 일.
수어지교【水魚之交】: 물과 고기가 떨어질 수 없듯이 부부는 서로 떨어질래야 떨어질 수 없는 친밀한 사이를 말함.
수원수구【誰怨誰咎】: 남을 원망하거나 책망할 것이 없음을 이르는 말.
수주대토【守株待兎】: 토끼를 잡으려고 나무 그루 밑에서 기다린다는 뜻으로 주변성이 없어서 변통할 줄을 모르고 굳게 지키기만 한다는 말.《韓非子》.
수학무조【修學務早】: 학문의 수행은 기억력이 왕성한 소년시절에 이룩해야 한다는 뜻.《抱朴子》.

수화불통【水火不通】: 물과 불이 서로 상극인 것과 같이 서로 사귀어 오던 사이를 끊고 사이가 아주 나빠짐을 이르는 말.

숙시숙비【熟是熟非】: 누가 옳고 누가 그른지 시비가 분명하지 않다는 말.

숙야비해【夙夜非懈】: 밤낮을 가리지 않고 부지런히 일하며 조금도 게으름이 없다는 말.

숙호충비【宿虎衝鼻】: 잠자는 호랑이의 코를 찌른다는 뜻. 화를 부르는 것을 비유하는 말.

순천자존【順天者存】: 천명(天命)에 따라 행하는 자는 번영과 생존을 누림.《孟子》.

순치지국【脣齒之國】: 입술과 이와 같은 사이의 나라라 함은 이해관계가 아주 밀접한 나라라는 뜻.《左傳》.

승안접사【承顔接辭】: 안색을 살펴 비위를 맞추며 그의 말에 접하는 것.

시불가실【時不可失】: 기회는 한 번 가면 두 번 다시 오지 않으니 때를 놓쳐서는 안 된다는 말.《書經》.

시산혈해【屍山血海】: 사람의 시체가 산을 이루고 피가 바다같이 흐른다는 말.

시시비비【是是非非】: 여러 가지의 잘잘못.

시유별재【時有別才】: 시재(詩才)는 학문의 깊고 얕음에 관계없는 별개의 것이라는 것.

식불이미【食不二味】: 밥을 먹을 때 찬을 두 가지 이상 놓지 아니한다는 뜻으로 검약하라는 말.《左傳》.

식송망정【植松望亭】: 솔 심어 정자를 바라본다는 뜻으로 적은 일을 해도 큰 일을 바라보고 한다는 말.

신상필벌【信賞必罰】: 공이 있는 사람에게는 반드시 상을 주고, 죄가 있는 사람에게는 반드시 벌을 줌.

신후지지【身後之地】: 살아 있을 때에 미리 정해 두는 자기가 묻힐 묘자리.

심원의마【心猿意馬】: 원숭이가 떠들고 말이 뛰는 것을 억제하기 힘든다는 뜻으로 번뇌와 정욕으로 마음이 어지러움을 누르기 힘듦을 이르는 말.

십목소시【十目所視】: 여러 사람이 다 같이 보고 있다는 뜻으로 세상의 눈을 속일 수는 없다는 말.

십방세계【十方世界】: 동, 서, 남, 북, 동남, 서남, 동북, 서북, 상, 하 등 온 세계를 말함.

십벌지목【十伐之木】: 열 번 찍어 넘어가지 않는 나무 없다는 뜻.

십시일반【十匙一飯】: 열 사람의 밥에서 한 술씩만 보태면 한 사람 먹을 밥이 생긴다는 말로 여럿이 힘을 합치면 한 삶을 돕기는 쉽다는 말.

십인십색【十人十色】: 사람이 즐겨함과 생각함이 저마다 다름을 이르는 말.

아가사창【我歌查唱】: 내가 부를 노래를 사돈이 부른다는 뜻. 책망을 들을 사람이 도리어 큰 소리를 침.

아유구용【阿諛苟容】: 남에게 아첨을 하며 구차스러운 짓을 하는 일.《史記》.

아자시술【蛾子時術】: 나방의 새끼는 미충(微蟲)이나, 때로는 그 어미의 하는 일을 배워 흙을 물어다 작은 개미둑을 이루고 나중에는 큰 개미둑을 이룬다는 말로 학자가 때때로 학문을 닦아 대도(大道)를 성취함을 비유함.《禮記》.

아전인수【我田引水】: 자기 논에만 물을 끌어 넣는다는 뜻. 자기 형편에 좋도록만 생각하거나 행하는 것.

악의악식【惡衣惡食】: 좋지 못한 거친 옷과 맛없는 음식. 변변치 못한 의식(衣食).《論語》.

악인악과【惡因惡果】: 악한 원인에서 악한 결과가 생김. 악한 일을 하면 반드시 악한 갚음이 돌아옴.

안고수비【眼高手卑】: 눈은 높고 손은 낮음. 뜻은 크고 높으나 능력이 없어서 높은 뜻을 성취하지 못한다는 말.

안불망위【安不忘危】: 편안한 가운데서 잊지 않고, 늘 스스로를 경계함.

안비막개【眼鼻莫開】: 일이 분주하여 눈코 뜰 사이가 없음.

안빈낙도【安貧樂道】: 몹시 곤궁하게 살면서도 편안한 마음으로 천도(天道)를 지킴.

안중지인【眼中之人】: 정(情)든 사람. 눈앞에 있는 사람을 가리켜 말하기도 하고 또 눈앞에 없어도 평생 사귄 사람을 가리켜서 하기도 함.《杜甫의 詩》.

암중비약【暗中飛躍】: 어둠 속에서 날고 뜀. 남의 눈에 띄지 않게, 또는 남모르게 활동하는 일.

안하무인【眼下無人】: 성질이 교만하여 사람을 업신여김.

앙사부육【仰事俯育】: 위로는 부모를 부양하고 아래로는 처자를 먹여 살림. 부모를 섬기고 처자를 보살핌《孟子》.

야반무례【夜半無禮】: 어두운 밤중에는 예의를 갖추지 못한다는 뜻.

야행피수【夜行被繡】: 수놓은 좋은 옷을 입고 밤길을 걸음. 공명이 세상에 알려지지 않음.《史記》.

약붕궐각【若崩厥角】: 짐승이, 무서워서 그 뿔을 땅에 처박고 쩔쩔매는 것과 같이 두려워서 어찌할 줄 모르는 모양.《書經》.

약석지언【藥石之言】: 사람을 훈계하여 나쁜점을 고치게 하는 말. 《唐書》.

약합부절【若合符節】: 꼭 들어맞아 조금도 틀리지 아니함. 부절은 옥(玉)으로 만든 것으로 글자를 새겨 양분해서 두 사람이 하나씩 나누어 가졌다가 나중에 신표(信標)로 썼음.《孟子》.

양공고심【良工苦心】: 기교(技巧)가 능한 사람의 가슴 속에는 고심이 많다는 말《杜甫의 詩》.

양두색이【兩豆塞耳】: 콩알 두 개로 귀를 막으면 아무것도 안 들림. 조그만 것이 큰 지장을 초래함을 말함.

양질호피【羊質虎皮】: 알맹이는 양이고 가죽은 호랑이. 거죽은 훌륭하나 실속이 없음을 일컫는 말.《後漢書》.

양호유환【養虎遺患】: 호랑이 새끼를 기르면 후환이 된다함이니, 스스로 만들어서 화를 당하는 것.《史記》.

어두육미【魚頭肉尾】: 물고기는 대가리 쪽이 맛이 있고, 짐승의 고기는 꼬리 쪽이 맛이 있다는 말.

억조창생【億兆蒼生】: 수많은 백성. 수많은 세상 사람.

억하심정【抑何心情】: 대체 무슨 생각으로 그리 하는지 그 마음을 알 수 없다는 뜻.

영고성쇠【榮枯盛衰】: 사람의 일생(一生)이 성(盛)하기도 하고 쇠(衰)하기도 한다는 뜻.

오비이락【烏飛梨落】: 까마귀 날자 배 떨어진다는 뜻. 아무 관계없이 한 일이 공교롭게 다른 일과 때가 같으므로 무슨 관련이 있는 것처럼 혐의를 받게 되는 것.

오조사정【烏鳥私情】: 까마귀가 새끼 때 어미가 길러 준 그 은혜를 갚는 애정. 자식이 부모에게 효성을 다하려는 마음.

외강내유【外剛內柔】: 겉으로는 굳게 보이나 속은 부드러움.

요원지화【燎原之火】: 무서운 형태로 타고 있는 벌판의 불. 세력이 몹시 왕성하여 형세가 무서움.《左傳》.

우도할계【牛刀割鷄】: 닭을 잡는 데에 어찌 소 잡는 칼을 쓰랴. 곧 조그만 일을 처리하는 데 대기(大器)를 쓰랴.

우이독경【牛耳讀經】: 쇠귀에 경 읽기. 어리석은 사람에게는 아무리 가르쳐도 깨닫지 못한다는 뜻.

우후죽순【雨後竹筍】: 비 온 뒤에 솟는 죽순. 어떤 일이 한 때에 많이 일어남을 비유하는 말.

운연과안【雲烟過眼】: 구름과 연기가 순식간에 눈앞을 스쳐가고 오래 머무르지 않음과 같이 한때의 쾌락을 오래 마음에 두지 않는다는 뜻《蘇軾의 詩》.
유구불언【有口不言】: 할 말이 있으나 사정이 거북하여 말하지 않음.
유야무야【有耶無耶】: 어느 쪽도 아님. 애매함. 흐지부지함. 흐리멍텅함.
의려지망【倚閭之望】: 부모가 그 자녀의 돌아오기를 몹시 기다림. 《戰國策》.
의중지인【意中之人】: 마음 속에 새겨져 잊을 수 없는 사람. 마음 속으로 지목한 사람.《左傳》.
이금심도【以琴心挑】: 그리워하는 마음을 거문고 소리에 나타내어 여자의 마음을 움직임.《史記》.
이식위천【以食爲天】: 사람이 살아가는 데 먹는 것이 가장 중요함.
이이목지【耳而目之】: 귀로 듣고, 눈으로 봄. 즉 틀림이 없다는 것. 《呂氏春秋》.
익자삼우【益者三友】: 사귀어 자기에게 유익한 세 가지 종류의 벗. 곧 정직하고 지식이 있고, 친구의 도리를 지키는 사람.
인과응보【因果應報】: 좋은 원인에는 좋은 결과가 나오고, 나쁜 원인에는 나쁜 결과가 나오는 것처럼, 사람이 저지르는 선악에는 반드시 거기에 상응하는 과보(果報)가 있다는 말.
인자무적【仁者無敵】: 어진 사람은 모든 사람을 사랑하므로 천하에 적이 없음《孟子》.
일도양단【一刀兩斷】: 한 칼에 둘로 나뉘듯이 일이나 행동을 선뜻 결정함을 가리키는 말.《朱子》.
일망타진【一網打盡】: 그물을 한 번 쳐서 물고기를 모조리 잡음. 한꺼번에 죄다 잡음.《宋史》.
일취월장【日就月將】: 학문이 날로 달로 나아감.《詩經》.

입화습률【入火拾栗】: 불 속에 들어가 밤을 줍는다는 말이니, 작은 이익을 위하여 큰 모험을 무릅쓰는 어리석은 행동을 이르는 말.

ㅈ

자가당착【自家撞着】: 자기의 한 말이나 글의 앞뒤가 서로 어긋남.
자승지벽【自勝之癖】: 자기가 남들보다 나은 줄로 아는 버릇.
자수성가【自手成家】: 물려받은 재산이 없이 자기 노력으로써 일어나 성공한다는 뜻.
자초지종【自初至終】: 처음부터 끝까지의 동안, 또는 처음부터 끝까지의 과정.
자피생충【自皮生蟲】: 가죽에 좀이 나서 가죽을 먹게 되면 마침내는 다 없어지게 되고 이에 따라 좀도 살 수 없게 되는 것이니 형제나 한 집안끼리의 싸움을 이름.
자화자찬【自畵自讚】: 자기가 그린 그림을 자기 스스로 칭찬한다는 뜻에서, 자기가 한 일을 자기 스스로 자랑함을 이르는 말. 자기 자랑.

작심삼일【作心三日】: 일시적으로 든 느낌으로 먹은 마음이 오래 가지 못한다는 뜻.

작취미성【昨醉未醒】: 어제 마신 술이 아직 깨지 아니함

장립대령【長立待令】: 오래 서서 분부를 기다린다는 뜻으로, 권문세가에 날마다 문안을 하여 어떠한 이익을 얻고자 아첨하는 사람을 조롱하여 이르는 말.

장삼이사【張三李四】: 장(張)서방의 셋째 아들, 이(李)서방의 넷째 아들이라 함이니 흔히 어디에나 있는 평범한 사람들이라는 뜻.

장자만등【長者萬燈】: 부자가 신불(神佛)에게 일만의 등을 올리는 반면에 빈녀(貧女)는 단 하나의 등을 바치나 그 참뜻만 있으면 빈자의 한 등이 장자의 만 등만 못지 않다는 뜻.

적반하장【賊反荷杖】: 도둑이 도리어 매를 든다는 뜻으로 잘못한 사람이 도리어 화를 내며 억지씀을 이름.

적수공권【赤手空拳】: 맨손에 빈 주먹이라 함은 아무것도 가진 것이 없다는 뜻.

전고미문【前古未聞】: 지난날에는 들어 보지도 못한 것.

전광석화【電光石火】: 번갯불과 부싯돌의 불이라 함은 일이 매우 빠름을 이름.《淮南子》.

전후곡절【前後曲折】: 일의 까닭, 전후 사연, 처음부터 끝까지의 사실이나 내용.

절문근사【切問近思】: 실제에 적절한 질문을 하여 곧 행하고자 생각함.《論語》.

절지지이【折枝之易】: 나무를 꺾는 것과 같이 쉬운 일. 대단히 용이한 일을 이름.《歐陽修의 文》.

절처봉생【絶處逢生】: 꼼짝달싹할 수 없을 만큼 어렵게 된 처지에서 요행히 살아날 수 있는 길이 생겼다는 말.

절치부심【切齒腐心】: 이를 갈고 속을 썩인다 함은 몹시 분하게 여김을 이름.《史記》.

점입가경【漸入佳境】: 차차 좋은 지경으로 들어간다는 뜻.

정문일침【頂門一鍼】: 정수리에 침을 한 대 놓는다 함은 얼빠진 것처럼 흐리멍덩해 있는 사람에게 정신을 차리도록 따끔한 말을 한다는 뜻.

정중시성【井中視星】: 우물 속에서 하늘을 보면 겨우 별 몇 개밖에 보이지 않음과 같이 사심에 가리우면 견해가 한편으로 치우치게 된다는 말.《莊子》.

제이면명【提耳面命】: 귀를 끌어당겨 면전에서 명령을 내린다는 뜻으로, 사리를 깨닫도록 타이름을 이름.《詩經》.

제행무상【諸行無常】: 불교의 근본사상으로 만물은 늘 유전하여 잠시 동안도 한 모양으로 머물지 않는다고 하는일.

조득모실【朝得暮失】: 아침에 얻어 저녁에 잃음이니 얻은 지 얼마 안 되어 곧 잃는다는 말.

조문석사【朝聞夕死】: 아침에 진리를 깨달았으면 그날 저녁에 죽어도 한이 없다는 뜻으로 곧 사람이 참된 이치를 듣고 깨달으면 당장 죽어도 한이 될 것이 없으니 짧은 인생이라도 값있게 살아야 한다는 뜻.

조불급석【朝不及夕】: 형세가 급박하여 아침에 저녁일이 어떻게 될지 알지 못함.《左傳》.

조취모산【朝聚暮散】: 아침에 모였다가 저녁에 헤어진다는 말이니 금시 모였다 곧 헤어짐을 뜻함.

족탈불급【足脫不及】: 맨발로 뛰어도 미처 따라가지 못한다는 뜻으로, 능력, 역량, 재질 따위의 차이가 뚜렷함을 이르는 말.

존망지추【存亡之秋】: 존속하느냐 멸망하느냐의 매우 위급한 때. 죽느냐 사느냐의 중대한 경우.

종식지간【終食之間】: 식사를 하는 짧은 시간이라는 뜻으로, 얼마 되지 않은 동안을 비유하여 이르는 말.

좌고우면【左顧右眄】: 왼쪽을 돌아보고 바른쪽을 살핀다 함은 옆을 둘러보기만 하고 일을 결정짓지 못하고 있음을 이르는 말.

좌불안석【坐不安席】: 한 곳에 마음놓고 오래 앉아 있지를 못한다는 말.

좌석미난【坐席未煖】: 앉은 자리가 더워지기도 전에 일어난다 함이니 이사를 자주 다닌다는 뜻으로 쓰임.

좌정관천【坐井觀天】: 우물에 앉아 하늘을 쳐다보고 하늘의 넓이가 그것밖에 안되는 줄 안다는 뜻. 견문이 썩 좁음을 이르는 말《韓愈》.

주경야독【晝耕夜讀】: 낮에는 농사일을 하고 밤에는 글을 읽는다는 뜻으로 바쁜 틈을 타서 책을 읽어 어렵게 공부함을 이르는 말.

주마가편【走馬加鞭】: 지금하고 있는 그만한 정도로도 족한 것을 더욱 잘하기를 재촉한다는 말《旬五志》.

주마간산【走馬看山】: 말을 달리면서 산을 본다는 말이니 급히 지나치면서 본 것이 무엇인지 잘 모르겠다는 말.

주상야몽【晝想夜夢】: 낮에 생각한 바가 그날 밤 꿈으로 나타남.《列子》.

주석지신【柱石之臣】: 나라에 없어서는 안 될 중요한 신하라는 말.

주중적국【舟中敵國】 : 군주가 덕을 닦지 않으면 자기편일지라도 모두 곧 적이 됨을 비유하여 이르는 말.《史記》.

주판지세【走坂之勢】 : 급한 비탈길을 내려가는 형세이니, 사람의 힘으로는 어떻게 중지시킬 수 없고 고칠 수도 없게 되어 가는 대로 내버려 둘 경우를 이르는 말.

중도반단【中途半斷】 : 시작한 일을 깨끗이 끝내지 않고 중간에 흐지부지함. 미완성인 상태.

중용지도【中庸之道】 : 마땅하고 떳떳한 중용의 도리. 극단에 치우치지 않고 평범 속에서의 진실한 도리.

즉심시불【卽心是佛】 : 내 마음이 곧 부처라는 뜻으로, 오도하면 마음은 곧 불심이기 때문에 내 마음을 떠나서는 부처는 없다는 말《傳燈錄》.

지란지교【芝蘭之交】 : 벗 사이의 좋음 감화를 주고받으며 서로 이끌어 나가는 맑고도 높은 사귐.

지성감천【至誠感天】 : 정성껏 하면 하늘도 움직여 무슨 일이나 이룰 수 있다는 말.

지자일실【智者一失】 : 슬기롭다 할지라도 많은 생각 중에는 간혹 실수가 있음.

지척불변【咫尺不辨】 : 지척을 분간할 수 없다는 뜻으로, 몹시 어둡거나 안개, 비, 눈 따위가 심하여 앞이 조금도 보이지 아니함을 뜻하는 말.

지천사어【指天射魚】 : 하늘을 가리키고 물고기를 쏜다 함이니, 무엇을 얻고자 할 때 그에 합당한 방법으로써 하지 않을 것 같으면 아무 소용 없다는 말.

지피지기【知彼知己】 : 병법가의 말로서, 전쟁을 하는 데는 상대방의 정세를 잘 알아야 함을 이름.《孫子》.

직장곡로【直壯曲老】: 사리가 바르면 사기가 자연히 일어나고 바르지 못하면 사기가 자연히 죽음.《左傳》.

진합태산【塵合泰山】: 티끌 모아 태산. 작은 것도 많이 모이면 나중에는 크게 이루어짐.

ㅈ

창해일속【滄海一粟】: 넓은 바다 속에 한 낱의 좁쌀인 격으로 비교할 수 없을 만큼 극히 작은 것. 또는 이 세상에서의 인간의 존재의 허무함.《蘇軾의 詩》.

천고마비【天高馬肥】: 하늘은 높고 말은 살찜. 곧 가을은 매우 좋은 계절임.《漢書》.

천려일실【千慮一失】: 지혜 있는 사람이라도 많은 생각 속에는 한 가지의 실책이 있음.《史記》.

천재일우【千載一遇】: 천 년에 한 번 만남. 전하여 좀처럼 만나기 어려운 기회.《三國名臣序贊》.

청천벽력【靑天霹靂】: 맑게 갠 하늘에 벼락치는 것. 또한 돌연의 사태. 돌연한 변화.

청출어람【靑出於藍】: 푸른 물감은 즉 풀에서 뽑아낸 것이나 그보다 오히려 푸르다 함이니 스승보다 제자가 더 뛰어났을 때 이름.《荀子》.

초미지급【焦眉之急】: 눈썹에 불이 붙은 것과 같이 매우 위급함을 일컬음.

촌철살인【寸鐵殺人】: 한 치 칼로 능히 사람을 죽인다는 말로 짧은 말과 글로 급소를 찔러 충격을 주거나 감동을 시키는 것을 일컬음.《鶴林玉露》.

ㅌ

타산지석【他山之石】: 다른 산의 돌로 자기 옥을 다듬는다는 말로 다른 사람의 말이 내 덕을 닦는데 도움이 된다는 뜻.《詩經》.

태산북두【泰山北斗】: 높은 태산과 북두칠성처럼 세상에 가장 존경을 받는 훌륭한 사람을 일컬음.《韓愈傳》.

토사구팽【兎死狗烹】: 토끼를 다 잡고 나면 사냥개가 필요 없게 되어 삶는다는 뜻으로, 요긴한 때에는 소중히 여기다가도 사냥을 다하고 쓸모없게 되면 천대하고 버린다는 말이다.《史記》.

ㅍ

파죽지세【破竹之勢】: 대나무를 쪼개는 기세라는 뜻으로 세력이 강대하여 감히 막을 수 없도록 거침없이 적을 물리치고 쳐들어가는 기세를 이르는 말.《晉書》.

포류지자【蒲柳之姿】: 스스로 몸의 허약함을 이르는 말. 전하여 널리 허약한 몸의 뜻으로 쓰임.《世說》.

포호빙하【咆虎馮河】: 범을 맨손으로 두드려 잡고 큰 강을 배 없이 걸어서 건넘. 곧 용기는 있으나 무모한 행위를 이름.《詩經》.

필부지용【匹夫之勇】: 소인의 깊은 생각 없이 혈기만 믿고 냅다 치는 용기를 말함.《孟子》.

ㅎ

하관부직【下官不職】: 관리가 그에게 주어진 책임을 잘 감당하지 못함을 일컫는 말.

하로동선【夏爐冬扇】: 여름의 난로, 겨울의 부채. 즉 때가 지나 아무 소용없는 것을 뜻함.

하석상대【下石上臺】: 아랫돌 빼서 윗돌 괴고 윗돌 빼서 아랫돌 괸다는 뜻으로 임시 변통을 이리저리 둘러맞춤을 일컬음.

하우불이【下愚不移】: 어리석은 사람은 아무리 타이르거나 가르쳐 주어도 마음이 움직이지 않음을 일컫는 말.

하의상달【下意上達】: 아랫사람의 의견이 위에 미친다는 말.

하학상달【下學上達】: 아래로 사람에 관한 일을 배워 위로 천리(天理)에 도달함.《論語》.

하한지언【河漢之言】: 은하수가 멀고 멀어서 끝이 없다는 말로 한없이 길어서 끝이 보이지 않는다는 말.

하후상박【下厚上薄】: 아랫사람에게 후대하고 웃사람에게 박함을 일컫는 말.

학여불급【學如不及】: 공부는 미친 듯 쉬지 않고 열심히 노력해야 한다는 뜻.《論語》.

학이지지【學而知之】: 배워야 많은 것을 알게 된다는 말.

한담설화【閑談屑話】: 심심풀이로 하는 쓸데없는 말.

할고충복【割股充腹】: 배고픔을 채우기 위하여 허벅지를 베어 먹는다는 뜻으로 한 끼니를 면하려는 어리석은 잔꾀를 일컫는 말.

함구무언【緘口無言】: 입을 다문 채 말을 하지 않음.
해고견저【海枯見底】: 바닷물이 말라야 바닥을 볼 수 있음과 같이 사람의 마음도 평소에도 알 수 없다는 뜻.
해망구실【蟹網俱失】: 게도 그물도 모두 잃는다는 뜻으로 일을 꾀하다가 잘못되어 도리어 밑천까지 잃음을 뜻함.
해어지화【解語之花】: 언어가 통하는 꽃이란 뜻으로 아름다운 여인을 뜻함.《天寶遺事》.
허장성세【虛張聲勢】: 진실됨은 하나도 없으면서 허세만 떠벌림.
현두자고【懸頭刺股】: 머리를 노끈으로 묶어 높이 걸어 잠을 깨우고 또 허벅다리를 찔러서 잠을 깨운다는 뜻으로 학업에 매우 힘씀을 이름.
현모양처【賢母良妻】: 어진 어머니이고 착한 아내인 여자.
현하구변【懸河口辯】: 거리낌없이 유창하게 말을 잘함.
혈풍혈우【血風血雨】: 피바람과 비로 매우 격심한 혈전을 일컫는 말.
협견첨소【脅肩諂笑】: 몸을 간들거리며 아양을 떠는 웃음.
호구지책【糊口之策】: 빈곤한 생활에서 그저 겨우 먹고 살아가는 방책.
호랑지심【虎狼之心】: 성질이 사납고 거칠어서 인자하지 못한 마음.
호리천리【毫釐千里】: 처음은 조그만 차이지만 나중에는 큰 차이가 난다는 말《史記》.
호모부가【毫毛斧柯】: 수목을 어릴 때 베지 않으면 나중엔 도끼를 사용해야 된다는 뜻으로 화는 적을 때에 예방해야 함을 가리킴.《戰國策》.
호사다마【好事多魔】: 좋은 일을 하는 데는 방해되는 것이 많다는 뜻.
호사수구【狐死首丘】: 여우가 죽을 때는 제가 살던 언덕으로 머리를 놓고 죽는다는 말로 고향을 그리워 하는 마음.

호생지덕【好生之德】: 사형을 받을 죄인을 특사하여 살려 주는 제왕의 덕을 뜻함.

호시탐탐【虎視耽耽】: 범이 먹이를 찾아 눈을 부릅뜨고 본다는 뜻으로 늘 기회를 노리고 있음.

호연지기【浩然之氣】: 천지간에 가득 찬 크고 넓은 원기로서 넓은 기운을 뜻한다.《孟子》.

호언장담【豪言壯談】: 허풍을 떨어 거짓된 말을 뜻함.

호의호식【好衣好食】: 좋은 옷과 좋은 음식이라는 말로 부유한 생활을 말함.

호접지몽【胡蝶之夢】: 장주(莊周)가 나비가 되어 훨훨 날아 다니며 장주가 나비인지 나비가 장주인지 구별을 못하는 의심한 꿈.

호천망극【呼天罔極】: 어버이의 은혜가 하늘과 같이 넓고 커서 끝이 없다는 뜻을 일컬음.

호풍환우【呼風喚雨】: 마술로 바람과 비를 불러 일으킴.

호형호제【呼兄呼弟】: 매우 가까운 사이에 형이니 동생이니 하고 서로 부름.

홍안백발【紅顔白髮】: 나이가 들어 머리가 하얗지만 얼굴은 붉고 윤기가 난다는 것을 일컬음.

홍익인간【弘益人間】: 널리 인간 세상을 이롭게 함이란 뜻.

화복상관【禍福相貫】: 화와 복은 서로 통하여 화가 있는 곳에 복이 있고 복이 있는 곳에 화가 있다는 뜻《戰國策》.

화복무문【禍福無門】: 화복은 문과는 상관없이 사람의 선악을 따라옴.

화이부실【華而不實】: 꽃만 있고 열매가 없다는 말로 행동이 일치하지 않다는 것을 말함《左傳》.

화중지병【畵中之餠】: 그림의 떡으로 실제 가질 수 없는 것으로 매우 이쁜 여자를 뜻함.

화촉동방【華燭洞房】: 혼인한 신랑 신부가 같이 자는 방.

화호유구【畵虎類狗】: 호랑이를 그린 것이 개모양이 되었다는 뜻으로 소양이 없는 사람이 호걸의 풍모를 모방하다가 도리어 경박한 사람이 됨을 비유한 말임.

환과고독【環寡孤獨】: 늙어서 자식이 없는 사람 즉 몹시 외롭고 의지할 곳 없는 사람을 일컬음.《孟子》.

환난상사【患難相死】: 환난이 있을 때 서로 목숨을 걸고 구제하는 것을 말함.

활인적덕【活人積德】: 사람의 목숨을 살려 은덕을 쌓음을 일컫는 말.

황당무계【荒唐無稽】: 말이나 행동이 허황하여 믿기 어려움.

황황망조【遑遑罔措】: 마음이 매우 급해서 어찌할 줄 모르고 우왕좌왕하는 모습을 일컬음.

회계지치【會稽之恥】: 마음 속 깊이 새겨져 영원히 잊을 수 없는 수치를 일컬음.

회자정리【會者定離】: 만나면 반드시 헤어질 운명에 있다는 말로 불교에서 자주 통용되며 만유무상 또는 인생무상을 나타내는 말.《遺敎經》.

횡행천하【橫行天下】: 세상에서 제 마음대로 날뛰는 모양.

후덕군자【厚德君子】: 생김새나 언행이 덕스럽고 점잖은 사람을 일컬음.

후래삼배【後來三杯】: 술좌석에서 늦게 온 사람에게 권하는 석 잔의 술을 이름.

후모심정【厚貌深情】: 외모를 꾸미고 본심은 깊이 간직하여 겉으로 드러내지 않음을 뜻함.《莊子》.

후생가외【後生可畏】: 후배들이 선배들보다 나아서 두렵게 느껴짐.

희구지심【喜懼之心】: 한편으로는 기쁘면서 한편으로는 두려운 마음.